ISBN 978-1-334-85560-3
PIBN 10693681

1 MONTH OF
FREE
READING

at

www.ForgottenBooks.com

By purchasing this book you are eligible for one month membership to ForgottenBooks.com, giving you unlimited access to our entire collection of over 1,000,000 titles via our web site and mobile apps.

To claim your free month visit:

www.forgottenbooks.com/free693681

English
Français
Deutsche
Italiano
Español
Português

www.forgottenbooks.com

Mythology Photography **Fiction**
Fishing Christianity **Art** Cooking
Essays Buddhism Freemasonry
Medicine **Biology** Music **Ancient
Egypt** Evolution Carpentry Physics
Dance Geology **Mathematics** Fitness
Shakespeare **Folklore** Yoga Marketing
Confidence Immortality Biographies
Poetry **Psychology** Witchcraft
Electronics Chemistry History **Law**
Accounting **Philosophy** Anthropology
Alchemy Drama Quantum Mechanics
Atheism Sexual Health **Ancient History**
Entrepreneurship Languages Sport
Paleontology Needlework Islam
Metaphysics Investment Archaeology
Parenting Statistics Criminology
Motivational

OEUVRES

COMPLÈTES

DE BOURDALOUE,

DE LA COMPAGNIE DE JÉSUS.

PREMIÈRE PARTIE DES PENSÉES.

TOME QUATORZIÈME.

DE L'IMPRIMERIE DE J. B. KINDELEM.

OEUVRES

COMPLÈTES

DE BOURDALOUE,

DE LA COMPAGNIE DE JÉSUS;

NOUVELLE ÉDITION,

AUGMENTÉE D'UNE NOTICE SUR SA VIE ET SES OUVRAGES,
ET D'UNE TABLE GÉNÉRALE DES MATIÈRES.

Pensées.

TOME QUATORZIÈME.

A LYON,

CHEZ F.ᵒⁱˢ GUYOT, LIBRAIRE-EDITEUR,
RUE MERCIÈRE, N.º 39, AUX TROIS VERTUS THÉOLOGALES.

1821.

AVERTISSEMENT.

J<small>E</small> m'acquitte de la parole que je donnai il y a quelques années, lorsque je fis paroître les Exhortations et les Instructions du Père Bourdaloue. Dans l'avertissement qui est à la tête de ces deux volumes d'Instructions et d'Exhortations, je m'engageai à un nouveau travail, sans savoir bien où il me conduiroit, ni si j'aurois de quoi remplir le dessein que je m'étois proposé. Quoi qu'il en soit, je promis de faire une nouvelle révision des manuscrits du Père Bourdaloue, et de recueillir tout ce que j'y trouverois de pensées détachées, de réflexions, de fragmens qui seroient demeurés imparfaits, et qu'il n'auroit point employés dans ses sermons.

Car avant que de composer un sermon, le Père Bourdaloue faisoit ce que font communément les prédicateurs. Il jetoit d'abord sur le papier les différentes idées qui se présentoient à lui touchant la matière qu'il avoit en vue de traiter. Il marquoit tout confusément et sans aucune liaison. Mais s'étant ensuite tracé le plan de son discours, il choisissoit ce qui lui pouvoit convenir, et laissoit le reste. Ce reste néanmoins qu'il laissoit comme superflu, avoit son prix, et c'est de quoi il m'a paru que je pouvois former un recueil, sous le titre général de *Pensées sur divers sujets de Religion et de Morale*.

Cependant il y falloit mettre quelque ordre, et tellement distribuer ces pensées, que celles qui ont rapport à un même sujet, fussent toutes réunies sous un titre particulier. Cela même ne suffisoit point encore : mais de ces pensées les unes étant bien plus étendues que les autres, il a fallu faire des premières comme autant d'articles ou de paragraphes, et ranger les autres indifféremment et sans suite, sous le simple titre de *Pensées diverses*. Tout cela, comme on le juge assez, demandoit que l'éditeur mît un peu la main à l'œuvre, pour disposer les matières, pour les lier ou les développer, pour les finir et leur donner une certaine forme : mais je n'ai rien fait à l'égard de ce recueil de *Pensées*, que je n'eusse déjà fait à l'égard des Sermons, Exhortations, Instructions, et de la Retraite spirituelle du même auteur.

Voilà tout le compte que j'ai à rendre de ces opuscules, qui commencent à voir le jour. Car ce ne sont ici proprement que des opuscules, mais où il me semble que l'illustre auteur dont ils portent le nom, ne sera point méconnoissable. Les hommes d'un génie supérieur se font partout reconnoître, et jusque dans les moindres choses ils gardent toujours leur caractère. Le public en jugera, et peut-être me saura-t-il gré de la constance avec laquelle je me suis appliqué depuis près de trente ans à lui donner une édition complète des Œuvres du Père Bourdaloue. Il n'y avoit rien à perdre d'un si riche fonds ; et c'est beaucoup pour moi, si je puis penser qu'il n'ait point dépéri dans mes mains.

SUJETS ET ARTICLES

CONTENUS DANS CE VOLUME.

DU SALUT.

TABLE. IX

DE LA VRAIE ET DE LA FAUSSE DÉVOTION.

DE LA PRIÈRE.

DE L'HUMILITÉ ET DE L'ORGUEIL.

PENSÉES

PENSÉES

SUR DIVÉRS SUJETS

DE RELIGION ET DE MORALE.

DU SALUT.

Nécessité du Salut, et l'usage que nous en devons faire contre les plus dangereuses tentations de la vie.

On parle du salut comme d'une affaire souverainement importante, et on a raison d'en parler de la sorte. Mais c'est trop peu dire : il faut ajouter que c'est une affaire absolument nécessaire; et ce fut l'idée que le Sauveur des hommes en voulut donner à Marthe, dans cette grande leçon qu'il lui fit: *Marthe, vous vous inquiétez et vous vous embarrassez de bien des choses ; mais une seule chose est nécessaire* (1).

Ce n'est donc point seulement une affaire d'une importance extrême que le salut, mais une affaire d'une absolue nécessité. Entre l'un et l'autre la différence est essentielle. Qu'on me fasse entendre qu'une affaire m'est importante et très-importante, je conçois précisément par là que je perdrai beaucoup en la perdant, sans qu'il s'ensuive néanmoins que dès-lors tout sera perdu pour moi, et qu'il ne

(1) Luc. 17.

me restera plus rien. Mais que ce soit une affaire
absolument nécessaire, et seule nécessaire, je conclus et je dois conclure, que si je venois à la perdre, tout me seroit enlevé, et que ma perte seroit
entière et sans ressource : or tel est le salut.

Affaire nécessaire, et seule nécessaire : nécessaire, puisque je ne puis me passer du salut; seule
nécessaire, puisque, hors le salut, il n'y a rien dont
je ne puisse me passer. Je dis nécessaire, puisque
je ne puis me passer du salut : car c'est dans le salut
que Dieu a renfermé toutes mes espérances, en me
le proposant comme fin dernière, et c'est de là que
dépend mon bonheur pendant toute l'éternité. Je
dis seule nécessaire, puisqu'il n'y a rien, hors le
salut, dont je ne me puisse passer : car je puis me
passer de tout ce que je vois dans le monde ; je puis
me passer des richesses du monde, je puis me passer des honneurs et des grandeurs du monde, je
puis me passer des aises et des récréations du monde.
Tout cela, il est vrai, ou une partie de tout cela
peut m'être utile, par rapport à la vie présente,
suivant l'état et la condition où je me trouve ; mais
enfin je puis me passer de cette vie présente et
mortelle, et il faudra bien, tôt ou tard, que je la
perde. Par conséquent, je n'ai de fond à faire que
sur le salut : c'est là que je dois tendre incessamment,
uniquement, nécessairement, à moins que, par un
affreux désespoir, je ne consente à être immanquablement, pleinement, éternellement malheureux.

Terrible alternative, ou un malheur éternel, qui
est la damnation, ou une éternelle béatitude, qui

est le salut! Voilà sur quoi je suis obligé de me
déterminer, sans qu'il y ait aucun tempérament à
prendre. Le ciel ou l'enfer, point d'autre destinée.
Si je me sauve, le ciel est à moi, et il ne me sera
jamais ravi; si je me damne, l'enfer devient irré-
missiblement mon partage, et jamais je ne cesserai
d'y souffrir; car la mort n'est point pour nous un
anéantissement : ce n'est point, comme pour la bête,
une destruction totale. Au contraire, l'homme en
mourant ne fait que changer de vie; d'une vie courte
et fragile, il passe à une vie immortelle et permanente; vie qui doit être pour les élus le comble de
la félicité et le souverain bien; et vie qui sera pour
les réprouvés la souveraine misère et l'assemblage
de tous les maux. Ainsi Dieu, dans le conseil de sa
sagesse, l'a-t-il arrêté, et ses décrets sont irrévo-
cables. Voilà ma créance, voilà ma religion.

De là même, affaire tellement nécessaire, qu'il ne
m'est jamais permis, en quelque rencontre que ce
soit, ni pour qui que ce soit, de l'abandonner. Un
père peut sacrifier son repos et sa santé pour ses
enfans; un ami peut renoncer à sa fortune, et se
dépouiller de tous ses biens pour son ami; bien plus,
il peut, en faveur de cet ami, sacrifier jusqu'à sa
vie. Mais s'agit-il du salut, il n'y a ni lien du sang
et de la nature, ni tendresse paternelle, ni amitié si
étroite qui puisse nous autoriser à faire le sacrifice
d'un bien supérieur à toute liaison humaine et à
toute considération.

Plutôt que de consentir à la perte de mon ame,
je devrois, s'il dépendoit de moi, laisser tomber les

royaumes et les empires, je devrois laisser périr le monde entier. Et ce n'est point encore assez : car, selon les principes de la morale évangélique, et selon la loi de la charité que je me dois indispensablement à moi-même, non-seulement il ne m'est point libre de sacrifier, en quelque manière que ce puisse être, mon salut, mais il ne m'est pas même permis de le hasarder et de l'exposer. Le seul danger volontaire, si c'est un danger prochain, est un crime pour moi ; et quoi qu'il m'en pût coûter, ou pour le prévenir, ou pour en sortir, je ne devrois rien ménager ni rien épargner : fallût-il en venir à toutes les extrémités; fallût-il quitter père, mère, frères, sœurs; fallût-il m'arracher l'œil ou me couper le bras: pourquoi cela? toujours par cette grande raison de la nécessité du salut, qui prévaut à tout et l'emporte sur tout.

Allons plus loin, et pour nous faire mieux entendre, réduisons ceci à quelques points plus marqués et plus ordinaires dans la pratique. Je prétends donc que cette nécessité du salut, bien méditée et bien comprise, est avec le secours de la grâce, le plus prompt et le plus puissant préservatif contre toutes les tentations dont nous pouvons être assaillis, chacun dans notre état. Mais sans embrasser trop de choses, et sans nous engager dans un détail infini, bornons-nous à certaines tentations particulières, plus communes, plus spécieuses, plus violentes, qui naissent de la nécessité et du besoin où l'on peut se trouver en mille occasions, par rapport aux biens temporels et aux avantages du siècle : je m'explique.

Il y a des extrémités fâcheuses où se trouvent réduites une infinité de personnes; et que fait alors l'ennemi de notre salut, ou, pour mieux dire, que fait la nature corrompue ; que fait la passion et l'amour-propre, plus à craindre mille fois pour nous que tous les démons ? C'est dans des conjonctures si critiques et si périlleuses, que tout concourt à nous séduire et à nous corrompre. Le prétexte de la nécessité nous devient une prétendue raison dont il est difficile de se défendre, et la conscience n'a point de barrières si fortes, que cette nécessité ne puisse nous faire franchir. Par exemple, on manque de toutes choses, et pourvu qu'on voulût s'écarter des voies de l'équité et de la bonne foi, on ne manqueroit de rien; on auroit non-seulement le nécessaire, mais le commode, et on l'auroit abondamment. On voit déchoir sa famille de jour en jour, elle est sur le point de sa ruine; et pourvu qu'on voulût entrer dans les intrigues criminelles d'un grand, et seconder ses injustes desseins, on s'en feroit un patron qui la soutiendroit et l'élèveroit. On est embarqué dans une affaire de conséquence ; c'est un procès dont la perte doit causer un dommage irréparable : il est entre les mains d'un juge accrédité dans sa compagnie; et au lieu de solliciter ce juge assez inutilement, si l'on vouloit, aux dépens de la vertu, écouter de sa part d'autres sollicitations et y condescendre, on pourroit ainsi se procurer un arrêt favorable et un gain assuré. On a un ennemi dont on reçoit mille chagrins; c'est un homme sans raison et sans modération, qui nous butte en tout, qui nous persécute ; et si l'on vouloit user contre lui de certains moyens qu'on a en main, on seroit bientôt à couvert de ses atteintes. Quel empire ne faut-il pas prendre sur soi et sur les mouvemens de son cœur, pour ne pas succomber à de pareilles tentations et pour demeurer ferme dans son devoir ?

Car, encore une fois, de quoi n'est-on pas capable, quand la nécessité presse, et à quoi n'a-t-elle pas porté des millions de gens, qui du reste avoient d'assez bonnes dispositions, et n'étoient de leur fonds ni vicieux ni méchans ? De combien d'iniquités, la pauvreté et l'indigence n'est-elle pas tous les jours le principe ? combien a-t-elle fait de scélérats, de traîtres, de parjures, d'impies, d'impudiques, de ravisseurs du bien d'autrui, et de meurtriers qui sans cela ne l'auroient jamais été, qui ne l'ont été en quelque manière que malgré eux et qu'avec toutes les répugnances possibles ; mais enfin qui l'ont été, parce qu'ils ont cru y être forcés ? Non-seulement ils l'ont cru, mais de là souvent ils se sont persuadés que jusque dans leurs crimes ils étoient excusables ; et voilà ce qui rend encore la nécessité plus dangereuse. On se fait aisément de fausses consciences, on étouffe tous les remords du péché, on se dit à soi-même, que dans la situation où l'on est et dans toutes les circonstances qui l'accompagnent, il n'y a point de loi, et que tout est permis ; on exagère cet état, dont on veut se prévaloir, et l'on prend pour dernière extrémité et pour nécessité absolue ce qui n'est que difficulté, qu'incommodité, que l'effet d'une imagination vive et d'une excessive timidité. Quoi qu'il en soit, tout cela mène à d'étranges conséquences, et les suites en sont affreuses.

Or quel est pour nous, en de semblables attaques, le plus solide appui et le soutien le plus inébranlable? le voici. C'est de se retracer fortement le souvenir de cette maxime fondamentale : *Il n'y a qu'une chose nécessaire* (1); c'est de s'armer de cette pensée, selon la figure de l'Apôtre, comme *d'une cuirasse*, comme *d'un casque*, comme *d'un bouclier qui résiste aux traits les plus enflammés* (2) de l'esprit tentateur, et que rien ne peut pénétrer. C'est, dis-je, d'opposer nécessité à nécessité, la nécessité de saüver son ame, qui est une nécessité capitale et souveraine, à la nécessité de sauver sa fortune, de sauver ses biens, de sauver sa vie.

Car je dois ainsi raisonner : Il est vrai, je pourrois rétablir mes affaires, si je voulois relâcher quelque chose de cette intégrité si exacte et si sévère, qui n'est guère de saison dans le temps où nous sommes, et qui m'empêche de faire les mêmes profits que tant d'autres : mais en me rétablissant ainsi selon le monde, je me perdrois selon Dieu, je perdrois mon ame : or il la faut sauver. Il est vrai, si je ne me rends pas à telle proposition qu'on me fait, je choquerai le maître qui m'emploie; j'aliénerai de moi le protecteur qui m'a placé, et qui peut dans la suite me faire encore monter plus haut; je serai obligé de me retirer, et n'ayant plus personne qui s'intéresse pour moi, ni qui m'avance, je resterai

(1) Luc. 17. — (2) Ephes. 6.

en arrière; et que deviendrai-je? Il n'importe : en acquiesçant à ce qu'on me demande , j'offenserois un maître bien plus puissant que tous les maîtres et tous les potentats de la terre , et pour conserver de vaines espérances , je sacrifierois un héritage éternel, je sacrifierois mon ame et je la damnerois : or il la faut sauver. Il est vrai, l'occasion est belle de me tirer de l'oppression où je suis, et d'abattre cet homme qui ne cesse de me nuire et de me traverser; mais en me délivrant des poursuites d'un ennemi qui, malgré toutes ses violences, et quoi qu'il entreprenne contre moi, ne peut après tout me faire qu'un mal passager, je me ferois un autre ennemi bien plus redoutable, qui est mon Dieu, et qui de son bras vengeur, peut également et pour toujours porter ses coups sur les ames comme sur les corps. A quoi donc exposerois-je mon ame? or il la faut sauver. Il est vrai , ma condition est dure et je mène une vie bien triste; je n'ai rien , et je ne vois point pour moi de ressource. On me fait les offres les plus engageantes, et si je les rejette, me voilà dans le dernier abandonnement et dans la dernière misère; mais d'ailleurs je ne les puis accepter qu'au préjudice de l'honneur, et surtout qu'au préjudice de mon ame : or il la faut sauver. Oui, il le faut, et à quelque prix que ce soit, et quelque peine qu'il y ait à subir. Il le faut, et quelque infortune, quelque décadence, quelque malheur qui en doive suivre par rapport aux intérêts humains. Il le faut, car c'est là le seul nécessaire, le pur nécessaire. Encore une fois, je dis le pur, le seul nécessaire, puisqu'en comparaison de ce nécessaire, rien n'est proprement, ni ne doit être censé nécessaire; parce que dès qu'il s'agit de ce nécessaire, toute autre chose qui s'y trouve en quelque sorte opposée, cesse dèslors d'être nécessaire; parce que c'est à ce nécessaire que doivent se rapporter, comme à la règle primitive et invariable, toutes mes délibérations, toutes mes résolutions, toutes mes actions.

Ce fut ainsi que raisonna la chaste Susanne, lorsqu'elle se vit attaquée de ces deux vieillards qui voulurent la séduire, et qui la menaçoient de la faire périr, si elle ne consentoit à leur passion. Que ferai-je, dit-elle, dans le cruel embarras où je suis? quelque parti que je prenne, je ne puis éviter la mort : mais il vaut mieux que je périsse par vos mains, que de pécher en la présence de mon Dieu, et de périr éternellement par l'arrêt de sa justice. Ce fut ainsi que raisonna le généreux Eléazar, lorsque de faux amis le sollicitoient de manger des viandes défendues selon la loi, et de se garantir par là de la colère du prince. Ah ! répondit ce zélé défenseur de la religion de ses pères, en obéissant au prince et en suivant le conseil que vous me donnez, je pourrois, pour le temps présent, me sauver du supplice où je suis condamné, et prolonger ma vie de quelques années; mais vif ou mort, je ne me sauverai pas des jugemens formidables du Toutpuissant; et qu'y a-t-il de si rigoureux que je ne doive endurer, plutôt que d'encourir sa haine, et de renoncer à ses promesses? C'est ainsi que raisonnoit saint Paul, ce vaisseau d'élection, et ce docteur des nations. Il se représentoit tout ce qu'il y a de plus effrayant, de plus affligeant, de plus désolant. Il supposoit que la tribulation vînt fondre sur lui de toutes parts; qu'il fût accablé d'ennuis, pressé de la faim, tourmenté de la soif, environné de périls, comblé de malheurs; qu'il fût abandonné aux persécutions, aux croix, aux glaives tranchans; que dans un déchaînement général, tout l'univers se soulevât contre lui, la terre, la mer, toutes les puissances célestes, toutes les puissances infernales, toutes les puissances humaines : il le supposoit, et à la vue de tout cela, il s'écrioit : *Qui me séparera de la charité de Jésus-Christ ?* Il alloit plus loin; et par la force de la grâce qui le transportoit, s'élevant au-dessus de tous les événemens, il osoit se répondre de lui-même, et ajoutoit : *Je le sais, et j'en suis certain, que ni la mort, ni la vie, ni les anges, ni les principautés, ni le présent, ni l'avenir, ni ce qu'il y a de plus haut, ni ce qu'il y a de plus bas, ni quelque créature que ce soit, ne pourra me détacher de l'amour de Dieu, mon Seigneur et mon Sauveur* (1). Voilà comment parloit ce grand apôtre. Et d'où lui venoit cette constance et cette fermeté insurmontable ? c'est qu'il concevoit de quel intérêt et de quelle nécessité il étoit pour lui de sauver son ame, en se tenant toujours étroitement et inséparablement attaché au Dieu de son salut.

Ce sont là, dit-on, de beaux sentimens, ce sont de belles réflexions; mais après tout, on ne vit pas de ces sentimens ni de ces réflexions, et cependant

(1) Rom. 8.

il faut vivre. Avec ces réflexions on ne fait rien ; et toutefois , il faut avoir quelque chose , il faut faire quelque chose, il faut parvenir à quelque chose. J'en conviens , on ne vit pas de ces réflexions ; mais de ces réflexions on apprend à mourir, si l'on ne peut vivre sans risquer le salut de son ame. Je l'avoue , avec ces réflexions on ne fait rien dans le monde , on n'amasse rien , on ne parvient à rien , mais de ces réflexions on apprend à se passer de tout, si l'on ne peut rien faire , ni rien amasser , ni parvenir à rien, sans exposer le salut de son ame. Disons mieux , on apprend de ces réflexions , que c'est tout faire que de faire son salut, que c'est tout gagner que d'amasser un trésor de mérites pour le salut, que c'est parvenir à tout que de parvenir au terme du salut. Voilà ce que ces réflexions ont appris à tant de chrétiens de l'un et de l'autre sexe : car, malgré la corruption dont tous les états du monde ont été infectés , il y a toujours eu dans chaque état des fidèles de ce caractère , prêts à quitter toutes choses pour mettre en sûreté leur salut ; il y en a eu , dis-je , et plaise au ciel , qu'il y en ait toujours ! La nécessité du salut étoit - elle autre chose pour eux que pour nous ? y étoient-ils plus intéressés que nous ? Non, sans doute : c'étoit pour eux et pour nous la même nécessité : mais ils y pensoient beaucoup plus que nous ; et en y pensant plus que nous ils la comprenoient aussi beaucoup mieux que nous. Pensons-y comme eux , méditons-la comme eux, nous la comprendrons comme eux ; et en la comprenant comme ils l'ont comprise , nous en ferons comme eux notre affaire essentielle, et nous y adresserons toutes nos prétentions et toutes nos vues.

Mais hélas! où les portons nous? Quand je vois les divers mouvemens dont le monde est agité, et qui sont ce qu'on appelle le commerce du monde; quand je vois cette multitude confuse de gens qui vont et qui viennent, qui s'empressent et qui se tourmentent, toujours occupés de leurs desseins, et toujours en action pour y réussir et les conduire à bout; n'ayant que cela dans l'esprit, ne travaillant que pour cela, n'aspirant qu'à cela: au milieu de ce tumulte j'irois volontiers leur crier avec le Sage: *Hommes dépourvus de sens, et aussi peu raisonnables que des enfans à peine formés et sortis du sein de leur mère* (1), à quoi pensez-vous? que faites-vous? Hors une seule chose, tout le reste *n'est que vanité* (2); et par une espèce d'ensorcellement, cette vanité vous charme, cette vanité vous entraîne, cette vanité vous possède aux dépens de l'unique nécessaire! je le dirois aux grands et aux petits, aux riches et aux pauvres, aux savans et aux ignorans. Malheur à quiconque ne m'écouteroit pas; et dès à présent, malheur à quiconque demeure là-dessus dans une indifférence et un oubli qu'on ne peut assez déplorer.

(1) Sap. 12. — (2) Eccl. 1.

Estime du Salut, et de la gloire du ciel, par la vue des grandeurs humaines.

C'EST une morale ordinaire aux prédicateurs, d'inspirer du mépris pour toutes les pompes et toutes les grandeurs du monde. Ils en font les peintures les plus propres à les rabaisser dans notre estime et à les dégrader. De la manière qu'ils en parlent et dans les termes qu'ils s'en expliquent, ce ne sont que de vaines apparences, que des fantômes et des illusions qui nous séduisent, et dont nous devons, autant qu'il est possible, détourner nos regards. A Dieu ne plaise que je prétende en aucune sorte déroger à la vérité et à la sainteté de cette morale. Je l'ai prêchée comme les autres, en plus d'une rencontre, et je suis bien éloigné de la contredire, puisque ce seroit me contredire moi-même. Mais après tout, quoi que nous en puissions dire, il faut toujours convenir que ces grandeurs et ces pompes humaines, si méprisables d'ailleurs, ne laissent pas d'avoir quelque chose en effet de pompeux et de brillant, quelque chose de grand et de magnifique; et c'est par où il me semble, non-seulement qu'il est permis, mais qu'il peut être très-utile à un chrétien de les envisager, pourvu qu'on les envisage chrétiennement. Donnons jour à cette pensée.

Les cieux, dit le Prophète royal (1), nous *annoncent la gloire de Dieu, et le firmament,* dont il est l'auteur, *nous fait connoître l'excellence de*

(1) Psalm. 18.

l'ouvrier qui l'a formé. Aussi est-ce en conséquence
de ce principe, et conformément à cette parole du
du prophète, que l'apôtre saint Paul reprochoit aux
sages de l'antiquité, de n'avoir pas glorifié Dieu
selon la connoissance qu'ils en avoient par ses ouvrages. Car toutes les choses visibles, ajoutoit ce
docteur des gentils, tous les êtres dont nos sens sont
frappés, et qui se présentent à nos yeux avec leurs
perfections, nous découvrent les perfections invisibles du souverain maître qui les a créés : tellement
que les philosophes mêmes du paganisme ont été
inexcusables de ne pas rendre à ces perfections divines qu'ils ne pouvoient ignorer, le juste tribut de
louanges qui leur étoit dû. Or voilà, par proportion
et suivant la même règle, à quoi nous peut servir la
vue de ce que nous appelons grandeurs et pompes
du monde. Ce sont des images, quoique imparfaites,
des grandeurs célestes, et de cette gloire qui nous
est promise sous le terme de salut. Ce sont des ébau-
ches où nous est représenté, quoique très-légère-
ment, ce que Dieu prépare à ses élus dans le séjour
de la béatitude. Ce sont, pour ainsi parler, comme
des essais de la magnificence du Seigneur, qui nous
donnent à juger quelles richesses immenses il ver-
sera dans le sein de ses prédestinés, de quel éclat il
les couronnera, de quelles délices, et de *quels tor-*
rens de joie il les enivrera (1), quand il lui plaira
de les retirer de cette région des morts où nous
sommes, et de les introduire dans la terre des vivans;
quand il les fera sortir de ce désert où nous pas-

(1) Psal. 35.

sons, et qu'il les recevra dans la bienheureuse Jérusalem ; quand il fera finir pour eux cet exil où nous
languissons, et qu'il les établira dans leur glorieuse
patrie ; quand il leur ouvrira ses tabernacles éternels, qu'il en étalera à leurs yeux toutes les beautés,
tous les trésors, qu'il les revêtira de sa divine clarté
et les élèvera dans les splendeurs des saints ; enfin,
quand il les mettra en possession de ce salut, qu'ils
ne voyoient auparavant *que sous des figures énig-
matiques et comme dans un miroir* (1), mais dont
ils connoîtront alors le prix, parce qu'ils le verront,
et qu'ils commenceront à en jouir.

Voilà, dis-je, de quoi les pompes et les grandeurs
du siècle nous tracent quelque idée, et une idée
assez forte pour exciter tout notre zèle à la poursuite du salut, et à la conquête du royaume de Dieu.
Car, d'une part, considérant ces grandeurs mortelles, et y en ajoutant même encore de nouvelles,
autant que j'en puis imaginer ; et, d'autre part, consultant la foi et méditant ces paroles du grand
Apôtre, *que l'œil n'a jamais rien vu, que l'oreille
n'a jamais rien entendu, que le cœur de l'homme
n'a jamais rien pensé ni rien compris qui égale ce
que Dieu destine à ceux qu'il aime, et dont il sera
éternellement aimé* (2) ; quelle conséquence dois-je
tirer de l'un et de l'autre ? Je m'attache au raisonnement de saint Chrysostôme, et je dis : Quelque mépris que je fasse de la terre et que j'en doive faire, il
m'est toutefois évident que j'y vois des choses merveilleuses : il ne m'est pas moins évident qu'on m'en

(1) 1. Cor. 13. — (2) 1. Cor. 9.

rapporte encore d'autres plus surprenantes et plus admirables; et si je veux laisser agir mon imagination et lui donner l'essor, que n'est-elle pas capable de se figurer au-dessus même, et de tout ce que je vois, et de tout ce que j'entends? Cependant ni tout ce que je vois, ni tout ce que j'entends, ni tout ce que je puis me figurer, non-seulemeut selon les idées naturelles et raisonnables, mais par les fictions les plus excessives et les plus outrées, n'approche point de ce que j'espère après cette vie, et de ce que Dieu a fait pour moi dans un autre monde que celui-ci. Quand je vois tout cela, quand je l'entends, que je me le figure, j'en suis charmé : mais tout cela néanmoins n'est point la gloire que j'attends, tout cela ne peut être mis en comparaison avec la gloire que j'attends, tout cela n'est rien auprès de la gloire que j'attends; et si je multipliois tout cela, si je le redoublois, si je l'accumulois sans mesure, après y avoir épuisé toutes les puissances de mon ame et toutes les forces de mon·esprit, tout cela seroit toujours infiniment au-dessous de la gloire que j'attends. Qu'est-ce donc, mon Dieu, que cette gloire? qu'est-ce que ce salut? mais en même temps, Seigneur, qu'est-ce que l'homme? et à qui appartient-il qu'à un Dieu aussi libéral et aussi bon, aussi puissant et aussi grand que vous l'êtes de nous récompenser de la sorte, et de nous glorifier, non-seulement au-delà de tous nos mérites, mais au-delà de toutes nos connoissances et de toutes nos vues?

C'est ainsi que raisonnoit saint Chrysostôme, et c'est ainsi que, par la vue des pompes humaines et

des

des grandeurs du monde, j'acquiers la connoissance la plus sensible et la plus parfaite que je puisse maintenant avoir du salut où j'aspire et de la gloire qui m'est réservée dans le ciel, si je suis assez heureux pour y parvenir. Ne pouvant connoître présentement cette gloire par ce qu'elle est, je la connois par ce qu'elle n'est pas; et la connoissance que j'en ai par ce qu'elle n'est pas, me dispose mieux que toute autre à la connoissance de ce qu'elle est.

Il ne s'agit donc point ici de déployer son éloquence en de vagues et de longues déclamations sur le néant de tout ce que nous voyons en ce monde, et de toutes les grandeurs dont nos yeux sont frappés. Avouons que ces grandeurs, quoique passagères, ont du reste en elles-mêmes de quoi toucher nos sens, de quoi attirer nos regards, de quoi piquer notre envie, de quoi exciter nos désirs, de quoi allumer nos passions : avouons-le, encore une fois, et reconnoissons-le; mais pourquoi? afin qu'ensuite montant plus haut, et nous disant à nous-mêmes : Ce n'est point encore là le bonheur qni m'est proposé, ce n'est point encore le saint héritage où je prétends, nous concevions de cet héritage céleste et de ce bonheur souverain, une idée plus noble et plus excellente. Quand saint Augustin voyoit la cour des empereurs de Rome, si superbe et si florissante, quand il assistoit à certaines cérémonies où ils se montroient avec plus d'appareil et plus de splendeur, il ne disoit pas avec dédain ni d'un air de mépris : Qu'est-ce que ce faste et cette abondance? qu'est-ce que ce luxe et cette somptuo-

sité? qu'est-ce que cet amas prodigieux de biens et
de richesses? A s'en tenir au premier aspect, ce
spectacle lui remplissoit l'esprit, le surprenoit, et
l'attachoit; mais de là bientôt passant plus avant et
s'élevant à Dieu : Si tout ceci, mon Dieu, s'écrioit-
il, est si auguste, qu'est-ce de vous-même? et si
toute cette pompe se voit hors de vous, que verra-
t-on dans vous? Telle devroit être la méditation
des grands. Il n'y a personne à qui elle ne convienne; mais c'est aux grands que ce sujet est spécialement propre, parce qu'il leur est plus présent. Ils
sont beaucoup plus souvent témoins et spectateurs
de la grandeur et de la majesté royale; ils la voient
de plus près que les autres, et ils la voient dans tout
son lustre. Or, il leur seroit si utile et si facile tout
ensemble de faire ce que faisoit Moïse au milieu de
la cour de Pharaon. Le tumulte et le bruit du monde,
les grandes et différentes scènes qui lui passoient continuellement devant les yeux, ne lui firent jamais
perdre de vue l'Invisible, selon l'expression de saint
Paul; mais il en conserva toujours l'image aussi vivement empreinte dans son esprit, que s'il l'eût vu
en effet, ce Dieu d'Israël qu'il adoroit au fond
de son cœur, et vers qui il tournoit tous ses désirs
comme vers la source de tous les biens, et le dis-
pensateur de tous les dons.

O qu'un grand, instruit des vérités du christianisme, et jugeant des choses selon les principes de
la religion, feroit de salutaires et de solides réflexions, quand, dans une cour, comme sur un
théâtre ouvert de toutes parts, il voit paroître tant

de personnages et de toutes les sortes! quand il voit tant de mondains et de mondaines que l'ambition rassemble, et qui, tous à l'envi, cherchent à se montrer, à se signaler par la somptuosité et la dépense, à tenir les plus hauts rangs, à jouer les plus beaux rôles; quand il voit certaines fortunes, et tout ce qui les accompagne, tout ce qui les décore; surtout quand, après mille intrigues dont il ne lui est pas difficile de suivre les traces, et dont les ressorts ne peuvent être si secrets qu'il ne les aperçoive bien, il voit l'iniquité dominante, l'iniquité triomphante, l'iniquité honorée, accréditée, toute-puissante! S'il avoit alors une étincelle de foi, ou s'il la consultoit, cette foi où il a été elevé, et qu'il n'a peut-être pas perdue, que penseroit-il? que diroit-il? il entreroit dans le sentiment de saint Augustin; il admireroit la libéralité de Dieu jusques envers ses ennemis les plus déclarés. Mais, mon Dieu, concluroit-il, si c'est là sur la terre le partage des pécheurs, lors même qu'ils se tournent contre vous, qu'avez-vous donc préparé dans votre royaume pour ces bons et fidèles serviteurs qui ne s'attachent qu'à vous? Cette affluence, ce crédit, cette autorité, ces titres, ces dignités, ces trésors: voilà ce que vous abandonnez indifféremment au vice et au libertinage; voilà ce que vous accordez plus souvent qu'aux autres, et plus abondamment, à des réprouvés et à des vases de colère; voilà, pour m'exprimer ainsi, ce que vous livrez en proie à toutes leurs convoitises et à toutes leurs injustices: ah! mon Dieu, que reste-t-il donc pour la vertu? que reste-t-il, ou plutôt, Seigneur, que ne reste-t-il point pour ces prédestinés en qui vous avez mis vos complaisances, et que vous avez choisis comme des vases de miséricorde?

Heureux qui sait envisager de la sorte les grandeurs du siècle présent, et qui de là apprend à estimer les espérances et la gloire du siècle futur! Il n'est point à craindre que ce présent l'attache, puisque c'est même de ce présent qu'il tire de puissans motifs pour porter tous ses vœux vers l'avenir. Quelque sensation que ce présent fasse d'abord sur son cœur, elle ne lui peut être nuisible, puisqu'au contraire elle ne sert qu'à lui donner une plus grande idée de l'avenir où il aspire, et où il ne peut arriver que par un détachement véritable et volontaire de ce présent. Ainsi, tout ce que ce présent étale à sa vue d'éclat, de charmes, d'attraits, bien loin de le détourner du salut, ne contribue qu'à l'affermir davantage dans cette maxime capitale : *Que sert-il à l'homme de gagner tout le monde, s'il vient à se perdre lui-même, et quel échange pourra le dédommager de la perte de son ame* (1)?

Maxime sortie de la bouche de Jésus-Christ même, qui est la vérité éternelle; maxime assez connue dans une certaine spéculation, mais bien peu suivie dans la pratique. Car voici l'énorme renversement dont nous n'avons que trop d'exemples devant les yeux, et qui croît de jour en jour dans tous les états du christianisme. Parce que les sens, tout matériels et tout grossiers, ne sont susceptibles que des objets qu'ils aperçoivent et qui leur sont présens; c'est à

(1) Matth. 16.

ce présent que nous nous arrêtons. Au lieu de dire ,
comme saint Paul : *Nous n'avons point ici une de-*
meure stable et permanente , mais nous en attendons
une autre dans l'avenir (1) , à peine concevons-
nous qu'il y ait un avenir au-delà de ce cours d'années que nous passons sur la terre , et dont la mort
est le terme ; à peine nous laissons-nous persuader
qu'il y ait un autre bonheur , qu'il y ait d'autres
biens et d'autres grandeurs que ces grandeurs et ces
biens visibles dont nous pouvons jouir dans le temps:
d'où il arrive que nous avons si peu de goût pour
les choses du ciel , et pour tout ce qui a rapport au
salut. On nous en parle , nous en parlons nous-
mêmes : mais ce qu'on nous en dit , comment l'écoutons-nous , et nous-mêmes comment en parlons-
nous ? avec le même froid que si nous n'y prenions
nul intérêt. Et il n'y a rien en cela de surprenant ,
puisque l'homme sensuel et animal ne peut s'élever
au-dessus de lui-même , ni pénétrer avec des yeux
de chair dans les mystères de Dieu (2).

C'est pour cela que la vue du monde nous devient
si dangereuse et si pernicieuse. Non-seulement elle
pourroit nous être salutaire , mais elle devroit l'être
dans la manière que je l'ai fait entendre. Elle l'a été ,
et elle l'est encore pour un petit nombre de chrétiens , accoutumés à juger de tout par les pures
lumières de la foi , et non par l'aveugle penchant
de la nature. Ils voient la figure de ce monde , ils
la considèrent , mais comme une figure et non point
autrement. Car ce n'est dans leur estime qu'une

(1) Hebr. 13. v. 14. — (2) 1. Cor. 2.

figure ; mais de cette figure ils passent à la vérité
qu'elle leur annonce, au bien réel et solide qu'elle
leur découvre, à la suprême béatitude dont elle leur
trace comme un léger crayon. Que ne regardons-
nous ainsi le monde ! que ne nous attachons-nous
à contempler dans ce miroir ce qu'il nous représente
des beautés inestimables et ineffables d'un autre
monde où sont renfermées toutes nos espérances !
C'est l'occupation la plus ordinaire de ces ames fidèles
et intérieures que l'esprit de Dieu conduit, et qui,
sans se laisser prendre à ces dehors trompeurs,
tournent à bien pour leur perfection et leur sanctification, ce qui pervertit le commun des hommes.
Car voilà quel est le principe de ce mortel assoupissement, et, si je l'ose dire, de cette stupide
insensibilité où nous vivons à l'égard du salut.

Le Prophète reprochoit aux Juifs qu'ils n'avoient
tenu nul compte de cette terre promise que le Seigneur leur destinoit, parce que dans le désert où
ils marchoient, ils n'étoient attentifs qu'à ce qu'ils
rencontroient sur leur route, et à ce qui pouvoit
satisfaire leur sensualité. N'est-ce pas là notre état,
et surtout n'est-ce pas là l'état d'une infinité de
grands et d'opulens, qui semblent, à les voir agir,
n'avoir été faits que pour cette vie, et y avoir établi
leur dernière fin ? Ce qui les occupe, ce n'est guère
leur destinée éternelle ; et pourvu que, dans la voie
qui leur est ouverte, rien ne leur manque de tout
ce qu'ils y souhaitent, soit richesses, soit honneurs,
soit douceurs et commodités, ils se mettent peu en
peine du terme où ils doivent adresser tous leurs

pas. Mais quel est-il donc ce terme, et sommes-nous excusables de ne le pas savoir, quand nous le pouvons apprendre de tout ce qui se présente à nous, et qui nous environne? Il ne faudroit que quelques réflexions; mais l'enchantement de la bagatelle dissipe tellement nos pensées, que dans une distraction habituelle et perpétuelle, nous oublions sans cesse le seul bien digne de notre souvenir. L'heure viendra, prenons y garde, l'heure viendra, où nous en connoîtrons l'excellence et la valeur infinie, non plus par des conjectures ni des comparaisons, mais par une connoissance expresse et directe. Cette connoissance claire et dégagée des illusions qui nous trompoient, réformera dans un moment toutes nos idées; mais peut-être, hélas! pour exciter en même temps tous nos regrets. Regrets d'autant plus vifs, que nous commencerons à concevoir une plus haute estime du salut et que cette estime n'aura d'autre effet que de nous en faire ressentir plus vivement la perte.

Désir du Salut, et la préférence que nous lui devons donner au-dessus de tous les autres biens.

DE l'estime naît le désir, et ce désir doit croître selon le prix du bien qui nous est proposé, et suivant la mesure de l'estime que nous en devons faire.

Je dois donc, par proportion, désirer le salut, comme je dois aimer Dieu. Parce que Dieu est le souverain bien, je dois l'aimer souverainement, et parce que le salut est la souveraine béatitude, je le

dois souverainement désirer. Si, dans toute l'étendue
de l'univers , il y a quelque chose que j'aime plus
que Dieu, dès-là je suis coupable devant Dieu ;
parce que je déroge à la souveraineté de son être,
en lui préférant un être créé : et si dans tous les
biens de la terre , il y a quelque chose que je désire
plus que le salut , dès-là je manque à la charité que
je me dois , et je me rends coupable envers moi-
même ; parce que je me dégrade moi-même , et que
je préfère au souverain bonheur de mon ame une
félicité trompeuse et passagère. Ce n'est pas assez :
si dans tout l'univers il y a même quelque chose que
j'aime autant que Dieu , je l'offense , je lui fais outrage , et je n'accomplis pas le précepte de l'amour
de Dieu ; parce que Dieu étant par sa nature au-
dessus de tout , rien ne peut entrer en comparaison ,
ni ne doit être mis dans un degré d'égalité avec ce
premier Être, cet Être suprême : et si dans toute la
terre il y a quelque chose que je désire autant que
le salut , c'est un renversement , c'est un désordre ;
parce que dans mon estime et dans mon cœur , j'ôte
au plus grand de tous les biens ce caractère de supériorité et d'excellence qui lui est essentiel , et qui ne
se trouve , ni ne peut se trouver dans aucun bien
mortel et périssable.

Ce n'est pas tout encore ; et quand je n'aimerois
rien plus que Dieu , rien autant que Dieu , si j'aime
avec Dieu quelque chose que je n'aime pas pour
Dieu , je n'ai pas cette plénitude d'amour qui est
due à Dieu , puisque mon amour est partagé ; et
d'ailleurs en ce que j'aime avec Dieu , sans l'aimer

pour Dieu, je n'honore pas Dieu comme fin dernière à qui tout doit être rapporté. De même quand
je ne désirerois rien plus que le salut, rien autant
que le salut, si je désire avec le salut quelque chose
que je ne désire pas pour le salut et en vue du salut,
je n'ai pas ce désir pur, ce plein désir que mérite
un bien tel que le salut ; c'est-à-dire, un bien que
je dois proprement regarder comme mon unique
bien, puisque tout autre bien que je pourrois prétendre en ce monde, n'est un vrai bien pour moi
que selon qu'il pourroit m'aider à parvenir au salut,
comme au seul terme de mon espérance, et au seul
comble de tous les biens.

Mais quoi ! n'est-ce pas un bien qu'un établissement honnête et une fortune convenable à ma condition ? n'est-ce pas un bien que tout ce qui est
nécessaire à l'entretien de la vie, et ne puis-je pas
désirer tout cela ? Oui, ce sont là des biens, et je
puis les désirer ; mais ce ne sont que des biens
subordonnés au premier bien, qui est le salut; d'où
il s'ensuit que je ne dois les désirer qu'avec cette
subordination, et que suivant le rapport qu'ils
peuvent avoir à ce bien supérieur. Or, en les désirant de la sorte, ce ne sont point absolument ces
biens que je désire, mais c'est le salut que je désire
dans ces biens et par ces biens, conformément au
bon usage que je suis résolu d'en faire ; tellement
qu'il est toujours vrai de dire alors que je ne désire
que le salut, et que je ne veux rien que le salut.

Ainsi, il n'y a que le salut que je doive désirer
directement, que je doive désirer formellement et

expressément, que je doive désirer en lui-même
et pour lui-même. Quand je demande à Dieu tout
le reste, je ne dois le lui demander que sous condition, et qu'avec une véritable indifférence sur ce
qu'il lui plaira d'en ordonner ; lui témoignant mon
désir, mais du reste, me soumettant à sa sagesse
et à sa providence pour juger si c'est un bon désir,
si c'est un désir selon ses intentions et selon ses
vues, s'il m'est utile que ce désir s'accomplisse, et
s'il en tirera sa gloire ; renonçant à ce désir, si tout
cela ne s'y rencontre pas, le désavouant de cœur,
et même priant Dieu, que bien loin de l'exaucer,
il fasse tout le contraire, supposé que sa gloire et
mon avantage spirituel y soient intéressés. Mais
quand je lui demande mon salut, je le lui demande,
ou je dois le lui demander de toute une autre manière : car je le dois demander déterminément, nom-
mément, sans toutes ces conditions, puisqu'elles
s'y trouvent déjà, et sans nulle indifférence sur le
succès de ma prière. Expliquons-nous.

Quand je demande à Dieu mon salut, je ne lui
dis pas simplement, ni ne dois pas lui dire : Seigneur, donnez-moi votre royaume, et daignez
écouter là-dessus mon désir, si c'est un bon désir ;
mais je lui dis, et je lui dois dire : Donnez-moi,
Seigneur, votre royaume, et rendez-vous là-dessus
favorable à mon désir, parce que je sais que c'est
un bon désir. Je ne lui dis pas, ni ne dois pas lui
dire : Seigneur, donnez-moi votre royaume, et
daignez écouter là-dessus mon désir, si c'est un
désir selon vos intentions et selon vos vues ; mais

je lui dis, et je dois lui dire : Donnez-moi, Seigneur, votre royaume, et rendez-vous là-dessus favorable à mon désir, parce que je sais que c'est un désir selon vos vues et selon vos intentions. Je ne lui dis pas, ni ne dois pas lui dire : Seigneur, donnez-moi votre royaume, et daignez écouter là-dessus mon désir, s'il m'est utile que ce désir s'accomplisse, et si vous en devez tirer votre gloire ; mais je lui dis, et je dois lui dire : Donnez-moi, Seigneur, votre royaume, et rendez-vous là-dessus favorable à mon désir, parce que je sais qu'il m'est souverainement utile que ce désir s'accomplisse ; que c'est dans l'accomplissement de ce désir qu'est renfermée toute mon espérance ; que sans l'accomplissement de ce désir, il n'y a point pour moi d'autre bonheur ; et parce que je sais encore que vous y trouverez votre gloire, puisque c'est dans le salut de l'homme que vous la faites particulièrement consister. Enfin, je ne lui dis pas, ni ne dois pas lui dire seulement : Seigneur, sauvez-moi, si c'est votre volonté ; mais je lui dis, et je dois lui dire : Sauvez-moi, Seigneur, et je vous conjure, ô mon Dieu ! que ce soit là votre volonté, une volonté spéciale, une volonté efficace. Si bien qu'il ne m'est jamais permis de renoncer à ce désir du salut, comme il ne m'est jamais permis de renoncer au salut même ; mais bien loin de laisser ce désir s'éteindre dans mon cœur, je dois sans cesse l'y entretenir et l'y rallumer.

Conséquemment à ce désir, Dieu veut donc que j'aie recours à lui. Il veut que je frappe continuelle-ment à la porte, et que par des vœux redoublés je

lui fasse une espèce de violence pour l'engager à
m'ouvrir et à me recevoir. Il veut que ce soit là le
sujet de mes prières les plus fréquentes et les plus
ardentes. Il ne me défend pas de lui demander d'autres
biens ; mais il veut que je ne les lui demande qu'autant
qu'ils ne peuvent préjudicier à mon salut, qu'autant
qu'ils peuvent concourir avec mon salut, qu'autant
que ce sont des moyens pour opérer mon salut. Sans
cela il rejette toutes mes demandes, parce qu'elles
ne sont ni dignes de lui, qui a tout fait pour le salut
de ses élus, ni dignes de moi, qu'il n'a créé et
placé dans cette région des morts, que pour tendre
à la terre des vivans et pour obtenir le salut.

C'est par le sentiment et l'impression de ce désir
du salut, que le saint roi David s'écrioit si souvent,
et disoit si affectueusement à Dieu : *Hé ! Seigneur,*
quand sera-ce ! quand viendra le moment que j'irai
à vous, que je vous verrai, je vous posséderai, et
je goûterai dans votre sein les pures délices de la
béatitude céleste (1) ? Tout roi qu'il étoit, assis sur
le trône de Juda, comblé de gloire et ne manquant
d'aucun des avantages qui peuvent le plus contribuer
au bonheur humain, il se regardoit en ce monde
comme dans un lieu d'exil. Il n'en pouvoit soutenir
l'ennui, et il en témoignoit à Dieu sa peine : *Hélas !*
que cet exil est long ! ne finira-t-il point, Seigneur ?
et combien de temps languirai-je encore, avant que
mon attente et mes souhaits soient remplis (2) ? Et
de là aussi ces transports de joie qui le ravissoient,
dans la pensée que son heure approchoit, et que

_____

(1) Psal. 41. — (2) Psal. 119.

bientôt il sortiroit des misères de cette vie, pour passer à l'heureux séjour après lequel il soupiroit : *On me l'a annoncé, et ma joie en est extrême : j'irai dans la maison de mon Seigneur et de mon Dieu* (1).

C'est de la même impression et du même sentiment de ce désir du salut, qu'étoient si vivement touchés ces anciens et fameux patriarches, que saint Paul nous représente plutôt comme des anges habitans du ciel, que des hommes vivant sur la terre. Ils y étoient comme s'ils n'y eussent point été; ils y étoient comme des étrangers et des voyageurs; tous leurs regards se portoient vers leur patrie et leur éternelle demeure; ils la saluoient de loin, ils s'y élançoient par tous les mouvemens de leur cœur, et rien n'en détournoit leurs yeux ni leur attention.

Désir du salut qui, dans les saints de la loi nouvelle, n'a pas été moins vif ni moins empressé que dans ceux de l'ancienne loi. Le grand Apôtre en est un exemple bien mémorable et bien touchant : la vie n'étoit pour lui qu'un esclavage et une triste captivité; et sans en accuser la Providence ni s'en plaindre, il ne laissoit pas de déplorer son sort et d'en gémir : *Malheureux que je suis !* Quel étoit le sujet de ces gémissemens si amers et tant de fois réitérés? c'est que son ame, retenue dans un corps mortel, ne pouvoit jouir encore de sa béatitude. *Qui me délivrera de ce corps de mort* (2)? Qui détruira cette prison et qui brisera mes liens, afin que je prenne mon vol vers l'objet de tous mes vœux et le centre de mon repos? Dans une semblable disposition, il

(1) Ps. 121. — (2) Rom. 7.

n'avoit garde de s'abandonner aux horreurs naturelles de la mort ; mais par la force du désir dont il étoit transporté, il savoit bien les réprimer et les surmonter. Bien loin que la mort l'étonnât, il l'envisageoit avec une sorte de complaisance ; et bien loin de la fuir, il s'y présentoit lui-même, et la demandoit. *Mourir* c'étoit *un gain* (1) selon son estime, parce que c'étoit passer dans le sein de Dieu, et arriver au terme du salut.

Si nous comprenions comme ce docteur des nations, et comme tant d'autres après lui, ce que c'est que le salut ; si Dieu, pour un moment, daignoit faire luire à nos yeux un rayon de sa gloire, et de cette gloire qu'il nous prépare à nous-mêmes, qui peut exprimer quelle sainte ardeur, quel feu s'allumeroit dans nos cœurs ? Du reste, sans avoir encore cette vue claire et immédiate qui n'est réservée qu'aux bienheureux dans le ciel, nous avons la foi pour y suppléer. Il ne tient qu'à moi de me rendre, avec cette lumière divine qui m'éclaire, plus attentif aux grandes espérances que la religion me donne, et dont je devrois uniquement m'occuper.

Je le devrois ; mais comment est-ce que je satisfais à ce devoir ? comment est-ce que l'on y satisfait dans tous les états du monde, et du monde même chrétien ? Rien de plus rare que le désir du salut : pourquoi ? parce que ce désir est étouffé presque dans tous les cœurs par mille autres désirs qui n'ont pour fin que la vie présente et que ses biens. Non-seulement on désire les biens de la vie avec le salut sans

(1) Philip. 1.

les désirer pour le salut ; non-seulement on les désire autant que le salut, non-seulement même on les désire plus que le salut; mais le dernier degré de l'aveuglement et du désordre, c'est que la plupart ne désirent que les biens de la vie, ne soupirent qu'après les biens de la vie, et ne pensent pas plus au salut que s'ils n'en croyoient point, ou n'en espéroient point. Est-ce en effet par un libertinage de créance qu'ils vivent dans une telle insensibilité à l'égard du salut ? est-ce par une espèce d'enchantement et d'ensorcellement ? Quoi qu'il en soit, si je considère toute la face du christianisme, qu'est-ce que j'y aperçois ? j'y vois des gens affamés de richesses, des gens affamés d'honneurs, des gens affamés de plaisirs, et des plaisirs les plus grossiers. Voilà où s'étend toute la sphère de leurs désirs ; voilà les bornes où ils les tiennent renfermés sans les porter plus loin, ni les élever plus haut.

Ce n'est pas que quelquefois dans les discours on ne reconnoisse l'importance du salut ; ce n'est pas qu'on ne s'en explique en certains termes, et qu'on ne convienne qu'il n'est rien de plus désirable ni même de si désirable. Les plus mondains savent en parler comme les autres, et souvent mieux que les autres. Mais qu'est-ce que cela ? un langage, des paroles affectées, et rien de plus : car sans nous en tenir aux paroles et aux expressions, mais examinant la chose dans la vérité, peut-on dire que nous désirons le salut, lorsque de tous les sentimens et de tous les mouvemens de notre cœur, il n'y en a pas un qui tende vers le salut ? Nous aimons, mais quoi ?

est-ce ce qui nous conduit au salut? nous haïssons;
mais quoi? est-ce ce qui nous détourne du salut?
nous nous réjouissons, mais de quoi? est-ce des mérites que nous acquérons pour le salut? nous nous
affligeons, mais pourquoi? est-ce parce que nous
avons souffert quelque dommage et fait quelque perte
qui intéresse le salut? Parcourons ainsi de l'une à
l'autre toutes nos passions et toutes nos affections,
laquelle pourrons-nous marquer, quelle qu'elle soit,
qui ait pour terme le salut, et où il ait aucune part?
Je ne veux pas faire entendre par là que nous vivions
dans une indolence qui ne s'affectionne à rien et que
rien n'émeut: au contraire, toute notre vie se passe
en désirs, et en désirs qui nous agitent, qui nous
troublent, qui nous dévorent, qui nous consument:
car telle est la vie de l'homme dans le monde, et telle
est souvent même la vie de bien des hommes jusque
dans la retraite; vie de désirs, mais de quels désirs?
de désirs frivoles, de désirs terrestres, de désirs insensés, de désirs pernicieux, de ces désirs que
formoient les Juifs, et que Dieu sembloit écouter,
quand il vouloit punir cette nation indocile en les
abandonnant à eux-mêmes et à la perversité de leur
cœur.

Puissions-nous amortir tous ces désirs qui nous
entraînent dans la voie de perdition! Car voilà,
dit l'Apôtre, où ils nous conduisent, et à quoi ils
se terminent. Ils nous amusent pendant la vie, ils
nous tourmentent, ils nous trompent, et par une
suite immanquable, ils nous damnent: effets trop
ordinaire et que mille gens éprouvent, sans apprendre

prendre de là à se détromper ; désirs qui nous amusent par les vains objets auxquels nous nous attachons,
et les vaines espérances dont nous nous flattons ; ou
ce sont des biens qui nous sont refusés et que nous
n'obtenons jamais malgré tous les soins que nous y
apportons ; ou, si nous sommes plus favorisés de la
fortune, ce sont des biens dont nous découvrons
bientôt, comme Salomon, la fausseté et la vanité :
désirs qui nous tourmentent par les inquiétudes, les
craintes, les soupçons, les impatiences, les dépits,
les mélancolies et les chagrins où ils nous exposent.
Interrogeons là-dessus une multitude innombrable
de mondains ambitieux, de mondains intéressés, de
mondains voluptueux ; s'ils sont de bonne foi, ils
conviendront que ce qui leur ronge plus cruellement
l'ame, et ce qui fait leur plus grand supplice dans
la vie, ce sont les violens désirs que leur inspirent
l'ambition, la cupidité, l'amour du plaisir, qui les
dominent ; désirs qui nous corrompent par les crimes
où ils nous précipitent et qu'ils nous font commettre :
car on veut les contenter, ces désirs déréglés ; et si
l'on ne le peut par les voies droites, on prend les
voies détournées, qui sont les voies de l'iniquité et
de l'injustice ; de là même enfin, désirs qui nous
damnent : au lieu que, par des avantages tout opposés,
un vrai désir du salut sert à nous occuper solidement
à nous tranquilliser dans les événemens les plus fâcheux, et dans toutes les adversités humaines, à
nous sanctifier et à nous sauver.

Ce désir du salut est, pour une ame fidèle, l'occupation la plus solide. Elle s'entretient de sa fin der-

nière ; elle y fixe toutes ses pensées comme à son unique bien ; elle en goûte par avance les douceurs toutes pures, et c'est comme un pain de chaque jour qui la nourrit. Ce même désir du salut, en dégageant l'ame de tous les désirs du siècle, l'établit dans un repos presque inaltérable. A peine s'aperçoit-elle de tout ce qui se passe dans le monde, tant elle y prend peu d'intérêt, et tant elle est au-dessus de tous les accidens et de toutes les révolutions. Elle n'a qu'un point de vue, qui est le ciel : hors de là rien ne l'inquiète, parce que hors de là elle ne tient à rien ni ne veut rien. Par une conséquence très-naturelle, autant que ce désir du salut contribue au repos de l'ame chrétienne, autant contribue-t-il à sa sanctification : car si c'est un désir véritable, et tel qu'il doit être, c'est un désir efficace, qui, dans la pratique, nous fait éviter avec un soin extrême tout ce qui peut nuire, en quelque sorte que ce soit, à notre salut, et nous applique sans relâche à toutes les œuvres capables de l'assurer et de le consommer. Or ces œuvres, ce sont des œuvres saintes et sanctifiantes, et voilà comment le désir du salut nous sauve.

Renouvelons-le dans nous, ce désir si salutaire ; ne cessons point de le réveiller, de le ranimer par la fréquente méditation de l'importance infinie du salut. Que désirons-nous autre chose, et où devons-nous aspirer avec plus d'empressement et plus de zèle, qu'à un bien qui seul nous suffit, et sans quoi nul autre bien ne nous peut suffire ?

Incertitude du Salut, et les sentimens qu'elle doit nous inspirer, opposés à une fausse sécurité.

AFFREUSE incertitude, Seigneur, où vous me laissez sur mon affaire capitale, sur la plus esssentielle et même la seule affaire qui doive m'intéresser, sur l'affaire de mon salut ! Je suis certain que vous voulez me sauver ; je suis certain que je puis me sauver : mais me sauverai-je en effet, mais serai-je un jour dans votre royaume, au nombre de vos prédestinés, mais parviendrai-je à cette éternité bienheureuse pour laquelle vous m'avez créé, et qui est mon unique fin ? Voilà, mon Dieu, ce qui passe toute mon intelligence ; voilà ce que toute la subtilité de l'esprit humain, ce que tous mes raisonnemens ne peuvent découvrir : car de tous les hommes vivant sur la terre, en est-il un qui sache s'il est digne de haine ou d'amour; et par conséquent, en est-il un qui sache s'il est dans une voie de salut ou dans une voie de damnation ?

Je ne puis douter, Seigneur, que je n'aie péché contre vous, et péché bien des fois, et péché en bien des manières, et péché jusqu'à perdre votre grâce : mais puis-je me répondre que j'y suis rentré, dans cette grâce, que j'ai fait une vraie pénitence, et que vous m'avez pardonné ? en suis-je assuré ? Quand même il en seroit ainsi que je le désire, et quand je pourrois me flatter de l'avantage d'être actuellement et parfaitement réconcilié avec vous, suis-je assuré de persévérer dans cet état? et si je m'y soutiens quelque temps, suis-je assuré d'y persévérer jusqu'au dernier moment de ma vie? suis-je assuré d'y mourir?

Tout cela, mon Dieu, ce sont pour moi d'épaisses ténèbres, ce sont des abîmes impénétrables. Dès que je veux entreprendre de les sonder, l'horreur me saisit et je demeure sans parole. Et qui n'en seroit pas effrayé comme moi, pour peu qu'on vienne à considérer l'importance de cette affaire, dont le succès est si incertain? Car de quoi s'agit-il? de tout l'homme c'est-à-dire, du souverain bonheur de l'homme ou de son souverain malheur. Il s'agit, par rapport à moi, d'être mis un jour en possession d'une félicité éternelle, ou d'être condamné à un tourment éternel. Quelle sera la décision de ce jugement formidable? quel sera le terme de ma course? sera-ce une gloire sans mesure, ou une réprobation sans ressource? sera-ce le ciel ou l'enfer? Encore une fois, dans ces pensées, mon esprit se trouble, mon cœur se resserre, toute ma force m'abandonne; et je reste interdit et consterné.

Ce ne sont point là, Seigneur, de ces craintes scrupuleuses, dont les ames timorées se tourmentent sans raison; ce ne sont point de vaines terreurs: combien y a-t-il de réprouvés qui, pendant un long espace de temps, avoient mieux vécu que moi et paroissoient être plus en sûreté que moi? Qui l'eût cru, qu'éloignés du monde et retirés dans les cloîtres et dans les déserts, ils y dussent jamais faire ces chutes déplorables qui les ont damnés? Suis-je moins en danger qu'ils n'y étoient, et ne seroit-ce pas la plus aveugle présomption , si j'osois me promettre que ce qui leur est arrivé ne m'arrivera pas à moi-même ? Une telle témérité suffiroit pour arrêter le cours de vos grâces , et mon salut alors se trouveroit d'autant plus exposé, que j'en serois moins en peine et que je le croirois plus à couvert.

Je ne vous demande point , ô mon Dieu ! qu'il vous plaise de me révéler l'avenir; je ne vous prie point de me faire voir quel doit être mon sort , et de tirer le voile qui me cache cet adorable , mais redoutable mystère de votre providence. C'est un secret où il ne m'appartient pas de m'ingérer , et qui n'est réservé qu'à votre sagesse. En le dérobant à ma connoissance , et le tenant enseveli dans une si profonde obscurité , vous avez vos vues toujours saintes et toujours salutaires , si j'apprends à en profiter. Vous voulez me préserver de la négligence où je tomberois , si j'avois une certitude absolue de ma prédestination ou de ma réprobation. Car l'un et l'autre , ou plutôt l'assurance de l un et de l'autre , me porteroit à un relâchement entier. Que dis-je ? l'assurance même de ma réprobation me précipiteroit dans le désespoir et dans les plus grands désordres. Vous voulez que *par de bonnes œuvres ,* suivant l'avis du Prince des apôtres , *je m'étudie de plus en plus à rendre sûre ma vocation et mon élection ; de sorte que je sois pourvu abondamment de ce qui peut me donner entrée au royaume de Jésus-Christ* (1). Vous voulez *que je m'humilie*

(1) 2: Petr. 1. v. 10.

sans cesse sous votre main toute-puissante, comme
un criminel qui attend une sentence d'absolution
ou de mort, et qui, prosterné aux pieds de son
juge, n'omet rien pour le toucher en sa faveur et
pour obtenir grâce. Vous voulez que je vive dans
un tremblement continuel, et dans une défiance
de moi-même, qui m'accompagne partout; et qui
me fasse prendre garde à tout. Vous le voulez,
Seigneur, et c'est cela même aussi que je vous
demande. Par là, l'incertitude où je suis, toute ef-
frayante qu'elle est, bien loin de m'être nuisible et
dommageable, me deviendra utile et profitable.

Cependant, mon Dieu, je ne perdrai rien de ma
confiance, et je n'oublierai jamais *que vous êtes*
le Dieu de mon salut (1). Dieu de mon salut, parce
que je ne puis me sauver sans vous et que par vous.
Dieu de mon salut, parce que vous voulez que je
me sauve, et que vous-même vous voulez me sauver. Dieu de mon salut, parce que pour me sauver
vous ne me refusez aucun des secours nécessaires,
et que vous me mettez dans un plein pouvoir d'en
user. Voilà, Seigneur, ce qui me rassure, et ce
qui calme mes inquiétudes. Vous m'ordonnez
de les jeter toutes dans votre sein, et de m'y retirer moi-même comme dans un asile toujours ouvert pour me recevoir. De là, sans présumer de
vos miséricordes, je défierai tous les ennemis de
mon ame, et je ne cesserai point de dire avec votre
Prophète : *Le Seigneur est ma lumière, il est ma*
défense (2), de quoi dois-je m'alarmer ? Quand je

---

(1) Psal. 17. — (2) Psal. 26.

marcherois au milieu des ombres de la mort, mon cœur n'en seroit point ébranlé, parce que mon espérance étant dans le Seigneur, il est auprès de moi. Je ne veux de lui qu'une seule chose, et je la chercherai, je tâcherai de la mériter : c'est d'être avec lui pendant tous les siècles des siècles dans sa sainte maison et dans le séjour de sa gloire. C'est là que se portent tous mes désirs : tout le reste ne m'est rien.

Confiance chrétienne : mais qui, pour être chrétienne, doit avoir ses règles, et n'aller point au delà des bornes. Car il est certain d'ailleurs qu'il y a des gens d'une sécurité merveilleuse, ou plutôt d'une présomption énorme touchant le salut. Ce ne sont point, il est vrai, des libertins et des impies ; ce ne sont point des pécheurs scandaleux et plongés dans la débauche ; ils n'enlèvent point le bien d'autrui, et ne font tort à personne ; enfin, je le veux, ce sont de fort honnêtes gens selon le monde. Mais sont-ce des apôtres ? bien loin de s'employer au salut et à la sanctification du prochain en qualité d'apôtres, à peine pensent-ils à leur propre sanctification, et à leur propre salut en qualité de chrétiens. Sont-ce des hommes d'oraison, accoutumés aux ravissemens et aux extases ? jamais ils n'eurent nulle connoissance ni le moindre usage de ces exercices intérieurs où l'ame s'élève à Dieu, et s'entretient affectueusement avec Dieu. Quelques pratiques communes dont ils s'acquittent avec beaucoup de négligence et de tiédeur, voilà où se réduit tout leur christianisme. Sont-ce des pénitens

ennemis de leur chair et exténués d'austérités et de
jeûnes? ils ont toutes leurs commodités, ou du
moins ils les cherchent ; ils mènent une vie douce,
tranquille et agréable ; ils écartent tout ce qui pourroit leur être pénible et onéreux, et ils ne se refusent aucun des divertissemens qui se présentent
et qui leur semblent propres de leur état. Avec
cela ils vivent en paix, sans crainte, sans inquiétude
sur l'affaire du salut ; et parce qu'ils ne s'abandonnent pas à certains désordres, ils ne doutent point
que Dieu, selon leur expression, ne leur fasse miséricorde. Or qu'ils écoutent un apôtre, et un des
plus grands apôtres, un prédicateur de l'évangile
et le docteur des nations. Qu'ils écoutent un saint
ravi jusqu'au troisième ciel, et qui, dans la plus
sublime contemplation, avoit appris *des secrets dont
il n'est permis à nul homme de parler.* Qu'ils écoutent un pénitent consumé de travaux, crucifié au
monde et à qui le monde étoit crucifié : c'est saint
Paul. Que dit-il de lui-même ? *Je châtie mon corps,
je le réduis en servitude :* pourquoi ? *de peur qu'après
avoir prêché aux autres, je ne sois réprouvé moi-
même* (1).

J'avoue que je ne lis point, ou n'entends point
ces paroles sans frayeur. Quel langage ! quel sentiment ! cet apôtre, ce maître des gentils, ce vaisseau d'élection, ce pénitent, Paul tremble ; et mille
gens dans le monde, tout au plus chrétiens, et
chrétiens encore très-imparfaits, se tiennent en assurance ! Il tremble, et que craint-il ? Est-ce seu-

(1) 1. Cor. 9. v. 17.

lement de déchoir en quelque chose de la perfection apostolique, et de ne parvenir pas dans le ciel à toute la gloire où il aspire ? Ce n'est point là de quoi il est question : mais il craint pour son salut, il craint pour son ame, il craint d'être condamné et rejeté parmi les réprouvés ; et tant de gens dans le monde n'observant qu'à demi les commandemens de la loi, bien loin de tendre à sa perfection, n'ont pas le moindre trouble sur leur disposition devant Dieu, et se mettent comme de plein droit au rang des prédestinés ! Il tremble, et où ? et en quelles conjonctures ? en quel ministère ? c'est en prêchant la parole de Dieu ; c'est en répandant la foi dans les provinces et dans les empires ; c'est en s'exposant à toutes sortes de périls et de souffrances pour le nom de Jésus-Christ. Au milieu de tout cela et malgré tout cela, il est en peine de son sort éternel ; et une infinité de gens dans le monde, tout occupés des affaires du monde, engagés dans toutes les occasions du monde, jouissant de toutes les douceurs du monde, sont au regard de leur éternité dans un repos que rien n'altère ! Il faut, ou que saint Paul ait été dans l'erreur, ou que nous y soyons : c'est-à-dire, il faut que saint Paul, par une timidité scrupuleuse, et par l'effet d'une imagination trop vive, portât la crainte à un excès hors de mesure, ou que, par une aveugle témérité, nous nous laissions flatter d'une espérauce ruineuse et mal fondée. Or, de soupçonner le grand Apôtre, inspiré de l'esprit de Dieu, d'avoir donné dans une pareille illusion, ce seroit un crime. C'est donc nous-mêmes qui nous abusons, et qu'est-ce de se tromper dans une affaire d'une telle conséquence ?

A Dieu ne plaise que je tombe dans un si terrible égarement ! pour m'en garantir, il n'y a point de vigilance que je ne doive apporter, ni de précaution que je ne doive prendre. Car ce ne sont point là de ces erreurs qu'on peut aisément réparer, ou dont les suites ne peuvent causer qu'un léger dommage. La perte pour moi seroit sans ressource; et pendant l'éternité toute entière, il ne me resteroit nul moyen de m'en relever. C'est donc à moi d'être incessamment sur mes gardes, et d'observer tous mes pas, comme un homme qui, dans une nuit obscure, marcheroit à travers les écueils et les précipices, et se trouveroit à chaque moment en danger de faire une chute mortelle et sans retour. Toute mon attention ne suffira pas pour me mettre dans une pleine assurance, et quoi que je fasse, j'aurai toujours sujet de craindre : car il sera toujours vrai, mon Dieu, que vos voies sont incompréhensibles, et vos jugemens impénétrables. Mais après tout, vous aurez égard aux mesures que je prendrai, aux vœux que je vous présenterai, aux œuvres que je pratiquerai, à tout ce que pourra me suggérer le zèle de mon salut, que vous avez confié à mes soins, et que vous avez fait dépendre, après votre grâce, de ma fidélité. Si ce n'est pas assez pour m'ôter toute défiance de moi-même, c'est assez pour affermir mon espérance en votre miséricorde, et pour la soutenir. Ce sage tempérament de défiance et d'espérance me servira de sauve-garde, et me préservera de deux extrémités que je dois également éviter; l'une est une défiance pusillanime, et l'autre une espérance présomptueuse. Par là j'attirerai sur moi la double bénédiction que le Prophète a promise au juste qui, tout ensemble, craint le Seigneur, et se confie dans le Seigneur.

Volonté générale de Dieu, touchant le Salut de tous les hommes.

DIEU veut-il me sauver? ne le veut-il pas? Si je m'attache à la vraie créance, qui est celle de l'Eglise, je décide sans hésiter, que Dieu veut mon salut, et qu'il le veut sincèrement, parce qu'il veut sincèrement le salut de tous les hommes.

Est-il rien qui nous ait été marqué en des termes plus exprès dans les divines Ecritures? et qui en croirons-nous, si nous n'en croyons pas Dieu même, lequel s'en est expliqué tant de fois par ses sacrés organes et en tant de manières différentes? Il n'y a qu'à parcourir ces saintes lettres et qu'à les lire, mais sans préjugé et sans obstination, mais avec une certaine bonne foi et une certaine simplicité de cœur, mais dans la vue de s'instruire, et non point dans un esprit de contradiction et de dispute; voici les idées que nous en remporterons et que tout d'un coup nous nous formerons : *Que Dieu ne veut pas qu'aucun homme périsse* (1); mais qu'il veut au contraire que tous se sauvent. Que c'est pour

(1) 2. Petr. 3.

cela même qu'il use de *patience* envers les pécheurs qui s'égarent de la voie du salut, et que pour les y faire rentrer, *il les appelle tous à la pénitence.* Qu'à la vérité il y aura peu d'élus, c'est-à-dire, qu'il y en aura peu qui parviendront au salut; mais que le nombre n'en sera si petit, que parce que les autres n'auront pas bien usé, comme ils le pouvoient, et comme ils le devoient, des grâces que Dieu, de toute éternité, leur avoit préparées, et des moyens qu'il leur avoit fournis dans le temps. Qu'entre les réprouvés il n'y en aura donc pas un seul qui puisse imputer à Dieu sa perte; mais qu'ils seront forcés de se l'imputer à eux-mêmes, en reconnoissant qu'il ne tenoit qu'à eux de se sauver, et que Dieu ne les a point laissé manquer des secours nécessaires pour arriver au bienheureux terme où il vouloit les conduire. Qu'il a envoyé son Fils pour être le médiateur, le rédempteur, le Sauveur de tout ce qu'il y a eu d'hommes dans le monde, et de tout ce qu'il y en aura jusqu'à la fin du monde : si bien que de même qu'il fait luire son soleil sur les bons et sur les méchans, ou de même qu'il fait tomber la rosée du ciel sur les uns et sur les autres, de même il a voulu que le sang de Jésus-Christ se répandît, sans exception de personne sur tout le genre humain, et qu'il effaçât toutes les iniquités de la terre.

Voilà, dis-je, ce que nous comprendrons à la simple lecture des divins oracles du Seigneur, et des saints livres où ils sont exprimés. Voilà ce qu'ils nous feront clairement entendre, quand nous les consulterons et que nous les prendrons dans le sens naturel qui se présente de lui-même. Il est bien étrange qu'il se trouve des gens qui, sur cela, deviennent ingénieux contre leur propre intérêt; et qui, par de vaines subtilités, cherchent à obscurcir des témoignages si formels et d'ailleurs si favorables.

Ne raisonnons point tant, ne soyons point si curieux d'innover, ni si jaloux de soutenir à nos dépens des doctrines particulières. La foi de nos pères nous suffit. Ce qu'ils ont cru de tout temps, nous devons le croire avec la même certitude. Car le moins que nous puissions penser d'eux et en dire, c'est assurément qu'ils avoient des lumières aussi relevées que les nôtres; qu'ils étoient aussi pénétrans que nous, aussi instruits que nous, aussi versés dans la connoissance des mystères de Dieu et dans la science du salut. Or voyant dans l'Ecriture, surtout dans l'évangile et dans les épîtres des apôtres, des termes si précis et si marqués touchant la prédestination divine, et le dessein que Dieu a de sauver tout le monde, ils se sont soumis sans résistance à une vérité qui leur étoit si authentiquement notifiée. Ils n'ont point eu recours, pour en éluder la force, à de frivoles distinctions. Ils n'ont point partagé le monde en deux ordres; l'un de ceux que Dieu a choisis et favorisés, l'autre de ceux qu'il a rejetés et entièrement délaissés. Ils auroient cru, par ce partage, faire injure à cette miséricorde infinie qui remplit tout l'univers, et en mal juger; ils auroient cru offenser le Dieu, le Créateur, le Père commun de tous les hommes; ils auroient cru se rendre homicides de leurs frères, en leur fermant ce sein paternel qui nous est ouvert, et d'où personne n'est exclus si lui-même il ne s'en sépare. Suivons des guides si sûrs, et entrons dans leurs sentimens. Au lieu de nous arrêter à des contestations et à des questions sans fin, ne pensons comme eux qu'à profiter du don de Dieu. Goûtons-le dans le silence de la méditation ; nous y trouverons non-seulement l'appui le plus ferme et la ressource la plus solide, mais encore une des plus douces et des plus sensibles consolations.

Car, dans la vive persuasion où je suis que Dieu a voulu et qu'il veut le salut de tout le monde, m'appliquant à moi-même ce grand principe, j'en tire les plus heureuses conséquences.

J'adore la bonté de Dieu, je l'admire, j'y mets ma confiance ; je me jette, ou pour mieux dire, je m'abîme dans le sein de cette Providence universelle qui embrasse toutes les nations, toutes les conditions, tous les états. Je vais à Dieu, et dans un sentiment d'amour et de reconnoissance, je lui dis avec le Prophète : O mon Dieu ! ô ma miséricorde ! Je mesure sa charité, toute immense qu'elle est, ou je tâche de la mesurer. J'en prends, pour parler de la sorte après l'Apôtre, toutes les dimensions. J'en considère la hauteur, la profondeur, la largeur, la longueur. Toutes ces idées me confondent, et je ne puis assez m'étonner de voir que cette charité divine s'étend jusqu'à moi ; jusqu'à moi vile poussière, jusqu'à moi créature ingrate et rebelle, jusqu'à moi pécheur de tant d'années et digne des plus rigoureux châtimens du ciel.

Si je me sens assailli de la tentation, et que je tombe dans la défiance et en certains doutes qui me troublent au sujet de ma prédestination éternelle, je me retrace fortement dans l'esprit ce souvenir si consolant que Dieu veut me sauver : *Et pourquoi vous affligez-vous, mon ame,* me dis-je à moi-même, comme David? *Pourquoi vous alarmez-vous? Espérez en Dieu; vous le pouvez : car c'est votre Dieu,* et il n'a pour vous que des pensées de paix (1). Si le zèle de ma perfection s'allume dans moi, et que par la pratique des bonnes œuvres je travaille à m'enrichir pour le ciel, ce qui redouble ma ferveur, c'est de savoir, ainsi que s'exprime saint Paul, que je n'agis, *que je ne combats point à l'aventure;* mais que Dieu, qui désire mon salut plus que moi-même, accepte tout ce que je fais, qu'il l'agrée, qu'il l'écrit dans le livre de vie, et qu'il est disposé à m'en tenir un compte exact et fidèle.

Si les remords de ma conscience me reprochent les désordres de ma vie, et que la multitude, la grièveté de mes péchés m'inspirent un secret désespoir d'en obtenir le pardon; pour me rassurer, je repasse cette parole de Jésus-Christ même : *Ce ne sont point les justes que je suis venu appeler, mais les pécheurs* (2). Touché de cette promesse, je m'anime, je m'encourage à entreprendre l'œuvre de ma conversion. Quelque difficile qu'elle me paroisse, nul obstacle ne m'effraie, rien ne m'arrête, parce que je me réponds de l'assistance de Dieu qui, voulant me sauver, veut par conséquent m'aider de sa grâce, et me soutenir dans mon retour et dans toutes les rigueurs de ma pénitence. Tels sont encore une fois les effets

(1) Ps. 42. — (2) Matth. 19.

salutaires de l'assurance où je dois être d'une volonté réelle et véritable dans Dieu, de ma sanctification et de mon salut.

Mais, par une règle toute contraire, du moment que ma foi viendra à chanceler sur ce principe incontestable; du moment que cette volonté de Dieu touchant mon salut, et touchant le salut de tout autre homme, me deviendra douteuse et incertaine, où en serai-je? Tout mon zèle s'amortira, toute ma ferveur s'éteindra : plus de pénitence, plus de bonnes œuvres : et pourquoi? parce que je ne saurai si ma pénitence et toutes mes bonnes œuvres me pourront être de quelque avantage et de quelque fruit devant Dieu.

Est-il rien en effet qui doive plus déconcerter tout le système d'une vie chrétienne, que cette pensée? Dieu peut-être veut me sauver, mais peut-être aussi ne le veut-il pas. On m'exhortera à servir Dieu, à m'acquitter fidèlement des devoirs de la religion; mais moi je dirai : Que sais-je si tous les soins que je me donnerai pour cela, si toutes les violences que je me ferai, si toute ma fidélité et mon exactitude ne me seront point inutiles, puisque je ne sais si Dieu veut me sauver? On me représentera la gloire du ciel, le bonheur des saints, leur récompense éternelle; mais moi je dirai : Que sais-je si je suis appelé à cette récompense, puisque je ne sais si Dieu veut me sauver? On me fera une peinture terrible des jugemens de Dieu, de ses arrêts, de ses vengeances, de tous les tourmens de l'enfer; mais moi je dirai : Que sais-je s'il est en mon pouvoir de l'éviter ce

enfer,

enfer, et si mon sort n'est pas déjà décidé, puisque
je ne sais si Dieu veut me sauver? A l'heure de ma
mort, on me montrera le crucifix, et l'on me criera:
Voilà, mon cher frère, voilà votre Sauveur, con-
fiez-vous en ses mérites et dans la vertu de son sang;
mais moi je dirai: Que sais-je si ce sang divin, ce
précieux sang a été répandu pour moi? que sais-je
si c'est le prix de ma rançon, puisque je ne sais si
Dieu veut me sauver?

Je le dirai, ou du moins je le penserai. Or quel
goût peut-on alors trouver dans toutes les pratiques
du christianisme? Avec quelle ardeur peut-on s'y
porter? à quelle tentation n'est-on pas exposé de
quitter tout, d'abandonner tout au hasard, et de se
laisser aller à sa bonne ou à sa mauvaise destinée?
Hélas! de ceux-là même qui croient, comme l'Eglise,
la vocation générale de tous les hommes au salut,
il y en a tant néanmoins qu'on ne sauroit déterminer
à en prendre le chemin, et à y persévérer: que sera-
ce de ceux qui ne voudront pas reconnoître cette
vocation, et qui douteront si Dieu s'est souvenu
d'eux, ou s'il ne les a point oubliés?

Non, dit le Seigneur, *je n'ai point oublié mon
peuple, non plus qu'une mère n'oublie point l'enfant
qu'elle a mis au monde, et à qui elle a donné la vie* (1).
Dieu ne dit pas en particulier qu'il n'a point oublié
celui-ci ni celui-là, parmi son peuple; mais il
marque son peuple en général. Or, tout indigne
que j'en puis être, je suis de ce peuple de Dieu; je
dis même de ce peuple choisi dont Dieu autrefois,

(1) Isaï. 49.

et dans un sens plus étroit, disoit : *Vous serez mon propre peuple.* Les Juifs en étoient la figure; et comme entre toutes les nations ils furent la nation spéciale-ment chérie du Seigneur, et appelée à la terre pro-mise par une préférence de prédilection, c'est ainsi que Dieu, par une faveur singulière, a formé de nous un peuple chrétien, c'est-à-dire un peuple qu'il a distingué de tous les autres peuples, et sur qui il paroît avoir des vues de salut plus efficaces et plus expresses. Quand donc, ce qui n'est pas, et ce que je ne pourrois penser que par une erreur grossière, quand, dis-je, il y auroit quelque lieu de douter que Dieu voulût le salut de tant d'infidèles qui n'ont jamais reçu les mêmes lumières ni les mêmes dons que moi; dès-là qu'il a plu à la Providence de me faire naître de parens chrétiens, et comme dans le sein de la foi; dès-là qu'au moment de ma naissance j'ai eu l'avantage, par la grâce du baptême, d'être régénéré en Jésus-Christ, et que je suis devenu, par un droit spécial, l'héritier de son royaume; dès-là même que, par une prérogative qui me sépare de tant d'hérétiques, sortis de la voie droite et engagés dans une voie de séduction, je me trouve au milieu de l'Eglise, en qui seule est la vérité, la vie, le salut: tout cela ne sont-ce pas de la part de Dieu des témoi-gnages certains d'une volonté bien sincère de me sauver ?

Il le veut; mais ce salut si important pour moi, le veux-je ? Il est bien étrange que dans une affaire qui me touche de si près, et qui m'est si essentielle, on puisse être en doute si je la veux véritablement, ou si je n'y suis pas insensible. Quoi qu'il en soit, parce que Dieu veut mon salut et le salut de tous les hommes, que n'a-t-il pas fait pour cela ? S'est-il contenté d'une volonté de simple complaisance, sans agir et sans en venir aux moyens nécessaires ? Du ciel même, et du trône de sa gloire, il nous a envoyé un Rédempteur ; ce Fils unique, ce Dieu-homme, il l'a livré à la mort, et à la mort de la croix. Où n'a-t-il pas communiqué les mérites infinis de cette rédemption surabondante ? A qui a-t-il refusé le sang de Jésus-Christ ? et pour descendre encore à quelque chose de moins commun et de personnel par rapport à moi ; dans son Eglise où il m'a adopté et dont je suis membre, quels secours ne me fournit-il pas ? que d'enseignemens pour m'instruire, que de ministres pour me diriger, que de sacremens pour me fortifier, que de grâces intérieures, que de pieuses pratiques pour me sanctifier ! Voilà comment Dieu m'a aimé, voilà par où il me fait évidemment connoître qu'il veut mon salut, et qu'il le veut sincèrement. Or, encore une fois, est-ce ainsi que je le veux ? je n'en puis mieux juger que par les effets : car si je le veux comme Dieu le veut, je dois par proportion y travailler comme Dieu y travaille ; c'est-à-dire, que je dois user de tous les moyens qu'il me présente et n'en omettre aucun ; que je dois éviter tout le mal qu'il me défend, et pratiquer tout le bien qu'il me commande ; que je dois être dans une vigilance et dans une action continuelle, pour profiter de toutes ses grâces, et pour mériter le saint héritage qu'il me destine, non point seulement comme un don de sa pure libéralité, mais encore comme la récompense de mes œuvres. Dire sans cela que je veux mon salut, c'est une contradiction; car vouloir le salut, et ne vouloir rien faire de tout ce qu'on sait indispensablement requis pour parvenir au salut, ne sont-ce pas dans une même volonté, deux sentimens incompatibles, et qui se détruisent l'un l'autre? Hé! nous tromperons-nous toujours nous-mêmes, chercherons-nous toujours à rejeter sur Dieu ce que nous ne devons imputer qu'à nous-mêmes, et qu'à la plus lâche et la plus profonde négligence?

Possibilité du Salut dans toutes les conditions du monde.

QUAND un homme du monde dit qu'il ne peut se sauver dans son état, c'est une mauvaise marque : car un des premiers principes pour s'y sauver, est de croire qu'on le peut. Mais c'est encore pis, quand persuadé, quoique faussement, que dans sa condition il ne peut faire son salut, il y demeure néanmoins : car un autre principe, non moins incontestable, c'est que dès qu'on ne croit pas pouvoir se sauver dans un état, il le faut quitter. J'ai, dites-vous, des engagemens indispensables, qui m'y retiennent; et moi je réponds que si ce sont des engagemens indispensables, ils peuvent dès lors s'accorder avec le salut; puisqu'étant indispensables pour vous, ils sont pour vous de la volonté de Dieu, et que Dieu, qui nous veut tous sauver, n'a point prétendu vous engager dans une condition où votre salut vous devînt impossible. Développons cette pensée ; elle est solide.

C'est un langage mille fois rebattu dans le monde, de dire qu'on ne s'y peut sauver : et pourquoi ? parce qu'on est, dit-on, dans un état qui détourne absolument du salut. Mais comment en détourne-t-il ? Est-ce par lui-même ? cela ne peut être, puisque c'est un état établi de Dieu ; puisque c'est un état de la vocation de Dieu ; puisque c'est un état où Dieu veut qu'on se sanctifie ; puisque c'est un état où Dieu, par une suite immanquable, donne à chacun des grâces de salut et de sanctification ; et non-seulement des grâces communes, mais des grâces propres et particulières que nous appelons pour cela grâces de l'état ; enfin, puisque c'est un état où un nombre infini d'autres, avant nous, ont vécu très-régulièrement, très-chrétiennement, très-saintement, et où ils ont consommé, par une heureuse fin, leur prédestination éternelle. Reprenons, et de tous ces points, comme d'autant de vérités connues, tirons pour notre conviction les preuves les plus certaines et les plus sensibles.

Un état que Dieu a établi. Car le premier instituteur de tous les états qui partagent le monde et qui composent la société humaine, c'est Dieu même, c'est sa providence. Il a été de la divine sagesse, en les instituant, d'y attacher des fonctions toutes différentes ; et de là vient cette diversité de conditions, qui sert à entretenir parmi les hommes, la subordination, l'assistance mutuelle, la règle et le bon ordre. Or, Dieu qui, dans toutes ses œuvres, envisage sa gloire, n'a point assurément été ni voulu être l'auteur d'une condition où l'on ne pût garder sa loi, où l'on ne pût s'acquitter envers lui des devoirs de la religion, où l'on ne pût lui rendre, par une pratique fidèle de toutes ses volontés, l'hommage et le culte qu'il mérite. Et comme c'est par là qu'on opère son salut, il faut donc conclure qu'il n'y a point d'état qui, de lui-même, y soit opposé, ni qui empêche d'y travailler efficacement.

Un état qui, établi de Dieu, est de la vocation de Dieu. C'est-à-dire, qu'il y en a plusieurs que Dieu destine à cet état, puisqu'il veut, et qu'il est du bien public, que chaque état soit rempli. Que serviroit-il en effet d'avoir institué des professions, des ministères, des emplois, s'ils devoient demeurer vides, et qu'il ne se trouvât personne pour y vaquer? Mais d'ailleurs, comment pourrions-nous accorder, avec l'infinie bonté de Dieu notre créateur et notre père, de nous avoir appelés à un état où il ne nous fût pas possible d'obtenir la souveraine béatitude pour laquelle il nous a formés, ni de mettre notre ame à couvert d'une éternelle damnation?

Un état où Dieu veut qu'on se sanctifie et qu'on se sauve. C'est le même commandement pour toutes les conditions, et c'étoit à des chrétiens de toutes les conditions que saint Paul disoit, sans exception : *La volonté de Dieu est que vous deveniez saints* (1). Voilà pourquoi il leur recommandoit à tous d'acquérir la perfection de leur état, et leur promettoit, au nom de Dieu, le salut comme la récompense de leur

(1) ﹒ Thess. 4.

fidélité. D'où il est évident que Dieu nous ordonnant ainsi de nous sanctifier dans notre état, quel qu'il soit, et voulant que par la sainteté de nos œuvres nous nous y sauvions, la chose est en notre pouvoir, suivant cette grande maxime, que Dieu ne nous ordonne jamais rien qui soit au-dessus de nos forces.

Un état aussi où Dieu ne manque point de nous donner des grâces de salut et de sanctification. Grâces communes et grâces particulières; grâces communes à tous les états; grâces particulières et conformes à l'état que Dieu, par sa vocation, nous a spéciale-ment destiné : les unes et les autres, capables de nous soutenir dans une pratique constante des obli-gations de notre état; capables de nous assurer contre toutes les occasions, toutes les tentations, tous les dangers où peut nous exposer notre état : capables de nous avancer, de nous élever, de nous perfec-tionner selon notre état. De sorte que partout et en toutes conjonctures, nous pouvons dire, avec l'humble et ferme confiance de l'Apôtre : *Je puis tout par le secours de celui qui me fortifie* (1).

Un état enfin où mille autres avant nous se sont sanctifiés et se sont sauvés. Les histoires saintes nous l'apprennent : nous en avons encore des témoignages présens; et quoique dans ces derniers siècles le dé-réglement des mœurs soit plus général que jamais, et qu'il croisse tous les jours, il est certain néanmoins que si Dieu nous faisoit connoître tout ce qu'il y a de personnes qui vivent actuellement dans la même condition que nous, nous y trouverions un assez

(1) Philip. 4.

grand nombre de gens de bien, dont la vue nous confondroit. Il est difficile que nous n'en connoissions pas quelques-uns, ou que nous n'en ayons pas entendu parler. Que ne faisons-nous ce qu'ils font ? que n'agissons-nous comme ils agissent ? que ne nous sauvons-nous comme ils se sauvent ? Sommes-nous d'autres hommes qu'eux, ou sont-ils d'autres hommes que nous ? Avons-nous plus d'obstacles à vaincre, ou les moyens de salut nous manquent-ils ? Reconnoissons-le de bonne foi : l'essentielle et la plus grande différence qu'il y a entre eux et nous, n'est ni dans l'état, ni dans les obstacles, ni dans les moyens, mais dans la volonté. Ils veulent se sauver, et nous ne le voulons pas.

De là qu'arrive-t-il ? parce qu'ils veulent se sauver, et qu'ils le veulent bien, ils se font, des peines et des engagemens de leur état, autant de sujets de mérite pour le salut ; et parce que nous ne voulons pas nous sauver ou que nous ne le voulons qu'imparfaitement, nous nous faisons, de ces mêmes engagemens et de ces mêmes peines, autant de prétextes pour abandonner le soin du salut. Je sais que pour se conduire en chrétien dans son état, que pour n'y pas échouer, et pour se préserver de certains écueils qui s'y rencontrent par rapport au salut, on a besoin de réflexion, d'attention sur soi-même, de fermeté et de constance : or, c'est ce qui gêne, et ce qu'on voudroit s'épargner. Au lieu donc de tout cela, on pense avoir plutôt fait de dire qu'on ne peut se sauver dans son état ; on tâche de se le persuader, et peut-être en vient-on à bout. Mais trompe-t-on Dieu? et quand un jour nous paroîtrons devant son tribunal, et que nous lui rendrons compte de notre ame, que lui répondrons-nous, lorsqu'il nous fera voir que cette prétendue impossibilité qui nous arrêtoit, n'étoit qu'une impossibilité supposée, qu'une impossibilité volontaire, qu'une lâcheté criminelle de notre part, qu'une foiblesse qui dès le premier choc se laissoit abattre, et qui, bien loin de nous justifier en ce jugement redoutable, ne doit servir qu'à nous condamner?

Mais pour mieux pénétrer le fond de la chose, je demande pourquoi nous ne pourrions pas allier ensemble les devoirs de notre état et ceux de la religion. Notre état, je le veux, nous engage au service du monde; mais ce service du monde, autant qu'il convient à notre condition, n'est point contraire au service de Dieu. Car quoi que nous puissions alléguer, trois vérités sont indubitables. 1. Que les devoirs du monde et ceux de la religion ne sont point incompatibles. 2. Qu'on ne s'acquitte jamais mieux des devoirs du monde, qu'en s'acquittant bien des devoirs de la religion. 3. Qu'on ne peut même satisfaire à ceux de la religion sans s'acquitter des devoirs du monde : et voilà de quelle manière nous pouvons et nous devons pratiquer cette excellente leçon du Sauveur des hommes : *Rendez à César*, c'est-à-dire au monde, *ce qui est à César, et rendez à Dieu ce qui appartient à Dieu* (1). L'un n'est point ici séparé de l'autre. Par où nous voyons, selon la pensée et l'oracle de notre divin

(1) Matth. 22.

maître, qu'il n'est donc point impossible de servir tout à la fois et conformément à notre état, Dieu et le monde, Dieu pour lui-même, et le monde en vue de Dieu.

J'ai ajouté, et c'est une vérité fondée sur la raison et sur l'expérience, qu'on ne s'acquitte jamais mieux de ce qu'on doit à son état et au monde, qu'en s'acquittant bien de ce qu'on doit à Dieu, parce qu'alors tout ce qu'on fait pour son état et pour le monde, on le fait pour Dieu et dans l'esprit de Dieu : or, le faisant dans l'esprit de Dieu et pour Dieu, on le fait avec une conscience beaucoup plus droite, avec un zèle plus pur et plus ardent, avec plus d'assiduité, de régularité, de probité. Un troisième et dernier principe, non moins vrai que les deux autres, c'est qu'on ne peut même s'acquitter pleinement de ce qu'on doit à Dieu, si l'on ne s'acquitte de ce qu'on doit à son état et au monde, puisque dès qu'on le doit au monde et à son état, Dieu veut qu'on y satisfasse, et que c'est là une partie de la religion.

De tout ceci, concluons que si notre état nous détourne du salut, ce n'est point par lui-même, mais par notre faute : car, bien loin que de lui-même ce soit un obstacle au salut, c'est, au contraire, la voie du salut que Dieu nous a marquée. Nous devons tous aspirer au même terme, mais nous n'y devons pas tous arriver par la même voie. Chacun a la sienne : or la nôtre, c'est l'état que Dieu nous a choisi ; et en nous y appelant, il nous dit : *Voilà votre chemin, c'est par là que vous marcherez* (1);

(1) Isaï. 30.

tout autre ne seroit point si sûr pour nous, dès qu'il seroit de notre choix, sans être du choix de Dieu.

Comment donc et en quel sens est-il vrai qu'on ne peut se sauver dans son état? c'est par la vie qu'on y mène et qu'on y veut mener, laquelle ne peut compatir avec le salut: mais on y peut vivre autrement; mais on y doit vivre autrement; mais on peut et on doit autrement s'y comporter.

Cet état expose à une grande dissipation par la multitude d'affaires qu'il attire, et cette dissipation fait aisément oublier les vérités éternelles, les pratiques du christianisme, le soin du salut. Le remède, ce seroit de ménager chaque année, chaque mois, chaque semaine, et même chaque jour, quelque temps pour se recueillir et pour rentrer en soi-même. Ce temps ne manqueroit pas, et on sauroit assez le trouver, si l'on y étoit bien résolu; mais pour cela, il faudroit prendre un peu sur soi, et c'est à quoi on ne s'est jamais formé. On se livre à des occupations tout humaines, on s'en laisse obséder et posséder; on en a sans cesse la tête remplie, le souvenir de Dieu s'efface, et on pense à tout, hors à se sauver.

Cet état donne des rapports qui obligent de voir le monde, de converser avec le monde, d'entretenir certaines habitudes, certaines liaisons parmi le monde : et personne n'ignore combien pour le salut il y a de risques à courir dans le commerce du monde. Le préservatif nécessaire, ce seroit d'abord de retrancher de ces liaisons et de ce commerce du monde ce qui est de trop ; ensuite, de se renouveler souvent, et de se fortifier par l'usage de la prière, de la confession, de la communion, de la lecture des bons livres : mais on ne veut point de toutes ces précautions, et on ne s'en accommode point. On se porte partout indifféremment et sans discernement ; tout foible, et tout désarmé, pour ainsi dire, qu'on est, on va affronter l'ennemi le plus puissant et le plus artificieux ; on suit le train du monde, on est de toutes ses compagnies, on en prend toutes les manières : et est-il surprenant alors que dans un air si corrompu l'on s'empoisonne, et qu'au milieu de tant de scandales, on fasse des chutes grièves et mortelles ? Je passe bien d'autres exemples, et j'avoue qu'en se conduisant de la sorte dans son état, il n'est pas possible de s'y sauver ; mais consultons-nous nous-mêmes, et rendons-nous justice. Qui nous empêche d'user des moyens que nous avons en main, pour mieux régler nos démarches et mieux assurer notre salut ? Ne le pouvons-nous pas ? or, de ne l'avoir pas fait lorsqu'on le pouvoit, lorsqu'on le devoit, lorsqu'il s'agissoit d'un si grand intérêt que le salut, quel titre de réprobation !

Il n'est donc point question pour nous sauver, de changer d'état ; et souvent même, comme nous l'avons déjà observé, ce changement pourroit préjudicier au salut, parce que le nouvel état qu'on embrasseroit ne seroit point proprement, ni selon Dieu, notre état : c'est-à-dire, que ce ne seroit point l'état qu'il auroit plu à Dieu de nous assigner dans le conseil de sa sagesse.

Il n'est point question de renoncer absolument au monde, et de nous ensevelir tout vivans dans des solitudes, pour n'être occupés que des choses éternelles, et pour ne vaquer qu'aux exercices intérieurs de l'ame. Cela est bon pour un petit nombre à qui Dieu inspire cette résolution, et à qui il donne la force de l'exécuter : mais après tout, que seroit-ce de la société humaine, si chacun prenoit ce parti? à quoi se réduiroit le commerce des hommes entre eux ; et sans ce commerce, comment pourroit subsister l'ordre et la subordination du monde ? Ainsi, rien de plus sage ni de plus raisonnable que la règle de saint Paul, lorsque écrivant aux premiers fidèles nouvellement convertis, il leur disoit : *Mes frères, demeurez dans les mêmes conditions où vous étiez quand il a plu à Dieu de vous appeler* (1) ; comme s'il leur eût dit : Dans ces conditions, vous pouvez être chrétiens, et vivre en chrétiens ; car ce n'est point précisément à la condition que la qualité de chrétien est attachée. Or, vivant en chrétiens et pratiquant dans vos conditions l'évangile de Jésus-Christ, vous vous sauverez, puisque c'est de cette vie chrétienne et de cette fidèle observation de la loi, que le salut dépend.

Voilà ce qu'une infinité de mondains ne veulent point entendre, parce qu'ils veulent avoir toujours de quoi s'autoriser dans leur vie mondaine, et que pour cela ils ne veulent jamais se persuader qu'ils puissent vivre chrétiennement dans leurs conditions. Ils sont merveilleux dans les idées qu'ils se forment,

(1) 1. Cor. 7.

et dans les discours qu'ils tiennent en certaines rencontres. Il semble qu'ils aient leur salut extrêmement à cœur, et qu'ils soient dans la meilleure volonté de s'y employer ; mais bien entendu que ce sera toujours dans un autre état que celui où ils se trouvent. O si je vivois, disent-ils, dans la retraite, et que je n'eusse à penser qu'à moi-même ! O si je ne voyois plus tant de monde, et que je pusse ne m'occuper que de Dieu ! mais le moyen d'être, au milieu même du monde, continuellement en guerre avec le monde, pour se défendre de ses attraits, pour agir contre ses maximes, pour se soutenir contre ses exemples, pour ne se laisser pas surprendre à ses illusions, ni emporter par le torrent qui en entraîne tant d'autres ? Quel moyen ? si l'on me le demande, je répondrai que la chose est difficile ; mais j'ajouterai qu'en matière de salut, à raison de son importance, il n'y a point de difficulté qui puisse nous servir de légitime excuse. Je dirai plus : car ces difficultés à vaincre et ces efforts à faire, ce sont les moyens de salut propres de notre état. Chaque condition a ses peines, et la Providence l'a ainsi réglé, afin que dans notre condition nous eussions chacun des sujets de mérite, par la pratique de cette abnégation évangélique en quoi consiste le vrai christianisme, et par conséquent le salut.

Voie étroite du Salut, et ce qui peut nous engager plus fortement à la prendre.

L'EVANGILE de Jésus-Christ est au-dessus de la raison ; mais on peut dire en même temps qu'il n'est rien de plus raisonnable : c'est la droiture et la vérité même. Il ne déguise point, il ne flatte point. Ce qui se peut faire sans peine, il le représente tout aussi aisé qu'il l'est, et ce qui porte avec soi quelque difficulté, il le propose comme difficile, et ne cherche point à l'adoucir par de faux tempéramens.

C'est ce que nous voyons au regard du salut : car au lieu que dans la conduite ordinaire, on ne découvre pas d'abord à un homme tous les obstacles qui pourroient le détourner d'une entreprise, et qu'au contraire on lui en cache une partie, afin de ne le pas étonner dès l'entrée de la carrière, et de ne lui pas abattre le cœur ; l'évangile n'use point de ces réserves touchant le salut ; il s'explique sans ménagement, et tout d'un coup il nous déclare que c'est une affaire qui demande les plus grands efforts.

Le Sauveur des hommes n'a rien omis pour nous le faire entendre. Il a mille fois insisté sur ce point ; et de toutes les vérités évangéliques, il semble que ce soit là celle dont il ait eu plus à cœur que nous fussions instruits, tant il l'a souvent répétée, et tant il a employé de termes, de figures, de tours différens à l'exprimer dans toute sa force. S'il parle de la voie du salut, il ne se contente pas de dire qu'elle est étroite ; mais par une exclamation qui marque

jusque dans ce Dieu-homme une espèce d'étonnement, il s'écrie : *Que cette voie est étroite !* S'il
parle du royaume que son Père nous a préparé, et
dont la possession n'est autre chose que le salut, il
nous avertit qu'*on ne l'emporte que par violence.*

Si, pour nous donner de ce salut des idées sensibles, il use de comparaisons, il nous le fait concevoir comme un somptueux édifice, mais qui coûte
des frais immenses à bâtir ; comme un trésor caché
mais qu'on ne trouve qu'à force de remuer la terre,
et de creuser ; comme une pierre précieuse, mais qu'on
n'achète qu'en se défaisant de tout le reste et le ven-
dant ; comme une moisson abondante, mais qu'on
ne recueille que dans la saison des fruits, et lorsque
par un travail assidu on a cultivé le champ du père
de famille ; comme un riche salaire, mais qu'on ne
reçoit que le soir, et qu'après avoir porté tout le
poids de la chaleur et du jour ; comme une ample
récompense, mais de quoi ? d'une ferveur dans la
pratique de la justice chrétienne, et d'un zèle semblable à une soif et à une faim dévorante ; d'un détachement au-dessus de tout intérêt temporel et
humain ; d'une pureté d'ame et d'une innocence de
mœurs, exempte des moindres taches ; d'une pénitence austère, et d'une mortification ennemie de
toutes les commodités et de tous les plaisirs des
sens ; d'une douceur que rien n'émeut ni n'aigrit,
dont rien ne trouble la paix, et qui s'applique partout à la maintenir ; d'une charité bienfaisante et
toute miséricordieuse, toujours prête à prévenir le
prochain, à le soulager et à l'aider ; d'une patience
                                                inaltérable

inaltérable dans les maux de la vie, et même au milieu des persécutions et des malédictions : car voilà le précis des enseignemens que Jésus-Christ, notre guide et notre maître, nous a tracés, autant par ses exemples que par ses paroles, sur l'affaire du salut : voilà le chemin qu'il nous a ouvert. Il n'y en a point d'autre, ni jamais il n'y en aura.

Or nous ne sentons que trop de combien d'épines ce chemin est semé, et combien il est rude à tenir, surtout dans l'extrême foiblesse où nous sommes. C'est pourquoi le même Fils de Dieu ne nous a pas dit simplement : Entrez dans ce chemin, mais, *efforcez-vous d'y entrer*, mais excitez-vous, animez-vous, et prenez à chaque pas un courage tout nouveau pour y avancer et y persévérer. Les Apôtres n'en ont point autrement parlé. Dans toutes leurs épîtres, ils ne nous prêchent que la fuite du monde, que la retraite, que le recueillement intérieur, que la défiance de nous-mêmes, que la pénitence, que l'abnégation, qu'une guerre continuelle de l'esprit contre la chair, que la mort de tous les appétits déréglés et de tous les désirs du siècle. La nature a beau se plaindre et murmurer, les élus de Dieu ne se sont jamais flattés là-dessus, et n'ont point imaginé de voie plus douce par où ils crussent pouvoir atteindre au port du salut.

On me dira que cette morale est bien sévère : hé ! qui en doute ? nous en convenons ; nous ne prenons point, en l'annonçant, de circuit ni de détour ; nous sommes prêts, ainsi qu'il nous est ordonné, de la publier sur les toits. Mais du reste, avec toute sa sévérité, cette morale subsiste toujours telle que nous l'avons reçue, et toujours elle subsistera. Tout cela est rigoureux, il est vrai; mais il n'est pas moins vrai, quelque rigoureux que tout cela soit, qu'il ne nous est pas permis d'en rien retrancher; il n'est pas moins vrai que quiconque refuse de s'assujettir à tout cela, est dans la voie de perdition, et qu'il n'y a point de salut pour lui; il n'est pas moins vrai que de prétendre modérer tout cela, expliquer tout cela par des interprétations favorables à la cupidité de l'homme et à nos inclinations sensuelles, c'est se tromper soi-même, et tromper ceux qu'on entraîne dans la même erreur; et qu'en se trompant ainsi soi-même et trompant les autres, on se damne et on les damne avec soi. Voilà ce qui ne peut être contesté, dès qu'on a quelque teinture de la morale chrétienne; et comme les portes de l'enfer ne prévaudront jamais contre l'Eglise de Jésus-Christ, je puis ajouter que jamais tous les artifices ni tous les prétextes de notre amour-propre ne prévaudront contre ces principes évangéliques, et contre les obligations étroites qu'ils nous imposent. Le ciel et la terre passeront, mais la parole du Seigneur ne passera point. Or, il nous a dit en venant parmi nous : *Ce n'est point la paix ni un repos oisif que je vous apporte; mais je viens vous mettre le glaive à la main* (1); je viens vous apprendre à vaincre tous les ennemis de votre salut, et surtout à vous vaincre vous-mêmes. N'espérons pas de changer cet ordre de la divine sagesse; mais

(1) Matth. 10.

ne pensons, pour nous y conformer, qu'à nous changer nous-mêmes.

On me demandera, qui pourra donc se sauver? Qui le pourra? ceux qui pratiqueront l'évangile. On ira plus loin, et on me demandera qui le pourra pratiquer, cet évangile dont la morale est si pure, et la perfection si relevée. Qui le pourra? ceux qui, par une volonté ferme et inébranlable, aidée de la grâce, s'y seront fortement déterminés. Mais on ne s'en tiendra pas encore là, et l'on me demandera enfin, qui pourra se déterminer à une vie aussi régulière, et aussi laborieuse que l'évangile nous la prescrit. Qui le pourra? ceux qui, par une solide et fréquente réflexion se seront bien rempli l'esprit et bien convaincus de l'importance du salut. Car quoique je l'aie déjà remarqué plus d'une fois, je le redis et je ne puis trop le redire, c'est de là que tout dépend; c'est-à-dire, de cette vive persuasion, de cette vue toujours présente, de cette idée du salut comme de l'affaire capitale, comme de l'unique affaire, comme d'une affaire qui seule, ou par son succès, doit faire notre bonheur souverain, ou par sa perte notre souverain malheur. Voilà le ressort qui remuera toutes les puissances de notre ame; voilà, après la grâce du Seigneur, le premier mobile d'où nous recevrons ces grandes impressions auxquelles rien ne résiste. Tellement que quelques combats qu'il y ait à soutenir, et quelques nœuds qu'il y ait à rompre, quelques charmes que le monde présente à nos yeux pour nous attirer et nous attacher, rien désormais ne nous touchera, ne nous

ébranlera, ne nous retiendra : pourquoi ? parce que
dans notre estime, nous ne mettrons rien en parallèle avec le salut.

Expliquons ceci par un exemple familier : la comparaison est très-naturelle. Le feu prend dans une
maison, il s'allume de toutes parts, il se communique,
il croît, l'embrasement est général ; chacun pense à
soi, tous prennent la fuite, on se sauve par où l'on
peut et comme l'on peut. Cependant un homme profondément endormi, ne sent pas le péril où il est
d'être consumé par les flammes et d'y périr ; on court
à lui, on l'éveille, il ouvre les yeux, il voit tout
en feu. A ce moment que fait-il ? délibère-t-il à se
sauver ? prend-il garde s'il lui sera facile de s'échapper ? un premier mouvement l'emporte, et ne lui
donne pas le loisir de rien examiner. S'il faut grim-
per sur un mur, s'il faut se précipiter d'un lieu
élevé, s'il faut passer à travers la flamme, point
de moyen qu'il ne tente. Pour éviter un danger,
il se jette dans un autre, et pour se garantir de la
mort qui le menace, il s'expose sans hésiter à mille
morts. D'où lui vient cette ardeur, cette agitation,
cette résolution ? c'est qu'il y va de la vie, et que de
tous les biens de ce monde nul ne lui est si cher que
la vie, parce qu'il sait que le fondement de tous les
biens de cette vie, c'est la vie même.

Belle image d'un chrétien qui revient de l'assoupissement où il étoit à l'égard du salut, et qui commence à bien connoître la conséquence infinie d'une
telle affaire, après en avoir mûrement considéré le
fond, le danger, les obstacles, toutes les suites. Il

se voit au milieu du monde comme au milieu du feu : passions ardentes qui dévorent les cœurs, fausses maximes qui corrompent les esprits, objets flatteurs qui fascinent les yeux, sales plaisirs qui amollissent les sens, exemples qui entraînent, occasions qui surprennent, discours libertins, scandales publics, intérêts sordides, injustices criantes, engagemens de la coutume, esclavage du respect humain, excès de la débauche, profanation des plus saints lieux, abus, sacriléges et impiétés : que dirai-je ? et peut-on avoir assez peu de connoissance pour ne savoir pas combien le monde est perverti, et combien il est capable de nous pervertir nous-mêmes ?

Comment se défendre de cette contagion répandue partout, et comment se mettre à couvert de ses atteintes ? comment, assailli de tous côtés, et assiégé de tant d'ennemis, leur faire face et en triompher ? comment repousser leurs attaques, éviter leurs surprises, parer à tous leurs traits ? en un mot, sur le penchant d'une ruine toujours prochaine, comment assurer tous ses pas, et sauver son ame ? Comment ? laissez agir ce chrétien éclairé de la lumière de Dieu et fortifié de sa grâce. C'est assez, qu'il se soit bien imprimé dans le souvenir l'excellence du salut ; c'est assez qu'il en ait connu le prix ; tant que cette pensée l'occupera, qu'elle le frappera, et que pour la conserver, il la renouvellera souvent et la rappellera, j'ose dire qu'alors il sera comme invulnérable et comme invincible. Il réprimera les passions les plus violentes, il détruira les habitudes les plus enracinées, il se roidira contre toute considération humaine, contre le torrent de la coutume, contre la chair et le sang, contre les objets les plus corrupteurs et les attraits des plaisirs les plus séduisans. Il s'adonnera aux exercices de la religion, sans en négliger aucun, ni par mépris, ni par délicatesse, ni par une vaine crainte des raisonnemens du public. Il les pratiquera fidèlement, exactement, constamment; et parce que cette assiduité est un joug, et pour plusieurs même, en mille conjonctures, un joug très-pesant, il se captivera, il se surmontera, il s'élèvera au-dessus de lui-même; jamais la peine ne l'étonnera.

A-t-elle étonné tant de solitaires, quand ils se sont confinés dans les déserts et retirés dans les plus sombres cavernes? A-t-elle étonné, tant de religieux, quand il se sont cachés dans l'obscurité du cloître et soumis à toutes ses austérités? A-t-elle étonné tant de vierges chrétiennes, quand elles ont sacrifié tous les agrémens de leur sexe, et qu'elles ont porté sur leur corps toutes les mortifications de Jésus-Christ? A-t-elle étonné tant de martyrs, quand ils se sont immolés comme des victimes, et livrés aux plus cruels tourmens? Il s'agit pour nous du même salut, dont l'espérance leur donnoit cette force supérieure et victorieuse. Fallût-il donc l'acheter par les mêmes supplices, par les mêmes sacrifices, nous y devons être disposés. Mais le sommes-nous en effet; et quoi que nous en disions, peut-on nous en croire, lorsqu'on nous voit céder honteusement et si vîte aux moindres difficultés? Car le christianisme, aussi-bien que le monde, est plein de ces faux braves qui, loin du péril témoignent une assurance merveilleuse, et à qui tout fait peur dans l'occasion.

Bizarre contradiction de notre siècle ! jamais dans les entretiens, dans les paroles, dans les leçons de morale, on n'a plus rétréci le chemin du salut, parce que les leçons et les paroles n'engagent à rien ; et jamais en même temps on ne l'a plus élargi dans la pratique et dans les œuvres, parce que ce sont les œuvres qui coûtent et que c'est la pratique qui mortifie. Ne cherchons, ni par une rigueur outrée, à le rétrécir jusqu'à le rendre impraticable, ni par un relâchement trop facile, à l'aplanir et à l'élargir jusqu'à lui ôter toute sa sévérité et tout son mérite. L'un nous conduiroit au désespoir, et l'autre nous perdroit par une trompeuse confiance.

Prenons le juste milieu de l'évangile, et sans donner dans aucune extrémité, souvenons-nous que la voie du ciel n'est point si étroite qu'on n'y puisse marcher ; mais aussi qu'elle l'est assez pour demander toute notre constance, et pour exercer toute notre vertu.

Cependant, pour la consolation de ceux à qui le zèle de leur salut inspire de suivre cette voie et d'y avancer, voici ce que j'ajoute, et ce que je puis appeler le miracle de la grâce. Car une expérience de tous les siècles depuis Jésus-Christ, l'auteur et le consommateur de notre foi, a fait connoître que cette voie, toute épineuse qu'elle est, devient d'autant plus douce qu'on y cherche moins de douceurs, et qu'on s'assujettit avec moins de ménagemens et moins de réserves à ses austérités les plus mortifiantes. Comment cela se fait-il? c'est aux ames qui l'éprouvent à nous en instruire, ou plutôt, c'est un de ces secrets dont saint Paul disoit, qu'il n'est permis à nul homme de les expliquer. Mais tout impénétrable qu'est ce mystère, il n'en est pas moins réel ni moins véritable. Car de quelque manière que ce puisse être, et en quelque sens que nous puissions l'entendre, il faut que la parole de Jésus-Christ s'accomplisse : c'est une parole divine, et par conséquent infaillible. Or cet adorable maître nous a dit que son joug est doux et son fardeau léger ; et en nous invitant à le prendre il nous a promis que nous y trouverons la paix. Ces termes de joug de fardeau marquent de la difficulté et de la pesanteur ; mais avec toute sa pésanteur, ce fardeau devient léger, et ce joug devient doux, dès que c'est le joug et le fardeau du Seigneur : pourquoi ? parce que la grâce y répand toute son onction, et qu'il n'est rien de si pesant ou de si amer dont cette onction céleste n'adoucisse l'amertume, et qu'elle ne fasse porter avec une sainte allégresse.

On en est surpris ; et, pour ainsi dire, on ne se comprend pas soi-même, tant on se trouve différent de soi-même. Au premier aspect de la voie étroite du salut, tous les sens s'étoient révoltés, et à peine se persuadoit-on qu'on y pût faire quelques pas ; mais du moment qu'on y est entré avec une ferme confiance, les épines, si j'ose user de ces figures, se changent en fleurs, et les chemins les plus raboteux s'aplanissent. *Ah ! Seigneur*, s'écrioit un grand saint, *vous m'avez heureusement trompé.* En m'en-rôlant dans votre milice, je m'attendois, selon les principes de votre évangile, à des assauts et à une guerre où je craignois que ma foiblesse ne succombât. Je me figurois une vie triste, pénible, ennuyeuse, sans repos, sans goût; et jamais mon cœur ne fut plus content, ni mon esprit plus calme et plus libre. Combien d'autres ont rendu le même témoignage? mais le mal est qu'on ne les en croit pas, et qu'on ne veut pas se convaincre par une épreuve personnelle et par son propre sentiment.

Soin du Salut, et l'extrême négligence avec laquelle on y travaille dans le monde.

CHERCHEZ *premièrement le royaume de Dieu et sa justice* (1). En ce peu de paroles, le Sauveur du monde nous donne une juste idée de la conduite que nous devons tenir à l'égard du salut. Ce salut, ce royaume de Dieu, c'est dans l'éternité que nous le devons posséder, c'est à la mort que nous le devons trouver; mais c'est dans la vie que nous le devons chercher. Si donc je ne le cherche pas dans la vie, je ne le trouverai pas à la mort; et si j'ai le malheur de ne le pas trouver à la mort, je ne le trouverai jamais, et dans l'éternité j'aurai l'affreux désespoir d'avoir pu le posséder, et de ne le pouvoir plus.

C'est, dis-je, dans la vie qu'il le faut chercher : car l'unique voie pour y arriver et pour le trouver, ce sont les bonnes œuvres, c'est la sainteté. Or ces

(1) Luc. 12.

bonnes œuvres, où les peut-on pratiquer? en cette vie et non en l'autre. Cette sainteté, où la peut-on acquérir? dans le temps présent et non dans l'éternité, sur la terre non dans le ciel. En effet, il y a cette différence à remarquer entre le ciel et la terre : la terre fait les saints, mais elle ne fait pas les bienheureux; et au contraire, le ciel fait les bienheureux, mais il ne fait pas les saints. Supposez de tous les saints celui que Dieu aura élevé au plus haut point de gloire dans le ciel, tout l'éclat de sa gloire n'ajoutera pas un seul degré à sa sainteté. Cet état de gloire couronnera sa sainteté, confirmera sa sainteté, consommera sa sainteté; mais il ne l'augmentera pas. Il la rendra plus durable, puisqu'il la rendra éternelle, mais il ne la rendra ni plus méritoire, ni plus parfaite.

C'est donc dès maintenant et sans différer, que nous devons donner nos soins à chercher le royaume de Dieu : mais encore, comment le faut-il chercher? *Premièrement*; c'est-à-dire que nous devons faire du salut notre première affaire : pourquoi? parce que c'est notre plus grande affaire. Règle divine, puisque c'est le Fils même de Dieu qui nous l'a tracée; règle la plus droite, la plus équitable, puisqu'elle est fondée sur la nature des choses, et qu'il est bien juste que le principal l'emporte sur l'accessoire; règle fixe et inviolable, puisque c'est une loi émanée d'en haut, et un ordre que Dieu a établi et qu'il ne changera jamais. Mais nous, toutefois, nous prétendons renverser cet ordre, nous entreprenons de contredire cette loi, nous voulons substituer à cette règle une règle toute opposée. Car Jésus-Christ nous dit : Cherchez d'abord le royaume de Dieu, et pour ce qui est du vêtement, de la nourriture, des biens de la vie, n'en soyez point en peine. Vous pouvez vous en reposer sur votre Père céleste qui vous aime, *et qui vous donnera toutes ces choses par surcroît* (1). Mais nous, au contraire, nous disons : Cherchons d'abord les biens de la vie, et pour ce qui regarde les biens de l'éternité, le royaume de Dieu, le salut, n'en soyons point en peine, mais confions-nous en la miséricorde du Seigneur : il est bon, il ne nous abandonnera pas.

Nous le disons, sinon de bouche, du moins en pratique, et c'est ainsi que raisonnèrent les conviés de l'évangile. Ils étoient invités à un grand repas; il falloit, pour y assister, certains habits de cérémonie, certains préparatifs; mais eux, tout occupés de leurs affaires temporelles, ils crurent qu'ils y devoient vaquer préférablement à l'invitation qu'on leur avoit faite. Ils ne doutèrent point qu'ils n'eussent sur cela de bonnes raisons pour s'excuser; et plein de confiance, l'un dit : Je me marie, et il faut que j'aille célébrer les noces; l'autre dit : J'ai acheté une terre, et je ne puis me dispenser de l'aller voir; un autre dit : J'ai à faire l'essai de cinq paires de bœufs qu'on m'a vendues. Tous conclurent enfin qu'ils avoient des choses plus pressées que ce repas dont il s'agissoit, et répondirent que ce seroit pour une autre fois. Or, qu'est-ce que ce grand repas? dans le langage de l'Ecriture, c'est le salut. Dieu nous y ap-

(1) Luc. 12.

pelle, et nous y appelle tous. Il ne se contente pas, pour nous y convier, de nous envoyer ses minis-tres et ses serviteurs : mais il nous a même envoyé son Fils unique. On nous avertit que de la part du maître tout est prêt, et qu'il ne reste plus que de nous préparer nous-mêmes, et de nous mettre en état d'être reçus au festin. Mais que répondons-nous ? J'ai d'autres affaires présentement, dit un mondain ; et quelles sont-elles ces autres affaires ? l'affaire de mon établissement, ajoute-t-il, l'affaire de mon agrandissement, les affaires de ma maison ; en un mot, tout ce qui regarde ma fortune temporelle.

Pour ces affaires humaines, que ne fait-on pas ! et cette fortune temporelle, à quel prix ne l'achète-t-on pas ! Est-il moyen qu'on n'imagine, est-il moyen, quelque pénible et quelque fatigant qu'il soit, qu'on ne mette en œuvre pour se pousser, pour s'avancer, pour se distinguer, pour s'enrichir, pour se main-tenir, soit à la cour, soit à la ville ? Il semble que le monde ait alors la vertu de faire des miracles, et de rendre possible ce qui de soi-même paroî-troit avoir des difficultés insurmontables, et être au-dessus des forces de l'homme. Il donne de la santé aux foibles, et leur fait soutenir des travaux, des veilles, des contentions d'esprit capables de rui-ner les tempéramens les plus robustes. Il donne de l'activité aux paresseux, et leur inspire un feu et une vivacité qui les porte partout, et que rien ne ralentit. Il donne du courage aux lâches, et malgré les horreurs naturelles de la mort, il les expose à tous les orages de la mer, et à tous les périls de la guerre. Il donne de l'industrie aux simples et leur suggère les tours, les artifices, les intrigues, les mesures les plus efficaces pour parvenir à leurs fins et pour réussir dans leurs entreprises. Voilà comment on cherche les biens du monde, et comment on croit les devoir chercher. De sorte que si l'on vient à bout de ses desseins, quoi qu'il en ait coûté, on s'estime heureux, et l'on ne pense point à se plaindre de tous les pas qu'il a fallu faire; et que si les desseins qu'on avoit formés échouent, ce n'est point de toutes les fatigues qu'on a essuyées, que l'on gémit, mais du mauvais succès où elles se sont terminées. Tant on est persuadé de cette fausse et dangereuse maxime, que pour les affaires du monde on ne doit rien épargner, et qu'elles demandent toute notre application.

Cependant que fait-on pour le salut; et quand il s'agit du royaume de Dieu, à quoi se tient-on obligé, et quelle diligence y apporte-t-on? Les uns en laissent tout à fait le soin; et tout le soin que les autres en prennent, se réduit à quelque extérieur de religion, pratiqué fort à la hâte, et très-imparfaitement. On ne s'en inquiète pas davantage : comme si cela suffisoit, et que Dieu dût suppléer au reste. En vérité, est-ce ainsi que le Sauveur des hommes nous a avertis de chercher ce royaume fermé depuis tant de siècles, et dont il est venu nous tracer le chemin et nous ouvrir l'entrée? Il veut que nous le cherchions comme un trésor : or, avec quelle ardeur agit un homme qui se propose d'amasser un trésor? on est attentif à la moindre espérance du gain, sensible à la plus petite perte, prudent pour discerner tout ce qui peut nous servir ou nous nuire ; courageux pour supporter tout le travail qui se présente ; tempérant pour s'interdire tout divertissement, toute dépense qui pourroit arrêter nos projets, et diminuer nos profits. Il veut que nous le cherchions comme une perle précieuse : or, cet homme de l'évangile qui a découvert une belle perle, ne perd point de temps, court dans sa maison, vend tout ce qu'il a, se défait de tout pour acheter cette perle dont il connoît le prix, et qu'il craint de manquer. Il veut que nous le cherchions comme notre conquête : or, à quels frais, à quels hasards, à quels efforts n'engage pas la poursuite et la conquête d'un royaume ? Il veut que nous le cherchions comme notre fin et notre dernière fin : or, en toutes choses la fin, et surtout la fin dernière, doit toujours être la première dans l'intention ; on ne doit viser que là, aspirer que là, agir que pour arriver là.

Et voilà pourquoi notre adorable maître ne nous a pas seulement dit : *Cherchez le royaume de Dieu* ; mais il ajoute : *et sa justice.* Qu'est-ce que cette justice, sinon ces œuvres chrétiennes, cette sainteté de vie sans quoi l'on ne peut prétendre au royaume éternel. Car je viens de le dire, et je ne puis trop le répéter, ce royaume n'est que pour les saints. Il n'est, ni pour les grands, ni pour les nobles, ni pour les riches, ni pour les savans : disons mieux, il est, et pour les grands, et pour les nobles, et pour les riches, et pour les savans, et pour tous les autres, pourvu qu'à la grandeur, qu'à la noblesse,

qu'à l'opulence , qu'à la science , qu'à tous les avantages qu'ils possèdent , ils joignent la sainteté. Tous
ces avantages sans la sainteté , seront réprouvés de
Dieu , et la sainteté sans aucun de ces avantages ,
sera couronnée de Dieu.

Mais cette justice , cette sainteté de vie , ce mérite
des œuvres, c'est ce qui ne nous accomode pas , et
ce que nous mettons , dans le plan de notre conduite ,
au dernier rang. Du moment qu'on veut nous en
parler , une foule de prétextes se présentent pour
nous tenir lieu d'excuses , ou de prétendues excuses :
on est trop occupé , on n'a pas le temps , on a des
engagemens indispensables et à quoi l'on peut à
peine suffire , on est incommodé, on est d'une complexion délicate , on est dans le feu de la jeunesse,
on est dans le déclin de l'âge ; en un mot , on a mille
raisons , toutes aussi spécieuses , mais en même temps
aussi fausses les unes que les autres.

Ce qu'il y a de plus déplorable , c'est qu'on se croit
par là bien justifié devant Dieu , lorsqu'on ne l'est
pas. Ces conviés qui s'excusèrent , ne doutèrent
point que le maître qui les avoit invités , ne fût très-
content d'eux et de ce qu'ils lui alléguoient pour ne
se pas trouver à son repas. Mais il en jugea tout autrement : il en fut indigné , et déclara sur l heure ,
*que jamais aucun de ces gens-là ne paroîtroit à sa
table* (1). Tel est de la part de Dieu le jugement qui
nous attend. Dès que nous refusons de travailler à
notre salut, et d'y travailler solidement, il nous rejette par une réprobation anticipée , et nous exclut

(1) Luc. 12.

de son royaume. Quel arrêt ! quelle condamnation !
Malheur à l'homme qui s'y expose. Ah ! nous avons
des affaires : mais du moins , pour ne rien dire de
plus , comptons le salut au nombre de ces affaires ,
et regardons – le comme une occupation digne de
nous.

Non-seulement elle en est digne , mais , par comparaison avec celle-là , nulle ne mérite nos soins ,
et tout ce que nous donnons de temps à toute autre
affaire , au préjudice de celle-là , ou indépendamment de celle-là , ne peut être qu'un temps perdu.
Je ne dis pas que c'est toujours un temps perdu
pour le monde, mais pour le salut : or , étant perdu
pour le salut, tout autre emploi que nous en faisons
n'est plus qu'un amusement frivole , et tout autre
fruit que nous en retirons n'est que vanité et illusion.

_Substitution des grâces du Salut ; les vues que Dieu
s'y propose , et comme il y exerce sa justice et sa
miséricorde._

DANS l'ordre du salut , il y a de la part de Dieu
des substitutions terribles ; c'est-à-dire , que Dieu
abandonne les uns , et qu'il appelle les autres ; que
Dieu dépouille les uns , et qu'il enrichit les autres ;
que Dieu ôte aux uns les grâces du salut , et qu'il
les transporte aux autres. Mystère de prédestination
certain et incontestable. Mystère qui , tout rigoureux
qu'il paroît et qu'il est en effet , ne s'accomplit néanmoins que selon les lois de la plus droite justice , et
que par le jugement de Dieu le plus équitable. Enfin ,

mystère

mystère où Dieu fait tellement éclater la sévérité de
sa justice, qu'il nous découvre en même-temps tous
les trésors de sa miséricorde, et les ressources inépuisables de sa providence : de sorte qu'à la vue de
ce grand mystère, je puis bien dire comme le Prophète. *Le Seigneur a parlé, et voici deux choses
que j'ai entendues tout à la fois* (1) ; *savoir*, que
le Dieu que j'adore est également redoutable par
son infinie puissance, et aimable par sa souveraine
bonté.

I. Mystère certain et incontestable, mystère de
foi. Toute l'Ecriture, surtout l'évangile, les épîtres
des apôtres, nous annoncent cette vérité, et les
exemples les plus mémorables l'ont confirmée jusque
dans ces derniers siècles. *Le royaume de Dieu vous
sera enlevé*, disoit le Sauveur du monde aux Juifs,
*et il sera donné à un peuple qui en produira les
fruits* (2). Le même Sauveur, et au même endroit,
en proposant la parabole de la vigne, ajoutoit : *Que
fera le maître à ces vignerons qui se sont révoltés
contre lui ? Il fera périr misérablement ces misé-
rables ; et il louera sa vigne à d'autres, qui la
cultiveront et prendront soin de la faire valoir* (3).
N'est-ce pas aussi selon cette conduite de Dieu,
que saint Paul et saint Barnabé eurent ordre d'aller
prêcher l'évangile aux Gentils, et qu'ils se retirèrent
de la Judée en prononçant cette espèce de malédiction : *Puisque vous rejetez la parole du salut, et
que vous vous jugez indignes de la vie éternelle,*

(1) Psal. 61. — (2) Matth. 21. — (3) *Ibid.*

voilà que nous nous tournons vers les nations ; car le Seigneur nous l'a ainsi ordonné (1).

Il y auroit cent autres témoignages à produire les plus évidens, et qui nous marquent deux sortes de substitutions : substitutions générales, et substitutions particulières. Substitutions générales d'une nation à une autre nation. Les Gentils ont pris la place des Juifs : *Ceux qui étoient enveloppés des plus épaisses ténèbres et assis à l'ombre de la mort, ont vu s'élever sur eux le plus grand jour, et ont été éclairés de la plus brillante lumière* (2) ; tandis que le peuple choisi de Dieu, que les enfans de la promesse sont tombés dans l'aveuglement le plus profond, et dans un abandonnement qui s'est perpétué de génération en génération, et d'où ils ne sont jamais revenus. Vengeance divine dont nous n'avons pas seulement la preuve dans cette nation réprouvée, mais ailleurs. On a vu des provinces, des royaumes, des empires, où la vraie Eglise de Jésus-Christ dominoit, et où la plus pure et la plus fervente catholicité formoit des milliers de saints, perdre tout à coup la foi de leurs pères, et se précipiter dans tous les abîmes où l'esprit de mensonge les a conduits ; pendant que cette même foi, proscrite et bannie, passoit au-delà des mers, et portoit le salut à des sauvages et à des infidèles. Voilà, dis-je, ce que l'on a vu, et de quoi nous avons encore devant les yeux les tristes monumens. Plaise au ciel de ne nous pas enlever un si riche talent, et que nous ne

_____

(1) Act. 13. — (2) Isaï. 19.

servions pas d'exemple à ceux qui viendront après nous, comme nous en servent ceux qui nous ont précédés. Le danger est plus à craindre et plus pressant que nous ne le croyons. Puissions-nous y prendre garde. Substitutions particulières, d'un homme à un autre homme. Dans l'ancienne loi, Jacob eut la bénédiction qui, par le droit d'aînesse, appartenoit à son frère Esaü : figure si familière à l'apôtre saint Paul, et qu'il met si souvent en œuvre. Dans la loi nouvelle. Saint Matthias succéda à Judas, déchu de l'apostolat. Entre quarante martyrs sur le point de consommer leur sacrifice, un fut vaincu et manqua de constance ; mais dans le moment même un autre fit le quarantième, et emporta la couronne. Ce n'est pas pour une fois que des solitaires, que des pénitens, que des justes se sont pervertis, et qu'en même temps des mondains, des pécheurs scandaleux, des impies ont été touchés, ont ouvert les yeux ; non-seulement sont revenus à Dieu, mais se sont élevés à la plus haute sainteté. On est encore quelquefois témoin de certaines chutes qui étonnent, et d'autre part on entend aussi parler de certaines conversions qui ne paroissent pas moins surprenantes. Chacun en juge selon sa pensée, et chacun prétend en connoître les véritables causes ; mais si nous pouvions approfondir les secrets de Dieu, nous trouverions souvent que cela s'est fait par un transport de grâces que celui-là a rejetées, et dont celui-ci a profité.

Quoi qu'il en soit, n'oublions jamais l'avis que saint Paul donnoit aux Romains, de ne se laisser

6.

point enfler des dons qu'ils avoient reçus ; mais de
se tenir toujours dans une crainte humble et salutaire. Si nous pouvons croire avec quelque confiance
que nous marchons dans le chemin du salut et de
la perfection chrétienne, humilions-nous à la vue
de tant d'autres, qui, après y avoir passé de longues
années, et y avoir fait incomparablement plus de
progrès que nous, ont eu le malheur d'en sortir,
et de s'engager dans la voie de perdition, où ils
ont péri. Et si nous voyons un pécheur plongé dans
toutes les abominations du vice et du libertinage,
ne pensons point avoir droit de le mépriser; mais
humilions - nous encore à la vue de tant d'autres
aussi corrompus, et, pour ainsi dire, aussi perdus
que lui, qui ont eu le bonheur de se reconnoître,
de se relever, d'acquérir, par la ferveur de leur
pénitence, un fonds de mérites que nous n'avons
pas, et de parvenir dans le ciel à un point de gloire
où nous ne pouvons guère espérer d'atteindre.
Voilà le grand sentiment que nous avons à prendre,
et dont nous ne devons point nous départir. Mais
avançons.

II. Mystère qui, tout rigoureux qu'il paroît, et
qu'il est en effet, ne s'accomplit néanmoins que selon les lois de la plus droite justice, et que par le
jugement de Dieu le plus équitable. Quand dans une
cour on voit la décadence d'un grand que le prince
éloigne de sa personne, qu'il bannit de sa présence,
qu'il dégrade de tous les titres d'honneur qui l'illus-
troient et le distinguoient, ce renversement de fortune, cette disgrâce répand dans les cœurs une ter-

reur secrète. On se regarde l'un l'autre ; et dans la
surprise où l'on se trouve , on mesure toutes ses
paroles, et l'on n'ose d'abord s'expliquer. Mais si l'on
apprend ensuite les justes sujets qu'a eus le maître
de frapper de son indignation ce favori, ce courtisan , et de retirer de lui ses dons, on revient alors
de l'étonnement où l'on étoit , on impute à la personne son propre malheur, et l'on traite la conduite
du prince, non point de sévérité, mais de punition
légitime et raisonnable.

Image parfaite de ce qui se passe entre Dieu et
l'homme. Quand on nous dit que Dieu délaisse une
ame, et qu'il ne lui donne plus, comme autrefois,
ses soins paternels ; qu'il ne fait plus descendre sur
cette terre stérile et déserte, ni la rosée du ciel pour
l'amollir, ni les rayons du soleil pour l'éclairer; qu'il
n'y croît plus que des ronces et des épines; quand
nous entendons cette affreuse malédiction que Dieu
lance contre son peuple : *Vous ne serez plus mon
peuple , et je ne serai plus votre Dieu* (1) ; quand
nous lisons au livre des rois cette triste parole de
Samuël à Saül, *le Seigneur vous a renoncé* (2) , et
que là même nous voyons comment l'esprit de
Dieu sort de ce prince malheureux , et va susciter
David pour occuper le trône d'Israël. Quand nous
pensons à cette menace prononcée par le Fils de
Dieu : *Plusieurs viendront de l'orient et de l'occident , et tout étrangers qu'ils sont, ils auront place
au festin avec Abraham , Isaac et Jacob dans le*

(1) Osée. 1. — (2) 1. Reg. 25.

royaume des cieux ; mais les enfans du royaume seront jetés dehors dans les ténèbres (1). Et quand enfin tout cela se vérifie à nos yeux, c'est-à-dire, quand nous sommes témoins de la corruption et du débordement des mœurs où se sont précipités des gens dont la vie, il y a quelques années étoit très-régulière, très-chrétienne, très-édifiante; et que nous faisons cette réflexion, qu'il a fallu pour en venir à de telles extrémités, qu'ils aient été étrangement abandonnés de Dieu, ces idées nous effraient. Nous nous figurons Dieu comme un juge formidable, nous tremblons sous sa main toute-puissante, nous adorons ses jugemens; mais autant que nous les révérons, autant nous les redoutons. On ne peut disconvenir qu'ils ne soient à craindre, et il est bon même que nous soyons touchés de cette crainte salutaire dont le Prophète royal souhaitoit d'être pénétré jusque dans la moelle de ses os. Mais après tout, nous avons d'ailleurs de quoi nous rassurer ; et voici comment. Car, suivant les principes de la religion, cette soustraction de grâces ne vient pas de Dieu primitivement, pour m'exprimer de la sorte, mais de nous-mêmes. Que veut dire cela? c'est que Dieu ne soustrait à l'homme la grâce, qu'après que l'homme par sa résistance s'en est rendu formellement indigne ; c'est que Dieu ne cesse de communiquer à l'homme son esprit, qu'après que l'homme, par une obstination volontaire et libre, lui a fermé l'entrée de son cœur ; c'est que Dieu n'abandonne l'homme et ne le retranche

(1) Matth. 8.

du nombre des justes, qu'après que l'homme a lui-même abandonné Dieu, et qu'il s'est livré à son sens réprouvé et aux ennemis de son salut.

Il ne tenoit qu'à cet homme d'écouter la voix de Dieu, de suivre la grâce de Dieu, d'être fidèle aux inspirations de l'esprit Dieu, de demeurer, avec l'assistance d'en haut, inviolablement attaché à Dieu; et Dieu alors l'eût toujours soutenu, lui eût toujours été présent par une protection constante, lui eût toujours fourni de nouveaux secours : car ne plaise au ciel que jamais nous donnions dans cette erreur si hautement condamnée par l'Eglise, savoir, qu'il y ait des justes que Dieu laisse manquer de grâces nécessaires, lors même qu'ils veulent agir, et qu'ils s'efforcent d'obéir à ses divines volontés, selon l'état et le pouvoir actuel où ils se trouvent ! Si donc Dieu interrompt, à notre égard, le cours de sa providence spirituelle, et laisse tarir pour nous les sources du salut, nous n'en pouvons accuser que nous-mêmes. Il a abandonné les Juifs; mais n'avoit-il pas, auparavant, recherché mille fois cette ingrate nation, et n'avoit-il pas employé mille moyens pour vaincre leur opiniâtreté, et pour amollir la dureté de leur cœur ? *Jérusalem, Jérusalem, toi qui verses le sang des prophètes, et qui lapides ceux qui te sont envoyés, combien de fois ai-je voulu rassembler tes enfans comme sous mes ailes, et tu ne l'as pas voulu ! Voilà que votre maison va être déserte* (1). Sans insister sur bien d'autres exemples assez connus, quoiqu'éloignés de nous, il abandonne tous les jours

(1) Luc. 23.

une infinité de pécheurs ; mais si nous pouvions pénétrer dans le secret de leurs ames , nous verrions combien , avant que d'en venir là , il fait d'efforts pour les attirer à lui et pour les gagner : *Je vous ai appelés , et vous vous êtes rendus sourds à ma parole ; je vous ai tendu les bras , et vous avez négligé de vous rendre à mes invitations ; vous avez méprisé mes conseils , et vous n'avez tenu nul compte de mes avertissemens ni de mes menaces : c'est pourquoi je vous méprise moi-même* (1). Or, qu'y a-t-il en cela de la part de Dieu que de raisonnable ? La conséquence que nous en devons tirer , c'est de prendre bien garde à nous, de redoubler chaque jour notre attention , de conserver chèrement le don de Dieu si nous l'avons ; de ne nous mettre jamais au hasard de perdre un talent si précieux ; de nous souvenir que nous le portons dans des vases très-fragiles , et que c'est néanmoins toute notre richesse et tout notre salut. Allons encore plus loin , et achevons.

III. Mystère où Dieu fait tellement éclater la sévérité de sa justice , qu'il nous découvre en même temps tous les trésors de sa miséricorde , et les ressources inépuisables de sa providence. Car je l'ai déjà dit , et c'est à quoi nous devons faire présentement une réflexion toute nouvelle : il n'en est pas de notre Dieu comme de ces maîtres intéressés qui reprennent leurs dons pour les avoir et pour les garder. Ce qu'il enlève d'une part , il le rend de l'autre ; mais à qui le rend-il ? à ceux que sa miséricorde choisit pour

(1) Prov. 1.

faire valoir ce que d'autres possédoient inutilement et ce qu'ils dissipoient. De sorte que les dons de Dieu, si je l'ose dire ainsi, ne font que changer de mains. Substitution où nous ne pouvons assez admirer, ni les adorables conseils de sa sagesse, ni les soins paternels de son amour. Et d'abord, c'est par de telles substitutions qu'il remplit le nombre de ses élus : car il veut que ce nombre soit complet ; *et faudra-t-il donc*, disoit l'Apôtre, *parce que quelques-uns ont été incrédules, que par leur obstination la parole de Dieu demeure sans effet* (1)? Faudra-t-il que les favorables desseins qu'il a plu à son infinie bonté de former sur le salut des hommes, soient arrêtés et renversés? non, sans doute; mais au défaut de l'un, il appellera l'autre ; l'étranger deviendra l'héritier, et l'esclave succédera au fils, lequel étoit né libre. Quand le père de famille apprend que ceux qu'il avoit invités à son festin ont refusé d'y venir, il ne veut pas pour cela que tous les apprêts qu'il a faits soient perdus; mais il ordonne sur l'heure, à son serviteur, d'aller dans toutes les rues de la ville, et de lui amener les pauvres, les paralytiques, les aveugles, les boiteux ; et quand, malgré tout ce qu'on a pu ramasser de monde, on lui rapporte encore qu'il y a des places qui restent, il donne un nouvel ordre qu'on cherche hors de la ville, dans les chemins et le long des haies, et qu'on presse les gens d'entrer : pourquoi ? *Afin*, dit-il, *que ma maison se remplisse* (2). C'est ainsi que les anges rebelles ayant laissé, par leur chute, comme un

(1) Rom. 3. — (2) Luc. 5.

grand vide dans le ciel, Dieu leur a substitué les hommes ; ne voulant pas que la damnation de ces esprits réprouvés interrompît le cours de ses largesses, ni qu'elle mît des bornes à sa miséricorde. Or, ce qui est vrai des anges à l'égard des hommes, l'est pareillement d'un homme à l'égard d'un autre homme.

De plus, c'est par ces mêmes substitutions que Dieu tourne le mal à bien, et que le péché sert au salut des pécheurs et à leur sanctification. Ce pécheur abusoit de telle grâce, et Dieu l'a transportée à cet autre, aussi pécheur, peut-être même plus pécheur que lui, mais qui, dans l'heureux moment où la grâce vient tout de nouveau le solliciter, cède enfin à l'attrait et le suit, se reconnoît, se convertit, comble de consolation toutes les personnes qui s'intéressent à son salut. Cet olivier sauvage, enté sur l'olivier franc dont les branches ont été rompues, produit des fruits au centuple, et d'excellens fruits. Ce pénitent efface tout le passé par la ferveur de sa pénitence ; il s'avance, il se perfectionne, il se fait un saint : voilà l'œuvre du Seigneur, voilà le miracle de sa droite, voilà ce qui répand l'édification sur la terre, et la joie dans toute la cour céleste. Ajoutez que souvent dans ces substitutions, la perte d'un petit nombre de pécheurs est plus que suffisamment, et même plus qu'abondamment compensée par le grand nombre des autres que Dieu prend de là occasion de sauver. Qu'étoit-ce que le peuple juif en comparaison de toutes les nations du monde ? Or parce que cette petite contrée n'a pas reçu la loi évangélique, à quelles nations et en quels lieux les apôtres ne l'ont-ils pas prêchée? Ils se sont dispersés dans le monde entier; ils y ont fait retentir le nom de Jésus-Christ; ils y ont procuré le salut d'une multitude innombrable d'élus. Maison d'Israël, ouvre les yeux, et vois en quelle solitude tu es restée; il n'y a plus pour toi ni temple, ni autel, ni prophète : mais du levant au couchant, du midi au septentrion, que de prédicateurs ont été envoyés, que de ministres ont été consacrés, que d'autels ont été erigés, que de temples ont été construits en l'honneur du Dieu immortel! Quelle moisson, quelle récolte, que tant d'ames qui l'ont connu, qui l'ont glorifié, qui se sont dévouées à lui et à son Fils unique, leur Messie et leur Sauveur! Tant il est vrai, et tant le Prophète a eu sujet de dire, *que les miséricordes du Seigneur sont au-dessus de ses jugemens.*

Mais ce n'est pas encore tout; et il me semble que dans les substitutions dont je parle, et dont je tâche autant qu'il m'est permis, de développer le profond mystère, je découvre quelques traits de la miséricorde divine à l'égard même du pécheur que Dieu prive de certaines grâces pour les répandre ailleurs. Car ces grâces, par l'abus que ce pécheur en faisoit, ne servoient qu'à le rendre plus criminel et plus redevable à la justice de Dieu : si bien que dans un sens, il vaut mieux pour lui de ne les point avoir, que de les tourner à sa ruine et à sa condamnation. Donnons à Dieu la gloire qui lui est due; reconnoissons en toutes choses la droiture et la sainteté de ses voies. Si, dans la vue des déréglemens de notre vie, nous

craignons qu'il ne nous ait abandonnés, ne nous
abandonnons point nous-mêmes; c'est-à-dire, ne
nous persuadons point qu'il n'y ait plus de retour à
espérer, ni de Dieu à nous, ni de nous à Dieu.
Tant que nous vivons en ce monde, il y a toujours
un fonds de grâces dont nous pouvons user. Avec ce
fonds de grâces, tout petit qu'il est, nous pouvons
gémir, prier, réclamer la bonté divine; et pourquoi
le Seigneur ne nous écouteroit-il pas? Heureux le
fidèle qui met toute son étude et toute son application à se pourvoir pour le salut; qui ne peut souffrir
sur cela le moindre déchet; qui, bien loin de se
laisser ravir ce qu'il possède, le fait croître chaque
jour, et ajoute mérites sur mérites. Il doit souhaiter
le salut de tous les hommes, il le doit demander à
Dieu, et c'est ce que la charité nous inspire; mais
avant le salut des autres, il doit demander le sien,
et le souhaiter par préférence : car, en matière de
salut, voilà le premier objet de notre charité.

Ah! quel sera le mortel dépit, quelle sera la
consternation de tant de réprouvés au jugement de
Dieu, quand il leur montrera les places qu'il leur
destinoit, et dont ils seront éternellement exclus!
Quand, dis-je, un ecclésiastique verra en sa place
un laïque; quand un religieux verra en sa place un
homme du siècle; quand un chrétien verra en sa
place un infidèle. Nous sommes si jaloux de garder
chacun nos droits et nos rangs dans le monde;
soyons-le mille fois encore plus de les pouvoir garder un jour dans le ciel.

Petit nombre des Elus ; de quelle manière il faut l'entendre, et le fruit qu'on peut retirer de cette considération.

Il est constant que le nombre des élus sera le plus petit, et qu'il y aura incomparablement plus de réprouvés. Or c'est une question que font les prédicateurs, savoir, s'il est à propos d'expliquer aux peuples cette vérité, et de la traiter dans la chaire, parce qu'elle est capable de troubler les ames, et de les jeter dans le découragement. J'aimerois autant qu'on me demandât s'il est bon d'expliquer aux peuples l'évangile, et de le prêcher dans la chaire. Hé ! qu'y a-t-il en effet de plus marqué dans l'évangile, que ce petit nombre des élus ? qu'y a-t-il que le Sauveur du monde dans ses divines instructions nous ait déclaré plus authentiquement, nous ait répété plus souvent, nous ait fait plus formellement et plus clairement entendre ? *Beaucoup sont appelés, mais peu sont élus.* (1) : c'est ainsi qu'il conclut quelques-unes de ses paraboles ! *Le chemin qni mène à la perdition, est large et spacieux*, dit-il ailleurs : *le grand nombre va là. Mais que la voie qui conduit à la vie est étroite ! il y en a peu qui y marchent. Faites effort pour y entrer* (2). Est-il rien de plus précis que ces paroles ? Voilà ce que le Fils de Dieu enseignoit publiquement ; voilà ce qu'il inculquoit à ses disciples, ce qu'il représentoit sous différentes figures, qu'il seroit trop long de rap-

(1) Matth. 2. — (2) Matth. 7.

porter. Sommes-nous mieux instruits que lui de ce qu'il convient ou ne convient pas d'annoncer aux fidèles ? Prêchons l'évangile, et prêchons-le sans en rien retrancher ni en rien adoucir ; prêchons-le dans toute son étendue, dans toute sa pureté, dans toute sa sévérité, dans toute sa force. Malheur à quiconque s'en scandalisera ; il portera lui-même, et lui seul, la peine de son scandale.

On dit : Ce petit nombre d'élus, cette vérité fait trembler ; mais aussi l'Apôtre veut-il que nous opérions notre salut avec crainte et avec tremblement. On dit : C'est une matière qui trouble les consciences ; mais aussi est-il bon de les troubler quelquefois, et il vaut mieux les réveiller en les troublant, que de les laisser s'endormir dans un repos oisif et trompeur. Enfin, dit-on, l'idée d'un si petit nombre d'élus décourage et désespère : oui, cette idée peut décourager et peut même désespérer quand elle est mal conçue, quand elle est mal proposée, quand elle est portée trop loin, et surtout quand elle est établie sur de faux principes et sur des opinions erronées. Mais qu'on la conçoive selon la vérité de la chose ; qu'on la propose telle qu'elle est dans son fond, et non point telle que nous l'imaginons ; qu'on la renferme en de justes bornes, hors desquelles un zèle outré et une sévérité mal réglée peuvent la porter ; qu'on l'établisse sur de bons principes, sur des maximes constantes, sur des vérités connues dans le christianisme : bien loin alors qu'elle jette dans le découragement, rien n'est plus capable de nous émouvoir, de nous exciter, d'allumer toute notre ardeur, et de nous engager à faire les derniers efforts pour assurer notre salut, et pour avoir place parmi la troupe bienheureuse des prédestinés. Il s'agit donc présentement de voir comment ce sujet doit être touché, quels écueils il y faut éviter, et selon quels principes il y faut raisonner, afin de le rendre utile et profitable.

Je l'avoue d'abord, et je m'en suis assez expliqué ailleurs, il y a certaines doctrines suivant lesquelles on ne peut prêcher le petit nombre des élus sans ruiner l'espérance chrétienne, et sans mettre ses auditeurs au désespoir. Par exemple, dire qu'il y aura peu d'élus parce que Dieu ne veut pas le salut de tous les hommes; parce que Jésus-Christ Fils de Dieu, n'a pas répandu son sang ni offert sa mort pour le salut de tous les hommes; parce qu'il ne donne pas sa grâce, ni ne fournit pas les moyens de salut à tous les hommes; parce qu'il réserve à quelques-uns ses bénédictions, qu'il épanche sur eux avec profusion toutes ses richesses et toutes ses miséricordes, tandis qu'il laisse tomber sur les autres toute la malédiction attachée à ce péché d'origine qu'ils ont apporté en naissant : je le sais, encore une fois, et j'en conviens, débiter dans une chaire chrétienne de pareilles propositions, et s'appuyer sur de semblables preuves, pour conclure précisément de là, que très-peu entreront dans l'héritage céleste, et parviendront à la vie éternelle, c'est scandaliser tout un auditoire, et ralentir toute sa ferveur en renversant toutes ses prétentions au royaume de Dieu. Chacun dira ce que les apôtres dirent au Sauveur du monde, et le dira avec bien plus de sujet qu'eux : *Si cela est de la sorte, qui est-ce qui pourra être sauvé* (1) *?* Aussi l'Eglise a-t-elle foudroyé de si pernicieuses erreurs, et a-t-elle cru devoir prévenir par ses anathèmes de si funestes conséquences.

Pour ne pas donner dans ces extrémités, et pour prendre le point juste où l'on doit s'en tenir, si j'entreprenois de faire un discours sur le petit nombre des élus, voici, ce me semble, quel en devroit être le fond. Je poserois avant toutes choses les principes suivans.

1. Que nous avons tous droit d'espérer que nous serons du nombre des élus. Droit fondé sur la bonté et sur la miséricorde de Dieu, qui nous aime tous comme son ouvrage, et dont la providence prend soin de tous les êtres que sa puissance a créés; droit fondé sur les promesses de Dieu, qui nous regardent tous, surtout comme chrétiens : car c'est à nous, aussi bien qu'aux fidèles de Corinthe, que saint Paul disoit : *Ayant donc, mes très-chers frères, de telles promesses de la part du Seigneur, purifions-nous de toute souillure, et achevons de nous sanctifier dans la crainte de Dieu* (2). Droit fondé sur les mérites infinis de Jésus-Christ, auxquels nous participons tous, et en vertu desquels nous pouvons et nous devons tous le reconnoître comme notre Sauveur; droit fondé sur la grâce de notre adoption, puisque nous tous qui avons été baptisés en Jésus-Christ, *nous avons acquis un pouvoir spécial de*

(1) Matth. 19. — (2) 2. Cor. 1.

devenir

devenir enfans de Dieu (1). Or tous les enfans ont droit à l'héritage du père, et par conséquent, en qualité d'enfans de Dieu, nous avons tous droit à l'héritage de Dieu.

2. Que non-seulement nous sommes tous en droit, mais dans une obligation indispensable, d'espérer que nous serons du nombre des élus. Comment cela? c'est que Dieu nous commande à tous d'espérer en lui, de même qu'il nous commande à tous de croire en lui et de l'aimer. L'espérance en Dieu est donc pour nous d'une obligation aussi étroite, que la foi et que l'amour de Dieu. Or, être obligé d'espérer en Dieu, c'est être obligé d'espérer le royaume de Dieu, la possession éternelle de Dieu, la gloire et le bonheur des élus de Dieu : de sorte qu'il ne nous est jamais permis, tant que nous vivons sur la terre, de nous entretenir volontairement dans la pensée et la créance formelle que nous serons du nombre des réprouvés : pourquoi? parce que dès-lors nous ne pourrions plus pratiquer la vertu d'espérance, ni en accomplir le commandement.

3. Qu'il n'y a point même de pécheur qui ne doive conserver cette espérance; qui ne commette un nouveau péché, quand il vient à perdre cette espérance; qui ne se rende coupable du péché le plus énorme, ou plutôt qui ne mette le comble à tous ses péchés, quand il renonce tout à fait à cette espérance, et qu'il l'abandonne. Car, comme je l'ai déjà fait remarquer, on peut être actuellement pé-

(1) Joan. 1.

cheur et être un jour au nombre des élus ; témoin
saint Pierre, témoin saint Paul, témoin Magdeleine. Ce n'est pas, à Dieu ne plaise, en demeurant
toujours pécheur, mais en se convertissant. Or il
n'y a point de pécheur dont Dieu ne veuille la
conversion : *Ce n'est point la mort des pécheurs que
je demande ; mais je veux qu'ils se convertissent et
qu'ils vivent* (1). Il n'y a point de pécheur que
Jésus-Christ ne soit venu chercher et racheter :
*Lorsque nous étions encore pécheurs et ennemis de
Dieu, nous avons été réconciliés par son Fils* (2).
Il n'y a point de pécheur qui ne doive réparer ses
péchés par une vie pénitente : *Si vous ne faites
pénitence, vous périrez tous* (3). Donc tout cela
étant essentiellement lié avec l'espérance en Dieu,
il n'y a point de pécheur qui ne la doive toujours
garder dans son cœur, quelque pécheur qu'il soit
du reste, et en quelque abîme qu'il se trouve
plongé.

Ces principes supposés comme autant de maximes
incontestables, j'examinerois ensuite, non point s'il
y aura peu d'élus, puisque Jésus-Christ nous l'a lui-
même marqué expressément dans son évangile,
mais pourquoi il y en aura peu ; et il ne me seroit
pas difficile d'en donner la raison, savoir, qu'il y en
a peu et fort peu qui marchent dans la voie du salut, et qui veuillent y marcher. Je ne dis pas qu'il
y en a peu qui puissent y marcher : car une autre
vérité fondamentale que j'établirois, c'est que nous
le pouvons tous avec la grâce divine, qui ne nous

(1) Ezech. 53. — (2) Rom. 5. — (3) Luc. 13.

ést point pour cela refusée; que tous, dis-je, nous pouvons, chacun dans notre état, accomplir ce qui nous est prescrit de la part de Dieu pour mériter lá couronne, et pour assurer notre salut. Sur quoi je reprendrois et je conclurois, que si le nombre des élus sera petit, même dans le christianisme, c'est par la faute et la négligence du grand nombre des chrétiens; que c'est par leur conduite toute mondaine, toute païenne, toute contraire à la loi qu'ils ont embrassée, et à la religion qu'ils professent.

De là, prenant l'évangile et entrant dans le détail, je dirois : A qui est-ce que le salut est promis? à ceux qui se font violence : *Depuis le temps de Jean-Baptiste jusques à présent, le royaume des cieux se prend par force, et ceux qui y emploient la force, le ravissent* (1); à ceux qui se renoncent eux-mêmes, qui portent leur croix, qui la portent chaque jour, et qui consentent à la porter : *Si quelqu'un veut venir après moi, qu'il renonce à soi-même, qu'il prenne sa croix, qu'il la porte tous les jours et qu'il me suive* (2); à ceux qui observent les commandemens, surtout les deux commandemens les plus essentiels, qui sont l'amour de Dieu et la charité du prochain : *Vous aimerez le Seigneur votre Dieu de tout votre cœur, et votre prochain comme vous-même; faites cela, et vous vivrez* (3); à ceux qui travaillent pour Dieu, qui agissent selon Dieu, qui pratiquent les bonnes œuvres, et font en toutes choses la volonté de Dieu : *Ceux qui me disent : Seigneur, Seigneur, n'entreront pas tous dans*

(1) Matth. 11. — (2) Matth. 16. — (3) Luc. 10.

7.

le royaume des cieux : mais celui qui fera la vo-
lonté de mon Père céleste, celui-là entrera dans le
royaume des cieux (1) ; à ceux qui mortifient leurs
passions, qui surmontent les tentations, qui s'éloignent des voies du monde et de ses scandales, qui
se préservent du péché, qui se maintiennent dans
l'ordre, dans la règle, dans l'innocence, ou qui se
relèvent au moins par la pénitence, et y persévè-
rent jusqu'à la mort. Voilà le caractère des élus ;
mais sans cela ce seroient immanquablement des réprouvés. Or, y en a-t-il beaucoup parmi les chrétiens mêmes, à qui ces caractères conviennent ? Là-
dessus je renverrois à l'expérience : c'est la preuve
la plus sensible et la plus convaincante. Sans juger
mal de personne en particulier, ni damner personne, il suffit de jeter les yeux autour de nous, et
de parcourir toutes les conditions du monde, pour
voir combien il y en a peu qui fassent quelque
chose pour gagner le ciel ; peu qui sachent profiter
des croix de la vie, et qui les reçoivent avec soumission ; peu qui donnent à Dieu ce qui lui est dû,
qui l'aiment véritablement, qui le servent fidèlement, qui cherchent à lui plaire en accomplissant
ses saintes volontés ; peu qui s'acquittent envers le
prochain des devoirs de la charité, qui en aient
dans le cœur les sentimens, et qui dans la pratique
en exercent les œuvres ; peu qui veillent sur eux-
mêmes, qui fuient les occasions dangereuses, qui
combattent leurs passions, qui résistent à la tentation de l'intérêt, à la tentation de l'ambition, à la

(1) Matth. 7.

tentation du plaisir, à la tentation de la vengeance , à la tentation de l'envie, à toutes les autres, et qui ne tombent, en y succombant, dans mille péchés ; peu qui reviennent de leurs égaremens, qui se dégagent de leurs habitudes vicieuses, qui fassent, après leurs désordres passés, une pénitence solide, efficace, durable. Et quel est aussi le langage ordinaire sur la corruption des mœurs ? ce ne sont point seulement les gens de bien, mais les plus libertins qui en parlent hautement. N'entend-on pas dire sans cesse que tout est renversé dans le monde ; que le déréglement y est général ; qu'il n'y a ni âge, ni sexe, ni état, qui en soit exempt ; qu'on ne trouve presque nulle part ni religion, ni crainte de Dieu, ni probité, ni droiture, ni bonne foi, ni justice, ni charité, ni honnêteté, ni pudeur ; que ce n'est partout, ou presque partout, que libertinage, que dissolution, que mensonge, que tromperies, qu'envie de s'agrandir et de dominer, qu'avarice, qu'usure, que concussions, que médisances, qu'un monstrueux assemblage de toutes les iniquités ? Voilà comment on nous représente le monde ; voilà quelle peinture on en fait, et comment on s'en explique. Or, parler de la sorte, n'est-ce pas rendre un témoignage évident du petit nombre des élus ?

Et si l'on se retranchoit à me dire que c'est la mort, après tout, qui décide du sort éternel des hommes ; que ce n'est ni du commencement, ni même du cours de la vie, que dépend absolument le salut, mais de la fin, et que tout consiste à mourir dans des dispositions chrétiennes : il est vrai, répondrois-je ; mais on ne peut guère espérer de mourir dans ces dispositions chrétiennes, qu'après y avoir vécu ; et puisqu'il y en a très-peu qui y vivent, je conclurois qu'il y en a très-peu qui y meurent. Car il me seroit aisé de détruire la fausse opinion des mondains, qui se persuadent que pour bien finir et pour mourir chrétiennement, il n'est question que de recevoir dans l'extrémité de la maladie les derniers sacremens de l'Eglise, et de donner certains signes de repentir. Ah! qu'il y a là-dessus d'illusions ! A peine oserois-je déclarer tout ce que j'en pense.

Non, certes, il ne s'agit point seulement de les recevoir ces sacremens si saints en eux-mêmes et si salutaires : mais il faut les recevoir saintement, c'est-à dire, qu'il faut les recevoir avec une véritable conversion de cœur, et voilà le point de la difficulté. Je n'entreprendrois pas d'approfondir ce terrible mystère, et j'en laisserois à Dieu le jugement. Mais du reste, n'ignorant pas à quoi se réduisent la plupart de ces conversions de la mort, de ces conversions précipitées, de ces conversions commencées, exécutées, consommées dans l'espace de quelques momens où l'on ne connoît plus guère ce que l'on fait; de ces conversions qui seroient autant de miracles, si c'étoient de bonnes et de vraies conversions : et sachant combien il y entre souvent de politique, de sagesse mondaine, de cérémonie, de respect humain, de complaisance pour des amis ou des parens, de crainte servile et toute naturelle, de demi-christianisme, je m'en tiendrois au sentiment de saint Augustin, ou plutot à celui de tous les Pères, et je dirois en général, *qu'il est bien à craindre que la pénitence d'un mourant, qui n'est pénitent qu'à la mort, ne meure avec lui, et que ce ne soit une pénitence réprouvée.* A ce nombre, presque infini de faux pénitens à la mort, j'ajouterois encore le nombre très-considérable de tant d'autres que la mort surprend, qu'elle enlève tout d'un coup, qui meurent sans sacremens, sans secours, sans connoissance, sans aucune vue ni aucun sentiment de Dieu. Et de tout cela, je viendrois, sans hésiter, après le Sauveur du monde, à cette affreuse conséquence : *Beaucoup d'appelés, et peu d'élus* (1).

Cette importante matière, traitée de la sorte, ne doit produire aucun mauvais effet, et en peut produire de très-bons. Elle ne doit désespérer personne, puisqu'il n'y a personne qui ne puisse être du petit nombre des élus. Je dis plus, et quand il y en auroit quelques-uns que ce sujet désespérât, qui sont-ils? ceux qui ne veulent pas bien leur salut; ceux qui ne sont pas déterminés comme il le faut être, à tout entreprendre et à tout faire pour leur salut; ceux qui prétendent concilier ensemble et accorder une vie molle, sensuelle, commode, et le salut; une vie sans œuvres, sans gêne, sans pénitence, et le salut; l'amour du monde, et le salut; les passions, les inclinations naturelles, et le salut : ceux qui cherchent à élargir, autant qu'ils peuvent, le chemin du salut, et qui ne sauroient souffrir qu'on le leur propose aussi étroit qu'il l'est, parce qu'ils ne sauroient se

(1) Matth. 22.

résoudre à tenir une route si difficile. Ceux-là, j'en conviens, à l'exemple de ce jeune homme qui vint consulter le Fils de Dieu, s'en retourneront tout tristes et tout abattus : mais cette tristesse, cet abattement, ils ne pourront l'attribuer qu'à eux-mêmes, qu'à leur foiblesse volontaire, qu'à leur lâcheté; et tout bien examiné, il vaudroit mieux, si je l'ose dire, les désespérer ainsi pour quelque temps, que de les laisser dans leur aveuglement et leurs fausses préventions sur l'affaire la plus essentielle, qui est le salut.

Quoi qu'il en soit, tout auditeur sage et chrétien profitera de cette pensée du petit nombre des élus, et saisi d'une juste frayeur, il apprendra : 1. à redoubler sa vigilance, et à se prémunir plus que jamais contre tous les dangers où peut l'exposer le commerce de la vie; 2. à ne pas demeurer un seul jour dans l'état du péché mortel, s'il lui arrive quelquefois d'y tomber; mais à courir incessamment au remède, et à se relever par un prompt retour; 3. à se séparer de la multitude, et par conséquent du monde; à s'en séparer, dis-je, sinon d'effet (car tous ne le peuvent pas) au moins d'esprit, de cœur, de maximes, de sentimens, de pratiques; 4. à suivre le petit nombre des chrétiens vraiment chrétiens, c'est-à-dire, des chrétiens réglés dans toute leur conduite, fidèles à tous leurs devoirs, assidus au service de Dieu, charitables envers le prochain, soigneux de se perfectionner et de s'avancer par un continuel exercice des vertus, dégagés de tout intérêt humain, de toute ambition, de tout attachement profane, de tout ressentiment, de toute fraude, de toute injustice, de tout ce qui peut blesser la conscience et la corrompre; 5. à prendre résolument et généreusement la voie étroite, puisque c'est l'unique voie que Jésus-Christ est venu nous enseigner; à s'efforcer, selon la parole du même Sauveur, et à se roidir contre tous les obstacles, soit du dedans, soit du dehors, contre le penchant de la nature, contre l'empire des sens, contre le torrent de la coutume, contre l'attrait des compagnies, contre les impressions de l'exemple, contre les discours et les jugemens du public; n'ayant en vue que de se sauver, ne voulant que cela, ne cherchant que cela, n'étant en peine que de cela; 6. enfin, à réclamer sans cesse la grâce du ciel, à recommander sans cesse son ame à Dieu, et à lui faire chaque jour l'excellente prière de Salomon : *Dieu de miséricorde, Seigneur, donnez-moi la vraie sagesse*, qui est la science du salut, *et ne me rejetez jamais du nombre de vos enfans* (1), qui sont vos élus. Oui, mon Dieu, souvenez-vous de mon ame; souvenez-vous du sang qu'elle a coûté. Elle vous doit être précieuse par là. Sauvez-la, Seigneur, ne la perdez pas, ou ne permettez pas que je la perde moi-même : car si jamais elle étoit perdue, c'est de moi-même que viendroit sa perte. Je la mets, mon Dieu, sous votre protection toute-puissante, mais en même temps, je veux, à quelque prix que ce soit, la conserver : je redoublerai pour cela tous mes efforts; je n'y épargnerai rien. Telle est ma résolution, Seigneur; et puisque c'est vous

(1) Sap. 9.

qui me l'inspirez, c'est par vous que je l'accomplirai.

Heureux le prédicateur qui renvoie ses auditeurs en de si saintes dispositions! Son travail est bien employé, et tout sujet qui fait naître de pareils sentimens, ne peut être que très-solide et très-utile.

Pensées diverses sur le Salut.

J'ENTENDS dire assez communément dans le monde, au sujet d'un homme qui, après avoir passé toute sa vie dans les affaires humaines, quitte une charge, se démet d'un emploi, et se retire : *Il n'a plus rien maintenant qui l'occupe ; il va penser à son salut.* Il y va penser? Hé quoi! il n'y a donc point encore pensé? il a donc attendu jusqu'à présent à y penser? il a donc vécu depuis tant d'années dans un danger continuel de mourir sans avoir pris soin d'y penser? le salut étoit donc pour lui une de ces affaires auxquelles on ne pense que lorsqu'il ne reste plus rien autre chose à quoi penser? Quel aveuglement! Quel renversement!

Il fera bien néanmoins d'y penser; car il vaut mieux, après tout, y penser tard, que de n'y penser jamais : mais en y pensant, qu'il commence par se confondre devant Dieu, de n'y avoir pas pensé plus tôt. Qu'il tienne pour perdu le temps où il n'y a pas pensé, l'eût-il employé dans les plus grands ministères, et eût-il paru dans le plus grand éclat. Qu'il comprenne que, si les autres affaires ont leur temps particulier, l'affaire du salut est de tous les temps, et que tout âge est mûr pour le ciel. Qu'il admire la patience de Dieu, qui ne s'est point lassé de ses retardemens. Surtout qu'il agisse désormais, qu'il redouble le pas, et qu'il se souvienne *que la nuit approche* (1), et que plus le jour baisse, plus il doit hâter sa marche. Ce ne sera pas en vain : le juste, dont parle le Sage, dans l'étroit espace d'une première jeunesse, *fournit une ample carrière et anticipe un long avenir* (2); pourquoi le mondain revenu du monde, en reprenant la voie du salut, quoique dans une vieillesse déjà avancée, ne pourroit-il pas, selon le même sens, rappeler tout le chemin qu'il n'a pas fait ?

Il est de la foi que nous ne serons jamais damnés que pour n'avoir pas voulu notre salut, et que pour ne l'avoir pas voulu de la manière dont nous pouvions le vouloir. Tellement que Dieu aura le plus juste sujet de nous reprocher ce défaut de volonté, et d'en faire contre nous un titre de condamnation. N'est-ce pas, en effet, se rendre digne de toutes les vengeances divines, que de perdre un si grand bien, lorsqu'il n'y a qu'à le vouloir pour se l'assurer ? Mais est-il donc possible qu'il y ait un homme assez ennemi de lui-même et assez perdu de sens, pour ne vouloir pas être sauvé ? Il est vrai, nous voulons être sauvés, mais nous ne voulons pas nous sauver. Or, Dieu qui veut notre salut, et qui nous ordonne de le vouloir, ne veut pas simplement que par sa grâce nous soyons sauvés, mais qu'avec sa grâce nous nous sauvions.

(1) Joan. 9. — (2) Sapient. 4.

FAUSSE ressource du mondain : *Dieu ne m'a pas fait pour me damner*. Non, sans doute; mais aussi Dieu ne vous a pas fait pour l'offenser. Vous renversez toutes ses vues : de quoi vous plaignez-vous s'il change à votre égard tout l'ordre de sa providence? Quoiqu'il ne vous ait pas fait pour l'offenser, vous l'offensez; ne vous étonnez plus que quoiqu'il ne vous ait pas fait pour vous damner, il vous damne.

CE n'est point un paradoxe, mais une vérité certaine, que nous n'avons point d'ennemi plus à craindre que nous-mêmes : comment cela? parce que nul ennemi, quel qu'il soit, ne nous peut faire autant de mal, ni causer autant de dommage, que nous le pouvons nous-mêmes. Que toutes les puissances des ténèbres se liguent contre moi; que tous les potentats de la terre conjurent ma ruine : ils pourront me ravir mes biens, ils pourront tourmenter mon corps, ils pourront m'enlever la vie, et là-dessus je ne serai pas en état de leur résister; mais jamais ils ne m'enlèveront malgré moi ce que j'ai de plus précieux, qui est mon ame. Ils auront beau s'armer, m'attaquer, fondre sur moi de toutes parts et m'accabler, je la conserverai, si je veux : et indépendamment de toutes leurs violences, aidé du secours de Dieu, je la sauverai. Car il n'y a que moi qui puisse la perdre : d'où il s'ensuit que je suis donc plus redoutable pour moi que tout le reste du monde, puisqu'il ne tient qu'à moi de donner la mort à mon ame, et de l'exclure du royaume de Dieu.

D'autant plus redoutable, que je me suis toujours présent à moi-même, parce que je me porte partout moi-même et avec moi toutes mes passions, toutes mes convoitises, toutes mes habitudes et mes mauvaises inclinations. Aussi, quand je demande à Dieu qu'il me défende de mes ennemis, je lui demande, ou je dois surtout lui demander qu'il me défende de moi-même. Et de ma part, pour me mettre moi-même en défense, autant qu'il m'est possible, je dois me comporter envers moi, comme je me comporterois envers un ennemi que j'aurois sans cesse à mes côtés, et dont je ne détournerois jamais la vue, dont j'observerois jusqu'aux moindres mouvemens, sur qui je tâcherois de prendre toujours l'avantage, sachant qu'il n'attend que le moment de me frapper d'un coup mortel. *Celui qui hait son ame dans la vie présente*, disoit en ce sens le Fils de Dieu, *la gardera pour la vie éternelle* (1). Triste, mais salutaire condition de l'homme, d'être ainsi obligé de se tourner contre soi-même, et de ne pouvoir se sauver que par une guerre perpétuelle avec soi-même, que par la haine de soi-même !

Nous disons quelquefois à Dieu dans l'ardeur de la prière : *Seigneur, ayez pitié de mon ame.* Les plus grands pécheurs le disent à certains momens, où les pensées et les sentimens de la religion se réveillent dans eux, et où ils voient le danger et l'horreur de leur état : Ah! Seigneur, ayez pitié de mon ame. Mais Dieu, par la parole du Saint-Esprit, et par la

(1) Joan. 12.

bouche du Sage, nous répond : *Ayez-en pitié vous-même de cette ame* que j'ai confiée à vos soins, *et qui est votre ame* (1). Je l'ai formée à mon image, je l'ai rachetée de mon sang, je l'ai enrichie des dons de ma grâce, je l'ai appelée à ma gloire, je veux la sauver; et si elle s'écarte de mes voies, des voies de ce salut éternel que je lui ai proposé comme sa fin dernière et le terme de ses espérances, je n'omets rien pour la ramener de ses égaremens, pour la relever de ses chutes, pour la purifier de ses taches, pour la guérir de ses blessures, pour la ressusciter par la pénitence, et pour lui rendre la vie. N'est-ce pas là l'aimer? n'est-ce pas en avoir pitié? Mais vous, vous la défigurez, vous la profanez, vous la sacrifiez à vos passions, vous la perdez, et tout cela par le péché. N'est-ce donc pas à vous-même qu'on doit dire : *Ayez pitié de votre ame.* Ayez-en pitié, d'autant plus que c'est la vôtre. Quand ce seroit l'ame d'un étranger, l'ame d'un infidèle et d'un paien, l'ame de votre ennemi, vous devriez être sensible à sa perte, et vous souvenir que c'est une ame pour qui Jésus-Christ est mort. Mais outre cette raison générale, il y en a une beaucoup plus particulière à votre égard, dès que c'est de votre ame, que c'est de vous-même qu'il s'agit. *Est-il rien de plus misérable qu'un misérable qui n'est pas touché de sa misère, et qui n'a nulle pitié de lui-même* (2)?

UN courtisan veut s'avancer, faire son chemin, s'élever à une fortune après laquelle il court et où

(1) *Miserere animæ tuæ.* Eccli. 30. — (2) *Quid miscrius misero non miserante seipsum !* Aug.

il a porté ses vues ; il ne s'embarrasse guère si les autres se poussent et s'ils réussissent dans leurs projets. C'est leur affaire , dit - il , et non la mienne ; *chacun y est pour soi.* Voilà comment on parle , au regard de mille affaires , comment on pense , et ce n'est pas toujours sans raison : car dans une infinité de choses , c'est à chacun en effet de penser à soi , et les intérêts sont personnels. **Or** , si cela est vrai dans les affaires humaines , combien l'est - il plus dans l'affaire du salut ? *Chacun y est pour soi.* C'est-à-dire , qu'à l'égard du salut chacun gagne ou perd pour soi-même , et ne gagne ou ne perd que pour soi-même , indépendamment de tous les autres. Si je me sauve , quand tout le monde , hors moi , se damneroit , je n'en serois pas moins heureux ; et si je me damne , quand tout le monde , hors moi , se sauveroit , je n'en serois pas moins malheureux. Non pas que nous ne puissions et que nous ne devions , par une charité et des secours mutuels , contribuer au salut les uns des autres; mais dans le fond, ce qui nous sauvera , ce ne sont ni les prières , ni les soins , ni les mérites d'autrui , mais nos propres mérites unis aux mérites de Jésus - Christ. Qu'on m'oppose donc , tant qu'on voudra , la multitude , la coutume , l'exemple ; qu'on me dise : C'est - là l'usage du monde , c'est ainsi que le monde vit et qu'il agit ; ne pouvant réformer le monde , je le laisserai vivre comme il vit , et agir comme il agit; mais moi j'agirai , et je vivrai comme il me semblera plus convenable au salut de mon ame , et sans égard à tous les discours, je me contenterai de répondre en deux mots : *Chacun y est pour soi.*

Nous sommes admirables, quand nous prétendons rendre un grand service à Dieu de nous appliquer à l'affaire de notre salut, et d'y donner nos soins. Il semble que Dieu nous en soit bien redevable : comme si c'étoit son intérêt, et non pas le nôtre. Hé! mon Dieu, pour qui donc est-ce que je travaille, en travaillant à me sauver? n'est-ce pas pour moi-même? et à qui en revient tout l'avantage? n'est-ce pas à moi-même? Car, qu'est-ce devant vous, Seigneur, et pour vous, qu'une aussi vile créature que moi? qu'est-ce que tout l'univers avec moi? Depuis que vous avez précipité du ciel des légions d'anges, et qu'ils sont devenus des démons; depuis que vous avez frappé de vos anathèmes tant de pécheurs qui brûlent actuellement dans l'enfer, et qui doivent y brûler éternellement, en êtes-vous moins grand, ô mon Dieu! en êtes-vous moins glorieux et moins puissant? Et quand le monde entier seroit détruit, et que je me trouverois enseveli dans ses ruines; quand, par un juste jugement, vous lanceriez sur tout ce qu'il y a d'hommes, et sur moi comme sur les autres, toutes vos malédictions, l'éclat qui vous environne en recevroit-il la plus légère atteinte, et en seriez-vous moins riche, moins heureux? O bonté souveraine! sans avoir nul besoin de moi, vous ne voulez pas que je me perde; et vous me faites de la charité que je me dois à moi-même, un commandement

dement exprès ; vous m'en faites un mérite, et un
sujet de récompense.

On est si jaloux dans la vie, surtout à la cour,
de certaines distinctions ; on veut être du petit
nombre, du nombre des favoris, du nombre des
élus du monde, et moins il y a de gens qui s'élèvent
à certains rangs et à certaines places, plus on ambi-
tionne ces degrés d'élévation, et plus on fait d'efforts pour y atteindre. Si le grand nombre y par-
venoit, on n'y trouveroit plus rien qui distinguât ;
et cet attrait manquant, on n'auroit plus tant d'ardeur
pour les obtenir, et l'on rabattroit infiniment de
l'idée qu'on en avoit conçue. Il faut du choix, de
la singularité, pour attirer notre estime, et pour
exciter notre envie. Chose étrange ! il n'y a que
l'affaire du salut où nous pensions, et où nous agis-
sions tout autrement. Car à l'égard du salut, il y
a le grand nombre et le petit nombre. Le grand
nombre, exprimé par ces paroles du Fils de Dieu,
Plusieurs sont appelés ; le petit nombre, marqué
dans ces autres paroles du même Sauveur, *peu sont
élus.* Le grand nombre, c'est-à-dire, tous les hommes
en général, que Dieu appelle au salut, et à qui il
fournit pour cela les moyens nécessaires ; mais dont
la plupart ne répondent pas à cette vocation divine,
et ne cherchent que les biens visibles et présens. Le
petit nombre, c'est-à-dire, en particulier les vrais
chrétiens et les gens de bien, qui se séparent de la
multitude, renoncent aux pompes et aux vanités du
siècle, et par l'innocence de leurs mœurs, par la

sainteté de leur vie, tendent sans cesse vers le souverain bonheur, et travaillent à le mériter. En deux mots, le grand nombre, qui sont les pécheurs et les réprouvés; le petit nombre, qui sont les justes et les prédestinés. Mais voici le désordre : au lieu d'aspirer continuellement à être de ce petit nombre des amis de Dieu, de ses élus et de ses saints, nous vivons sans peine, et nous demeurons d'un plein gré, parmi le grand nombre des pécheurs et des réprouvés de Dieu. Nous pensons comme le grand nombre, nous parlons comme le grand nombre, nous agissons comme le grand nombre; et la seule chose où il nous est non - seulement permis, mais expressément enjoint de travailler à nous distinguer, est justement celle où nous voulons être confondus dans la troupe et suivre le train ordinaire.

O homme si jaloux des vains honneurs du siècle! apprenez à mieux connoître le véritable honneur, et à chercher une distinction digne de vous! Le salut, le rang de prédestiné, voilà pour vous le seul objet d'une solide et sainte ambition.

Accord de la Raison et de la Foi.

Un homme du monde qui fait profession de christianisme, et à qui l'on demande compte de sa foi,
dit : Je ne raisonne point ; mais je veux croire. Ce
langage bien entendu peut être bon ; mais dans un
sens assez ordinaire, il marque peu de foi, et même
une secrète disposition à l'incrédulité. Car, qu'est-ce
à dire, je ne raisonne point ? Si ce prétendu chrétien savoit bien là-dessus démêler les véritables sentimens de son cœur, ou s'il les vouloit nettement
déclarer, il reconnoîtroit que souvent cela signifie :
Je ne raisonne point, parce que si je raisonnois,
je ne croirois rien ; je ne raisonne point, parce que
si je raisonnois, ma raison ne trouveroit rien qui la
déterminât à croire ; je ne raisonne point, parce que
si je raisonnois, ma raison même m'opposeroit des
difficultés qui me détourneroient absolument de
croire. Or, penser de la sorte et être ainsi disposé,
c'est manquer de foi : car la foi, je dis la foi chrétienne, n'est point un pur acquiescement à croire,
ni une simple soumission de l'esprit, mais un acquiescement et une soumission raisonnable ; et si

8.

cette soumission, si cet acquiescement n'étoit pas raisonnable, ce ne seroit plus une vertu. Mais comment sera - ce un acquiescement, une soumission raisonnable, si la raison n'y a point de part (1)?

Il faut donc raisonner, mais jusqu'à certain point et non au-delà. Il faut examiner, mais sans passer les bornes que l'Apôtre marquoit aux premiers fidèles quand il leur disoit : *Mes frères, en vertu de la grâce qui m'a été donnée, je vous avertis tous sans exception de ne porter point trop loin vos recherches dans les matières de la foi, mais d'user sur cela d'une grande retenue, et de n'y toucher que très – sobrement* (2). Quelles preuves, quels motifs me rendent la religion que je professe, et conséquemment tous les mystères qu'elle m'enseigne, évidemment croyables? voilà ce que je dois tâcher d'approfondir, voilà ce que je dois étudier avec soin et bien pénétrer, voilà où je dois faire usage de ma raison, et sur quoi il ne m'est pas permis de dire : Je ne raisonne point. Car sans cet examen et cette discussion exacte, je ne puis avoir qu'une foi incertaine et chancelante, qu'une foi vague, sans principes et sans consistance. Aussi est-ce pourquoi le Prince des apôtres, saint Pierre, *nous ordonne de nous tenir toujours prêts à satisfaire ceux qui nous demanderont raison de ce que nous croyons et de ce que nous espérons* (3). Il veut que nous soyons toujours là-dessus en état de répondre, de justifier le sage parti que nous suivons, de faire

(1) *Rationabile obsequium vestrum.* Rom. 12. — (2) Rom. 13. — (3) 1. Petr. 3.

voir qu'il n'en est point de mieux établi , et de produire les titres légitimes qui nous y autorisent et nous y attachent inviolablement.

Mais quel est le fond de ces grands mystères, que la religion me révèle, et qui nous sont annoncés dans l'évangile ? en quoi consistent – ils ? comment s'accomplissent-ils ? c'est là que la raison doit s'arrêter, qu'elle doit réprimer sa curiosité naturelle, et qu'il ne m'est plus seulement permis , mais expressément enjoint de dire : Je ne raisonne point, je crois. En effet , il me suffit de savoir que je dois croire tout cela, que je crois prudemment tout cela, que je serois déraisonnable et criminel de ne pas croire tout cela : m'étant enseigné par une religion dont les plus forts raisonnemens , et les argumens les plus sensibles me font connoître l'incontestable vérité. C'est-là , dis-je , tout ce qu'il me faut ; et si je voulois aller plus avant, si , par une présomption semblable à celle de saint Thomas dans le temps de son incrédulité, je disois comme lui : *A moins que je ne voie , je ne croirai point* (1) , dès-lors je perdrois la foi, je l'anéantirois, et j'en détruirois tout le mérite. Je l'anéantirois : pourquoi ? parce qu'il est essentiel à la foi de ne pas voir , et de croire ce qu'on ne voit pas. J'en détruirois tout le mérite : pourquoi ? parce qu'il n'y a point de mérite à croire ce qu'on a sous les yeux, ce qui nous est présent et qui nous frappe les sens , ce qu'on voit clairement et distinctement. On n'est point libre sur cela ; on n'est point maitre de sa créance pour la donner , ou

(1) Joan. 20.

pour la refuser ; on est persuadé malgré soi ; on est convaincu sans qu'il en coûte ni effort, ni sacrifice. Et c'est en ce sens que le Sauveur des hommes a dit : *Heureux ceux qui n'ont point vu, et qui ont cru* (1).

Tel est donc l'accord que nous devons faire de la raison et de la religion. La raison éclairée d'en haut, fait comme les premiers pas, ou met comme les préliminaires en nous convaincant que la religion vient de Dieu : que de tous les articles qu'elle contient, il n y en a pas un qui n'ait été révélé de Dieu, soit dans l'Ecriture, soit dans la tradition expliquée et proposée par l'Eglise ; que Dieu étant absolument incapable d'erreur ou de mensonge, il s'ensuit que tout ce qu'il a prononcé est souverainement vrai ; enfin, que la religion ne nous annonçant que la parole de Dieu, et ne nous l'annonçant qu'au nom de Dieu, elle est par conséquent également vraie, et demande une adhésion parfaite de notre esprit et de notre cœur. Voilà où la raison agit, et ce que nous découvrons à la faveur de ses lumières. Mais ce principe posé en général, la religion prend ensuite le dessus ; elle propose ses vérités particulières : et toutes cachées qu'elles sont, elle y soumet la raison, sans lui laisser la liberté d'en percer les ombres mystérieuses. Si par son indocilité naturelle et par son orgueil la raison y répugne, la religion, par le poids de son autorité et par un commandement exprès, la réduit sous le joug et la tient captive. Si la raison ose dire : Comment ceci, ou, comment cela ? C'est assez, lui répond la religion, d'être instruit

(1) Joan. 20.

que ceci ou cela est , et de n'en pouvoir douter selon les règles de la prudence. Or on n'en peut douter prudemment , puisque, selon les règles de la prudence , on ne peut douter que Dieu ne l'ait ainsi déclaré. Cette réponse , ce silence imposé à la raison , l'humilie ; mais c'est une humiliation salutaire, qui empêche la raison de s'égarer , de s'émanciper , de tourner , suivant l'expression de saint Paul , à tout vent de doctrine , et qui la contient dans les justes limites où elle doit être resserrée, et d'où elle ne doit jamais sortir. De cette sorte , notre foi est ferme , sans rien perdre néanmoins de son obscurité ; et elle est obscure , sans rien perdre non plus de sa fermeté.

II. Développons encore la chose , et pour la rendre plus intelligible et lui donner un nouveau jour , mettons-la dans une espèce de pratique. Je suppose un chrétien surpris d'une de ces tentations qui attaquent la foi , et dont les ames les plus religieuses et les plus fidèles ne sont pas exemptes elles-mêmes à certains momens. Car il y a des momens où une ame , quoique chrétienne , est intérieurement aussi agitée par rapport à la foi , que le fut saint Pierre sur les eaux de la mer , quand Jésus-Christ lui dit : *Homme de peu de foi , pourquoi avez-vous douté* (1) ? Cependant on ne doute pas : on croit, mais d'une foi troublée , d'une foi presque chancelante ; et l'impression est si vive en quelques rencontres, qu'il semble qu'on ne croit rien , et qu'on ne tient à rien. Epreuve difficile à soutenir , mais que Dieu permet

( ) Matth. 14.

pour épurer notre foi même et pour la perfectionner. Il a ses vues en cela ; et bien qu'il paroisse nous
délaisser, ce sont pour nous des vues de salut, parce
qu'il sait que tout contribue à la sanctification de
ses élus, et qu'au lieu de dégénérer et de tomber,
c'est dans une foiblesse apparente que la vertu se
déploie avec plus de force et qu'elle s'avance.

Or en de pareilles conjonctures, dans lesquelles
je puis me trouver aussi bien que les autres, que
fais-je, ou que dois-je faire? Après avoir imploré
l'assistance divine ; après m'être écrié comme le
Prince des apôtres en levant les mains au ciel : *Sei-*
gneur, sauvez-nous, autrement nous allons pé-
rir (1), je fais un retour sur moi-même, et pour
me fortifier, j'appelle tout ensemble à mon secours,
et ma raison et ma religion. L'une et l'autre me prê-
tent, pour ainsi dire, la main, et concourent à calmer mes inquiétudes et à me rassurer.

Ma raison me rappelle ces grands motifs qui m'ont
toujours déterminé à croire, et m'ont paru jusqu'à
présent les plus propres à m'affermir dans la foi où
j'ai été élevé. Par exemple, elle me représente ce
vaste univers, et cette multitude innombrable d'êtres
visibles qui le composent. Elle m'en fait admirer la
diversité, la beauté, l'immense étendue, l'arrangement, l'ordre, la liaison, la dépendance mutuelle,
l'utilité, la durée depuis tant de siècles et leur per-
pétuité. Elle me fait contempler les cieux qui rou-
lent sur nos têtes, et dont les mouvemens si rapides
sont toujours si réglés : ces astres qui nous éclairent,

(1) Matth. 14.

ce nombre prodigieux d'étoiles qui brillent dans le firmament, cette variété de saisons qui, par des révolutions si constantes et si merveilleuses, se succèdent tour à tour et partagent le cours des temps. Elle me fait parcourir de la pensée, plutôt que de la vue, ces longs espaces de terres et de mers, qui sont comme le monde inférieur au-dessous du monde céleste. Que de richesses j'y aperçois! que de productions différentes, et de toutes les espèces! quelle fécondité! qnelle abondance! Y manque-t-il rien de tout ce qui peut servir, non-seulement à l'entretien nécessaire ou commode, mais à la splendeur et à l'éclat, mais à la somptuosité et à la magnificence, mais aux douceurs et aux délices de la vie? Sans égard à bien d'autres preuves que je passe, et sur lesquelles ma raison pourroit insister, en voilà d'abord autant qu'il faut pour m'attacher à la foi d'un Dieu toujours existant et toujours vivant, l'Etre souverain, le principe de toutes choses, et l'auteur de tant de merveilles. Car discourant en moi-même, et jugeant selon les règles d'une droite raison et selon le sens ordinaire et le plus universel, j'observe d'un premier coup-d'œil, qu'un ouvrage si bien assorti dans toutes ses parties, et d'une structure au-dessus de tout l'artifice humain, ne peut être le pur effet du hasard. Que ce firmament, ces cieux, ces astres, cette terre, ces mers, que tout cela et tout ce que nous voyons, ne s'est point fait de soi-même, ne s'est point arrangé de soi-même, ne se remue point de soi-même, ne subsiste point par soi-même, sans qu'aucune intelligence supérieure y pré-

side , ni jamais y ait présidé. Le sentiment qui me
vient donc là-dessus et qui me touche, pour peu
que j y fasse attention, est de reconnoître une première cause, et un premier moteur, un ouvrier par
excellence , une puissance suprême de qui tout est
émané et qui ordonne tout , qui dispose tout , qui
donne à tout l'impression, qui anime et soutient
tout. Or cet excellent ouvrier, cette puissance primitive, essentielle, indépendante, toujours subsis-
tante , c'est ce que nous appelons Dieu , et ce que
nous devons honorer comme Dieu.

Je dis honorer comme Dieu; et de degré en degré, la même raison qui me guide me porte plus
avant, et me fait passer de la connoissance de Dieu
à la connoissance du culte que je lui dois rendre,
et qu'il a droit d'exiger de moi. Culte religieux : et
qu'y a-t-il de plus raisonnable , soit dans le Créateur, que d'attendre de ses créatures les justes hommages qui lui appartiennent, et de les leur demander ; soit dans les créatures, que de glorifier, selon
qu'elles en sont capables, le Créateur de qui elles
ont reçu l'être ; que d'ajouter foi à ses oracles, de
se conformer à ses volontés, de pratiquer sa loi , de
lui offrir leur encens, et de se dévouer pleinement
à son service ? En cela consiste la religion : mais
parce que dans la multiplicité des religions, qui,
par l'égarement des esprits , se sont introduites parmi
les hommes, il y en a nécessairement de fausses , et
que Dieu réprouve, puisqu'elles se contredisent les
unes les autres ; il est question d'en chercher une
véritable , et d'examiner de plus si celle - là même

n'est pas l'unique véritable. Or entre celles qui règnent actuellement dans le monde, je trouve la religion chrétienne, et à la lueur de ma seule raison, j'y découvre des caractères de vérité si marqués, qu'ils doivent convaincre tout esprit sensé, solide, docile, qui ne s'obstine point à imaginer des difficultés, ni à faire naître de vaines disputes.

Quand il n'y auroit point d'autre témoignage que celui des miracles de Jésus-Christ, ce seroit une preuve plus que suffisante. Ce nouveau législateur paroît sur la terre ; il y prêche son évangile, qui est la loi chrétienne, et pour autoriser sa prédication, il se dit envoyé de Dieu. Il est évident que si c'est Dieu qui l'envoie, et que ce soit au nom de Dieu qu'il parle, tout ce qu'il enseigne est vrai, et que nous sommes obligés de souscrire à sa doctrine. Car il faudroit ne pas avoir la plus légère notion de Dieu, pour se persuader qu'il pût attester le mensonge et le confirmer. Ce qui reste donc à Jésus-Christ, c'est de prouver sa mission ; mais comment l'entreprend-il ? par les miracles qu'il opère. *Les choses que je fais*, dit-il, *rendent témoignage de moi ; si vous ne m'en croyez pas sur ma parole, croyez-en mes œuvres* (1). Et il est encore certain que ces œuvres miraculeuses étant au-dessus des forces de la nature, et ne pouvant procéder que de la vertu d'en haut, si Jésus-Christ a fait réellement des miracles, surtout certains miracles, et qu'il les ait faits pour affirmer qu'il est le Messie, on ne peut plus lui contester cette qualité, ni douter qu'il ne

(1) Joan. 12.

soit venu de la part de Dieu. Autrement Dieu seroit l'auteur de l'imposture, en lui communiquant un pouvoir dont il se seroit prévalu pour tromper les peuples, et abuser de leur crédulité.

Or, que Jésus-Christ ait fait des miracles, et des miracles du premier ordre, et des miracles en très-grand nombre, et des miracles des plus éclatans, et des miracles dont la fin principale étoit de se faire connoître comme l'envoyé de Dieu; qu'il ait chassé des corps les démons et délivré les possédés; qu'il ait exercé sur les élémens un empire absolu, et qu'ils aient obéi à sa voix; qu'il ait commandé à la mer, apaisé ses flots, calmé les tempêtes; qu'il ait guéri toutes sortes de maladies, rendu la vue aux aveugles, l'ouïe aux sourds, l'usage de la langue aux muets, le sentiment et le mouvement aux paralytiques; la vie aux morts; enfin que par le prodige le plus singulier et le plus inouï, il se soit ressuscité lui-même après avoir été mis à mort et enfermé dans le tombeau, c'est de quoi une raison éclairée et dégagée de tout préjugé ne peut refuser de convenir. Il n'y a qu'à considérer mûrement et par ordre toutes les circonstances dont ces faits se trouvent revêtus, leur variété, leur éclat, le temps, les occasions, les lieux, les campagnes, les places publiques où ils se sont passés; la multitude de gens qui en ont été spectateurs, ou qui, sur le récit qu'ils en entendoient comme de miracles avérés et tout récens, embrassoient la foi et formoient ces troupes de chrétiens si célèbres par leur zèle et leur sainteté; les qualités irréprochables des témoins, qui les ont vus, qui les ont rapportés, qui les ont publiés jusqu'aux extrémités de la terre, qui les ont transmis à la postérité dans leurs évangiles, qui les ont soutenus sans se démentir jamais, et en ont défendu la vérité aux dépens de leur fortune, de leur repos, de leur vie. Il n'y a, dis-je, qu'à faire une discussion exacte de chacun de ces points, et d'autres que je n'ajoute pas; il n'y a qu'à les bien peser, et on avouera que de tous les faits historiques, nuls ne sont plus solidement appuyés, ni plus à couvert de la censure. Mais encore une fois cette perquisition, à qui doit-elle appartenir, et du ressort de qui est-elle, si ce n'est du ressort de la raison? C'est à la raison d'éclaircir d'abord tout cela, de le vérifier, et d'en tirer des preuves authentiques en faveur de la religion.

III. Cependant, après m'être convaincu par là, et par cent autres motifs, que je dois m'en tenir à la loi de Jésus - Christ; après m'être, pour ainsi dire, démontré à moi - même, par la voie du raisonnement, que c'est une loi divine, une loi que l'esprit de vérité, qui est l'esprit de Dieu, a dictée; après avoir conclu en général et par une conséquence nécessaire, que cette loi ne peut donc me tromper, et que je ne puis m'égarer en la suivant; que tout ce que cette loi m'enseigne, est donc tel en effet qu'elle me l'enseigne, et que tout ce qu'elle me propose de dogmes à croire, sont autant d'articles de foi auxquels je suis indispensablement obligé d'adhérer; que de vaciller là-dessus, et de demeurer un moment dans une suspension volontaire, ce seroit donc un crime et une infidélité digne de la damnation éternelle : enfin, après avoir bien compris le grand oracle du Prince des apôtres, que cette loi ayant été donnée aux hommes pour être la seule règle et de notre créance et de nos mœurs, *il n'est point sous le ciel d'autre nom en vertu duquel nous puissions être sauvés, que le nom de Jésus-Christ* (1); du reste, si ma raison veut aller plus loin, et qu'elle prétende percer l'abîme des impénétrables mystères que la religion nous a révélés, mais dont elle nous a caché le fond, c'est là que la foi prend le-dessus, qu'elle s'élève, qu'elle défend ses droits, qu'elle me met un voile sur les yeux, et me condamne à ne plus marcher que dans les ténèbres.

La raison a beau se récrier, cette raison également curieuse et présomptueuse : elle a beau demander : Mais qu'est-ce que le mystère d'un Dieu en trois personnes, et de trois personnes dans un seul Dieu? mais qu'est-ce que le mystère d'un Dieu fait homme sans cesser d'être Dieu, mortel et immortel tout ensemble, passible et impassible, réunissant dans une même personne toute la gloire de la divinité, et toutes les misères de notre humanité? mais qu'est-ce que le mystère d'un Dieu-homme, réellement présent sous les espèces du pain et du vin dans le sacrement de nos autels? qu'est-ce que tout le reste? Là-dessus la foi lui dit ce que Dieu dit à la mer : *Tu viendras jusque-là, mais c'est là même que tu t'arrêteras; c'est là que tu briseras tes flots, et que tu abaisseras les enflures de ton orgueil* (2). Arrêt absolu, contre lequel une raison

(1) Act. 4. — (2) Job. 38.

chrétienne n'a rien à opposer ni à répliquer. Elle y trouve même des avantages infinis : car c'est ainsi que l'homme, en faisant à Dieu le sacrifice de son corps par la pénitence, le sacrifice de son cœur par l'amour, lui fait encore le sacrifice de son esprit par la foi. En sacrifiant à Dieu son corps par la pénitence, il honore Dieu comme souverainement équitable ; en sacrifiant à Dieu son cœur par l'amour, il honore Dieu comme souverainement aimable ; et en sacrifiant a Dieu son esprit par la foi ; il honore Dieu comme souverainement infaillible et véritable.

Avantages par rapport à Dieu : mais de plus, à prendre la chose par rapport à l'homme et à sa tranquillité, il ne lui doit pas être moins avantageux d'avoir une règle qui seule arrête les vicissitudes perpétuelles de sa raison, lorsqu'elle est abandonnée à elle-même. Or cette règle, c'est la foi. En effet, sans une foi soumise, toutes les lumières de ma raison, au lieu de me rassurer dans le choix d'un parti, et de me mettre l'esprit en repos, ne serviront au contraire qu'à me jeter chaque jour dans de nouveaux embarras, et à me causer de nouvelles agitations. Car on sait combien la raison humaine, dès qu'on lui donne l'essor, est variable dans ses vues, et combien elle est féconde en idées toujours nouvelles que l'imagination lui suggère. De sorte qu'aujourd'hui nous pensons d'une façon et demain d'une autre ; qu'aujourd'hui un sentiment nous plaît, et que demain nous le rejetons ; qu'aujourd'hui une difficulté nous fait de la peine, et qu'elle n'est pas plutôt résolue, qu'un autre doute vient bientôt

après nous troubler : ce qui est surtout vrai en matière de religion, et ce qui est encore plus commun
aux esprits vifs et pénétrans, aux prétendus sages
et aux savans du siècle, qu'à des esprits simples et
bornés. D'où il arrive que nous demeurons dans
une perplexité où l'on se prête à tout ce qui se présente, et l'on ne tient à rien. Saint Augustin nous
le témoigne assez en parlant de lui-même. Il cherchoit la vérité, il en faisoit son étude, il y employoit
toute sa philosophie : mais après bien des recherches,
et après être tombé dans les erreurs les plus grossières, il étoit toujours flottant et incertain, et ne
trouvoit rien où il crût pouvoir se reposer : pourquoi? parce qu'il ne prenoit point d'autre guide
que sa raison, et qu'elle ne lui suffisoit pas pour
tenir son esprit en arrêt, et pour le guérir de ses
inquiétudes. De là tant de changemens, tant de
mouvemens inutiles, tant de systèmes différens dont
il se laissa préoccuper, et dont il ne revint que
lorsqu'il pensa sérieusement à se convertir et à embrasser la foi. En quels termes s'explique-t-il là-
dessus dans ses confessions, et déplore-t-il l'aveuglément où il avoit vécu pendant plusieurs années!
Quelles actions de grâces rend-il à Dieu, d'avoir
rompu le charme d'une science profane qui lui fas-
cinoit les yeux, et de l'avoir réduit à la sainte ignorance d'une foi souple et docile!

Car si la raison se soumet à la foi ; si, dans une
parfaite intelligence, elles se donnent mutuellement
le secours qu'elles doivent recevoir l'une de l'autre,
voilà le moyen prompt et immanquable de pacifier

mon

mon âme et de me prémunir contre toutes les attaques dont je puis être assailli au sujet de la religion. De quelque doute que je sois combattu malgré moi, soit par la malice de l'esprit tentateur, soit par les discours d'une troupe de libertins, soit par les révoltes involontaires de ma raison et son indocilité naturelle, je n'ai point de réplique plus courte ni plus décisive à faire, que celle de Jésus-Christ même au démon qui le vint tenter dans le désert : *Il est écrit.* Oui, il est écrit qu'il y a un premier Etre, et qu'il n'y en a qu'un, éternel, invisible, tout-puissant, par qui le monde a été créé, et par qui il est conservé et gouverné. Il est écrit que, dans cet Etre adorable et cette suprême divinité, il y a tout à la fois, et sans confusion, une unité de substance, et une trinité de personnes. Il est écrit que, de cette trinité de personnes, Père, Fils, et Saint-Esprit, le Fils égal à son Père et envoyé de son Père, est venu sur la terre pour la rédemption des hommes ; que, tout Dieu qu'il est et qu'il n'a jamais cessé d'être, il s'est fait homme lui-même, il a vécu parmi nous, il est mort sur une croix, il est ressuscité et monté au ciel. Il est écrit que ce nouveau législateur et ce sauveur, voulant demeurer avec nous jusqu'à la consommation des siècles, nous a laissé sa chair sacrée et son précieux sang sous les apparences du pain et du vin ; que nous offrons l'un et l'autre en sacrifice, et que l'un et l'autre, pour le soutien de nos ames, nous sert, comme sacrement, de nourriture et de breuvage. Il est écrit qu'il y aura un jugement où nous serons

tous appelés, et que, dès maintenant, il y a une
béatitude céleste, où les bons seront à jamais récompensés, et un enfer où les pécheurs seront condamnés à un tourment sans mesure et sans fin. Ainsi
des autres articles qui me sont proposés comme des
points de créance. Or, du moment que tout cela
est écrit, c'est-à-dire, que tout cela m'est révélé de
Dieu ou de la part de Dieu, et que cette révélation
m'est tellement notifiée par des motifs de crédibi-
lité, qu'il seroit contre le bon sens de n'en vouloir
pas convenir, je ne demande rien de plus. Je rends
à la foi par mon obéissance l'hommage qui lui est
dû ; je lui laisse prendre l'ascendant et exercer son
empire. Dès qu'elle parle, je l'écoute, je me tais,
je crois, parce que je me sens assuré de tout ce
qu'elle me dit. Autant qu'il me vient à l'esprit de
questions, d'objections, de raisonnemens où je me
me perds et que je ne puis démêler, autant de fois
que j'ai recours au sentiment de l'Apôtre, et je me
contente avec lui de m'écrier : *O profondeur de la
sagesse et de la science de Dieu ! que ses jugemens
sont incompréhensibles, et que ses voies sont au-
dessus de ce qu'on en peut découvrir ! car qui a
pénétré dans les pensées du Seigneur, et qui est
entré dans son conseil* (1)? Suivant ces principes
et y demeurant ferme, je résous dans un mot toutes
les difficultés, je dissipe tous les doutes, je me dé-
barrasse de mille réflexions dangereuses et pernicieuses, du moins très-importunes et inutiles, j'agis
en paix, et n'ai d'autre soin que de vivre chrétien-

(1) Rom. 11.

nement selon les maximes et sous la direction de
la foi.

Mais comment croire ce que l'on ne comprend
pas? Esprit humain, ne te feras-tu point justice?
ne connoîtras-tu point ta foiblesse, et pour la connoître, ne te consulteras-tu point toi-même et ta
propre raison? Car, à ne consulter même que la
raison, qui ne voit pas, à moins qu'on ne soit dépourvu de toute lumière, combien il est déraisonnable et peu soutenable de ne vouloir pas croire
une chose, parce qu'elle est au-dessus de nos connoissances, et qu'on ne la peut comprendre? Hé!
combien de choses existent dans toute l'étendue de
l'univers, combien se passent sous nos yeux et nous
sont certaines, sans que nous les comprenions?
Parce que nous ne les comprenons pas, en sont-
elles moins vraies? Parce qu'on n'a pas compris
jusqu'à présent comme se fait le flux et le reflux
de la mer, est-il un homme assez insensé pour
douter de ce mouvement des eaux si régulier et si
constant? Comprenons-nous bien les ouvrages de
la nature, et combien y en a-t-il qui échappent à
nos prétendues découvertes et à toute notre pénétration? Jugeons de là si nous devons être surpris
que les mystères de Dieu soient hors de notre portée,
et que nous ne puissions y atteindre; et jugeons
encore de là même si c'est une juste conséquence
de dire: Je ne dois point croire que cela soit, puisque
je n'y conçois rien.

A Dieu ne plaise que je pense de la sorte, ni
que j'ose, Seigneur, m'ingérer dans des secrets qui

me sont présentement inconnus. Ce seroit une présomption ; et selon la menace de votre Saint-Esprit, en voulant contempler de trop près votre majesté, je m'exposerois à être accablé de votre gloire. Le jour viendra, je l'espère ainsi de votre miséricorde, il viendra cet heureux jour où j'entrerai dans votre sanctuaire éternel, où vous vous montrerez à moi dans tout votre éclat, où je vous verrai face à face. D'une foi ténébreuse, vous me ferez passer à une clarté sans nuage et toute lumineuse. Mais jusque-là, jusqu'à ce jour de la grande révélation, vous me mettez à l'épreuve, et vous voulez que je vous cherche dans la nuit et par des voies sombres. Ce n'est pas, Seigneur, que vous réprouviez les lumières de ma raison ; au contraire, vous me l'avez donnée comme un flambeau pour me guider : mais après en avoir fait l'usage convenable, vous m'ordonnez de lui fermer les yeux, de la réprimer, de l'assujettir, et de l'accorder par cette sujétion même avec la foi, qui doit avoir toujours la supériorité sur elle et la dominer. Vous l'avez ainsi réglé, Seigneur, et pour l'honneur de votre parole, et pour mon salut. De bon cœur, j'y consens. Je crois ce qu'il vous a plu de me faire annoncer, et je le crois précisément, parce que vous me l'avez dit : *Je crois, mon Dieu*, mais en même temps j'ajoute, comme ce père de l'évangile, *fortifiez mon peu de foi* (1) ; car il me semble, en certaines conjonctures, qu'elle est bien foible cette foi, pour laquelle néanmoins je dois être en disposition de répandre mon sang. Vous

(1) Marc. 9.

la soutiendrez, ou vous me soutiendrez moi-même contre les plus violens assauts, et vous ne permettrez pas qu'un fonds si nécessaire et si précieux me soit enlevé.

La Foi sans les œuvres, foi stérile et sans fruit.

I. SOMMES-NOUS chrétiens? ne le sommes-nous pas? Si nous ne le sommes pas, pourquoi affectons-nous de le paroître, pourquoi en portons-nous le nom? c'est une hypocrisie et un mensonge. Mais si nous le sommes, que n'en pratiquons-nous les œuvres? et n'est-ce pas une contradiction énorme, d'être chrétien dans la créance, et païen ou plus que païen dans les mœurs?

Voilà le triste état du christianisme : en voilà le désordre le plus universel. Je dis le plus universel; et pour en venir à la preuve, toute fondée sur l'expérience, nous devons distinguer trois sortes de chrétiens : des chrétiens seulement de nom, des chrétiens de pure spéculation, et des chrétiens tout à la fois de créance et d'action. Chrétiens seulement de nom, et rien de plus : c'est un certain nombre de libertins qui, dans le sein même de la religion, vivent sans religion, renonçant au baptême où ils ont été régénérés, et à la foi qu'ils y ont reçue. Non pas qu'ils s'en déclarent hautement, ni qu'ils fassent une profession ouverte d'impiété : ils gardent toujours quelques dehors; ils ne produisent leurs sentimens qu'en termes équivoques, ou qu'en présence de quelques libertins comme eux; leur

apostasie est secrète : mais enfin, par la corruption
de leur cœur, ils en sont venus à douter de tout et
à ne rien croire : *Ils ont encore l'apparence d'hom-*
mes vivans, et ils sont morts (1). Chrétiens de pure
spéculation, autre caractère : c'est-à-dire, qu'ils n'ont
pas perdu l'habitude et le don de la foi ; ils ne con-
testent aucune de ses vérités, et ils les respectent
toutes ; ils pensent bien : mais s'il faut passer à la
pratique, c'est là que leur foi se dément, ou qu'ils
la démentent eux-mêmes par l'inutilité de leur vie,
et souvent même par les plus honteux déréglemens.
Enfin, chrétiens de créance et d'action : ce sont les
vrais chrétiens, d'autant plus chrétiens que l'esprit
de la foi dont ils sont remplis, les porte à une pratique plus excellente et plus constante de tous leurs
devoirs ; et par un heureux retour, d'autant plus
animés et plus touchés de cet esprit de foi, qu'ils
le mettent plus constamment et plus excellemment
en œuvre, et qu'ils s'adonnent avec plus de soin à
tous les exercices d'une piété agissante et fervente :
car, de même que la foi vivifie les œuvres, on peut
dire que les œuvres vivifient la foi. Ils croient, et
pour cela ils agissent ; et parce qu'ils agissent, leur
foi croît à mesure, et devient toujours plus ferme
et plus vive.

Or, de ces trois espèces de chrétiens, il est évident que le plus grand nombre est de ceux que j'ai
appelés chrétiens de spéculation, et qui tiennent le
milieu entre les premiers et les derniers. Il est vrai
qu'il y a dans le monde, et parmi nous des impies

(1) Apoc. 3.

en qui la foi est absolument éteinte. Bien loin
d'avoir aucun sentiment de Dieu, ils ne reconnois-
sent ni Dieu ni loi; ou si l'aveuglement dans lequel
ils sont plongés, n'a pu effacer de leur esprit toute
idée d'un Dieu premier moteur de l'univers, du
moins, à l'exemple de ces philosophes dont parle
saint Paul, ne le glorifient-ils pas comme Dieu, et
traitent-ils de superstition populaire l'obéissance et
le sacré culte que nous lui rendons selon l'évangile
et les enseignemens de Jésus-Christ. Mais il faut,
après tout, convenir que ce n'est point là l'état le
plus commun. Il n'y en a toujours que trop, je le
sais, hélas! et j'en gémis : mais du reste, ce libertinage entier et complet, n'est répandu que dans
une petite troupe de gens qui n'osent même le découvrir, ou qui tombent dans le mépris, et se dif-
fament en le laissant apercevoir. Il est vrai, d'ailleurs, que la foi n'est point non plus tellement affoiblie, ni altérée dans tout le christianisme, qu'il n'y
ait encore, jusqu'au milieu du siècle, de parfaits
chrétiens qui, par la divine miséricorde, et le secours de la grâce, soutiennent dignement la sainteté de leur profession : aussi fidèles et aussi religieux dans la conduite, qu'ils le sont dans la doctrine ; remplissant avec une régularité édifiante
toutes leurs obligations, et confessant Jésus-Christ
par leur bonne vie et leurs exemples, comme ils le
confessent de cœur par leurs sentimens, et de bouche par leurs paroles. Nous en devons bénir Dieu ;
mais ce qu'on ne sauroit en même temps assez déplorer, c'est que les chrétiens de ce caractère soient

si rares , et qu'à peine nous en puissions compter un entre mille. Ce n'est pas d'aujourd'hui que cette décadence a commencé dans l'Eglise; mais pour peu qu'on ait de zèle, on ne peut voir sans une amère douleur combien le mal augmente tous les jours, et combien la charité de ces derniers siècles se refroidit d'un temps à l'autre.

Reste donc de conclure, que la foi de la plus grande partie des chrétiens se réduit toute à un simple acquiescement de l'esprit, sans effets, sans fruits, et que c'est là le renversement le plus général. Car quelques plaintes que forment , au sujet de la foi, les personnes zélées, et de quelque manière que s'énoncent les prédicateurs dans leurs discours, quand ils s'écrient qu'il n'y a plus de foi sur la terre, et qu'elle y est abolie; quand ils s'adressent à Dieu comme le Prophète, et qu'ils lui demandent : Seigneur, qui est-ce qui croit à la parole que nous annonçons, et où trouve-t-on de la foi? quand à la vue de ce déluge de vices qui se sont débordés de toutes parts , et qui infectent tant d'ames; du moins à la vue de l'extrème tiédeur et de l'affreuse inutilité où s'écoulent, jusqu'à la mort, toutes nos années, ils en attribuent la cause à un défaut absolu de foi : ces expressions, qu'une sainte ardeur inspire, ne doivent point être prises à la lettre ni dans toute la rigueur de leur sens. Ce seroit outrer la chose; et pour ne rien éxagérer , il me semble que tout ce qu'il y a de réel en tout cela, c'est que la foi subsistant encore dans le fond, ce n'est plus, par la dépravation et le malheur des temps, qu'une racine infructueuse; et que ce sacré germe, dont les productions autrefois étoient si merveilleuses, si promptes, si abondantes, n'opère plus ou presque plus : pourquoi? parce que ce n'est plus qu'une foi languissante ou comme endormie; parce que nous ne la faisons entrer, ni dans nos délibérations, ni dans nos résolutions, ni dans nos actions; parce que, sans l'effacer de notre cœur, nous l'effaçons de notre souvenir, et que ses vérités, quelque importantes et quelque touchantes qu'elles soient, ne nous étant jamais présentes à la pensée, elles ne doivent faire sur nous nulle impression. D'où il arrive que dans le plan de notre vie, elles ne servent ni à nous détourner du mal, ni à nous porter au bien, quoiqu'elles nous aient été surtout révélées pour l'un et pour l'autre.

II. Je dis que c'est pour nous détourner du mal et pour nous porter au bien, que nous ont été révélées les vérités de la foi. Car si Dieu nous a donné la foi, ce n'est point seulement afin que notre foi soit pour nous une règle de créance, mais une règle de conduite. *Avant même la création du monde*, dit l'Apôtre : *Dieu nous a choisis en Jésus-Christ, et il nous a appelés, afin que nous fussions saints et sans tache devant ses yeux* (1). Voilà *ce peuple parfait* que le divin précurseur vint d'abord, selon la parole de Zacharie, *préparer au Seigneur*, et à qui le Seigneur lui-même a voulu mettre ensuite les derniers traits. De là ces grandes maximes et ces

(1) Ephes. 1.

principes de morale dont toute la loi évangélique est composée. Notre adorable maître ne s'est pas contenté de les enseigner aux hommes et de nous les expliquer, mais il a voulu, pour notre exemple, les pratiquer. Que dis-je? il a plus fait; et pour nous montrer combien il avoit à cœur cette pratique, et combien il la jugeoit essentielle dans la religion, avant que d'enseigner, il a commencé par pratiquer. De là même, ces leçons si fréquentes, ces exhortations des apôtres, lorsqu'ils instruisoient les fidèles, et qu'ils les formoient au christianisme. De quoi leur parloient-ils plus souvent? des bonnes œuvres. Que leur recommandoient-ils plus fortement? les bonnes œuvres. Que leur reprochoient-ils plus vivement? leurs négligences et leurs relâchemens dans les bonnes œuvres : c'étoit-là presque l'unique sujet de leurs épîtres et de leurs prédications. Car sans rapporter en particulier tous les points dont ils leur enjoignoient une pratique journalière et assidue, voilà, dans une vue générale, ce qu'ils prétendoient leur marquer en les conjurant de se comporter toujours d'une manière digne de leur vocation, de chercher en toutes choses le bon plaisir de Dieu, d'achever l'ouvrage que la grâce avoit commencé dans eux, et de faire en sorte que rien ne manquât à leur perfection et à leur sanctification, afin que rien ne manquât à leur salut éternel et à leur gloire. Tels étoient les enseignemens de ces premiers prédicateurs de la foi; pleinement instruits des intentions du Fils de Dieu, et suivant le même esprit, ils réprouvoient une foi lâche et nonchalante, et ne canonisoient qu'une foi vigilante, entreprenante, édifiante.

Et certes comment l'entendons-nous, si nous nous flattons d'obtenir la vie bienheureuse par la foi sans les œuvres de la foi? Est-ce à la foi seule que Jésus-Christ à promis son royaume? Est-ce la foi seule qui nous justifie? La foi est le fondement de la sainteté chrétienne, et les œuvres en doivent être le complément : ôtez donc les œuvres, je suis en droit de vous dire comme l'apôtre saint Jacques : *Si quelqu'un a la foi et qu'il n'ait point les œuvres, de quoi cela lui servira-t-il? est-ce que la foi le pourra sauver* (1)?

On m'opposera la parole de saint Paul, et l'exemple d'Abraham tiré du quinzième chapitre de la Genèse, où il est dit qu'Abraham crut, et que sa foi lui fut imputée à justice. Il est vrai, Abraham et tant d'autres, soit patriarches, soit prophètes de l'ancienne loi, se sont rendus par la foi recommandables auprès de Dieu; mais par quelle foi? consultons le même saint Paul, et il nous l'apprendra; c'est au chapitre onzième de son épître aux Hébreux, où il décrit avec une éloquence toute divine, ce que la foi inspira de plus héroïque et de plus grand à ces hommes incomparables.

En effet, sans vouloir ici les nommer tous, et sans en faire un dénombrement trop étendu, quelle fut la foi d'Abraham? Il crut : mais il ne se borna pas à croire; ou plutôt, parce qu'il crut et qu'il crut

(1) Jac. 2.

efficacement et d'une foi parfaite, il quitta sa patrie
ainsi qu'il lui étoit ordonné, il s'éloigna de ses proches,
il offrit son fils unique, il se mit en devoir de l'immoler, et ne ménagea rien pour rendre hommage à
Dieu et lui témoigner son obéissance. Quelle fut la
foi de Moïse? Il crut : mais il ne se contenta pas de
croire, ou plutôt, parce qu'il crut et qu'il crut vivement et d'une foi pratique, il renonça à toutes les
espérances humaines, il sacrifia dans une cour étrangère les titres les plus pompeux et la plus riche fortune, il se réduisit dans une condition humble et
dans un état de souffrances, s'estimant plus heureux
d'être affligé avec le peuple de Dieu que de goûter
les fausses douceurs du péché parmi les idolâtres.
Quelle fut la foi d'un Gédéon, d'un Jephté, d'un
David, de tant de glorieux combattans et de zélés
israélites? Ils crurent : mais il ne s'estimèrent pas
quittes de tout en croyant, ou plutôt, parce qu'ils
crurent, et qu'ils crurent bien et d'une foi courageuse,
les uns s'exposèrent à mille périls pour la cause du
Seigneur, lui soumirent les nations ennemies, et
subjuguèrent les royaumes; les autres passèrent par
les plus rudes épreuves, endurèrent pour le Dieu
de leurs pères et pour sa loi les plus rigoureux traitemens, et périrent par le tranchant de l'épée; d'autres séparés du monde, confinés dans des déserts,
cachés dans de sombres cavernes, menèrent la vie la
plus austère, et ressentirent toutes les misères de la
pauvreté et de l'indigence : tous se regardant sur la
terre comme des étrangers, et n'ayant nulle pré-
tention, nul intérêt temporel qui les attachât, ne

s'employèrent qu'à chercher sans cesse, et par les vœux de leur cœur, et par le mérite de leurs œuvres, cette cité céleste que la foi leur faisoit entrevoir de loin et où elle les appeloit. Car telle est en abrégé la peinture que l'Apôtre nous a tracée de ces saints de la première alliance. C'est ainsi que la foi agissoit dans eux, ou qu'ils agissoient par la foi, persuadés qu'ils ne pouvoient sans cela espérer l'accomplissement des promesses qui leur avoient été faites, ni entrer en possession de l'héritage qui leur étoit destiné.

Les saints de la loi nouvelle en ont-ils jugé autrement à l'égard d'eux-mêmes? ont-ils pensé que cette loi de grâce leur donnât un privilége particulier, et qu'indépendamment des œuvres, la qualité de chrétien leur fût un titre suffisant pour être admis au rang des élus? Si c'étoit là leur morale, et s'ils ne comptoient que sur la foi, pourquoi se consumoient-ils de veilles et de travaux? Pourquoi s'exténuoient-ils d'abstinences, de jeûnes, de mortifications? Pourquoi se refusoient-ils tous les plaisirs des sens, et faisoient-ils à leur corps une guerre si cruelle? Qu'étoit-il nécessaire qu'ils s'exerçassent continuellement en des pratiques d'humilité, de patience, de charité? Que leur importoit-il d'être si assidus à la prière et à l'oraison et d'y passer presque les journées entières et les nuits? Que ne sortoient-ils de leurs retraites? Que ne se répandoient-ils dans le monde? Que ne se donnoient-ils plus de relâche et plus de repos? Mais encore après tant d'œuvres saintes, après s'être épuisés pour la gloire de Dieu, pour le service du prochain, pour leur propre sanctification et leur progrès personnel;

après avoir amassé d'immenses trésors, comment ne se qualifioient-ils que de serviteurs inutiles ? comment, à les en croire, se trouvoient-ils les mains vides, et déploroient-ils avec autant de confusion que d'amertume de cœur leurs besoins spirituels et leur dénûment extrême ? D'où leur venoit ce tremblement dont ils étoient saisis au sujet de leur salut, et au souvenir des arrêts du ciel ? Ils avoient tout entrepris, tout exécuté, tout soutenu, et il sembloit néanmoins qu'ils n'eussent rien fait. Ne nous en étonnons pas : c'est qu'ils étoient convaincus de l'indispensable nécessité des œuvres pour rendre leur foi salutaire, et qu'ils craignoient de ne pas remplir sur cela toute la mesure qui leur étoit prescrite.

Avons-nous moins à craindre qu'eux, et sommes-nous moins exposés à cette malédiction dont le Fils de Dieu frappa le figuier stérile ? Il s'approcha de ce figuier, il y chercha des fruits, mais n'y voyant que des feuilles : *Que jamais*, dit-il, *tu ne portes de fruit, et que personne jamais ne mange rien qui vienne de toi* (1). L'effet suivit de près l'anathème : le figuier dans l'instant même perdit tout son suc, et sécha jusque dans ses racines. Ce ne fut plus qu'un bois mort et propre à brûler. Figure terrible ! Quand le souverain juge viendra, ou qu'il nous appellera à lui pour décider de notre éternité, ce qu'il examinera dans nous, ce qu'il y cherchera, ce ne sera pas seulement la foi que nous aurons conservée, mais les œuvres qui l'auront accompagnée. Ainsi nous le déclare le grand Apôtre dans les termes les plus ex-

(1) Matth. 21.

près : *Nous paroîtrons tous devant le tribunal de Jésus-Christ, afin que chacun reçoive selon le bien qu'il aura pratiqué, ou selon le mal qu'il aura commis* (1). L'Apôtre ne dit pas précisément que nous recevrons selon que nous aurons cru ou que nous n'aurons pas cru ; mais selon que nous aurons agi, ou que nous n'aurons pas agi conformément à notre croyance.

Et n'est-ce pas aussi ce que nous voyons clairement exprimé dans la sentence ou de salut ou de damnation, que prononcera le Fils de Dieu, soit à l'avantage des justes en les glorifiant, soit à la ruine des pécheurs en les réprouvant ? Que dira-t-il aux uns ? *Venez, vous qui êtes bénis de mon Père, possédez le royaume qui vous a été préparé dès le commencement du monde : car j'ai eu faim, et vous m'avez donné à manger*, et le reste. Que dira-t-il aux autres? *Retirez-vous, maudits, et allez au feu éternel, parce que j'ai été pressé de la faim, et que vous n'avez pas eu soin de me nourrir* (2). Il n'est point là parlé de la foi ; non pas qu'elle ne soit supposée, et que dans le jugement qui sera porté, ou en notre faveur ou contre nous, elle ne doive avoir toute la part qu'elle mérite : mais enfin il n'en est point fait mention. Il n'est point dit aux prédestinés, *Vous êtes bénis de mon Père*, parce que vous avez été soumis aux vérités de mon évangile ; comme il n'est point dit aux réprouvés, *Allez, maudits, au feu éternel*, parce que vous avez été incrédules : mais il semble que tous les motifs de ce double jugement

(1) 2. Cor. 1. — (2) Matth. 25.

ne soient pris que de la pratique, ou de l'omission des œuvres chrétiennes. *J'ai eu soif, et vous m'avez donné, ou ne m'avez pas donné à boire ; je n'avois point de logement, et vous m'avez recueilli, ou ne m'avez pas recueilli chez vous ; j'étois malade, et vous m'avez, ou ne m'avez pas assisté* (1). Tout cela ne regarde en a pparence que les œuvres de miséricorde, mais comprend en général toutes les autres qui y sont sous-entendues.

En vain donc je pourrai dire alors à Dieu : Seigneur, j'étois chrétien et j'avois la foi, si je ne puis ajouter que j'ai mis en œuvre cette foi, que j'ai profité de cette foi, que cette foi m'a servi à exciter et à entretenir ma ferveur dans l'exercice de toutes les vertus ; qu'avec cette foi, et par les grandes considérations que cette foi présentoit continuellement à mon esprit, je me suis détaché du monde, j'ai combattu mes passions, j'ai mortifié mes sens, j'ai jeûné, j'ai prié, j'ai fait l'aumône, je n'ai rien omis de tous mes devoirs ; si, dis-je, ces mérites de l'action me manquent, Dieu produisant contre moi cette foi même que j'ai reçue sur les sacrés fonts, et que j'ai professée, n'aura de sa part point d'autre réponse à me faire, que celle de ce maître de l'évangile au serviteur paresseux : Méchant serviteur, pourquoi n'avez-vous pas employé votre talent ? pourquoi l'avez-vous gardé inutilement dans vos mains, au lieu de le mettre à profit, afin qu'à mon retour j'en retirasse quelque intérêt ?

Qu'est-ce que ce talent, sinon la foi ? qu'est-ce que

(1) Matth. 25.

ce

ce serviteur paresseux, sinon un de ces chrétiens oisifs et négligens, qui tiennent leur foi comme ensevelie, et en qui elle paroît morte? Ce serviteur paresseux, quoique seulement paresseux et sans avoir dissipé son talent, fut traité de méchant serviteur, et par cette raison seule, il fut condamné et rejeté du maître; et ce chrétien négligent et oisif, quoique seulement oisif et négligent, sans s'être écarté de la foi, sera traité de mauvais chrétien, et par ce titre seul, Dieu le jugera coupable et le renoncera. Coupable, parce que la foi dans les vérités qu'elle nous révèle, lui fournissant les plus puissans motifs pour allumer tout son zèle et pour l'engager à une vie toute sainte, il y aura été insensible et n'y aura pas fait l'attention la plus légère. Coupable, parce que la foi lui dictant elle-même qu'exclusivement aux œuvres, elle n'étoit pas suffisante pour lui assurer un droit à l'héritage céleste, il ne l'aura point écoutée sur un article aussi important que celui-là, et n'en aura tenu nul compte. Coupable, parce que la foi étant une grâce, et l'une des grâces les plus précieuses, il en falloit user, puisque les grâces divines ne nous sont point données à d'autre fin; et que n'en ayant fait aucun emploi, il ne se sera pas conformé aux vues de Dieu sur lui, et n'aura pas rempli ses desseins. Coupable, parce qu'ayant eu la foi dans le cœur, et l'ayant même confessée de bouche, il l'aura démentie dans la pratique; qu'il l'aura contredite et tenue dans une espèce de servitude; qu'il aura résisté à ses connoissances et à ses lumières; qu'il l'aura déshonorée, en la dépouillant de sa plus belle gloire, qui est la sainteté des œuvres ; qu'il l'aura scandalisée devant les libertins, en leur faisant dire que, pour être chrétien, on n'en est pas plus homme de bien. Enfin coupable, par comparaison avec tout ce qu'il y aura eu avant lui et après lui de chrétiens fervens, appliqués, laborieux, qui n'avoient pas pourtant une autre foi que la sienne ; et même coupable par comparaison avec une multitude innombrable d'infidèles et d'idolâtres en qui la foi eût fructifié au centuple et dont elle eût fait autant de saints, s'ils eussent été éclairés comme lui de l'évangile.

Voilà pourquoi Dieu le réprouvera, et lui fera entendre cette désolante parole : *Je ne vous connois point.* Non pas qu'à l'égard des chrétiens il en soit tout à fait de même qu'à l'égard du serviteur paresseux. Le maître, en condamnant ce serviteur inutile, lui fit enlever le talent qu'il lui avoit confié ; mais en réprouvant ce lâche chrétien, Dieu lui laissera l'excellent caractère dont il l'avoit honoré. Jusque dans l'enfer, ce sera toujours un chrétien ; mais il ne le sera plus que pour sa honte, que pour son supplice, que pour son désespoir. Cette glorieuse qualité de chrétien qu'il aura si long-temps oubliée, quand il étoit pour lui d'un souverain intérêt d'y penser, il ne l'oubliera jamais, lorsqu'il en voudroit perdre l'idée, et que le souvenir qu'il en conservera ne pourra plus servir qu'à le tourmenter. Quels regrets fera-t-elle naître dans son cœur, quand elle lui remettra les prétentions qu'elle lui donnoit au royaume de Dieu, et que par une indolence molle où il se sera endormi, il se verra déchu de toutes ses espérances ?

A quels reproches l'exposera-t-elle de la part de tant
de gentils réprouvés comme lui, mais sans avoir été
revêtus du même caractère, ni avoir eu le même
avantage que lui? Hé quoi! vous êtes devenu semblable à nous! vous avez encouru le même sort! Que
vous demandoit-on de si difficile? et comment avez-
vous perdu un bien dont votre foi vous découvroit
le prix inestimable, et que vous pouviez acquérir à
si peu de frais?

III. Que peuvent dire à cela ces honnêtes gens
du siècle, qui passent pour chrétiens, et qui le sont
en effet, mais dont la foi, toute renfermée au-dedans, ne se produit presque jamais au-dehors
par aucun acte de christianisme, ni aucune des œuvres les plus ordinaires de la religion? Car voilà où
la foi en est réduite, même parmi ceux qui, dans
le monde, ont une réputation mieux établie, et font
voir dans leur conduite plus de régularité et plus
de probité. Telle est la vie de tant de femmes, en
qui je conviens qu'il n'y a rien à reprendre par rapport à la sagesse et à l'honneur de leur sexe. Telle
est la vie de tant d'hommes, qui, dans l'estime publique, sont réputés hommes d'ordre et de raison,
droits, intègres, ennemis du vice, et ne se portant
à nul excès. Je veux bien là-dessus leur rendre toute
la justice qu'ils méritent; je ne formerai point contre
eux des accusations fausses et mal fondées; je ne leur
imputerai ni libertinage, ni débauche, ni passions
honteuses, ni commerces défendus, ni colères, ni
emportemens, ni fraudes, ni usurpations, ni concussions. Que sur tous ces sujets et sur d'autres ils

soient hors d'atteinte, j'y consens; mais je ne les tiens pas dès-lors assurés de leur salut. Si d'une part j'ai de quoi espérer pour eux, je ne vois d'ailleurs que trop à craindre, et en voici la raison : car ne nous laissons point abuser d'une erreur d'autant plus dangereuse, qu'elle est plus apparente et plus spécieuse ; et ne pensons point que tout le mérite absolument requis pour le salut, consiste à éviter certains péchés. Dieu dans sa loi ne nous a pas dit seulement : Abstenez-vous de ceci ou de cela, mais il nous a dit de plus, faites ceci et faites cela. Le père de famille ne reprit d'aucune action mauvaise ces ouvriers qu'il trouva dans la place publique ; mais il les blâma de perdre leur temps, et de demeurer là sans occupation. *Allez*, leur dit-il, *dans ma vigne* (1), et travaillez-y ; car sans travail vous ne gagnerez rien, et vous ne devez être récompensés que selon la mesure de votre ouvrage. Tellement que nous ne serons pas moins responsables à Dieu du bien que nous aurons omis, que du mal que nous aurons commis.

Or, qu'on me dise quel bien pratiquent la plupart des chrétiens, et même de ces chrétiens que je reconnois volontiers pour gens d'honneur, et à qui j'accorde sans peine la louange qui leur appartient. Ils sont de bonnes mœurs, ils s'en félicitent, ils en font gloire ; mais ces bonnes mœurs, à quoi vont-elles, et où se réduisent-elles ? Sont-ce des gens pieux et religieux, qui s'adonnent, autant que leur état leur permet, à la prière, qui assistent aux offices divins, qui se rendent assidus au sacrifice de

(1) Matth. 20.

nos autels, qui fréquentent les sacremens, qui se
nourrissent de saintes lectures, qui écoutent la parole de Dieu, qui chaque jour se rendent compte à
eux-mêmes de la disposition de leur conscience, et
qui après certaines distractions indispensables et
certaines affaires où leur condition les engage, aient
leur temps marqué pour se recueillir et pour vaquer
au soin de leur ame? Sont-ce des gens charitables,
qui par un esprit de religion s'intéressent aux misères et aux besoins d'autrui, et soient même pour
cela disposés à relâcher tout ce qu'ils peuvent de
leurs intérêts propres; qui suivant la maxime de
l'Apôtre, *pleurent avec ceux qui pleurent*, et sans
se piquer d'une maligne jalousie, *se réjouissent avec*
ceux qui ont sujet de se réjouir (1); qui selon leurs
facultés contribuent au soulagement des pauvres et
à la consolation des affligés, s'appliquent à les connoître, se faisant instruire de ce qu'ils souffrent et
de ce qui leur manque, les visitant eux - mêmes
autant qu'il convient, et ne dédaignant pas dans les
rencontres de leur porter les secours nécessaires;
qui, dans toutes leurs paroles et dans toutes leurs
manières d'agir, prennent soigneusement garde à
n'offenser personne, et du reste ne pensent aux
injures qu'on leur fait que pour les pardonner : doux,
humbles, patiens, affables à tout le monde, et ne
cherchant à l'égard de tout le monde, que les sujets
de faire plaisir et d'obliger? Sont-ce des gens mor-
tifiés et détachés d'eux-mêmes, qui répriment leurs
désirs, qui captivent leurs sens, qui crucifient leur

(1) Rom. 12.

chair, qui par un sentiment de pénitence et en vue
de cette abnégation évangélique , dont le Fils de
Dieu a fait le point capital et comme le fondement
de sa loi, renoncent aux commodités et aux aises·de
la vie, se retranchent tout superflu, et se bornent
précisément au nécessaire ?

Hé! que dis-je ? connoissent-ils cette morale ? la
comprennent-ils? en ont-ils même quelque teinture? Que je la leur propose, et que j'entreprenne
de les y assujettir, ils me prendront pour un homme
outré, pour un zélé indiscret, pour un homme sauvage venu du désert. C'est néanmoins la morale de
Jésus-Christ, et c'est à cette morale que le salut est
promis. Il n'est point promis à une vie douce et toute
humaine, quelque innocente au dehors qu'elle paroisse. Je consulte l'évangile , et voici ce que je lis :
*Entrez par la porte étroite, faites effort. Le royaume
de Dieu ne s'emporte que par violence ; il n'y a que
ceux qui emploient la force qui le ravissent. Marchez*, c'est-à-dire, agissez, *tandis que le jour vous
éclaire. L'arbre qui ne produit point de bons fruits,
sera coupé et jeté au feu.* Enfin , *celui qui ne porte
pas sa croix, et ne la porte pas tous les jours, ne
peut être mon disciple ni digne de moi* : tout cela
est court, précis, décisif. C'est Jésus-Christ qui
parle, et qui nous donne des règles infaillibles pour
juger si nous serons sauvés ou réprouvés. Toute vie
conforme à ces principes, est une vie de salut; mais
toute vie aussi qui leur est opposée, doit être une
vie de réprobation.

Et qu'on ne me demande point en quoi cette vie

est criminelle , et pourquoi, sans être une vie licencieuse et vicieuse , c'est toutefois une vie réprouvée
de Dieu. Je ne m'engagerai point ici dans un long
détail , ni en des questions subtiles et abstraites : je
n'ai en général autre chose à répondre , sinon que
cette vie dont on fait consister la prétendue innocence à s'abstenir de certains excès et de certains
désordres scandaleux , n'a point précisément par là
les caractères de prédestination marqués dans les
textes incontestables et irréprochables que je viens
de rapporter. Vivre de la sorte , ce n'est certainement point entrer par la porte étroite, ni tenir un
chemin rude et difficile. Ce n'est point avoir de
grands efforts à faire pour gagner le ciel , ni user de
grandes violences. Ce n'est point profiter du temps
que Dieu nous donne , ni faire de nos années un
emploi tel que Dieu le veut pour notre avancement
dans ses voies et notre perfection. Ce n'est point être
de ces bons arbres qui s'enrichissent de fruits , et
remplissent par leur fertilité les espérances du maître.
En un mot, ce n'est point vivre selon l'évangile,
puisque ce n'est ni se renoncer soi-même, ni porter
sa croix, ni suivre Jésus-Christ. Or, quiconque ne
vit pas selon l'évangile , ne peut arriver au terme
où l'évangile nous appelle ; et je conclus sans hésiter, qu'il est hors de la route , qu'il s'égare, qu'il
se damne. Ce raisonnement me suffit, et je n'en dis
pas davantage. Malgré toutes les justifications qu'on
peut imaginer , je ne me départirai jamais de ce principe fondamental et inébranlable. Si tant de chrétiens du siècle et de chrétiennes n'en sont point

troublés, leur fausse confiance ne m'empêche point de trembler pour eux et de trembler pour moi-même. Qu'ils raisonnent comme il leur plaira : s'ils n'ouvrent pas les yeux, et qu'ils s'obstinent à ne vouloir pas reconnoitre la fatale illusion qui les séduit, j'aurai pitié de leur aveuglement ; mais je ne cesserai point de prier en même temps le Seigneur qu'il me garde bien d'y tomber.

Les Œuvres sans la Foi, œuvres infructueuses et sans mérite pour la vie éternelle.

L'APÔTRE saint Jacques a dit : Faites-moi voir vos œuvres, et je jugerai par là de votre foi ; mais sans blesser le respect dû à la parole du saint apôtre, ne pourroit-on pas en quelque manière renverser la proposition, et dire aussi : Faites-moi voir votre foi, et je jugerai par là de vos œuvres ; c'est-à-dire, que je connoîtrai, par le caractère de votre foi, si les œuvres que vous pratiquez sont véritablement de bonnes œuvres, si ce sont des œuvres chrétiennes, des œuvres saintes devant Dieu, des œuvres que vous puissiez présenter à Dieu, et qui vous tiennent lieu de mérites auprès de Dieu.

Car il ne faut point considérer nos œuvres précisément en elles-mêmes, pour savoir si elles sont bonnes ou mauvaises, si elles sont utiles ou infructueuses, si Dieu les accepte, ou s'il les méprise et les rejette ; mais pour faire cette distinction, on en doit examiner le principe. Or, le principe de toutes bonnes œuvres, de toutes œuvres méritoires et recevables au tribunal de Dieu, c'est la foi, puisque la foi, selon l'expresse décision du concile de Trente, est la racine de toute justice : d'où il s'ensuit que cette racine étant altérée et gâtée, les fruits qu'elle produit doivent s'en ressentir, et que ce ne peuvent être de bons fruits.

Gardons-nous toutefois de donner dans une erreur condamnée par l'Église, et en effet très-condamnable, qui est de traiter de péché tout ce qui ne vient pas de la foi. Ce seroit outrer la matière et s'engager dans des conséquences hors de raison. Non-seulement les œuvres des infidèles n'ont pas toutes été des péchés, mais plusieurs ont été de vrais actes de vertu, et ont mérité même de la part de Dieu quelque récompense. Leurs vertus n'étoient que des vertus morales ; mais après tout, c'étoient des vertus. Dieu ne les récompensoit que par des grâces temporelles ; mais enfin ces grâces temporelles étoient des récompenses, et Dieu ne récompense point le péché. Leurs œuvres pouvoient donc être moralement bonnes sans la foi ; mais elles ne l'étoient ni ne pouvoient l'être de cette bonté surnaturelle qui nous rend héritiers du royaume de Dieu et cohéritiers de Jésus-Christ. Or, c'est de ce genre de mérite que je parle, quand je dis que sans la foi il n'y a point de bonnes œuvres.

Ainsi, comme les œuvres sont d'une part les preuves les plus sensibles de la foi, de même est-il vrai d'autre part que c'est la foi qui fait le discernement des œuvres : tellement que toutes bonnes qu'elles peuvent être de leur fond et devant les hommes, elles ne le sont auprès de Dieu et par rapport à la vie éternelle qu'il nous a promise, qu'autant qu'elles procèdent d'une foi pure, simple et entière. Car selon le témoignage de l'Apôtre, il n'est pas possible de plaire à Dieu sans la foi ; et la disposition nécessaire pour approcher de Dieu, est, avant toutes choses, de croire qu'il y a un Dieu, et de se soumettre à tout ce qu'il nous a révélé ou par lui-même, ou par son Eglise.

De là il est aisé de juger si c'est toujours raisonner juste que de dire : Ces gens-là sont gens de bonnes œuvres, réglés dans leurs mœurs, irréprochables dans leur conduite, de la morale la plus sévère, n'ayant autre chose dans la bouche, et ne prêchant autre chose : par conséquent, ce sont des hommes de Dieu, ce sont des gens parfaits selon Dieu. Tout cela est beau, ou plutôt tout cela est spécieux et apparent ; mais après tout, les hérétiques ont été tout cela, ou ont affecté de le paroître : témoin un Arius, témoin un Pélage et tant d'autres. On relevoit leur sainteté, on canonisoit leurs actions, on les proposoit comme de grands modèles ; mais avec tout cela, ce n'étoient certainement pas des hommes de Dieu, parce qu'avec tout cela c'étoient des gens révoltés contre l'Eglise, attachés à leur sens, entêtés de leurs opinions ; en un mot, des gens corrompus dans leur foi.

On a néanmoins de la peine à se persuader que des hommes qui vivent bien ne pensent pas bien, et qu'étant si réguliers dans toute leur manière d'agir, ils s'égarent dans leur créance ; mais voilà justement un des piéges les plus ordinaires et les plus dangereux dont les hérésiarques et leurs fauteurs se soient servis, pour inspirer le venin de leurs hérésies et pour s'attirer des sectateurs. Piége que saint Bernard, sans remonter plus haut, nous a si naturellement et si vivement représenté dans la personne de quelques hérétiques de son temps. Que disoit-il d'Abailard ? *C'est un homme tout ambigu, et dont la vie est une contradiction perpétuelle. Au-dehors c'est un Jean-Baptiste, mais au-dedans c'est un Hérode* (1). Que disoit-il d'Arnaud de Bresse ? *Plût à Dieu que sa doctrine fût aussi saine que sa vie est austère ! Il ne mange ni ne boit, et il est de ces gens que l'Apôtre nous a marqués, lesquels ont tout l'extérieur de la piété, mais qui n'en ont pas le fond ni les sentimens* (2). *Ses paroles*, ajoutoit le même saint docteur en parlant du même Arnaud, *ses paroles coulent comme l'huile, et en ont, ce semble, l'onction ; mais ce sont des traits empoisonnés : car ce qu'il prétend par des discours si polis et de si belles apparences de vertu ; c'est de s'insinuer dans les esprits et de les gagner à son parti.* Que disoit-il de Henri, écrivant à un homme de qualité ? *Ne vous étonnez pas qu'il vous ait surpris. C'est un serpent adroit et subtil. A le voir, il ne paroît rien en lui que d'édifiant ; mais ce n'est là qu'une vaine montre, et dans l'intérieur il n'y a point de religion* (3).

Ces exemples suffisent pour nous faire com-

---

(1) Bern. *epist. ad Magistrum.* — (2) Idem *epist. ad Episcopum constantiensem.* — (3) Idem *epist. ad Hildefonsum.*

prendre combien on doit peu compter sur certaines
œuvres d'éclat et sur certaine réputation de sainteté,
qui souvent ne sont que des signes équivoques, et
d'où l'on ne peut conclure avec assurance qu'un
homme marche dans la voie droite, ni que ce
soit un bon guide en matière de foi. Aussi est-ce
encore l'avis que donnoit saint Bernard au peuple
de Toulouse. C'étoit un temps de ténèbres, où l hérésie cherchoit à se répandre; mais pour les préserver d'une peste si contagieuse, il leur enjoignoit
de ne pas recevoir indifféremment toute sorte de
prédicateurs, et de n'en admettre chez eux aucun
qu'ils ne connussent. Car ne vous y fiez pas : *Ne
vous en tenez précisément, ni à ce qu'ils vous diront,
ni au zèle qu'ils vous témoigneront, ni à la haute
perfection de la morale qu'ils vous prêcheront. Ils
vous tiendront un langage tout divin, et ils vous
parleront comme des anges venus du ciel : mais de
même qu'on mêle secrètement le poison dans les
plus douces liqueurs, avec les expressions les plus
chrétiennes, ils feront couler leurs nouveautés, et
ils vous les présenteront sous des termes enveloppés
et pleins d'artifice. Faux prophètes, loups ravissans
déguisés en brebis* (1).

Cependant les simples se laissent surprendre. Ils
voient des hommes, quant à l'extérieur, recueillis,
modestes, zélés, laborieux, charitables, fidèles à
leurs devoirs, et rigides observateurs de la discipline
la plus étroite. Cette régularité les charme, et ils se
feroient scrupule d'entrer là-dessus en quelque dé-

(1) Bern. *epist. ad Tolosanos.*

fiance, et de former le moindre soupçon désavan-
tageux. On a beau leur dire que ce n'est pas là l'essentiel ; que c'est la foi qui en doit décider ; que si
la foi manque, ou qu'elle ne soit pas telle qu'elle
doit être, tout le reste n'est rien ; ils prennent ce
qu'on leur dit pour des calomnies, pour des jalousies de parti, pour des préventions et de faux jugemens. Ainsi le Sauveur du monde s'élevoit contre
les pharisiens et démasquoit leur hypocrisie ; mais
en vain : le peuple touché de leur air pénitent et
dévot, de leurs longues prières, de leurs abstinences, de leur exactitude aux plus légères pratiques de la loi, s'attachoit à eux, les admiroit, les
révéroit, les combloit d'éloges, et malgré tous les
avertissemens du Fils de Dieu, ne vouloit point
d'autres maîtres ni d'autres conducteurs.

Mais après tout, cette vie exemplaire ne fait-elle
pas honneur à la religion, et ce zèle des bonnes œuvres n'est-il pas utile à l'Eglise ? A cela, je fais une
réponse qui paroîtra d'abord avoir quelque chose de
paradoxe, mais dont on reconnoîtra bientôt la solidité et l'incontestable vérité, pour peu qu'on entende
ma pensée. Car je soutiens qu'il y a des personnes,
et en assez grand nombre, qui dans un sens feroient
beaucoup moins de mal à la religion, et s'en feroient
beaucoup moins à eux-mêmes, par une vie licencieuse et scandaleuse, que par leur sainteté prétendue et par l'éclat de leur zèle. Beaucoup moins
de mal à la religion : pourquoi ? parce que dès qu'on
les verroit sujets à des désordres grossiers, on perdroit en eux toute confiance, et qu'ils se trouveroient

par là moins en état de séduire les esprits, et d'établir leurs dogmes erronés. Au lieu de les suivre, on s'éloigneroit d'eux; et le mépris où ils tomberoient les décréditeroit absolument, et leur ôteroit toute autorité pour appuyer le mensonge. Beaucoup moins de mal à eux-mêmes : comment? Parce que tôt ou tard, l'horreur de leurs désordres pourroit les toucher, les réveiller, leur inspirer des sentimens de repentir et les ramener. Les exemples en sont assez communs. De grands pécheurs ouvrent les yeux, écoutent les remontrances qu'on leur fait, reviennent de leurs égaremens; et plus même ils sont grands pécheurs, plus il est quelquefois aisé de les émouvoir, en leur représentant les excès où ils se sont abandonnés, et les abîmes où la passion les a emportés.

Mais des gens au contraire dont la vie est exempte de certains vices, et qui d'ailleurs s'adonnent à mille pratiques très-chrétiennes en elles-mêmes, et très-pieuses : voilà ceux auxquels il est plus difficile de se détromper et d'apercevoir l'illusion qui les aveugle et qui les perd. A force de s'entendre canoniser, ils se persuadent sans peine qu'ils sont tels en effet qu'on les vante de tous côtés. Cette bonne idée qu'ils conçoivent d'eux-mêmes, les entretient dans la fausse idée dont ils se sont laissé prévenir, que sur la doctrine ils ont les vues les plus justes, et qu'ils sont les défenseurs de la vérité. Ils se regardent comme les appuis de la foi, et ils croient rendre service à Dieu, en tenant ferme contre l'Eglise même de Dieu, contre toute autorité et toute puissance supé-

rieure, soit laïque, soit ecclésiastique. De cette
sorte, ils s'obstinent dans un schisme dont ils sont
les principaux agens, ils y vivent en paix, et ils
meurent dans une opiniâtreté insurmontable; d'autant plus malheureux qu'il leur en coûte plus pour se
perdre, et qu'ils se damnent à plus grands frais. Ce
qui leur manque, ce ne sont pas les œuvres, mais la
foi. Ils font tout ce qu'il faut faire pour se sanctifier,
mais n'ayant pas le fondement de toute la sainteté,
qui est la foi, je veux dire l'obéissance, la docilité,
la pureté de la foi, avec tout ce qu'ils font, ils ne
se sanctifient pas. Ils ne bâtissent que sur le sable,
ou, selon la figure de saint Paul, l'édifice qu'ils
construisent n'est qu'un édifice de paille. De sorte
qu'au jour du Seigneur ils seront de ces prophètes
dont il est parlé dans l'évangile, et qui, se présen-
tant à Dieu pour être jugés, lui diront : *Seigneur,
n'avons-nous pas prophétisé en votre nom ? n'avons-
nous pas chassé en votre nom les démons ? n'avons-
nous pas fait des miracles ?* mais à qui Dieu répondra : *Je ne vous connois point ; retirez-vous de
moi, mauvais ouvriers, ouvriers d'iniquité* (1).

II. Il y a encore d'autres œuvres faites sans la
foi, quoique faites avec la foi. Je m'explique. Œuvres faites avec la foi : car dans le fond on est chrétien, on est catholique, on est uni de croyance avec
l'Eglise, on ne rejette aucune de ses décisions, et
on les reçoit toutes purement et simplement. Mais
d'ailleurs, œuvres faites sans la foi, parce que la foi
n'y a point de part, que la foi n'y entre point, que

(1) Matth. 7.

ce n'est point la foi qui les inspire, qui les dirige, qui les anime. Tout chrétien qu'on est, on agit en païen, je ne dis pas en païen sujet aux vices et au déréglement des mœurs où conduisoit de lui-même le paganisme ; mais je dis en honnête et sage païen. C'est-à-dire qu'on agit, non point par la foi, ni par des vues de religion, mais par la seule raison, mais par une probité naturelle, mais par un respect tout humain, mais par la coutume, l'habitude, l'éducation, mais par le tempérament, l'inclination, le penchant.

On rend la justice, par ce qu'on est droit naturellement et équitable; on sert le prochain, parce qu'on est naturellemeut officieux et bienfaisant; on assiste les pauvres, parce que naturellement on est sensible aux misères d'autrui, et qu'on a le cœur tendre et affectueux; on prend soin d'un ménage, et on s'applique à bien conduire une maison, parce que naturellement on est rangé et qu'on aime l'ordre; on remplit toutes les fonctions de son ministère, de son emploi, de sa charge, parce que l'honneur le demande, parce que la réputation y est engagée, parce qu'on veut toujours se maintenir en crédit et sur un certain pied; on s'occupe d'une étude, on passe les journées et souvent même les nuits dans un travail continuel, parce qu'on veut s'instruire et savoir, qu'on veut réussir et paroître, qu'on veut s'avancer et parvenir : ainsi du reste, dont le détail seroit infini.

Tout cela est bon en soi; mais dans le motif, tout cela est défectueux. Il est bon de rendre à chacun

ce

ce qui lui est dû, de protéger l'innocence et de garder en toutes choses une parfaite équité. Il est bon de se prêter la main les uns aux autres, de se prévenir par des offices mutuels, et d'obliger autant qu'on peut tout le monde. Il est bon de consoler les affligés, de compatir à leurs peines et de les secourir dans leurs besoins. Il est bon de veiller sur des enfans, sur des domestiques., sur toute une famille, d'en administrer les biens et d'en ménager les intérêts. Il est bon, dans une dignité, dans une magistrature, dans un négoce, de vaquer à ses devoirs, et de s'y adonner avec une assiduité infatigable. Que dirai-je de plus? Il est bon de cultiver ses talens, de devenir habile dans sa profession, de travailler à enrichir son esprit de nouvelles connoissances : encore une fois, il n'y a rien là que de louable; mais voici le défaut capital : c'est qu'il n'y a rien là qui soit marqué du sceau de la foi, ni par conséquent du sceau de Dieu. Or, le sceau de Dieu, le sceau de la foi ne s'y trouvant point, ce ne peut être, pour m'exprimer ainsi, qu'une monnoie fausse dans l'estime de Dieu, et de nulle valeur par rapport à l'éternité. Car on peut nous dire alors ce que disoit le Sauveur des hommes : Qu'attendez-vous dans le royaume du ciel, et quelle récompense méritez-vous? *Hé, les païens ne faisoient-ils pas tout ce que vous faites* (1) ? qu'avez-vous au-dessus d'eux, puisque vous n'agissez point autrement qu'eux, ni par des principes plus relevés?

En effet, il y a eu dans le paganisme, comme

(1) Matth. 5.

parmi nous, des juges intègres, déclarés, sans ac_
ception de personne, en faveur du bon droit, et
assez généreux pour le défendre aux dépens de leur
fortune et même au péril de leur vie. Il y a eu d'heureux naturels, toujours disposés à faire plaisir et ne
refusant jamais leurs services. Il y a eu des ames
compatisssantes, qui, par un sentiment de miséricorde, s'attendrissoient sur toutes les calamités, ou
publiques, ou particulières, et pour y subvenir,
répandoient leurs dons avec abondance. Il y a eu
des hommes d'une droiture inflexible, d'une fermeté
inébranlable, d'un désintéressement à toute épreuve,
d'un courage que rien n'étonnoit, d'une patience
que rien n'altéroit, d'une application que rien ne
lassoit, d'une attention et d'une vigilance à quoi
rien n'échappoit. Il y a eu des femmes d'une régularité parfaite et d'une conduite irrépréhensible. Que
de vertus! mais quelles vertus? vertus morales, et
rien au-delà. Elles méritoient les louanges du public, elles méritoient même de la part de Dieu,
quelques récompenses temporelles, et les obtenoient;
elles étoient bonnes pour cette vie, mais sans être
d'aucun prix pour l'autre, parce que la foi ne les véri-
fioit pas, ne les sanctifioit pas, ne les consacroit pas.

Telles sont les vertus d'une infinité de chrétiens,
telles sont leurs œuvres. Leur voix est la voix de
Jacob; mais leurs mains sont les mains d'Esaü:
c'est-à-dire qu'ils ont la foi, mais comme s'ils ne
l'avoient point, puisque dans toutes leurs actions ils
ne font nul usage de leur foi. A considérer dans la
substance les œuvres qu'ils pratiquent, ce sont des

œuvres dignes de la foi qu'ils professent , et ce seroient des œuvres dignes de Dieu , si la foi les rapportoit à Dieu ; mais c'est à quoi ils ne pensent en aucune sorte. Ils consultent, ils délibèrent, ils forment des desseins, ils prennent des résolutions , ils les exécutent; dans le plan de vie où leur condition les engage , ils se trouvent chargés d'une multitude d'affaires, et pour y suffire ils se donnent mille mouvemens, mille soins , mille peines ; ils ont , selon le cours des choses humaines et selon les conjonctures , leurs contradictions, leurs traverses à essuyer ; ils ont leurs chagrins, leurs ennuis, leurs dégoûts , leurs adversités , leurs souffrances à porter. Ample matière , riche fonds de mérites auprès de Dieu, si la foi, comme un bon levain , y répandoit sa vertu : si, dis-je , toutes ces délibérations et tous ces desseins étoient dirigés par des maximes de foi; si toutes ces fatigues et tous ces mouvemens étoient soutenus par des considérations divines et de foi; si toutes ces souffrances et toutes ces afflictions étoient prises, acceptées, offertes en sacrifice, et présentées par un esprit de foi. Tout profiteroit alors pour la vie éternelle , et rien ne seroit perdu.

Je dis rien, quelque peu de chose que ce soit: car voilà quel est le propre et l'efficace de la foi, quand elle opère par la charité et par une intention pure et chrétienne. On ne peut mieux la comparer qu'à ce grain évangélique , qui de tous les légumes est le plus petit, mais qui, semé dans une bonne terre, croît, s'élève, pousse des branches, se couvre de feuilles et devient arbre. Partout où la foi se

communique, étant accompagnée de la grâce, et
partout où elle agit, elle y imprime un caractère de
sainteté, et attache aux moindres effets qu'elle produit un droit spécial à l'héritage céleste. Ne fut-ce
qu'un verre d'eau donné au nom de Jésus-Christ,
c'est assez pour obtenir dans l'éternité une couronne
de gloire. Les apôtres passèrent toute une nuit à
pêcher, et ils ne prirent rien : pourquoi? parce que
Jésus-Christ n'étoit pas avec eux; mais du moment
que cet homme-Dieu parut sur le rivage, et que par
son ordre et en sa présence ils se remirent au travail, la pêche qu'ils firent fut si abondante, que
leurs filets se rompoient de toutes parts, et qu'ils
eurent beaucoup de peine à la recueillir. Image sensible où nous devons également reconnoître, et
l'inutilité de toutes nos œuvres pour le salut, si la
foi, animée de la charité et de la grâce, n'en est
pas le principe et comme le premier moteur; et
leur excellence, si ce sont les fruits d'une foi vive
et agissante, et si c'est par l'impression de la foi que
nous sommes excités à les pratiquer.

Étrange aveuglement que le nôtre, quand nous
suivons d'autres règles en agissant, et que nous nous
conduisons uniquement par la politique du siècle et
par la prudence de la chair! Combien vois-je tous
les jours de personnes de l'un et de l'autre sexe, de
tout âge et de tout état, qui, dans les occupations
et les embarras dont ils sont sans cesse agités, ne se
donnent ni repos ni relâche; qui, du matin au soir,
obligés d'aller, de venir, de parler, d'écouter, de
répondre, de veiller à tout ce qui est de leur inté-

rêt propre ou de leur devoir, mènent une vie très-fatigante; qui dans le commerce du monde sont exposés à des déboires très-amers, à des contre-temps très désagréables, à des revers très-fâcheux, à des coups et à des événemens capables de déconcerter toute la fermeté de leur ame; qui, par la délicatesse de leur complexion, ou le dérangement de leur santé, sont affligés de fréquentes maladies, d'infirmités habituelles, souvent même de douleurs très-aiguës? Or en quoi ils me paroissent tous plus à plaindre, et ce qu'il y a pour eux sans contredit de plus déplorable, c'est que tant de pas, de courses, de veilles, d'inquiétudes, de tourmens d'esprit; que tant d'exercices du corps très-pénibles, et quelquefois accablans, que tant d'accidens, d'infortunes, de mauvais succès, de pertes, de contrariétés, de tribulations, d'humiliations, de désolations, de foiblesses et de langueurs : que tout cela, dis-je, et mille autres choses, qui leur deviendroient salutaires avec le secours de la foi, ne leur soient, au regard du salut, d'aucun profit, parce que tout abîmés dans les sens, ils ne savent point user de leur foi, et qu'ils ne la mettent jamais en œuvre. Sans rien faire plus qu'ils ne font, et sans rien souffrir au-delà de ce qu'ils souffrent, ils pourroient, par le moyen de cette foi bien épurée et bien employée, amasser d'immenses richesses pour un autre monde que celui-ci, et grossir chaque jour leur trésor; au lieu que se bornant aux vues profanes d'une nature aveugle, et aux vains raisonnemens d'une sèche philosophie, toutes leurs années s'écoulent sans fiuit, et qu'à la fin de leurs jours ils n'ont rien dans les mains dont ils puissent tirer devant Dieu quelque avantage. Heureux donc le chrétien qui fait toujours la sainte alliance, et des œuvres avec la foi, et de la foi avec les œuvres !

La Foi victorieuse du monde.

NE craignez point, disoit Jésus-Christ à ses apôtres : *j'ai vaincu le monde* (1). Il l'a en effet vaincu : et par où ? par la foi qu'il est venu nous enseigner, et par la sainte religion qu'il a établie sur la terre. *Aussi*, écrivoit saint Jean aux premiers fidèles, *quelle est, mes frères, cette victoire qui nous a fait triompher du monde ? c'est notre foi* (2). Pour bien entendre ceci, il faut, selon la belle observation de saint Augustin, distinguer dans le monde trois choses qui nous perdent : ses erreurs, ses douceurs et ses rigueurs. Les erreurs du monde nous séduisent, ses douceurs nous corrompent, et ses rigueurs ou ses persécutions nous inspirent une crainte lâche, et nous tyrannisent par un respect humain dont nous ne pouvons presque nous défendre. Or la religion, je dis la vraie religion, qui est la religion chrétienne, nous élève au-dessus de tout cela, et nous en rend victorieux. Elle nous détrompe des erreurs du monde, elle nous dégoûte des douceurs du monde, elle nous fortifie contre les rigueurs du monde.

I. Le monde est rempli d'erreurs, et même d'er-

---

(1) Joan. 16. — (2) 1. Joan. 3.

reurs les plus sensibles et les plus grossières. Ce sont mille fausses maximes dont il se fait autant de vérités prétendues, et autant de principes incontestables. Quelles sont, par exemple, les maximes de tant de mondains ambitieux, qui mettent la fortune à la tête de tout, et qui, se la proposant comme leur fin, concluent qu'il y faut parvenir à quelque prix que ce puisse être? Quelles sont les maximes de tant de mondains intéressés, qui se font de leurs richesses une divinité, et qui, pensant ne valoir dans la vie qu'à proportion de ce qu'ils possèdent, regardent le soin d'amasser et de grossir leurs revenus, comme une affaire capitale à laquelle toutes les autres doivent céder? Quelles sont les maximes de tant de mondains abandonnés à leurs plaisirs, qui s'imaginent n'être sur la terre que pour se divertir et pour flatter leurs sens, et qui, livrés à des passions honteuses, ne connoissent point de plus grand bonheur que de les contenter en toutes les manières et de vivre au gré de leurs désirs? Mais surtout à quelles maximes la prudence humaine et la politique n'a-t-elle pas donné cours? Voilà les règles de conduite que suit le monde, et où il se croit bien fondé. Qui voudroit en appeler et les contredire, passeroit pour un esprit foible, sans connoissance, et, si je l'ose dire, pour un imbécille qui n'est bon à rien, pour un insensé. Ce sont néanmoins des règles, ce sont des maximes où l'on ne voit, à les bien examiner, ni saine raison, ni humanité, ni charité, ni honnêteté, ni probité, ni bonne foi, ni justice, ni équité. Or la religion nous

détrompe de toutes ces erreurs : comment cela ?
parce que raisonnant sur des principes tout opposés à
ceux dont le monde se laisse prévenir et aveugler, elle en
tire des conséquences et des maximes toutes contraires.

Car sur quels principes sont établies tant de maximes erronées et absolument fausses dont le monde
est infatué ? sur l'amour de soi-même, sur l'attachement aux plaisirs, sur la cupidité, la sensualité, sur
l'intérêt, l'ambition, la politique, sur toutes les inclinations de la nature corrompue et toutes les passions du cœur. De telles racines, il n'est pas surprenant qu'il vienne des fruits infectés et gâtés; et du
mensonge, que peut-il naître autre chose que le
mensonge ? Mais la religion a des vues bien différentes, et appuie ses raisonnemens et ses décisions
sur des principes bien plus solides et plus revélés,
qui sont : un attachement inviolable à Dieu et à la
loi de Dieu; l'amour du prochain, et même des
ennemis, le renoncement à soi-même et au monde;
le désintéressement, la fidélité, la droiture du cœur,
la mortification des sens, la sanctification de son
ame et le zèle de son salut. De cette opposition de
principes suit une opposition entière de maximes et
de règles de vie. Ainsi un chrétien, c'est un homme
qui juge des choses et qui en pense tout autrement
que le monde; et voilà la première victoire que la
religion a remportée, et qu'elle remporte tous les
jours, en faisant revenir une infinité de mondains
des opinions du monde, et leur en découvrant l'illusion et le danger. Le monde se récrie contre ces vérités, et les rejette comme de vaines imaginations :

mais un chrétien instruit de sa religion, s'en tient
à l'oracle de saint Paul : *qu'il a plu à Dieu de sau-*
ver les hommes par cela même qui paroît au monde
égarement et folie (1).

Je dis par cela même qui paroît égarement d'esprit, mais qui, bien loin de l'être, est plutôt la souveraine sagesse. Car à bien examiner tous les principes et toutes les maximes de l'évangile, on n'y
trouvera rien que de conforme à la raison la plus
éclairée et la plus juste dans ses vues. Aussi voyons-
nous que dès que le feu de la passion commence à
s'amortir dans un homme, et qu'il est plus en état
de discerner le bien et le mal, le vrai et le faux,
parce qu'il a les yeux plus ouverts, et qu'il considère les objets d'un sens plus rassis, c'est alors que
ces maximes et ces principes évangéliques contre
lesquels il se récrioit tant, lui semblent beaucoup
mieux fondés qu'il ne vouloit se le persuader. La
foi qui se réveille dans son cœur, les lui représente dans un jour tout nouveau pour lui. Plus il
s'applique à en rechercher les motifs, à en suivre les
conséquences, à en observer les salutaires effets,
plus il y découvre de solidité et de vérité. Il est
surpris de l'aveuglement où il étoit ; du moins il
commence à se défier de ses anciens préjugés ; et
la lumière dont il aperçoit les premiers rayons,
perçant peu à peu au travers des nuages qui l'obs-
curcissoient, et se répandant avec plus de clarté,
cet homme enfin, par un changement qu'on ne peut
attribuer qu'à la vertu de la foi et de la grâce qui

(1) 1. Cor. 1.

l'accompagne, se déclare, comme saint Paul, un des plus zélés défenseurs des vérités mêmes qu'il attaquoit auparavant, et qu'il combattoit avec plus d'obstination. Triomphe qui honore la religion, et dont elle profite pour faire d'autres conquêtes et pour convaincre les plus incrédules et les soumettre. Ainsi l'exemple de Saul élevé dans le judaïsme et l'un des plus ardens persécuteurs de l'Eglise, mais devenu, par une conversion éclatante, apôtre de Jésus-Christ et le docteur des gentils, étoit un argument sensible contre les Juifs, et leur faisoit admirer malgré eux l'efficace et le pouvoir de la foi chrétienne.

II. Comme le monde par ses erreurs aveugle l'esprit, c'est par ses douceurs qu'il gagne et qu'il pervertit le cœur. Dans l'un il agit par voie de séduction, et dans l'autre par voie d'attrait et de corruption. Ce que nous appelons douceurs du monde, c'est ce que saint Jean appelle concupiscence des yeux, concupiscence de la chair, et orgueil de la vie; c'est-à-dire, que sous ce terme nous comprenons tout ce qu'il y a dans le monde qui peut éblouir les yeux, charmer les sens, piquer la curiosité, nourrir l'amour-propre, rendre la vie aisée, commode, agréable, molle et délicieuse. Voilà par où le monde, dans tous les temps, s'est acquis un empire si absolu sur les cœurs des hommes; voilà par où il nous attire, ou plutôt par où il nous enchante et nous entraîne. Ce n'est pas que souvent on ne connoisse la bagatelle et le néant de tout cela : on en est détrompé selon les vues de l'esprit; mais par une espèce d'ensorcellement, tout détrompé qu'on est de ces fausses douceurs du monde, on y trouve toujours un certain goût dont on a toutes les peines imaginables à se déprendre. En vain la raison veut-elle venir au secours : nous avons beau raisonner et faire les plus belles réflexions, toutes nos réflexions et tous nos raisonnemens n'empêchent pas que ce goût ne se fasse sentir, et qu'il ne nous emporte par une espèce de violence.

Il n'y a que la religion à qui il soit réservé de le bannir de notre cœur, ou de l'y étouffer. Comment cela ? 1. par l'esprit de pénitence qu'elle nous inspire. Car elle nous fait souvenir sans cesse que nous sommes pécheurs, et cette vue fréquente de nos péchés, et des justes châtimens qui leur sont dus, nous remplit d'une sainte haine de nous-mêmes, et nous donne ainsi du dégoût pour tout ce qui flatte notre sensualité, comme étant peu convenable à des pénitens. 2. Par l'estime des biens éternels, où elle nous fait porter toutes nos prétentions et tous nos désirs. Le cœur occupé de la haute idée que nous concevons de cette béatitude qui nous est promise, se dégage peu à peu de tous les objets mortels, et devient comme insensible à tout ce que le monde peut lui offrir de plus attrayant. *Que tout ce que je vois sur la terre, me paroît méprisable et insipide*, s'écrioit un grand saint, *quand je lève les yeux au ciel* (1) ! Bien d'autres avant lui l'avoient pensé de même, et bien d'autres l'ont pensé après lui. 3. Par les consolations divines que l'esprit de religion répand dans les ames vraiment chrétiennes. Consola-

(1) S. Ignat.

tions cachées aux mondains, parce que l'homme sensuel, dit le grand Apôtre, ne peut comprendre ce qui est de Dieu. Consolations spirituelles d'autant plus relevées au-dessus de tous les plaisirs des sens, que l'esprit est plus noble que le corps. Consolations si douces et si abondantes que le cœur en est quelquefois comme inondé et enivré. A peine les saints les pouvoient-ils soutenir, tant ils en étoient comblés et transportés. Saint François Xavier s'écrioit en s'adressant à Dieu : *C'est assez, Seigneur, c'est assez.* Sainte Thérèse tenoit le même langage, et demandoit que Dieu interrompît pour quelque temps le cours de ces douceurs célestes dont elle étoit toute pénétrée. D'autres en tomboient dans des extases et des défaillances où ils demeuroient les heures entières, et qui les ravissoient hors d'eux-mêmes. Le monde en jugera tout ce qu'il lui plaira. Ce qui est de certain, c'est qu'avec tous ses agrémens et tous ses charmes, il n'a rien de comparable à ces saintes délices et à ces joies secrètes que la religion nous fait goûter. Une ame qui les a une fois ressenties, ne sent plus rien de tout le reste.

C'est la merveille qu'on a vue dans tous les temps, et dont nous sommes encore témoins. On a vu une multitude innombrable de personnes de tout sexe, de tout âge, de tout état, renoncer aux plaisirs du monde les plus engageans et les plus touchans. C'étoient de jeunes vierges à qui le monde présentoit dans un long cours d'années la fortune la plus riante. C'étoient des riches du siècle, des hommes opulens, des grands qui dans leur grandeur et leur

opulence, jouissoient ou pouvoient jouir de toutes
les aises de la vie. Mais par quel prodige ont-ils
méprisé tout cela, ont-ils quitté tout cela, se sont-
ils volontairement dépouillés de tout cela? A ces
richesses dont le monde est si avide, et où il fait
presque consister tout son bonheur parce qu'il y
trouve de quoi satisfaire toutes ses convoitises, ils
ont préféré une pauvreté qui leur accordoit à peine
le nécessaire, ou pour la nourriture, ou pour le
vêtement, ou pour la demeure. A cet éclat et à ces
honneurs dont le monde est si jaloux, et dont il
cherche à repaître si agréablement son orgueil, ils
ont préféré l'obscurité de la retraite, si opposée à
l'ambition naturelle, et se sont condamnés à vivre
inconnus et dans l'oubli. A toutes les délicatesses et
toutes les commodités du monde, ils ont préféré la
pénitence du cloître et les plus dures pratiques de
la mortification religieuse : aussi ennemis d'eux-mêmes et de leur chair, qu'on en est communément
esclave et idolâtre. Qui leur a inspiré ce renoncement, ce détachement, et qui les a soutenus dans
un genre de vie si contraire au penchant de la nature
et à l'esprit du monde ? c'est la foi dont ils étoient
remplis et dont ils suivoient les divines impressions.
En vain le monde étaloit-il devant eux ses pompes
les plus brillantes, et en vain pour les attirer leur
faisoit-il voir une carrière semée de fleurs : la foi
dissipoit tous ces prestiges, et rien ne les touchoit
que le grand sentiment de l'Apôtre: *Pour moi, Dieu
me garde de me glorifier jamais en aucune autre
chose, que dans la croix de notre Seigneur Jésus-*

Christ, par qui le monde m'est crucifié et je suis crucifié au monde (1).

III. Outre ses erreurs et ses douceurs, le monde a encore ses rigueurs. Ce sont ces persécutions qu'il suscite à la vertu, et où elle a besoin d'une force supérieure. Car l'Apôtre a bien eu raison de dire, que ceux qui veulent vivre saintement selon Jésus-Christ doivent s'attendre à de rudes combats. On a des railleries à essuyer, et mille respects humains à surmonter. On refroidit un ami et on l'indispose, en refusant d'entrer dans ses intrigues, et de s'engager dans ses entreprises criminelles. On devient un objet de contradiction pour toute une famille, pour toute une société, pour tout un pays, parce qu'on veut y établir la règle, y maintenir l'ordre, y rendre la justice. Ainsi de tant d'autres sujets. Voilà ce qui fait un des plus grands dangers du monde, et ce qui cause dans la vie humaine tant de désordres. Car il est difficile de tenir ferme en de pareilles rencontres, et nous voyons aussi qu'on y succombe tous les jours et presque malgré soi. Un homme gémit de l'esclavage où il est; et un fonds d'équité, de droiture, de conscience qu'il a dans l'ame, lui fait désirer cent fois de secouer le joug et de s'affranchir d'une telle tyrannie; mais le courage lui manque, et quand il en faut venir à l'exécution, toutes ses résolutions l'abandonnent. Or qui peut le déterminer, l'affermir, le mettre à toute épreuve? c'est la religion. Avec les armes de la foi, il pare à tous les coups, il résiste à toutes les attaques, il

(1) Galat. 6.

est invincible. Il n'y a ni amitié qu'il ne rompe, ni société dont il ne s'éloigne, ni menaces qu'il ne méprise, ni espérances, ni intérêts, ni avantages qu'il ne sacrifie à Dieu et à son devoir.

Telles sont, dis-je, les dispositions d'un homme animé de l'esprit du christianisme et soutenu de la foi qu'il professe. C'est ainsi qu'il pense, et c'est ainsi qu'il agit. La raison est, qu'étant chrétien, il ne reconnoît point, à proprement parler, d'autre maître que Dieu; ou que, reconnoissant d'autres puissances, il ne les regarde que comme des puissances subordonnées au Tout-puissant, lequel doit être mis au-dessus de tout sans exception. Ce sentiment sans doute est généreux, mais il ne faut pas se persuader que ce soit un pur sentiment, ni une spéculation sans conséquence et sans effet. Il n'y a rien là à quoi la pratique n'ait répondu, et dont elle n'ait confirmé mille fois la vérité. Combien de discours et de jugemens, combien de mépris et d'outrages ont essuyés tant de vrais serviteurs et de vraies servantes de Dieu, plutôt que de se départir de la vie régulière qu'ils avoient embrassée, et des saintes observances qu'ils s'y étoient prescrites? Combien d'efforts, de reproches, d'oppositions, ont surmontés de tendres enfans, et avec quelle constance ont-ils résisté à des pères et à des mères qui leur tendoient les bras pour les retenir dans le monde, et les détourner de l'état religieux? A combien de disgrâces, de haines, d'animosités, de revers, se sont exposés, ou de sages vierges qu'on n'a pu gagner par les plus pressantes sollicitations, ou des juges intègres qu'on n'a pu résoudre par les plus fortes instances à vendre le bon droit, ou de vertueux officiers , des subalternes, des domestiques que nulle autorité n'a pu corrompre , ni retirer des voies d'une exacte probité ? Quels tourmens ont endurés des millions de martyrs ? Rien ne les a étonnés : ni les arrêts des magistrats , ni la fureur des tyrans , ni la rage des bourreaux , ni l'obscurité des prisons , ni les roues , ni les chevalets , ni le fer , ni le feu. Que l'antiquité nous vante ses héros ; jamais ces héros que le paganisme a tant exaltés , et dont il a consacré la mémoire , firent-ils voir une telle force ? Or , d'où venoit-elle ? d'où venoit, dis-je, à ces glorieux soldats de Jésus-Christ cette fermeté inébranlable, si ce n'est de la religion, qu'ils portoient vivement empreinte dans le cœur ? Elle les accompagnoit partout ; partout elle leur servoit de bouclier et de sauve-garde : miracle dont les ennemis même de la foi chrétienne et ses persécuteurs étoient frappés. Mais nous, de tout ceci, que devons-nous conclure à notre confusion ? la conséquence , hélas ! n'est que trop évidente , et que trop aisée à tirer. C'est qu'étant si préoccupés des erreurs du monde , si épris des douceurs du monde , si timides et si foibles contre les respects et les considérations du monde , il faut, ou que nous ayons bien peu de foi , ou que notre foi même soit tout à fait morte.

Car le moyen d'allier ensemble dans un même sujet deux choses aussi peu compatibles entre elles, que le sont une foi vive qui nous détrompe de toutes les erreurs du monde , et cependant ces mêmes erreurs, tellement imprimées dans nos esprits qu'elles

deviennent

deviennent la règle de tous nos jugemens et de toute notre conduite ? Comment, avec une foi qui, dans sa morale, ne tend qu'au crucifiement de la chair et à l'abnégation de soi-même, accorder une recherche perpétuelle des douceurs du monde, de ses fausses joies, et de ses voluptés même les plus criminelles ? Enfin, par quel assemblage une foi qui nous apprend à tenir ferme pour la cause de Dieu, contre tous les raisonnemens du monde, contre tous ses mépris et tous ses efforts, peut-elle convenir avec une crainte pusillanime qui cède à la moindre parole. et qui asservit la conscience à de vains égards et à des intérêts tout profanes ? Sont-ce là ces victoires que la foi a remportées avec tant d'éclat dans les premiers siècles de l'Eglise ? a-t-elle changé dans la suite des temps ; et si elle est toujours la même, pourquoi n'opère-t-elle pas les mêmes miracles ? Car au lieu que la foi étoit alors victorieuse du monde, il n'est maintenant que trop ordinaire au monde de l'emporter sur la foi, d'imposer silence à la foi, de triompher de la foi. Nous n'en pouvons imaginer d'autre cause, sinon que la foi s'est affoiblie à mesure que l'iniquité s'est fortifiée ; et parce que l'iniquité jamais ne fut plus abondante qu'elle l'est, ni plus dominante, de là vient aussi que la foi jamais ne fut plus languissante, ni moins agissante. Encore, combien y en a-t-il chez qui elle est absolument éteinte ! et doit-on s'étonner après cela, que cette foi qui produisoit autrefois de si beaux fruits de sainteté, soit si stérile parmi nous ? Prions le Seigneur qu'il la ranime, qu'il la ressuscite, et qu'il lui fasse reprendre dans nous sa première vertu. Travaillons nous-mêmes à la réveiller par de fréquentes et de solides réflexions. Confondons-nous de toutes nos foiblesses, et reprochons-nous amèrement devant Dieu l'ascendant que nous avons laissé prendre sur nous au monde, lorsqu'avec une étincelle de foi nous pouvions résister à ses plus violens assauts, et repousser tous ses traits. Le Fils de Dieu rendant raison à ses disciples pourquoi ils n'avoient pu chasser un démon, ni guérir un enfant qui en étoit possédé, leur disoit : *C'est à cause de votre incrédulité* (1) ; puis, usant d'une comparaison assez singulière : *Si votre foi*, ajoutoit le même Sauveur, *égaloit seulement un grain de sénevé, quelque petite qu'elle fût, elle vous suffiroit pour transporter les montagnes d'un lieu à un autre, et tout vous deviendroit possible*. Que seroit-ce donc, si nous avions une foi parfaite, et de quoi ne viendroit-on pas à bout ?

L'Incrédule convaincu par lui-même.

L'IMPIE ne peut se résoudre à croire les vérités de l'évangile, tant elles lui semblent choquer le bon sens et la raison. Il les rejette avec le dernier mépris, et ne craint point de les traiter d'inventions humaines et de pures imaginations : car son impiété va jusque-là, et s'il garde au-dehors certaines mesures, et que dans les compagnies il n'ose pas s'expliquer si ouvertement ni en des termes si forts, il

(1) Matth. 17.

sait bien dans les entretiens particuliers se dédommager de son silence ; et l'on n'est pas assez peu
instruit pour ignorer quels sont ses discours devant
d'autres libertins comme lui, dont la présence l'excite, bien loin de l'arrêter. A l'entendre, toute la
religion n'est que chimère ; et tout ce qu'elle nous
révèle ne sont que des visions. Il y trouve, à ce
qu'il prétend, des difficultés invincibles, des contradictions évidentes, des impossibilités absolues.
En un mot, dit-il d'un ton décisif, tous ces mystères sont incroyables. Il le dit, mais en le disant,
il ne remarque pas, cet esprit rare, que par-là il
fournit des armes contre lui-même, et que de là il
doit tirer pour sa conviction propre un argument
personnel et des plus sensibles. Plus nos mystères
lui semblent hors de toute croyance, plus il doit
concevoir quel étonnant prodige ça été dans le
monde, que des mystères, selon lui si incroyables,
aient été crus néanmoins si universellement et qu'ils
le soient encore.

Ceci ne suffit pas ; mais pour mieux convaincre
l'impie par ses sentimens mêmes, et pour lui faire
mieux sentir l'avantage qu'il me donne et l'embarras
où il s'engage lorsqu'il parle si indignement des plus
saints mystères de notre foi, comme s'ils étoient
opposés à toute la lumière naturelle, je veux raisonner quelque temps avec lui, et entrer dans le
détail de certaines circonstances qui serviront à fortifier la preuve qu'il me présente pour le combattre.
Car encore une fois je ne veux le combattre que
par lui-même ; et peut-être apprendra-t-il à devenir

plus réservé dans ses paroles, et à en craindre, plus qu'il ne fait, les conséquences.

Je lui permets donc d'abord de former sur les mystères de la religion, toutes les difficultés qu'il lui plaira, et de les grossir, de les exagérer. J'irai même, s'il est besoin, jusqu'à tolérer ses mauvaises plaisanteries; je les laisserai passer, et là-dessus je n'entreprendrai point de lui fermer la bouche; je consens qu'avec ses grandes exclamations, ou avec ses airs moqueurs, il me redise ce qu'il a dit cent fois : Hé! qu'est-ce qu'un seul Dieu en trois personnes, et que ces trois personnes dans un seul Dieu? Hé! qui peut s'imaginer un Dieu tout esprit de sa nature et comme Dieu, mais revêtu de notre chair et homme comme nous? Quoi! ce Dieu qu'on me dit être d'une puissance, d'une grandeur, d'une majesté infinie, je me figurerai qu'il est descendu sur la terre, qu'il y a pris une nature semblable à la nôtre, qu'il est né dans une étable, qu'il a vécu dans la misère et dans la souffrance, enfin qu'il est mort dans l'opprobre et dans l'ignominie de la croix? Tout cela est-il digne de lui? tout cela est-il croyable? Tel est le langage de l'impie; et je ne rapporterai point tout ce que lui suggère son libertinage sur la morale chrétienne, sur la Providence divine, sur l'immortalité de l'ame, sur la résurrection future, sur le jugement général, sur les peines éternelles de l'enfer. Car il n'épargne rien, et il ne veut convenir de rien. Le moyen, à son avis, de se mettre ces fantômes dans l'esprit, et peuvent-ils entrer dans la pensée d'un homme raisonnable?

Il me seroit aisé, en lui accordant que les mystères de la religion sont au-dessus de la raison, de lui répondre en même temps et de lui faire voir, que bien loin d'être contre la raison, ils y sont au contraire très-conformes. Je dis très-conformes à une raison saine, à une raison épurée de la corruption du vice, à une raison dégagée de l'empire des sens et des passions, à une droite raison. Mais ce n'est point là présentement le sujet dont il s'agit entre lui et moi. Je me suis seulement proposé de lui montrer comment, en attaquant la vérité de nos mystères, et nous les représentant comme des mystères si rebutans et si difficiles à croire, il en affermit par là même la foi ; et que l'idée qu'il s'en fait pour les mépriser et pour en railler, c'est justement ce qui le doit disposer à y reconnoître quelque chose de surnaturel et de divin.

Voici donc ma réponse, et à quoi je m'en tiens. Je prends ce beau passage de saint Paul dans la première épître à Timothée : *C'est un grand mystère de piété qui a été manifesté dans la chair, autorisé par l'esprit, vu des anges, prêché aux gentils, cru dans le monde, et élevé à la gloire* (1). Ce grand mystère, c'est le mystère de Jésus-Christ Dieu et homme tout ensemble, et l'auteur de la loi nouvelle. Que ce mystère ait été réellement et véritablement *manifesté dans la chair* ; qu'il ait été *autorisé par l'esprit céleste*, qui est l'esprit de Dieu ; *que les anges l'aient vu*, et qu'enfin *il ait été élevé à la gloire*, voilà sur quoi l'impie se récriera contre

(1) 1. Tim. 3.

moi, et s'inscrira en faux. Mais que ce même mystère, que ce grand mystère, et que tous les mystères particuliers qui y ont rapport et qui font le corps de la religion, aient été prêchés aux gentils, et surtout qu'en vertu de cette prédication, ils aient été crus dans le monde, je ne pense pas que ni lui, ni tout autre libertin comme lui, soit assez aveugle et assez dépourvu de connoissance, pour former sur cela le moindre doute. Ainsi j'avance, et pour mettre ma preuve dans tout son jour et toute sa force, je lui fais faire avec moi les observations suivantes, dont je le défie de me contester en aucune sorte la certitude et l'évidence.

1. Que ces mystères qu'il prétend incroyables, ont été crus néanmoins dans le monde. On les y a prêchés en y prêchant la loi chrétienne. On les a expliqués aux peuples, et on les en a instruits. Les peuples dociles et soumis ont reçu ces instructions, ont embrassé cette doctrine. La même foi les a unis entre eux dans une même Eglise, et telle a été l'origine et la naissance du christianisme.

2. Que ces mystères qu'il prétend incroyables, n'ont point seulement été crus dans un coin de la terre obscur et inconnu, ni par un petit nombre d'hommes, ramassés au hasard, et plus crédules que les autres; mais qu'ils ont été crus dans toutes les parties du monde. Les prédicateurs qui furent chargés d'annoncer l'évangile, le portèrent, selon l'ordre exprès de leur maître, à toutes les nations. Dans l'orient, l'occident, le midi, le septentrion, on entendit partout la parole du Seigneur, dont ils

étoient les interprètes. Des troupes de prosélytes
vinrent en foule pour être aggrégés dans l'école de
Jésus-Christ. Les disciples se multiplièrent, se répan-
dirent de tous côtés : les villes, les provinces, les
royaumes en furent remplis, et c'est ainsi qu'en
très-peu de temps s'élevèrent de nombreuses et de
florissantes chrétientés.

3. Que ces mystères, qu'il prétend incroyables,
n'ont point non plus été crus seulement par le simple
peuple, par des sauvages et des barbares, par des
esprits grossiers et ignorans ; mais par les plus
grands génies, par les esprits du premier ordre, par
des hommes d'une profonde érudition et d'une prudence consommée. Il n'y a qu'à lire les ouvrages
que les Pères nous ont laissés comme de sensibles
monumens de la religion. A considérer précisément
ces saints docteurs en qualité de savans, en qualité
d'écrivains et d'auteurs, il faut n'avoir ni goût, ni
discernement pour ne point admirer l'étendue de
leur doctrine, la pénétration de leurs vues, la sublimité de leurs pensées, la force de leurs raisonnemens, la sagesse et la sainteté de leur morale, la
beauté et l'énergie de leurs expressions, leurs tours
même éloquens et pathétiques, ou ingénieux et
spirituels. Certainement ce n'étoient pas là de petits
esprits, des esprits superstitieux, capables de donner
sans examen dans l'illusion, ni à qui il fût aisé de
faire accroire tout ce qu'on vouloit.

4. Que ces mystères qu'il prétend incroyables,
ont été crus, non point sur des préjugés de la naissance et de l'éducation, mais plutôt contre tous les

préjugés de l'éducation et de la naissance. Pendant une longue suite d'années, qu'étoit-ce que le grand nombre des chrétiens ? des gentils nés dans le paganisme, élevés dans l'idolâtrie. Afin de les soumettre à la foi, il avoit fallu détruire toutes leurs préventions, et leur arracher du cœur des erreurs et des principes de religion directement opposés aux mystères qu'on leur enseignoit. Or, qui ne voit pas combien ce changement étoit difficile, et quelle peine il devoit y avoir à détromper des gens préoccupés en faveur de leurs fausses divinités, et attachés à leurs anciennes observances et à leurs pratiques ? C'est cependant ce qui est arrivé. Les païens se sont convertis, les idolâtres ont renoncé au culte de leurs idoles ; leurs prêtres et leurs sages ont eu beau se récrier, raisonner, disputer, la loi nouvelle a prévalu, et comme le jour dissipe les ténèbres, elle a effacé des esprits toutes les idées dont ils étoient prévenus.

5. Que ces mystères qu'il prétend incroyables, ont été crus malgré toutes les répugnances de la nature, malgré toutes les révoltes et de la raison et des sens. Révoltes de la raison : car quelque raisonnables en eux-mêmes et quelque certains que soient ces mystères, il faut après tout convenir que ce sont des mystères obscurs ; des mystères tellement cachés sous le voile, que notre raison n'y pénètre qu'avec des peines extrêmes, et que souvent même, toute subtile qu'elle peut être, elle se trouve obligée de reconnoître son insuffisance et la foiblesse de ses lumières. Or nous sentons assez qu'il n'est rien à

quoi elle répugne davantage, qu'à s'humilier alors
et à se soumettre, en croyant ce qu'elle ne voit ni
ne connoît pas. Révoltes des sens : car sur ces mystères qui humilient et qui captivent la raison, est
fondée une morale qui mortifie étrangement la chair.
On croit avec moins de résistance des vérités qui
s'accommodent à nos inclinations et à nos passions ;
des vérités au moins indifférentes, et qui dans leurs
conséquences n'ont rien de pénible, ni de gênant :
mais des vérités en vertu desquelles on doit se haïr
soi-même, réprimer ses désirs les plus naturels,,
embrasser la croix, la porter chaque jour sur son
corps, et se revêtir de toute la mortification évangélique, c'est à quoi l'on ne se rend pas volontiers,
et sur quoi l'on ne se laisse persuader qu'après avoir
bien examiné les choses, et en avoir eu des preuves
bien convaincantes.

6. Que ces mystères qu'il prétend incroyables, ont
été crus d'une foi si vive, d'une foi si ferme et si
efficace, que pour pratiquer ses maximes, pour vivre
selon ses règles et son esprit, ou pour la défendre
et la soutenir, on a tout sacrifié, biens, fortune,
grandeurs, plaisirs, repos, santé, vie. On sait les
rudes combats que les chrétiens ont eu à essuyer
dès la naissance de l'Eglise. On sait combien de sang
ils ont versé, et comment ils ont été exilés, proscrits,
enfermés dans des cachots, produits devant les juges,
condamnés, livrés aux bourreaux pour les tourmenter
en mille manières, par le glaive, les flammes, les
croix, les roues, les chevalets, les bêtes féroces, les
huiles bouillantes, par tout ce que la barbarie a pu

imaginer de supplices et de tortures. Pourquoi se laissoient-ils ainsi opprimer, accuser, emprisonner, déchirer, brûler, immoler comme des victimes? pourquoi enduroient-ils tant d'opprobres et d'ignominies, tant de calamités et de misères? pourquoi, au milieu de tout cela, s'estimoient-ils heureux, et rendoient-ils à Dieu des actions de grâces? Qui leur inspiroit ce courage et cette patience inaltérable? c'est qu'ils avoient les mystères de notre foi si profondément gravés dans l'ame, et qu'ils en étoient tellement touchés, que rien ne leur coûtoit, soit pour y conformer leur conduite, soit pour en attester la vérité par une généreuse confession.

7. Que ces mystères qu'il prétend incroyables, ont été crus d'une foi si constante, que malgré tous les obstacles qu'elle a eu à surmonter, elle subsiste toujours depuis plus de seize cents ans, comme nous ne doutons point, selon la promesse de Jésus-Christ, qu'elle ne doive subsister jusqu'à la dernière consommation des siècles. Toutes les puissances infernales se sont soulevées contre elle; toutes les puissances humaines se sont liguées et ont conjuré sa ruine; la superstition et le libertinage l'ont combattue de toutes leurs forces. Mais de même que nous voyons les flots de la mer furieux et courroucés se briser à un rocher où ils viennent fondre de toutes parts, tout ce qu'on a fait d'efforts pour la détruire n'a pu l'ébranler et l'a plutôt affermie; de sorte qu'après d'immenses révolutions d'âges et de temps, qui auroient dû l'affoiblir, elle est toujours la même, qu'elle conserve toujours sur les esprits le même

empire, qu'elle leur propose toujours la même doctrine, et les trouve toujours également disposés à la recevoir. Je ne parle point de la manière dont cette foi s'est établie, de la foiblesse de ceux qui en furent les premiers apôtres, de l'abandonnement total où ils étoient des secours ordinaires et nécessaires pour faire réussir les grandes entreprises, de cent autres particularités très-remarquables : car ce n'est point par le fer, comme d'autres religions, ce n'est ni par la violence des armes, ni par les amorces de l'intérêt ou du plaisir, que la foi de nos mystères s'est répandue dans toute la terre. Mais sans insister là-dessus et sans rien ajouter, j'en reviens à mon raisonnement contre l'impie.

Je dis : S'il est vrai que nos mystères soient aussi incroyables qu'il l'avance, et que d'ailleurs il ne puisse nier, comme il ne le peut en effet, qu'on les a crus dans le monde, et qu'on les a crus si unanimement, si généralement, si promptement, si fortement, si constamment ; chez toutes les nations, dans tous les états et toutes les professions ; parmi les sages, les philosophes, les savans, parmi les païens, les idolâtres, les sauvages, les barbares ; dans les cours des princes, dans les villes, dans les campagnes, partout : il faut donc qu'il m'apprenne par quelle vertu a pu se faire l'union et l'accord si parfait de ces deux choses ; je veux dire, de ces mystères, selon lui, absolument incroyables, et de ces mystères toutefois, selon la notoriété du fait la plus évidente et la plus incontestable, reçus et crus avec toutes les circonstances que je viens de rap-

porter ; il faut donc qu'il avoue malgré lui qu'il y a
eu en tout cela de la merveille ; il faut donc qu'il
confesse qu'il y a au-dessus de la nature un agent
supérieur qui a conduit tout cela comme son ouvrage,
et qui ne cesse point de le conduire par les ressorts
invisibles de sa providence ; il faut donc, s'il est
capable de quelque réflexion , qu'il conçoive une
bonne fois comment ses traits de raillerie au sujet de
la religion , retournent contre lui , et comment ses
exagérations et ses discours emphatiques sur l'insurmontable difficulté d'ajouter foi à des mystères tels
que les nôtres , retombent sur lui pour le confondre
et pour l'accabler. Car plus il la relève et il l'augmente, cette difficulté, plus il relève la souveraine
sagesse et la toute-puissance de ce maître à qui rien
n'est impossible , et qui a si bien su la vaincre et la
surmonter.

Oui , on les a crus , ces adorables et incompréhensibles mystères , et voilà le grand miracle
dont l'incrédule est forcé de convenir. Miracle
d'autant plus grand pour lui , que ces mystères lui
paroissent moins croyables. On les croit encore , et
par la miséricorde infinie de mon Dieu , je les crois.
C'est dans cette foi que je veux mourir , comme j'ai
le bonheur d'y vivre. Car je la conserverai dans mon
cœur : et qui l'en arrachera ? Je connois mes imperfections et mes fragilités sans nombre. A comparer
la sainteté de la foi que je professe , avec mes lâchetés et la multitude des offenses que je commets , je
sens combien j'ai de quoi rougir devant Dieu et de
quoi m'humilier : mais du reste , tout imparfait et

tout fragile que je suis, ne présumant point de mes forces, ne comptant point sur moi-même, soutenu de ma seule confiance dans la grâce du souverain Seigneur en qui je crois et en qui j'espère, il me semble que pour cette foi que je chéris et que je garde comme mon plus riche trésor, je ne craindrois point de donner mon sang ni de sacrifier ma vie. Il me semble que bénissant la divine Providence, qui, dans le christianisme, a fait heureusement succéder la tranquillité et la paix aux persécutions et aux combats, j'envie après tout le sort de ces chrétiens à qui la conjoncture des temps fournissoit des occasions si précieuses de signaler leur foi en présence des persécuteurs et des tyrans. Telles sont, à ce qu'il mé paroît, mes dispositions, ô mon Dieu! tels sont mes sentimens, ou tels ils doivent être.

Mais ce n'est pas tout : ce que je crois de cœur, je le confesserai de bouche, selon l'enseignement de l'Apôtre ; et en cela même je suivrai l'exemple du Prophète, et je dirai comme lui : *J'ai cru, et voilà pourquoi j'ai parlé* (1). Tout chrétien doit faire une profession publique de sa foi, et malheur à quiconque auroit honte de reconnoître Jésus-Christ devant les hommes, parce que dans le jugement de Dieu, Jésus-Christ le renonceroit devant son Père. Mais outre cette obligation commune, un devoir particulier m'engage, comme ministre du Dieu vivant et prédicateur de son évangile, à prendre la parole. Cette foi que l'impie attaque, et ces mystères qu'il

(1) Ps. 115.

blasphème, parce qu'il les ignore, je les prêcherai, et à qui? aux grands et aux petits, aux princes et aux peuples, aux sages et aux simples, aux forts et aux foibles, à tous : car, dans la chaire sainte, c'est à tous que je suis redevable. Si je me taisois, mon silence me condamneroit, et je me tiendrois coupable de la plus criminelle prévarication, surtout dans un temps où l'impiété ose lever la tête plus que jamais et avec plus d'audace. Au nom du Seigneur qui m'envoie, je la combattrai, et je la combattrai partout, quelque part que m'appelle mon ministère. L'impie m'écoutera sans s'étonner, il s'élèvera intérieurement contre moi, ou dans le secret de son ame il me regardera en pitié; mais moi, touché d'une bien plus juste compassion, j'aurai pitié de son aveuglement, de son entêtement, de sa témérité, de son ignorance sur des points dont à peine il peut avoir la plus légère teinture, et dont néanmoins il prétend avoir droit de juger avec plus d'assurance que les docteurs les plus consommés. Il tournera en risée tout ce que je dirai, et il ne le comptera que pour des idées populaires, que pour des rêveries; mais moi, dans le même esprit que saint Paul et dans les mêmes termes, je lui répondrai : *Nous prêchons Jésus-Christ crucifié, qui est un sujet de scandale aux Juifs, qui paroît une folie aux gentils, et qui est la force de Dieu et la sagesse de Dieu* (1). Mais moi je lui répondrai, avec le même docteur des nations, *que c'est par la folie de la prédication évangélique, qu'il a plu à Dieu*

(1) 1. Cor. 2.

*de sauver ceux qui croient en lui et en son Fils
Jésus-Christ* (1). Mais moi je lui répondrai, que
la folie de la croix *n'est folie que pour ceux qui
périssent* (2). Terrible parole ! *pour ceux qui périssent*, pour ceux qui se damnent, pour ceux qui,
par la dureté de leur cœur et par leur sens réprouvé,
se précipitent, comme l'impie, dans un malheur
éternel ! Il y fera telle attention qu'il lui plaira ; et
pourquoi n'espérerois-je pas que le Père des miséricordes éclairera enfin cet aveugle, et que sa grâce
triomphera de cette ame rebelle, et la soumettra ?
Qu'il en soit ainsi que je le désire et que je le demande ; c'est un de mes vœux les plus sincères et
les plus ardens.

Naissance des Hérésies, et leur progrès.

CE qui fait l'hérétique, ce n'est pas seulement
l'erreur, mais l'entêtement et l'obstination dans
l'erreur. Tout homme, dès-là qu'il est homme, est
capable de se tromper et de donner dans une erreur
dont les fausses apparences le surprennent et le
séduisent : mais on ne peut pour cela le traiter
d'hérétique, et il ne l'est point précisément par là.
On peut bien dire que ce qu'il avance est une hérésie ; que telle proposition, telle doctrine est
contraire aux principes de la foi ; mais s'il ne s'y
attache pas opiniâtrément, et qu'il soit disposé à
se rétracter et à se soumettre, dès que le tribunal
ecclésiastique et supérieur aura donné un jugement

(1) 1. Cor. 1. — (2) *Ibid.*

définitif qui décide la question, alors, pour parler ainsi, l'hérésie n'est que dans la proposition avancée, que dans la doctrine, sans être dans la personne. Aussi n'est-ce pas communément sur la personne que tombent les censures de l'Eglise, mais sur les sentimens erronés qu'elle condamne et qu'elle proscrit. On n'est donc proprement hérétique, qu'autant qu'on est opiniâtre, parce qu'on n'est rebelle à l'Eglise que par cette opiniâtreté qui résiste à l'obéissance et que nulle autorité ne peut fléchir.

Dans la société même civile et dans l'usage ordinaire de la vie, ce caractère d'entêtement a des effets très-pernicieux. Il cause des maux infinis, soit par rapport au bien public, soit par rapport au bien particulier. Par rapport au bien public : on a vu arriver les plus tristes malheurs dans un Etat par l'entêtement d'un grand, dans une ville par l'entêtement d'un magistrat, dans une maison par l'entêtement d'un maître, dans une famille par l'entêtement d'un père ou d'une mère, dans une communauté par l'entêtement d'un supérieur. Rien de plus dangereux que l'entêtement en qui que ce soit ; mais qu'est-ce surtout dans un homme revêtu de quelque pouvoir et constitué en quelque dignité ? Par rapport au bien particulier : il y a mille gens qui se sont ruinés de fortune, de crédit, d'honneur, de réputation, par où ? par un malheureux entêtement dont les plus sages conseils ne les ont pu guérir. Aussi, qu'avons-nous entendu dire en bien des rencontres, et qu'avons-nous dit nous-mêmes de certaines pesonnes ? Ce sont des entêtés ; leur

entêtement

entêtement les perdra. L'événement l'a vérifié, et c'est de quoi l'on pourroit produire plus d'un exemple.

Mais il ne s'agit point ici de ces sortes d'entêtemens. Dès qu'ils ne regardent que les choses humaines et que notre conduite selon le monde, les conséquences, quoique très-fâcheuses du reste et très-déplorables, en sont toutefois beaucoup moins à craindre. L'entêtement le plus funeste et dont on doit plus appréhender les suites, c'est en matière de religion. Car voilà d'où sont venues toutes les hérésies et toutes les sectes. Un homme se prévient de quelque pensée nouvelle et en fait sa doctrine, à laquelle il s'attache d'autant plus fortement qu'elle lui est plus propre. Cependant c'est une mauvaise doctrine, et la foi s'y trouve intéressée. S'il étoit assez docile pour écouter là-dessus les avis qu'on lui donne, et pour entrer dans les raisons qu'on lui oppose, on le feroit bientôt revenir de son égarement. Sa soumission le remettroit dans le chemin, arrêteroit le feu prêt à s'allumer, et l'affaire, en très-peu de temps, seroit assoupie ; mais il s'en faut bien que la chose ne prenne un si bon tour. C'est un esprit opiniâtre ; on aura beau lui parler, il ne sera jamais possible de le réduire. Il s'élève, il s'enfle, il s'entête. Soit passion qui le pique, soit présomption qui l'aveugle, soit indocilité naturelle qui le roidit, tout cela souvent à la fois le rend intraitable. Quoi qu'on lui objecte, il a ses réponses qui lui paroissent évidentes et sans réplique. Quiconque ne s'y rend pas, est, selon lui, dépourvu de toute raison. Plus donc on l'attaque vivement, plus il devient ardent à se défendre; plus on multiplie les difficultés, plus de sa part il multiplie les subtilités et les faux-fuyans. Pourquoi cela ? c'est qu'il est déterminé, quelque chose qu'on lui dise, à ne pas reculer. Ainsi toute son attention va, non point à examiner la force et la solidité des preuves qu'on lui apporte pour le convaincre, mais à trouver de nouveaux moyens et de nouveaux tours pour les éluder et pour se confirmer dans ses idées. Car voilà ce que fait l'entêtement.

Du moins si ce novateur s'en tenoit à son entêtement personnel, sans le communiquer à d'autres; mais il veut s'appuyer d'un parti, il veut se faire une école, il veut avoir des disciples et des sectateurs. L'envie de dogmatiser, d'enseigner, d'être l'auteur et le chef d'une secte, est une espèce de démangeaison si naturelle, qu'on s'y laisse aisément aller; et d'autre part la nouveauté et la singularité en fait de doctrine, a pour une infinité d'esprits des charmes si engageans, qu'ils en sont d'abord infatués, et qu'ils s'y portent comme d'eux-mêmes. C'est une chose surprenante, de voir combien il faut peu de temps pour y attirer toutes sortes de personnes, hommes, femmes, grands, petits, ecclésiastiques, laïques, réguliers, séculiers, dévots, mondains. Il n'est point de gangrène si contagieuse que l'hérésie. Elle gagne sans cesse et se répand; ses progrès sont aussi prompts qu'ils sont imperceptibles; et elle n'a pas plutôt pris naissance, que toutes professions, toutes conditions, tous états s'en laissent infecter.

De là qu'arrive-t-il? c'est que ce qui n'étoit dans son origine que l'entêtement d'un homme, qu'un entêtement particulier, devient désormais un entêtement commun, un entêtement de cabale. Or on peut dire que c'est alors qu'il est comme insurmontable, et l'expérience nous le fait assez connoître. Tant d'esprits préoccupés et unis ensemble, se soutiennent par leur union même. C'est une société formée; il n'est plus moralement possible de la rompre. Si quelqu'un chancèle, il est bientôt obsédé de toute la troupe, qui s'empresse autour de lui et n'omet rien pour l'affermir et le retenir. Que ne lui représente-t-on pas? la prétendue justice de la cause qu'il a embrassée, l'intérêt du parti où il s'est engagé, le triomphe qu'il donneroit à ses ennemis en l'abandonnant et l'avantage qu'ils en tireroient, l'éclat d'une désertion qui le couvriroit de honte et qui l'exposeroit à de mauvais retours : enfin, promesses, espérances, reproches, menaces, faux honneur, tout est mis en œuvre. Ainsi s'anime-t-on les uns les autres, et se fortifie-t-on : c'est à qui s'entêtera davantage et qui marquera plus de zèle, c'est-à-dire plus d'aheurtement. Les morts ressusciteroient et se feroient entendre, qu'on ne les croiroit pas, ou un ange descendroit exprès du ciel et emploieroit les plus puissans moyens, pour désabuser des gens que l'erreur a liés de la sorte et ligués pour sa

13.

défense, qu'ils ne se rendroient pas, et ne reviendroient jamais de leurs préjugés.

Cependant, quelque soin que prenne de se cacher la secte naissante, on la découvre. C'est un feu secret, mais qui croît; et plus il s'allume, plus la flamme éclate. Les fidèles en sont alarmés; les pasteurs de l'Eglise, dépositaires de la vraie doctrine, réveillent leur zèle contre le mensonge qui cherche à s'établir; l'erreur est dénoncée, citée au souverain tribunal, et ses partisans, obligés de comparoître, ne peuvent éviter le jugement qui se prépare, ou pour leur justification, s'ils sont aussi orthodoxes qu'ils le prétendent, ou pour leur condamnation, si les dépositions de leurs adversaires se vérifient et se trouvent bien fondées. Or en des conjonctures si critiques et dans une nécessité si pressante, que faire? De vouloir décliner, ce seroit se déclarer coupable, ce seroit se juger soi-même et se condamner. Il faut donc affecter d'abord une contenance assurée, accepter la dispute et s'y présenter, demander à être écouté et à produire ses raisons, du reste témoigner par avance une soumission feinte à ce qui sera décidé et prononcé. Mais tout cela, dans quelles vues? ou dans l'espérance de conduire si habilement l'affaire, de lui donner par mille déguisemens, mille explications et mille modifications, un si bon tour, qu'on obtiendra peut-être une décision favorable; ou dans la résolution, si le jugement n'est pas tel qu'on le veut, de l'interpréter néanmoins à sa manière, et s'il ne souffre absolument nulle interprétation, de le·rejeter.

C'est ce que montre en effet l'événement. L'Eglise, éclairée du Saint-Esprit, ne se trompe point ni ne se laisse point tromper. Au travers de tous les artifices et parmi tous les détours, elle sait apercevoir l'erreur et la démêler. Elle la proscrit, elle la frappe de ses anathèmes, elle publie sa définition comme une loi émanée du centre de la vérité, et comme une règle que chaque fidèle doit suivre. Qui ne croiroit pas alors que toutes les questions sont finies, et que tous les esprits vont se réunir dans une heureuse paix et dans une même croyance? Mais qu'est-ce que l'entêtement, et de quoi n'est-il pas capable? C'est là tout au contraire que recommence une guerre d'autant plus vive de part et d'autre, que les uns sont plus piqués du mauvais succès qui, sans les réduire en aucune sorte ni les abattre, les humilie toutefois et les chagrine ; et les autres, plus indignés de la mauvaise foi avec laquelle on refuse d'obéir purement et simplement à une sentence qui pouvoit et qui devoit terminer tous les différends.

Bien loin donc que toutes les questions cessent, on les multiplie à l'infini. On veut persuader au public que le jugement de l'Eglise ne tombe point sur la doctrine qui lui a été déférée. On veut persuader à l'Eglise même, qu'on entend mieux qu'elle le sens de ses paroles, et qu'on sait mieux ce qu'elle a dit ou ce qu'elle a eu en vue de .dire. On veut lui faire accroire qu'elle n'a pas vu ce qu'elle a vu, et qu'elle a cru voir ce qu'elle ne voyoit pas. Si, pour

réprimer une audace, ou pour confondre une obstination qui l'outrage, elle entreprend de s'expliquer
tout de nouveau, elle a beau user des termes les
plus formels, les plus précis, les plus clairs, on y
trouve toujours de l'ambiguité, parce qu'on trouve
toujours une signification étrangère et forcée à y
donner. D'ailleurs même on dispute à l'Eglise ses
droits, comme si elle excédoit son pouvoir, comme
si les matières présentes n'étoient pas de son ressort : car il n'y a point de retranchement où l'on ne
tâche de se sauver. Il ne reste plus, supposé que
l'Eglise redouble ses efforts et qu'elle porte les derniers coups, qu'à lever enfin le masque, qu'à lui
faire tête, et qu'à se séparer. Triste dénouement de
tant d'intrigues, de contestations, d'agitations, qui
ne manquent pas d'aboutir avec le temps à une di-
vision entière et à un schisme déclaré.

Telle a été la source de toutes les hérésies, et tel en
a été le progrès. Il n'y a qu'à lire l'histoire de l'Eglise,
et l'on verra, depuis les premiers siècles jusqu'aux
moins éloignés de nous, que les hérétiques et leurs
fauteurs ayant tous été animés du même esprit et
possédés du même entêtement, ils ont tenu tous la
même conduite; qu'ils ont tous eu les mêmes pro-
cédés, tous employé les mêmes moyens, et mis en
œuvre les mêmes artifices, pour insinuer leurs pernicieuses nouveautés, pour les couvrir des plus
belles apparences et des couleurs les plus spécieuses,
pour leur donner des noms empruntés, et les retenir sous un faux semblant de les abandonner; pour
les perpétuer dans le monde chrétien, indépendam-

ment de toutes les puissances, soit ecclésiastiques, soit temporelles. On diroit qu'ils se sont copiés les uns les autres, et que sans se connoître, ils sont convenus entre eux, tant la conformité est parfaite. En sorte que de voir agir les hérétiques d'un siècle, c'est voir agir ceux de tous les siècles passés, et ceux de tous les siècles à venir : car la même cause produit toujours les mêmes effets.

Quoi qu'il en soit, il est aisé de juger à quels mouvemens, et à quelles contentions tout cela engage : écrits sur écrits, mémoires sur mémoires, répliques sur répliques, erreurs sur erreurs. Pour soutenir l'une, on est souvent obligé d'en avancer une autre. A mesure qu'on se sent pressé, on vient à dire ce qu'on n'eût jamais dit, et ce qu'on ne diroit pas encore, si ce n'étoit la seule voie qui se présente pour se tirer de l'embarras où l'on est ; et tel, quelques années auparavant, eût eu horreur de la proposition qu'on lui eût faite de franchir certaines barrières, qui dans la suite les a franchies, et de degrès en degrés est descendu jusqu'au fond de l'abime. De là mille variations, mille contradictions. On tient un langage aujourd'hui, et demain on en tient un tout opposé ; on change selon les conjonctures, et selon les besoins. Que le public le remarque, il n'importe : on le laisse parler, et l'on feint de ne le pas entendre. En un mot, pour se confirmer dans son entêtement, et pour y persister, il n'y a rien qu'on ne surmonte, ni rien qu'on ne dévore.

Oh ! qu'on s'épargneroit de désagrémens, de serremens de cœur, d'inquiétudes et de tourmens d'es-

prit, si l'on avoit appris à être plus souple et plus
flexible! Surtout qu'on épargneroit à l'Eglise de
scandales qui la désolent, et qui sont pour elle de
rudes coups! Mais c'est une chose terrible que de
s'être endurci contre la vérité. Plutôt que de la
reconnoitre, lorsque le ministre du Seigneur la lui
représentoit, Pharaon souffrit le désordre de son
empire, la ruine de ses provinces, le murmure de
ses peuples. Si tout cela fit de temps en temps quelque
impression sur lui, ce ne fut qu'une impression
passagère, et il en revint toujours à ses premières préventions; enfin, il s'exposa à se perdre lui-même,
et en effet il se perdit. Affreux exemple d'un entêtement indomptable, et que nulle considération ne
peut faire plier. On verroit tout l'ordre de l'Eglise
se renverser, qu'on n'en seroit point ému. Le parti
est pris, tous les pas sont faits, il n'y a plus de
retour.

Ce n'est pas que ce retour soit impossible : mais
qu'il est difficile et qu'il est rare, particulièrement
en ceux qui conduisent toute la secte et qui en sont
l'appui! Il faudroit, pour les changer, une grâce
bien forte; et Dieu souvent, par une juste punition,
permet au contraire qu'ils s'obstinent de plus en
plus, et qu'ils restent jusqu'à la mort dans le même
entêtement. Il semble qu'il y ait une malédiction
particulière sur eux. On a vu incomparablement
plus de pécheurs et plus d'impies que d'hérésiarques
ou de fauteurs d'hérésies se convertir quand ils sont
au lit de la mort. D'où vient cela, si ce n'est pas
un châtiment du ciel? Ils vivent tranquilles dans

leurs erreurs, et ils y meurent dans une assurance qui saisit de frayeur, lorsqu'on pense au compte qu'ils doivent rendre à Dieu de tant d'ames qu'ils ont séduites, et de tant de maux dont ils sont devenus responsables.

Mais, dit-on, ils sont persuadés de la vérité de leur doctrine, et ils agissent suivant cette persuasion. Ce n'est pas bien parler, que de dire qu'ils en sont persuadés; il faut dire qu'ils en sont entêtés. A prendre les termes dans toute leur justesse, il y a une grande différence entre la persuasion et l'entêtement. La persuasion est dans l'esprit qui raisonne et qui juge sans être préoccupé ni passionné; mais l'entêtement est dans l'imagination qui se frappe, qui se révolte, qui s'échauffe et ne suit que l'opiniâtreté du naturel, ou que le mouvement de quelque passion du cœur. Or voilà par où ils sont inexcusables devant Dieu, de ne s'être pas fait plus de violence pour rompre ce naturel, et de n'avoir pas mieux appris à réprimer cette passion. Quelles en ont été les suites? quelle charge pour eux, et à quel jugement sont-ils réservés !

Faisons souvent la prière de Salomon, et demandons à Dieu un esprit docile. C'est le caractère des esprits fermes et solides. Comme ils comprennent mieux que les autres de quelle nécessité il est de se soumettre, dans les matières de la religion, à une première autorité, ils n'ont point honte, supposé qu'elle se déclare contre eux, de désavouer leurs propres pensées, et de se rétracter. Docilité qui leur est également méritoire, glorieuse et salutaire : mé-

ritoire auprès de Dieu, à qui ils obéissent en obéissant à son Eglise; glorieuse dans l'estime de tout le
peuple fidèle, par l'édification qu'ils lui donnent;
enfin, salutaire pour eux-mêmes, parce qu'ils mettent ainsi leur foi à couvert, et qu'ils se préservent de tous les écueils où elle pourroit échouer.

Pensées diverses sur la Foi, et sur les Vices opposés.

ON est si zélé pour l'intégrité des mœurs; quand
le sera-t-on pour l'intégrité de la foi? On se récrie
avec tant de chaleur contre de prétendus relâchemens dans la manière de vivre; quand s'élèvera-t-
on avec la même force contre d'affreux égaremens
dans la manière de croire?

OU en sommes-nous, et où est cette foi des
premiers siècles, cette foi qui a converti tout le
monde? Alors des athées devenoient chrétiens: maintenant des chrétiens deviennent athées.

BIZARRERIE de notre siècle, soit à l'égard de la
discipline ecclésiastique, soit à l'égard de la doctrine:
jamais tant de zèle en apparence pour l'antiquité, et
jamais tant de nouveautés.

LE juste profite de tout et tourne tout à bien:
mais au contraire, il n'y a rien que l'impie ne
profane, et dont il n'abuse. La religion chrétienne
établit dans la société humaine et dans la vie civile
un ordre admirable. Elle tient chacun dans le de-

voir; elle règle toutes les conditions, et y entretient
une parfaite subordination; elle apprend aux petits à
respecter les grands, et à leur rendre l'obéissance
qni leur est due; et elle apprend aux grands à ne
point mépriser les petits, et à ne point les opprimer,
mais à les soutenir, à les aider, à les conduire avec
modération, avec prudence, avec équité; elle ré-
prime les méchans par la crainte des châtimens
éternels, et elle anime les bons par l'espérance d'une
gloire sans mesure et sans fin. De sorte que, bannis-
sant ainsi tous les vices : fraudes, injustices, violences, colères, animosités, vengeances, médisances, impudicités, débauches, et engageant à la
pratique de toutes les vertus, de la charité, de l'humilité, de la patience, de la mortification des sens,
d'un désintéressement parfait, d'une fidélité inviolable, d'une justice inaltérable, et autres, il n'est
rien de plus salutaire pour le bien public, ni rien de
plus propre à maintenir partout la paix, l'union, le
commerce, l'arrangement le plus merveilleux.

De là quelle conséquence tire le juste? Dans une
religion qui ordonne si bien toutes choses, il découvre la sagesse de Dieu, et il reconnoît que c'est
l'ouvrage d'une Providence supérieure : mais par le
plus grossier aveuglement, et l'abus le plus étrange,
l'impie forme un raisonnement tout opposé; et parce
que cette religion est si utile à tous les états de la
vie, et qu'elle est seule capable d'en faire le bonheur, il prétend que c'est une invention de la politique des hommes. N'est-ce pas là prendre plaisir
à s'aveugler, et vouloir s'égarer de gaîté de cœur?

Hé quoi ! afin que la religion ait le caractère et la marque de vraie religion, faudra-t-il que ce soit une loi qui mette le trouble dans le monde et qui en renverse toute l'économie ?

CETTE diversité de religions qu'il y a dans le monde, est un sujet de scandale pour l'incrédule. A quoi s'en tenir, dit-il ? l'un croit d'une façon, l'autre d'une autre. Là-dessus il se détermine à les rejeter toutes, et à ne rien croire. On pourroit, ce me semble, lui faire voir que ce qui le confirme dans son incrédulité, c'est justement ce qui devroit l'engager à en sortir, et à prendre pour cela tous les soins nécessaires. Car s'il raisonnoit bien, il feroit les réflexions suivantes : que ce grand nombre de religions, quoique fausses, est une preuve qu'il y en a une vraie ; que cette idée générale de religion gravée dans l'esprit de tous les peuples, et répandue par toute la terre, est trop universelle pour être une idée chimérique ; que si c'étoit une pure imagination, tous les hommes, d'un consentement si unanime, ne seroient pas convenus à se la former, de même qu'ils ne se sont, par exemple, jamais imaginé qu'ils ne devoient point mourir ; que c'est donc comme un de ces premiers principes qui sont imprimés dans le fond de notre ame, et qui portent avec eux leur évidente et incontestable vérité.

De là, il iroit plus avant, et persuadé de la vérité d'une religion en général, il chercheroit où elle est, cette vraie religion ; il examineroit, il consulteroit, il écouteroit ce qu'on auroit à lui dire, et alors

dans le choix qu'il se proposeroit de faire entre
toutes les religions, il ne seroit pas difficile de lui
montrer l'excellence, la supériorité de la religion
chrétienne, et les caractères visibles de divinité qui
la distinguent. Mais il ne veut point entrer en toutes
ces recherches, et d'abord il prend son parti, de
vivre sans religion au milieu de tant de religions.
Est-ce là agir sagement? Soyez éternellement béni,
Seigneur, de la miséricorde qu'il vous a plu exercer
envers moi. Ce qui scandalise l'incrédule et ce qui
l'éloigne de vous, c'est ce qui m'y attache inviolablement et par la plus vive reconnoissance. Je considère cette multitude innombrable de peuples
plongés dans les ténèbres de l'infidélité, et adonnés
à des cultes superstitieux. Plus il y en a, plus je
sens la grâce de ma vocation à l'évangile et à votre
sainte loi. C'est une distinction que je ne puis assez
estimer, et dont je ne suis redevable qu'à un amour
spécial de votre part. *Le Seigneur n'en a pas ainsi
usé à l'égard de toutes les nations, il ne leur a pas
découvert comme à moi ses adorables mystères* (1).

IL est bien glorieux à la religion chrétienne, que
tout ce qu'il y a de libertins qui l'attaquent, soient
des gens corrompus dans le cœur et déréglés dans
leurs mœurs. Tandis qu'ils ont vécu dans l'ordre,
sans attachemens criminels, sans habitudes vicieuses,
sans débauches, ils n'avoient point de peine à se
soumettre au joug de la foi, ils la respectoient, ils
la professoient; tout ce qu'elle leur proposoit, leur

(1) Ps. 147.

paroissoit raisonnable et croyable. Quand ont-ils changé de sentiment ? c'est lorsqu'ils ont changé de vie et de conduite. Leurs passions se sont allumées, leurs sens se sont rendus maîtres de leur raison, leurs aveugles et honteuses convoitises les ont plongés en toute sorte de désordres, et alors cette même foi où ils avoient été élevés a perdu dans leur esprit toute créance. Ils ont commencé à la contredire et à la combattre. Or, encore une fois, voilà sa gloire, de n'avoir pour ennemis que des hommes ainsi dérangés, passionnés, esclaves de leur chair, idolâtres de leur fortune, et de ne pouvoir s'accommoder avec eux. Car voilà l'évident témoignage de sa sainteté, de sa droiture inflexible, et de son inviolable équité. Si, en leur faveur, elle se relâchoit de cette intégrité et de cette sévérité, qui lui sont essentielles ; si elle étoit plus complaisante pour le vice, et qu'elle s'ajustât à leur cupidité et à leurs sales désirs, à leurs vues intéressées ou ambitieuses, à leurs injustices et à leurs pratiques, ils la laisseroient dominer en paix sur la terre, et ils cesseroient de l'attaquer.

Je sais bien qu'ils ne se déclarent pas si ouvertement contre sa morale, que contre ses mystères, où ils ne comprennent rien, disent-ils, et qui renversent toutes les idées humaines : mais c'est un artifice, et s'ils vouloient de bonne foi le reconnoître, ils avoueroient qu'ils ne se tournent contre les mystères, qu'afin de porter, au travers des mystères, le coup mortel à la morale qui y est jointe, et de détruire une loi qui s'oppose à leurs entreprises, et qui les trouble dans la jouissance de leurs plaisirs. Ces mys-

tères⁄ ne leur feront plus de peine, et ne leur coû-
teront rien à croire, dès que cette loi pourra s'accorder avec le mystère d'iniquité qu'ils recèlent dans
leurs cœurs. Mais quelle alliance peut-il jamais y
avoir entre la lumière et les ténèbres, entre Jésus-
Christ et Bélial, entre la corruption du siècle et la
pureté de l'évangile?

L'INCRÉDULITÉ de l'impie et du libertin s'accorde
avec le désordre et la corruption de sa vie : donc
elle ne vaut rien. En deux mots, voilà sa condamnation.

SUPPOSONS que dans le monde il s'élève une société de gens qui, par profession et par une déclaration ouverte, s'attachent à décrier le service du
prince; qui s'émancipent à raisonner sur ses ordres
comme il leur plaît, et qui les rejettent avec mépris;
qui parlent de sa personne sans respect, et traitent
de foiblesse, de petitesse d'esprit, tous les devoirs
qu'on lui rend; qui tournent en ridicule le zèle qu'on
témoigne pour ses intérêts, et la disposition où l'on
paroît être de mourir, s'il étoit nécessaire, pour sa
cause; enfin, qui débitent à toute occasion des maximes injurieuses à la majesté royale, et capables de
renverser les fondemens de la monarchie. Je demande
si l'on souffriroit des hommes de ce caractère, et si
l'on ne travailleroit pas à les exterminer. Il s'élève
tous les jours dans le christianisme des sociétés de
libertins qui, par leurs impiétés et leurs railleries,
profanent les choses les plus saintes, et décréditent

autant qu'ils peuvent le service de Dieu; qui s'attaquent à Dieu même, à ce Dieu que nous adorons,
et voudroient en effacer toute idée de notre esprit;
qui lui disputent jusqu'à son être, et s'efforcent de
le faire passer pour une divinité imaginaire; qui ne
tiennent nul compte, ni de ses commandemens, ni
de son culte, et regardent comme des superstitions
tous les hommages dont on l'honore ; qui cherchent
à lui enlever ses plus fidèles serviteurs et à les retirer
de ses autels, se jouant de leurs pieuses pratiques, et
les accusant, ou d'hypocrisie ou de simplicité : il y a,
dis-je, des impies de cette sorte, il y en a plus que
jamais, leur nombre croît sans cesse; et parmi des
chrétiens, parmi des catholiques, parmi même des
ames dévotes, on les écoute, on les souffre ! Mais
ce sont du reste d'honnêtes gens. D'honnêtes gens !
J'avoue que je n'ai jamais pu digérer ce langage, et
qu'il m'a toujours choqué : car j'y trouve la qualité
d'honnête homme étrangement avilie. A la religion près, dit-on, cet homme est un fort honnête
homme. Quelle exception, à la religion près ! c'est-
à-dire, que c'est un fort honnête homme, à cela
près qu'il manque au devoir le plus essentiel de
l'homme, qui est de reconnoître son Créateur, et
de s'y soumettre; c'est-à-dire que c'est un fort honnête homme, à cela près qu'il a des principes qui
vont à ruiner tout commerce, toute confiance entre
les hommes, et selon lesquels il doit être déterminé
à toutes choses, dès qu'il s'agira de son intérêt, de
son plaisir, de sa passion. En un mot, c'est à-dire
que c'est un fort honnête homme, à cela près qu'il

n'a

n'a ni foi ni loi. Mettez-le à certaines épreuves, et fiez-vous-y : vous verrez ce que c'est que cet honnête homme.

On propose à un libertin les révélations de la foi, c'est-à-dire des révélations fondées sur la tradition la plus ancienne et la plus constante, confirmées par un nombre infini de miracles, et de miracles éclatans, signées du sang d'un million de martyrs, autorisées par les témoignages des plus savans hommes, et par la créance de tous les peuples : mais tout cela ne fait sur lui aucune impression, et il n'en tient nul compte. On lui propose d'ailleurs, les rêveries et les vaines imaginations d'un nouveau philosophe qui veut régler le monde selon son gré; qui raisonne sur toutes les parties de ce grand univers, sur la nature et l'arrangement de tous les êtres qui le composent, avec autant d'assurance que si c'étoit l'ouvrage de ses mains; qui les fait naître, agir, mouvoir comme il lui plaît : et voilà ce que ce grand génie admire, ce qu'il médite profondément, ce qu'il soutient opiniâtrément, à quoi il s'attache et de quoi il se feroit presque le martyr. Certes, la parole de saint Paul est bien vraie : *Dieu les a livrés à un sens réprouvé. Ils se sont perdus dans leurs pensées frivoles et chimériques, et eux qui se disent sages, sont devenus des insensés* (1).

Que sera-ce qu'un Etat où il n'y aura ni roi, ni puissance souveraine? Dans une pleine impunité,

(1) Rom. 1.

chacun sera le maître d'entreprendie, pour ses propres intérêts, ce qu'il lui plaira ; et comme nos intérêts s'accordent rarement avec les intérêts d'autrui, que s'ensuivra-t-il ? des guerres perpétuelles, des dissensions éternelles, un brigandage universel : tellement qu'il faudra toujours avoir les armes à la main, pour la défense de ses biens et de sa vie. Le pauvre pillera le riche, le voisin opprimera son voisin, le fort accablera le foible. On vengéra ses querelles particulières par les meurtres et les assassinats. Confusion générale, bouleversement total. Je ne parle que d'un royaume ; mais voilà ce que l'athée voudroit faire du monde entier, lorsqu'il combat l'existence d'un Dieu.

QUAND j'entends des libertins railler de la religion, et prétendre l'avoir bien combattue ; lorsqu'ils ont ri de quelques pratiques particulières, et de quelques dévotions populaires qu'ils traitent d'abus et de superstitions, ou leur ignorance me fait pitié, ou leur malignité me donne de l'indignation. Car la religion que nous professons ne consiste point en cela ; ce ne sont point ces sortes de dévotions ni ces pratiques qui en font le capital. Si dans ces pratiques et ces dévotions, il se glisse quelque chose de superstitieux, l'Eglise le condamne elle-même, et le défend sous des peines très-grièves. Si elle n'y trouve rien de mauvais en soi, et qu'au contraire remontant au principe, elle voie que ce sont de pieuses institutions, qu'un bon zèle a inspirées aux ames dévotes pour l'honneur de Dieu et des saints, elle les tolère, elle les permet, elle les approuve même, mais sans les regarder comme le fond de sa créance et de son culte. Voilà ce que nos libertins doivent savoir, et à quoi ils devroient faire attention. S'ils ne le savent pas, c'est dans ces grands génies et ces esprits forts du siècle une ignorance pitoyable : s'ils le savent, c'est dans eux une malignité encore moins supportable, de s'attaquer vainement et si opiniâtrément à l'accessoire de la religion, et de n'en vouloir pas considérer l'essentiel et le principal.

Qu'ils agissent de bonne foi, et que, sans prévention, sans passion, ils examinent la religion chrétienne en elle-même ; je m'assure qu'ils ne pourront se défendre d'en admirer la sublimité, la sagesse, la sainteté. Ils reconnoîtront qu'elle a de quoi contenter les esprits du premier ordre, tels qu'ont été les Pères de l'Eglise ; et malgré eux ils y découvriront un caractère de divinité qui les frappera : mais c'est justement ce qu'ils ne veulent pas. Et que font-ils ? ils laissent, pour ainsi dire, le corps de la religion, qu'ils ne peuvent entamer, et ils s'attachent au dehors. Un point qui n'est de nulle conséquence, et où la religion ne se tient aucunement intéressée, un petit exercice de piété, une cérémonie, une coutume qui les choque, et qu'une louable simplicité des peuples a introduite, c'est là-dessus qu'ils lancent tous leurs traits, et qu'ils déploient toute leur éloquence. En vérité, il faut que notre religion soit bien affermie sur ses fondemens, et bien cimentée de toutes parts, puisqu'on est réduit à ne l'attaquer que de si loin, et par de telles minuties.

LES hérétiques ont toujours eu pour principe de se faire craindre, et cela communément leur a réussi. Ils en ont tiré deux avantages ; l'un d'arrêter les esprits timides, et l'autre d'engager les esprits intéressés. Mille esprits timides qui ne manquent pas d'habileté, et qui pourroient leur faire tête, n'osent néanmoins les attaquer, parce qu'ils ne veulent pas irriter un puissant parti, ni se l'attirer sur les bras; et mille esprits intéressés, qui ont leurs vues et leurs prétentions, se joignent même à eux, dans l'espérance que le parti les soutiendra et qu'il les mettra en vogue. Espérance qui n'est pas mal fondée. Avec cet appui, un auteur voit ses ouvrages recherchés de tout le monde comme des chefs-d'œuvre, toutes les paroles d'un directeur sont reçues comme des paroles de vie, et un prédicateur est écouté comme un oracle.

LA réflexion de saint Augustin est bien vraie, qu'il n'y a personne qui se pare avec plus d'affectation ni plus d'ostentation de l'apparence de la vérité et de son nom, que les docteurs du mensonge et les partisans de l'hérésie. Il cite là-dessus en particulier l'exemple des manichéens. Sans cesse, dit-il, ils avoient ce mot dans la bouche : *Vérité, vérité* (1), sans cesse ils me le rebattoient; mais en le répétant

_____

(1) *Et dicebant :* Veritas, veritas, *et multùm eam dicebant mihi, et nusquam erat in eis.* Aug. conf., l. 3, c. 6.

si souvent, et en le prononçant avec emphase, ils ne l'avoient pas pour cela dans le cœur. Ainsi dans tous les discours et tous les écrits de certaines gens, on n'entend encore ni on ne voit presque autre chose que le terme de vérité. C'est, ce semble, le signal pour se reconnoître les uns lés autres : c'est leur cri de guerre.

LES libertins qui n'ont point de religion, sont ravis de voir des divisions dans la religion. Et parce que le moyen d'entretenir ces divisions est d'appuyer le parti de l'hérésie et de la révolte, voilà pourquoi ils le favorisent toujours. D'où il arrive assez souvent, par l'assemblage le plus bizarre et le plus monstrueux, qu'un homme qui ne croit pas en Dieu, se porte pour défenseur du pouvoir invincible de la grâce, et devient à toute outrance le panégyriste de la plus étroite morale.

DU RETOUR A DIEU

ET DE LA PÉNITENCE.

Bonté infinie de Dieu, à rappeler le pécheur et à le recevoir.

Nous quittons Dieu avec joie, nous ne retournons à Dieu qu'avec peine, et Dieu néanmoins est toujours disposé à nous recevoir : en trois mots, voilà ce qui nous donne la plus haute idée de la divine miséricorde ; voilà ce qui doit, dans notre pénitence, nous toucher de la plus amère contrition, de la reconnoissance la plus vive, de l'amour le plus ardent.

I. Nous quittons Dieu avec joie, et cela dès la première jeunesse. A peine commençons - nous à ouvrir les yeux de l'esprit, et à faire quelque usage de notre raison, que le charme du plaisir nous entraîne. On le suit, on s'y abandonne. *Venez, divertissons-nous, et jouissons des biens présens. Enivrons-nous des vins les plus exquis, couronnons-nous de roses, et ne refusons rien à nos sens de tout ce qui peut les flatter* (1). C'est avec de pareilles dispositions qu'on entre dans le monde, et qu'on y mène la vie du monde, une vie dissipée, une vie molle, une vie libertine et toute corrompue. La conscience a beau se récrier, Dieu a beau parler,

(1) Sap. 2.

on se rend insensible aux cris de la conscience, et
sourd à la voix de Dieu. On se retire de lui, et pour
combien d'années ? quelquefois, hélas ! jusques à
l'extrême vieillesse. Tandis que le monde à de quoi
nous plaire ; tandis qu'il a de quoi satisfaire nos
passions, soit passion de l'honneur, soit passion de
l'intérêt, soit passion plus grossière et plus animale,
on ne veut point d'autre maître, et on y met toute
son espérance et tout son bonheur.

Bonheur traversé de bien des chagrins, je l'avoue.
Car le mondain séduit et aveuglé par les sens,
cherche en vain dans les plaisirs du monde un repos
durable et une félicité parfaite ; c'est ce que nul
homme n'y trouva jamais, et ce que nul homme n'y
trouvera, puisque rien de périssable et de mortel
ne suffit à notre cœur ni ne lui peut suffire, et que
la vie est d'ailleurs sujette à tant de vicissitudes et
d'événemens imprévus, qui en troublent malgré
nous les prétendues douceurs. Mais après tout,
quelque faux que puisse être ce bonheur humain,
et quelque épreuve qu'on en puisse faire, il a toujours je ne sais quelle apparence qui nous attire et
qui nous attache. On en reconnoît à certains momens
la vanité et l'illusion ; on s'en déclare, et on éclate :
mais ce ne sont que des momens où l'on a eu quelque
déboire et quelque contrariété à essuyer. Le nuage
se dissipe bientôt ; on rentre dans ses premiers sentimens ; on reprend son premier goût pour le
monde ; il plaît plus que jamais, et il a pour nous
des agrémens tout nouveaux : tant l'inclination qui
nous y porte est profondément enracinée dans

notre ame, et tant elle a de pouvoir pour nous engager.

Tel est l'enchantement où vivent la plupart des gens du monde, hommes et femmes. Après avoir cent fois déclamé contre le monde, ils en sont toujours épris, et ils ne comprennent pas même qu'ils puissent jamais s'en passer. Que le monde, sur mille sujets et dans une infinité d'occasions, se trouve en compromis avec Dieu; qu'il soit question d'une fortune humaine qu'ils ont en vue, d'un degré d'élévation où ils aspirent, d'un avantage temporel qu'ils cherchent à se procurer, d'une intrigue qu'ils ont formée et qu'ils font jouer, d'un engagement criminel, d'une sale volupté, avec quel empressement ne s'y portent-ils pas; avec quelle ardeur, et souvent, si je l'ose dire, avec quelle espèce de fureur? Examinent-ils si Dieu condamne tout cela? sont-ils en peine de le savoir? ou s'ils le savent et qu'on leur représente la loi divine qui s'est expliquée sur tous ces articles et sur bien d'autres, en sont-ils touchés? Que Dieu y soit offensé, c'est à quoi ils n'ont guère d'égard, et c'est par là même une foible raison pour les arrêter; ils se livrent au penchant naturel, ils suivent l'attrait, ils entreprennent, ils agissent; et si, au péril d'encourir la haine de Dieu, ils peuvent obtenir ce qu'ils se sont proposé, ils se tiennent heureux et se félicitent du succès.

II. Nous ne retournons à Dieu qu'avec peine. Après de longs égaremens, il vient enfin pour quelques-uns un temps de salut et de conversion,

c'est-à-dire, un temps où l'on se sent pressé de se
remettre dans le devoir et de se rapprocher de
Dieu. Et quel est ce temps ? une conjoncture favorable que Dieu ménage ; un âge plus avancé et plus
mûr, où le feu de la passion commence à s'amortir ;
une humiliation et un renversement de fortune; un
état d'infirmité et de langueur.

Saint Augustin ne se convertit point autrement.
Ce fut un des plus fameux pénitens de l'Eglise de
Dieu, et nous ne pouvons avoir de témoignage
plus convaincant ni plus irréprochable que le sien,
pour apprendre combien de temps et avec quelles
incertitudes il demeura flottant et irrésolu, entre
la divine miséricorde qui le poursuivoit sans relâche,
et les engagemens du monde qui le retenoient. Il
vouloit ou il croyoit vouloir, mais dans peu il ne
vouloit plus. Il demandoit à Dieu d'être affranchi
de l'esclavage où le vice le tenoit captif et comme
enchaîné ; mais en même temps il craignoit que
Dieu ne l'écoutât, et que sa prière ne fût exaucée.
Incessamment agité de remords intérieurs, il disoit
pour les calmer en quelque manière : *Tantôt, tantôt;*
mais ce tantôt ne venoit point, et il le remettoît
toujours au lendemain. Dans ces cruelles perplexités
dont il nous a fait lui-même le récit en des termes
si forts et si énergiques : Je soupirois, dit-il, je
gémissois sous le poids de ma chaîne ; mais j'étois
lié par ma propre volonté, plus dure que le fer ; et
sans un dernier effort de la vertu d'en haut, je
n'aurois jamais conclu une affaire que je désirois,
mais qui devoit coûter si cher à mon cœur. Ainsi

parloit saint Augustin ; et combien de pécheurs ont
été aussi violemment combattus dans leur retour ?
combien d'autres le sont encore ?

C'est de quoi ils pourroient rendre témoignage,
s'ils vouloient produire au dehors ce qu'ils éprouvent
intérieurement, et ce qu'ils cachent avec tant de
soin. La grâce les presse, elle les suit partout, elle
se fait sentir à eux jusque dans les assemblées les
plus nombreuses et les plus profanes. En vain tâchent-
ils de se dissiper, de se rassurer, d'effacer de leur
esprit certaines idées qui les troublent : Dieu demeure
toujours à la porte de leur cœur, et ne cesse point
de frapper. Ils le laissent attendre, et il attend ; ils
ne répondent rien, et bien loin de se taire et de se
retirer, il élève la voix tout de nouveau, et parle
encore plus haut. Assiduité qui leur devient aussi
salutaire qu'elle leur est importune. Car Dieu, par
une providence spéciale, est plus constant à les
sauver, qu'ils ne le sont à se perdre. Malgré tant
d'oppositions et de révoltes, le moment arrive, un
bon moment, où la grâce prend le dessus et triomphe.
On se rend, on cède : mais qu'est-ce après tout que
ce retour, et, si je l'ose dire, doit-il être d'un
grand mérite devant Dieu, lorsqu'on le lui fait
acheter si cher ?

III. Dieu néanmoins est toujours disposé à nous
recevoir. Il seroit naturel que dans une juste indignation il nous traitât comme nous l'avons traité
lui-même ; qu'autant que nous avons témoigné de
répugnances et de difficultés à retourner vers lui,
autant il se rendît difficile à nous admettre auprès

de lui, et à se réconcilier avec nous; qu'il nous fît attendre aussi long-temps qu'il nous a attendus, et que, pour punir nos incertitudes et nos retarde-mens, il fût aussi lent à nous pardonner, que nous l'avons été à reconnoitre devant lui nos iniquités et à lui demander grâce. Mais que dis-je, Seigneur? ah! mon Dieu! je parle selon les sentimens de l'homme; et vos sentimens, comme vos pensées, sont bien au-dessus des nôtres. Ce sont des pensées, des sentimens, non de colère et de vengeance, mais de rémission et de paix (1). A quelque heure donc, à quelque jour que le pécheur contrit et pénitent s'humilie devant vous, vous oubliez que vous êtes juge, pour vous souvenir que vous êtes père. Il est vrai, pendant une longue suite d'années, ce pécheur étoit un rebelle; mille fois il s'est obstiné contre Dieu. Il est encore vrai que pour le fléchir, le gagner, il a fallu tout récemment de plus fortes instances que jamais, et des avances toutes nouvelles de la part de Dieu; mais Dieu met le voile sur tout cela, il n'a égard qu'à la disposition présente de cet homme. Dès qu'une fois il se repent et qu'il se soumet, c'est assez. Les entrailles de la charité de Dieu en sont émues; il étend les bras pour l'em-brasser, il ouvre son sein pour l'y recueillir: fût-ce un pécheur tout noirci de crimes, il cesse d'être criminel aux yeux du Seigneur, et Dieu lui donne place parmi ses enfans.

Je dis, mon Dieu, parmi vos enfans, et non point parmi vos esclaves. Ce prodigue qui s'étoit

_____

(1) *Cogitationes pacis, et non afflictionis,* Jerem. 29. v. 11.

séparé de son père, et lui avoit marqué tant d'indifférence et même tant de mépris en l'abandonnant,
comptoit pour beaucoup, lorsqu'il seroit revenu à la
maison paternelle, d'y pouvoir être mis au rang des
mercenaires, et se croyoit désormais indigne d'y
être regardé et traité comme un fils : il se faisoit en
cela justice; mais du reste, il ne connoissoit pas
toute la tendresse du père qui le recevoit, et qui
étoit même allé au-devant de lui. Bien loin d'être
dégradé de la qualité de fils, et d'être condamné aux
traitemens rigoureux qui lui étoient dus, il éprouva
tout le contraire. Jamais son père ne l'accueillit avec
plus de douceur ni plus d'affection ; jamais il ne
parut plus sensible pour lui.

C'est vous-même, mon Dieu, qui nous tracez
cette figure dans votre divin évangile; c'est par cette
parabole que votre Fils adorable excitoit la confiance
des pécheurs pénitens; et je puis dire, tout coupable
que je suis, qu'elle ne m'annonce rien de si consolant que je ne sois en droit d'espérer, et à quoi
l'effet ne doive répondre.

Voilà, dis-je, ô mon Dieu ! ce que j'ai lieu de me
promettre, aussi bien que tant d'autres, dès que je
retournerai à vous, et que j'y retournerai de bonne
foi. Or n'est-ce pas un motif assez puissant pour
m'inspirer là-dessus une sainte résolution, et pour
me la faire exécuter? Mais que seroit-ce, et quel
désordre, quelle injustice, quand vous m'appelez
de la sorte, si je délibérois encore, si je me dé-
fendois encore, si je refusois encore de me rendre !
Hé ! qu'y auroit-il alors de plus inconcevable, ou

d'une telle condescendance de votre amour, ou d'une telle résistance de mon cœur?

L'heure est venue, Seigneur : il n'y a plus de difficultés ni de répugnances à écouter. Un amour tel que le vôtre doit amollir l'ame la plus endurcie. Je suis à vous, ou j'y veux être. Bénissez le dessein que je forme, et le premier pas que je vais faire pour l'accomplir. En votre nom j'agirai, et vous suppléerez par votre miséricorde à ce qui pourra me manquer par la fragilité de la nature et par l'inconstance de ma volonté.

Sacrement de Pénitence. Dispositions qu'il y faut apporter, et le fruit qu'on en doit retirer.

On exhorte assez les fidèles à fréquenter le sacrement de pénitence; mais peut-être ne s'applique-t-on point assez à les instruire des dispositions essentielles qu'il demande, ni à leur en donner toute la connoissance qu'ils en doivent avoir. La plupart n'en ont entendu parler que dans ces premières leçons qu'on fait à de jeunes enfans qui, malgré le soin qu'on prend de leur expliquer les élémens de la doctrine chrétienne, ne sont guère en état de bien comprendre ce qu'on leur dit, et n'en conservent qu'un souvenir confus et très-superficiel. C'est dans un âge plus avancé, où le jugement est plus mûr et où l'on voit mieux les choses, qu'il faudroit se retracer sur cela les enseignemens qu'on a reçus, et s'en former une idée juste. Car il s'agit d'un sacrement qui, selon le bon et le mauvais usage que nous en faisons, doit servir ou à notre justification, ou à notre condamnation. Mais par une erreur des plus pernicieuses, on regarde, si je l'ose dire, ces sortes de considérations, au-dessous de soi, et l'on se persuade qu'elles ne conviennent qu'au temps de l'enfance. Les prédicateurs, s'ils n'y prennent garde, contribuent eux-mêmes à entretenir cette dangereuse illusion, ayant pour maxime de ne traiter dans la chaire que certains sujets relevés, et s'imaginant que ceux-ci ne sont propres que pour le menu peuple et pour les campagnes. En quoi certainement ils se trompent, soit en manquant à l'une des plus importantes obligations de leur ministère, qui est d'apprendre à toutes les conditions les principaux devoirs de la religion ; soit en s'élevant quelquefois au-delà des bornes, et prenant un vain essor où souvent on les perd de vue, et où ils se perdent eux-mêmes.

Quoi qu'il en soit, tout ce qui concerne le sacrement de pénitence peut se réduire, selon la notion ordinaire, à quatre articles capitaux ; savoir, la contrition, la résolution, la confession et la satisfaction. Je n'ai rien à dire là-dessus de singulier et de nouveau ; mais ce que je dirai néanmoins, n'est que trop inconnu à bien des gens, qui l'ignorent ou absolument ou en partie, tout éclairés qu'ils sont d'ailleurs, et qu'ils se piquent de l'être.

I. Contrition : c'est-à-dire douleur du péché, mais une douleur conçue en vue de Dieu par le mouvement de la grâce, et supérieure à toute autre douleur. Voilà, en trois mots, déjà bien des choses d'un devoir indispensable, et d'une telle nécessité, que de là dépend toute l'efficace et tout le fruit du sacrement dont il est présentement question.

C'est, dis-je, une douleur, et par conséquent un acte de la volonté qui s'afflige, qui hait, qui déteste : car qui dit douleur, ne dit pas une simple connoissance ni une simple vue de la laideur et de la difformité du péché; ce n'est pas même, si j'ose user de ce terme, une simple déplaisance de la raison, qui, naturellement droite, ne peut s'empêcher d'apercevoir le désordre du péché et de le condamner. On peut avoir tout cela sans être contrit, parce que tout cela n'est que dans l'entendement, et non point dans la volonté. On peut avec tout cela aimer toujours son péché, se plaire toujours dans son péché, conserver toujours le même attachement à son péché : on le peut, et c'est ce qui n'arrive que trop souvent. Il faut donc que ce soit la volonté qui agisse par un repentir véritable. Il faut que la douleur, selon l'expression du Prophète, nous brise le cœur; et c'est de là même qu'elle est appelée contrition. Autrement, la volonté n'étant point à Dieu, tout le reste ne peut être de quelque prix devant Dieu, ni le toucher.

Encore une simple douleur, en général, ne suffit-elle pas; et si ce n'est, en particulier, le mouvement de la grâce qui l'excite, et qui élève l'ame à Dieu, ce n'est plus qu'une douleur infructueuse et sans effet. C'est pour cela que les prophètes, prêchant aux pécheurs la pénitence, et les y exhortant, ne se contentoient pas de leur dire : Convertissez-

vous ; mais qu'ils ajoutoient : Convertissez-vous au
Seigneur votre Dieu (1). Par où ils leur faisoient
entendre, que si ce rapport à Dieu manquoit, que
si dans leur retour ils n'envisageoient pas Dieu, que
s'ils se proposoient tout autre objet que Dieu, ils ne
devoient plus être, dans l'estime de Dieu, censés
pénitens, puisqu'ils ne l'étoient pas selon Dieu ni
pour Dieu. Et parce que cette vue de Dieu et cette
douleur surnaturelle suppose nécessairement la grâce
commé principe et premier mobile, voilà pourquoi
les mêmes prophètes, parlant au nom même des
pécheurs, disoient à Dieu : Seigneur, convertissez-
nous, et nous nous convertirons (2). Car c'est ainsi
qu'ils s'en expliquoient, persuadés que, pour rendre
nos cœurs dociles, que pour en amollir la dureté et
en fléchir l'obstination, que pour y faire naître cette
sainte tristesse qui seule peut nous réconcilier avec
Dieu et opérer le salut, il est d'une absolue nécessité
que nous soyons prévenus de l'inspiration divine et
aidés du secours d'en haut.

Ce n'est pas tout ; mais voici ce qu'il y a de plus
essentiel. Car cette douleur, formée dans la volonté,
inspirée par l'esprit de Dieu, et conçue en vue de
Dieu, doit être au-dessus de toute autre douleur ;
c'est-à-dire, qu'il n'y a point de revers, point d'ac-
cident fâcheux, ni de malheur dans la vie, de quelque nature qu'il soit, dont il puisse m'être permis
de concevoir une douleur supérieure, ou même
égale à celle que doit me causer l'offense de Dieu
et la perte de sa grâce. Il faut que je sois plus tou-

(1) Joel. 2. — (2) Thren. 6.

ché

ché de cette offense de Dieu, et de cette perte de la grâce de Dieu, que je ne le serois de la ruine entière de ma fortune, eût-elle été la plus florissante et la plus abondante. Il faut que cette offense de Dieu, que cette perte de la grâce de Dieu, me tienne plus au cœur que l'affront le plus sanglant qui me couvriroit de confusion, que l'abandonnement le plus général qui me réduiroit dans la dernière misère, que le mal le plus sensible et le plus aigu qui me tourmenteroit sans relâche ; que la mort d'un patron, d'un ami, d'un parent, d'un fils, d'un époux, d'un père, d'une mère, de tout ce que je puis avoir sur la terre de plus cher ; enfin, que le danger même le plus évident d'une mort prochaine par rapport à moi. Si mon regret ne va pas jusque-là, il ne peut être suffisant, et dès-lors je ne suis point dans l'état d'une vraie contrition, ni même de cette attrition parfaite, nécessaire au sacrement de pénitence.

On me dira que cela seroit capable de troubler les consciences, et de les jeter dans le désespoir. Il est vrai, cela peut désespérer : mais qui ? des ames mondaines qui n'ont jamais bien connu Dieu, et qui ne s'appliquent jamais à le bien connoître ; des ames toutes plongées dans les sens, et d'autant plus insensibles pour Dieu, qu'elles sont plus sensibles pour elles-mêmes, et pour tout ce qui flatte leur amour-propre ; des ames volages, dissipées, accoutumées à n'envisager tout ce qui regarde la religion que très-superficiellement, et sans cesse distraites par les objets extérieurs qui leur frappent la vue, et qui emportent toute leur attention. Voilà ceux que doivent étonner les leçons que je trace ici ; voilà ceux qui en doivent être découragés et rebutés.

Mais pour appliquer à mon sujet ce que disoit saint Augustin sur une matière à peu près semblable, donnez-moi une ame qui aime Dieu, une ame remplie de l'esprit du christianisme, une ame telle que nous devons tous être; et supposons que, par un effet de la fragilité humaine, ou par la surprise de quelque passion, cette ame ait eu le malheur d'oublier Dieu et de s'oublier elle-même jusqu'à succomber dans une rencontre, à la tentation, et à se laisser engager dans le désordre du péché : je demande si lorsqu'elle viendra à se reconnoître, et qu'aidée de la grâce, elle se mettra en devoir de retourner à Dieu, elle aura de la peine à porter son regret et sa douleur au degré que je marque, et que je prétends être absolument requis? Quand nous voyons David couché sur la cendre, et humilié devant Dieu; quand nous voyons saint Pierre couvert de confusion, et pleurant avec amertume; quand nous voyons Magdeleine prosternée aux pieds de Jésus-Christ, et les arrosant de ses larmes, concevons-nous qu'il y eût alors quelque chose au monde dont ils fussent plus affligés, ni même aussi affligés qu'ils l'étoient de leurs égaremens; et pouvons-nous imaginer quelque intérêt qu'ils eussent voulu faire entrer en compromis avec les intérêts du souverain maître dont ils avoient encouru la juste indignation, et auprès de qui ils cherchoient par-dessus tout et aux dépens de tout à se remettre en grâce? Or nous ne sommes pas moins pécheurs que ces fameux pénitens; nous n'avons pas, pour exciter notre repentir, des motifs moins solides ni moins touchans : que nous manque-t-il? plus de sincérité et plus de zèle dans notre conversion à Dieu.

Cependant il ne faut rien exagérer, et je dois convenir que plusieurs pourroient être en effet découragés et avec sujet, si cette douleur que la pénitence exige de nous, consistoit dans le sentiment. Car le sentiment ne nous est pas toujours libre, et souvent il peut être beaucoup plus vif à l'égard de certains maux de la vie, et de certains événemens que nous craignons ou que nous déplorons, qu'il ne l'est à l'égard des péchés que nous détestons, et dont nous avons un regret véritable. Ce n'est donc point par ce sentiment que notre contrition doit l'emporter sur toute autre douleur, mais par la détermination de la volonté, mais par la préparation de l'esprit et de la partie supérieure de l'ame, mais par la disposition intérieure et réelle où se trouve le pénitent de subir toutes sortes de peines et d'accepter toutes sortes d'adversités temporelles et de calamités, plutôt que de consentir à un seul péché : si bien qu'il hait ainsi le péché plus que tout le reste, et qu'il voudroit, au prix de tout le reste, pouvoir effacer tous les péchés qu'il reconnoît avoir commis, et par où il a déplu à Dieu. Il n'est point nécessaire pour cela de ressentir les mêmes serremens de cœur, d'entrer dans les mêmes agitations, de s'abandonner aux mêmes gémissemens, ni de tomber au dehors dans la même désolation que si l'on venoit nous annoncer quelque infortune humaine et quelque désastre où nous fus-

sions intéressés. Il suffit d'avoir cette haine du péché
que j'ai spécifiée, et que les théologiens, selon leur
langage ordinaire, nomment *appréciative*, parce
qu'elle maintient tous les droits de Dieu, et qu'elle
lui donne dans notre estime une préférence entière
et absolue. Or voilà ce qui ne doit désespérer personne, puisqu'il n'y a personne qui ne puisse, avec
l'assistance divine, former au fond de son ame une
telle douleur.

Ce n'est pas au reste qu'il n'y ait pour cela même
des soins à prendre et des efforts à faire. Car, comme
disoit saint Augustin, si vous n'êtes pas encore attiré
de Dieu, agissez, priez, pressez, afin qu'il vous
attire. On se trouve assez souvent dans une sécheresse de cœur où il est fort à craindre qu'on n'ait pas
cette contrition sans laquelle on ne peut espérer le
pardon de ses péchés, même avec le sacrement de
pénitence. Hé! le moyen qu'on pût l'avoir de la manière dont on approche du saint tribunal? On y
vient quelquefois avec une précipitation qui ne donne
presque pas le loisir de penser à ce que l'on fait, ni
de réfléchir sur aucun des motifs dont notre douleur
doit être animée et sanctifiée. On s'y présente avec
une froideur et une espèce d'indolence qui fait tout
négliger dans un des exercices du christianisme le
plus important et le plus sérieux. Et parce qu'on n'a
nul usage du recueillement intérieur et de ces actes
que le cœur prévenu de la grâce produit en lui-même
et de lui-même, on se contente de certaines for-
mules tracées sur le papier; on les lit dans un livre,
ou on les récite par mémoire, sans s'y affectionner,

et peut-être sans les bien comprendre. Souvent même, par une ignorance inexcusable, ou par un oubli non moins criminel, après une revue assez légère de ses fautes, on les déclare au ministre de la pénitence, sans avoir eu soin de s'élever un moment à Dieu, ni d'en faire en sa présence aucun désaveu. Car voilà ce que nous voyons dans une infinité de gens du monde, et surtout du grand monde, lorsqu'à des temps fort éloignés les uns des autres, ils s'adressent à nous, bien moins par un mouvement de piété et par un vrai désir de conversion, que par une coutume et une certaine bienséance chrétienne à laquelle ils ne veulent pas manquer. Nous leur demandons s'ils sont préparés, c'est-à-dire, avant toute chose, s'ils sont véritablement contrits et repentans, s'ils ont une douleur sincère de leur conduite passée dont ils s'accusent ; et sans hésiter, ils nous répondent qu'ils le croient ainsi : mais de bonne foi, ont-ils lieu de le croire, et comment peuvent-ils se le persuader ?

Car, qu'est-ce que cette douleur sincère ? c'est un plein changement du cœur : en sorte que le cœur soit réellement détaché des objets auxquels il s'étoit livré avec plus de passion. Il faut que, par la force et la supériorité de cette douleur, le cœur baisse ce qu'il aimoit, et qu'il aime ce qu'il haïssoit : il faut que ce soit un cœur tout nouveau. Quel effort de l'ame suppose un changement de cette nature ! quel sacrifice de soi-même ! quelle victoire ! Or, une telle victoire peut-elle être le fruit d'une réflexion vague et courte, ou de quelques paroles prononcées

à la hâte et comme jetées au hasard? Il est vrai que
les opérations de la grâce dans un cœur ne dépendent
point du temps ; mais dans les règles ordinaires, la
grâce n'opère qu'avec poids et avec mesure. Elle a
ses voies pour s'insinuer, et ses degrés pour avancer;
elle prévient, elle soutient, elle aide à consommer
l'ouvrage ; mais elle exige aussi du pénitent qu'il
agisse lui-même, qu'il rentre en lui-même, qu'il
s'excite lui-même, qu'il se fasse à lui-même d'utiles
reproches et de salutaires leçons, qu'il se retrace
toutes les vues et toutes les considérations les plus
propres à le détacher de son péché, et à lui en
inspirer de l'horreur ; qu'il s'applique à les pénétrer
et à les approfondir; surtout qu'il les rapporte toutes
à Dieu, et qu'il insiste sur celles qui peuvent lui
représenter ce souverain maître, plus digne d'un
attachement inviolable et d'un dévouement parfait;
enfin, qu'il ait recours à Dieu même, qu'il lui ouvre
son cœur, et qu'il le conjure d'en amollir la dureté:
voilà, dis-je, ce que la grâce attend de notre coo-
pération. Or tout cela, selon l'ordre commun, n'est
point l'affaire d'un instant ; et ce l'est encore sûrement moins pour tant de pécheurs et de pécheresses,
qui, dans le cours d'une année, s'acquittent à peine
une fois du devoir de la pénitence, que pour des
ames pieuses et timorées qui fréquentent le sacrement.

Mais ceci posé, il y a donc bien des confessions
nulles ? j'en conviens, et là-dessus je n'oserois
presque déclarer tout ce que je pense. Cependant
un confesseur, qui ne peut lire dans le fond des
cœurs, est souvent obligé d'en croire la personne

qui lui parle, et qui lui témoigne son regret et sa bonne disposition. Il s'en tient là ; il absout ce prétendu pénitent, et du reste ne répond de rien : car il sait qu'il n'y a que Dieu qui puisse juger de la validité de cette absolution ; et d'ailleurs, sans déroger en aucune sorte à la puissance des ministres de Jésus-Christ, ni à la promesse que ce divin maître leur a faite, il n'ignore pas que ce qu'ils délient, ou semblent délier sur la terre, n'est pas toujours délié dans le ciel.

Mais il faudra donc des temps infinis pour se disposer à la confession ? ma réponse est qu'il y faudra tout le temps nécessaire pour s'assurer d'abord de sa contrition, autant qu'il est raisonnablement et moralement possible. Je dis autant qu'il est possible raisonnablement et moralement : car en condamnant une extrémité, qui est une trop grande négligence, je ne prétends pas porter à un autre excès, qui est une inquiétude scrupuleuse. La prudence chrétienne tient le milieu entre l'un et l'autre : elle ne va point au-delà de certaines bornes ; et quand, eu égard aux circonstances et aux moyens qu'on a pris, on peut juger sagement et favorablement de l'état de son cœur, on doit alors se confier en Dieu, et demeurer en repos, sans se tourmenter inutilement par des retours perpétuels et des défiances excessives de soi-même.

Concluons cet article en déplorant notre misère. N'est-il pas étrange qu'avec tant de raisons, dont une seule devroit suffire pour nous percer l'ame de douleur au souvenir de Dieu, et de toutes les offenses que nous commettons contre lui , nous soyons si difficiles à prendre le moindre sentiment de componction? N'est-il pas étrange que nous ayons besoin de tant d'exhortations , d'instructions , de méditations , pour nous retracer là-dessus des idées qui ne devroient jamais s'effacer de notre esprit , et qu'il nous faille tant d'efforts pour en ressentir l'impression ? Comment oublions-nous si aisément et si vîte un Dieu créateur , un Dieu conservateur , un Dieu rédempteur ; un maître si grand , un père si tendre ; sa libéralité , sa sainteté , sa justice , ses innombrables perfections ? Et comment , à la simple pensée de tant de titres les plus engageans pour nous et les capables de nous affectionner , ne voyons-nous pas d'un premier coup d'œil l'énormité de nos péchés , qui blessent ce souverain Etre et qui nous séparent de lui ? Comment ne fondons-nous pas en larmes , et n'éclatons-nous pas en gémissemens et en sanglots ? Que manque-t-il donc à notre Dieu pour devenir aimable ? n'a-t-il pas des droits assez légitimement acquis sur notre cœur ? n'est-il pas assez bon ? ne nous a-t-il pas fait assez de bien ? ne nous en fait-il pas assez chaque jour ? ne se dispose-t-il pas encore à nous en faire assez dans l'avenir et même dans toute l'éternité ? Notre indifférence pour lui n'est guère moins incompréhensible que ses miséricordes envers nous.

II. Résolution. C'est, selon la plus ordinaire façon de parler , ce que nous appelons bon propos. Ce bon propos consiste dans une ferme détermination de fuir désormais le péché , de n'y plus retomber , et de se maintenir dans la grâce de Dieu, en se corrigeant de ses vices, et en renonçant à ses habitudes criminelles. Disposition si essentielle, que sans cela notre contrition ne peut plus être qu'une contradiction manifeste et une chimère. Car le moyen d'accorder ces deux choses ensemble, je veux dire, une volonté qui déteste les péchés commis, et cette même volonté toute prête encore à les commettre ; une volonté qui hait le péché sincèrement et souverainement, et qui néanmoins l'aime toujours assez pour y retourner à la première occasion, et pour y donner le même consentement ? Ce seroit tout à la fois et à l'égard du même objet, vouloir et ne pas vouloir ; ce seroit accomplir dans sa personne cette parole du Prophète : *L'iniquité s'est démentie elle-même* (1) ; enfin, ce seroit faire à la majesté divine la même insulte que feroit un sujet rebelle qui viendroit se jeter aux pieds du prince et implorer sa clémence ; mais qui lui donneroit en même temps à entendre que, malgré toutes les soumissions qu'il lui fait, il n'en est pas moins disposé à former dans la suite de nouveaux partis, et à prendre les armes contre lui.

Afin donc que la douleur du passé soit véritable et recevable devant Dieu, il est d'une nécessité absolue que le bon propos pour l'avenir l'accompagne, puisque l'un enferme l'autre, et qu'on ne les peut séparer. Voilà pourquoi le concile de Trente définit la contrition, en disant que c'est une douleur et une détestation des péchés commis, jointe

(1) Ps. 26.

à la volonté de n'en plus commettre. De savoir si
cette résolution doit être expresse et formelle, ou
s'il suffit qu'elle soit comprise virtuellement dans
l'acte de détestation et de douleur, c'est une question que proposent les maîtres de la morale, et sur
laquelle ils raisonnent et pensent différemment :
mais sans examiner ces diverses opinions, ni peser
la force des raisonnemens de part et d'autre, quand
il s'agit d'une affaire aussi importante que notre réconciliation avec Dieu, le mieux est de prendre le
plus sûr, et de dire à Dieu comme le Prophète roi :
*Je l'ai juré, Seigneur, et j'en fais encore le ser-
ment, de garder à jamais vos divins préceptes, et de
ne me plus départir, en quoi que ce soit, de l'obéissance due à votre loi* (1). Et parce que c'est en telle
et telle matière que j'ai eu le malheur d'enfreindre vos
ordres, et de m'écarter de mes devoirs, c'est à quoi
je me propose de faire particulièrement attention,
et de quoi je veux me préserver avec plus de soin.
Oui, je le veux, mon Dieu, je le veux ; vous en
êtes témoin, vous qui sondez le fond des cœurs, et
vous voyez toute l'étendue et toute la fermeté de ma
résolution.

Dans cette protestation ainsi faite à Dieu, il y a
deux choses à distinguer : un propos général, et un
propos particulier. Propos général, qui s'étend sans
exception à tous les péchés capables de donner la
mort à notre ame et de nous priver de la grâce de
Dieu. Car s'il y avoit un seul péché, j'entends péché
mortel, que le pénitent ne fût pas résolu d'éviter,

(1) Ps. 118.

dès-là, son acte de résolution à l'égard des autres péchés, seroit invalide : pourquoi? parce qu'il ne pourroit avoir pour principe le vrai motif qui en fait tout le mérite, et qui est que le péché déplaît à Dieu, qu'il blesse l'honneur de Dieu, que c'est une ingratitude souveraine et une injustice envers Dieu. En effet, comme ce motif convient également à tous les péchés, il s'ensuit, par une conséquence nécessaire, que dès qu'il nous détermine à nous abstenir d'un péché, il nous détermine pareillement à nous abstenir de l'autre. Si donc nous faisons là-dessus quelque distinction, c'est une preuve évidente que ce n'est point ce motif qui nous conduit, et que notre prétendu bon propos n'est qu'illusoire. Propos particulier : c'est-à-dire du reste, que notre résolution doit surtout insister sur les péchés dont nous sommes actuellement coupables, et que nous venons déposer au tribunal de la pénitence. Car nous étant plus propres, puisqu'ils nous sont personnels, la raison veut que nous y apportions plus de vigilance, et que nous y fassions plus de réflexion. Non pas qu'il soit nécessaire de les parcourir tous séparément, et de s'arrêter sur chacun par autant d'actes distingués les uns des autres. Sans ce détail le même acte suffit: il n'est question que de le rendre efficace, et de ne lui point prescrire de bornes.

Mais on me demandera par où l'on pourra juger que cet acte est efficace, et s'il faut pour cela pouvoir se répondre qu'on ne retombera plus. Car comment avoir cette assurance de l'avenir, et quel est l'homme qui peut prévoir toutes les conjonctures où il se trouvera, et ce qu'il y fera ou ce qu'il n'y fera pas? Il en est même dont le penchant est si fort et l'habitude si enracinée, qu'il leur semble qu'ils n'auront jamais assez de constance pour y résister, et que dès la première attaque ils succomberont. Cette difficulté se résout aisément par la différence de deux actes qu'on ne doit pas confondre l'un avec l'autre. Le premier est dans l'entendement, et l'autre dans la volonté. De se défier de soi-même, et d'entrevoir, au milieu même des promesses qu'on fait à Dieu et à son ministre, qu'apparemment on ne persévérera pas; qu'après avoir soutenu quelque temps, on se lassera; que la passion se réveillera, et qu'il y aura des rencontres où l'on ne peut guère s'attendre de tenir ferme et de ne se laisser pas entraîner: tout cela et cent autres idées semblables, ce sont des pensées, ce sont des conjectures, ce sont des vues de l'esprit où la volonté n'a point de part, et dont elle est indépendante. Malgré ces défiances, ces craintes, et toutes les expériences qu'elle a de ses inconstances naturelles, elle peut néanmoins, avec l'aide de Dieu, s'établir dans une résolution actuelle et véritable de s'éloigner pour jamais du péché, et de renoncer à tout engagement criminel. Mais l'esprit lui représente là-dessus ses foiblesses, ses légèretés, la violence de ses inclinations, mille combats, mille écueils, et le peu de fond qu'il y a à faire sur la disposition présente où elle se trouve. Il n'importe: parmi toutes ces alarmes, elle est, ou elle peut être réellement déterminée et résolue.

Le pénitent ne doit donc point s'étonner, quelque difficulté, et même, si je l'ose dire, quelque impossibilité qu'il se figure dans son changement et sa persévérance. Cette impossibilité prétendue n'est que dans son imagination, laquelle s'effarouche, et dont le démon se sert assez ordinairement pour le décourager et l'arrêter. Car c'est un des artifices les plus communs et les plus dangereux de l'esprit tentateur, pour refroidir les pécheurs pénitens et pour renverser les desseins de conversion que la grâce leur inspire, de leur en mettre devant les yeux les conséquences par rapport à toute la suite de leur vie, et de les embarrasser de mille réflexions telles que celles-ci, qu'il leur suggère intérieurement et incessamment : Mais à quoi est-ce que je m'engage ? Mais pourrai-je vivre ainsi pendant un long cours d'années qui peut-être me reste encore à fournir ? Mais si, dans l'ardeur dont je me sens présentement animé, rien ne me coûte, ce premier feu ne se ralentira-t-il point; et si cette ferveur, qui maintenant m'adoucit tout, vient à tomber, comme il n'arrive que trop, à quels dégoûts, à quels ennuis serai-je exposé, et aurai-je la force de les porter ? Mais est-il à croire que je puisse passer mes jours dans une retraite à laquelle je ne suis point fait; que je puisse me dégager de cet attachement et ne plus voir cette personne dont mon cœur est épris; que je puisse me défendre de ses reproches, de ses larmes, de ses poursuites, ou plutôt que je puisse m'interdire sans retour ces sociétés, ces entretiens, ces entrevues, ces jeux, ces parties de plaisir, ces spec-

tacles ; que je surmonte mille respects humains ,
mille considérations , mille tentations et du dedans
et du dehors , qui ne manqueront pas sur cela de
m'assaillir , et souvent lorsque j'y penserai le moins
et que je serai moins préparé à de si violens assauts ?
Vains raisonnemens d'un esprit intimidé et troublé
par la passion qui le domine , par la nature corrompue qui se révolte , par l'ennemi de notre salut qui
cherche à nous surprendre , et qui emploie toutes ses
ruses à déconcerter l'ouvrage de notre conversion.

Mais la passion , la nature , l'ennemi commun
des hommes , ont beau parler , exagérer les choses ,
grossir les objets , il n'en est pas moins au pouvoir
du pénitent éclairé et touché de Dieu , que sa volonté n'en soit point ébranlée. Il est toujours maitre
de dire : Je veux , et maître en effet de vouloir avec
la grâce. Il n'est pas besoin qu'il ait une connoissance anticipée de ce qui arrivera , ni qu'il puisse
compter avec certitude que jamais il ne se départira
de la résolution où il est de ne plus pécher ; mais
il suffit qu'il soit dans cette résolution ou qu'il croie
prudemment y être. Il y auroit même de la présomption à se tenir assuré contre toutes les rechutes ;
et c'est en quoi pécha saint Pierre , lorsqu'il dit
avec tant de confiance au Fils de Dieu : Quand il
iroit de ma vie , et que tous les autres prendroient
la fuite , pour moi je ne vous abandonnerai point.
Car notre pénitence ne nous rend pas impeccables ,
et notre volonté étant une volonté humaine , elle
est naturellement changeante. D'où il s'ensuit que
sans une révélation expresse de Dieu , nul homme

ne peut savoir comment il se comportera en telles et telles circonstances, si quelquefois il s'y rencontre.

C'est donc assez d'être certain, autant qu'on peut l'être moralement et sagement, qu'on veut se corriger, et qu'on le veut à quelque prix que ce soit; et qu'on le veut par le même motif qui a excité notre repentir et notre douleur; et qu'on le veut pour tous les temps qui suivront, quelque sujet qu'il y ait de craindre que cette volonté ne vienne quelquefois à se relâcher et à se démentir. Dés qu'on est dans cette préparation de cœur, on doit du reste se confier en Dieu pour l'avenir. On doit dire comme l'Apôtre; Si le Seigneur est avec moi et et pour moi, qui sera contre moi? Or j'espère qu'il ne m'abandonnera pas, et qu'il m'aidera à consommer l'ouvrage que je commence par sa grâce. On doit se soutenir et s'affermir par ce consolant témoignage qu'on pense avoir lieu de se rendre à soi-même : Il est vrai, je serai exposé à bien des attaques, et que ferai-je alors? je n'en sais rien; mais ce que je sais, c'est ce que je suis actuellement résolu de faire, qui est de ne me détacher jamais de mon Dieu et de ses divins commandemens; ce que je sais, c'est qu'autant que cette résolution subsistera (et pourquoi ne subsisteroit-elle pas toujours?) rien ne me fera violer la foi que j'ai donnée à mon Dieu et que je lui donne. Enfin, ce que je sais, c'est que pour témoigner à Dieu la sincérité de cette résolution, je vais dès maintenant user de tous les préservatifs nécessaires, prendre tous les moyens que la

religion me fournit , me ietirer de toute occasion
dangereuse , et apporter de ma part toute la vigilance
qui dépend de moi.

　Voilà dans ce dernier article comme la pierre de
touche , qui nous fera connoître si notre propos est
tel que nous nous le persuadons et que nous le
disons. Car en vain ferons-nous mille promesses à
Dieu et aux ministres de Dieu , et en vain nous
dirons-nous mille fois à nous-mêmes que nous voulons vivre désormais avec plus de règle et faire un
divorce éternel avec le péché : si nous ne prenons
pour cela nulles mesures ; si nous refusons même
celles qu'on nous prescrit , si nous prétendons être
toujours de certaines sociétés , voir toujours certaines compagnies et fréquenter certains lieux , avoir
toujours avec certaines personnes des entrevues et
des liaisons particulières ; en un mot , nous jeter toujours dans le péril , et y demeurer ; si , malgré les
avis que nous donne un confesseur , nous ne voulons rien sacrifier , ni rien entreprendre pour assurer
notre persévérance , ce n'est point alors un jugement mal fondé , de conclure que nous ne sommes
résolus qu'à demi , ou même que nous ne le sommes
point du tout. La preuve en est sensible : car vouloir une fin , je dis la vouloir solidement et efficacement , c'est par une conséquence nécessaire vouloir
lever , selon qu'il est en nous , tous les obstacles qui
pourroient nous éloigner de cette fin , et c'est en
même temps vouloir faire de notre part tous les
efforts et embrasser toutes les voies qui peuvent nous
y conduire. Autrement toute la bonne volonté que

nous

nous pensons avoir ne peut être qu'une illusion et
une chimère.

De là vient qu'on remarque si peu d'amendement
dans la plupart des personnes qui approchent du
sacrement de pénitence. Ils voudroient accorder ensemble deux choses tout à fait incompatibles : c'est-
à-dire qu'ils voudroient ne plus pécher, et néanmoins demeurer toujours dans une disposition prochaine de pécher. Que le ministre de la pénitence
leur fasse la même question que fit Jésus-Christ au
paralytique de l'évangile, et qu'il leur demande :
Voulez-vous être guéris (1) ? Ils répondent sans délibérer, qu'ils le veulent. Mais que ce même ministre, sage et instruit, faisant peu de fond sur cette
réponse générale et indéterminée, passe plus avant,
et qu'il en vienne à un détail où il lui convient de
descendre selon la connoissance qu'il a de leur état ;
qu'il leur demande en particulier s'ils veulent s'abstenir de telles visites, s'ils veulent s'interdire tels entretiens et telles familiarités, s'ils veulent renoncer
à telles parties de plaisir et se retirer de ces assemblées
et de ces spectacles, s'ils veulent interrompre tels
négoces et ne plus s'engager en telles affaires, s'ils
veulent réparer tels dommages qu'ils ont causés et se
dessaisir de tels profits injustes et mal acquis ; si,
pour vaincre l'animosité qu'ils ont dans le cœur, et
pour témoignage d'une pleine réconciliation, ils
consentent à faire quelques démarches de leur part
et quelques avances ; si, pour s'affermir dans le bien,
pour se fortifier contre les nouvelles attaques dont

(1) Joan. 5.

ils auront à se défendre, pour racheter le temps
qu'ils ont perdu, pour édifier le public qu'ils ont
scandalisé, ils sont dans le dessein de se rendre plus
assidus aux pratiques chrétiennes, de s'acquitter
régulièrement de telles prières et de tels exercices
de piété, d'approcher des sacremens à tels jours
dans l'année et à telles fêtes, de faire chaque jour
quelque bonne lecture, quelque retour sur eux-
mêmes, enfin de ne rien omettre de tout ce qu'on
leur marquera et qu'on jugera leur être salutaire :
que tout cela, dis-je, le confesseur l'exige d'eux et
le leur propose, c'est alors qu'ils commencent à hésiter et à se mettre en garde contre lui, comme s'il
les traitoit avec trop de rigueur. Cependant ils ont
beau se plaindre, et accuser d'une sévérité outrée le
ministre qui leur impose de pareilles conditions, il
n'est que trop bien fondé à se défier de leurs paroles, et à les renvoyer sans absolution.

Cherchons le Seigneur, et cherchons-le dans
toute la droiture de notre ame. Nous pouvons nous
tromper nous-mêmes, nous pouvons tromper le
prêtre qui nous écoute, mais nous ne tromperons
jamais Dieu. Nous nous étonnons quelquefois de nos
rechutes presque continuelles; mais il n'est pas difficile d'en découvrir la cause. Ce n'est pas que nous ne
nous soyons présentés, et que nous ne nous présen-
tions encore de temps en temps au saint tribunal,
pour y déposer nos péchés; mais c'est que nous n'y
avons peut-être jamais apporté une volonté bien
formée de changer de vie, et de travailler sérieusement à la réformation de nos mœurs. Nous avons

pris pour volonté quelques velléités, quelques désirs imparfaits, quelques reproches de la conscience qui nous condamnoit intérieurement, et qui nous dictoit ce que nous devions faire. Nous l'avons vu, mais l'avons-nous fait? et pourquoi ne l'avons-nous pas fait? encore une fois, c'est que nous ne l'avons pas voulu : car on ne manque guère à ce que l'on veut, quand on le veut bien résolument et que la chose est en notre pouvoir. Je voulois, disoit saint Augustin, parlant de lui-même, je voulois me convertir, mais je le voulois comme un homme plongé dans un profond assoupissement, lequel voudroit se réveiller, et qui retombe toujours dans son sommeil. Ayons recours à Dieu, c'est lui qui, selon le sens de l'Apôtre, *nous fait vouloir et exécuter.*

III. Confession. Dans l'usage commun, on comprend sous le terme de confession tout ce qui a rapport au sacrement de pénitence : mais dans une signification plus étroite et plus propre, nous appelons ici confession cette seconde partie du sacrement, qui consiste à s'accuser de ses péchés, et à les déclarer secrètement au ministre établi de Dieu pour les connoître et pour nous les remettre en vertu du pouvoir qu'il a reçu de Jésus-Christ. Or nous ne pouvons nous former une idée plus juste de cette confession, que de la regarder comme une anticipation du jugement de Dieu. Que fera Dieu dans son dernier jugement? il ouvrira le grand livre de nos consciences; il produira au jour, non-seulement nos actions qui, pendant la vie, ont pu paroître aux yeux des hommes, mais les secrets les

plus cachés de nos cœurs, nos pensées, nos sentimens, nos désirs, nos vues, nos intentions, nos
projets. Il prendra ce glaive dont parle saint Paul,
ce glaive de sa vérité et de sa sagesse, avec lequel
il démêlera tous les plis et tous les replis de nos
ames. De sorte que rien n'échappera à sa connoissance, et que de tous les péchés du monde, il n'y
en aura pas un qu'il ne découvre selon toute sa malice, c'est-à-dire selon son espèce et toutes ses circonstances. Voilà par proportion et à l'égard de
nous-mêmes, ce que nous devons faire dans le tribunal de la pénitence ; mais avec cette différence essentielle que la manifestation que Dieu fera de nos
péchés dans son jugement général, sera publique et
universelle, au lieu que nous ne sommes présentement obligés qu'à une révélation particulière, où le
prêtre seul, lieutenant de Dieu, nous entend, et
qu'il doit tenir secrète sous le sceau le plus inviolable. Ce n'est pas, après tout, que le pénitent, par
toutes ses recherches, puisse parvenir à se connoître
aussi parfaitement que Dieu le connoîtra et qu'il le
connoît dès maintenant, ni qu'il puisse par conséquent mettre sa conscience aux yeux du confesseur,
dans la même évidence que Dieu la mettra aux yeux
de l'univers. Nos vues pour cela sont trop foibles, et
il n'est pas moralement possible que toutes les fautes
dont nous sommes coupables devant Dieu, nous
soient toujours présentes à l'esprit, et que nul oubli
n'en efface aucune de notre souvenir. Mais par où
nous devons au moins suppléer, autant que nous le
pouvons, à ce défaut, c'est par un examen raison-

nable, et par toute la réflexion qu'exige de nous la prudence chrétienne pour nous disposer à rendre compte de nous-mêmes et de notre état.

Quand on veut juger un criminel, on commence par l'information, on appelle les témoins, on reçoit les dépositions, on n'omet rien de tout ce qui peut servir à instruire le procès, et à convaincre l'accusé des faits qui lui sont imputés. Or quel est ce criminel à qui l'on doit prononcer sa sentence? n'est-ce pas moi-même, lorsque je vais, en qualité de pécheur, me jeter aux pieds du prêtre et me soumettre à son jugement? Ce qu'il y a dans ce jugement de singulier, c'est que j'y suis tout à la fois, et l'accusé, et l'accusateur. Comme accusé, j'y dois venir dans un esprit d humilité; mais surtout comme accusateur, j'y dois procéder avec toute la circonspection, et toute l'attention requise pour développer devant moi ma conscience, et pour être prêt à l'exposer dans la confession nûment et sans déguisement.

De là donc la nécessité de l'examen. Examen d'une obligation indispensable : car la même loi qui m'oblige à confesser mes péchés, m'oblige à les rechercher, à me les rappeler, à les retracer dans ma mémoire, puisque sans cela je n'en puis faire la déclaration exacte et fidèle; examen solide et conforme à l'importance du devoir dont j'ai à m'acquitter : car il est question de me préparer à recevoir la grâce d'un sacrement, et de ne me pas mettre par ma négligence en danger de le profaner; examen semblable à celui que David faisoit de lui-même, lors-

qu'il passoit, ainsi qu'il le témoigne, les nuits entières à méditer, à réfléchir, à creuser dans le
fond de son cœur, ne voulant pas y laisser une
seule tache, quelque légère qu'elle pût être, dont
il ne s'aperçût, et dont il ne prît soin de se purifier;
examen proportionné à la durée du temps qui s'est
écoulé depuis la confession précédente. Et en effet,
la raison dicte qu'une revue, par exemple, de plusieurs mois ou d'une année, demande une plus
ample et plus longue discussion, que la revue seulement de quelques jours ou de quelques semaines, et
que ce qui peut suffire pour l'une, ne suffit pas pour
l'autre; du reste, examen renfermé en certaines
bornes que doit régler la prudence, afin de ne se
point porter aux extrémités où vont quelquefois des
ames timides à l'excès et trop inquiètes, qui ne sont
jamais contentes d'elles-mêmes, et en reviennent
sans cesse à de nouvelles perquisitions dont elles
s'embarrassent et se tourmentent fort inutilement.
Dieu, qui est la sagesse et l'équité même, n'exige rien
de nous au-delà d'une diligence raisonnable et mesu-
rée; et si malgré nous et par un effet de la fragilité
humaine, quelque point alors, même grief, se dérobe
à nos lumières, le Seigneur infiniment juste et miséricordieux aura égard à notre foiblesse, et ne nous fera
pas un crime d'une omission involontaire. Mais aussi
ne comptons pas que ce soit une excuse légitime devant Dieu, qu'un oubli causé par notre légèreté et
notre inconsidération. Nous serions les premiers à
nous le reprocher dans une affaire temporelle : com-

ment nous seroit-il pardonnable, dans un des plus saints et des plus importans exercices du christianisme ?

Tel est néanmoins le désordre. S'agit-il des affaires du monde, il n'y a point d'étude, point de contention d'esprit qu'on ne fasse pour les examiner à fond. C'est peu que d'y avoir pensé une fois : on les porte partout vivement imprimées dans l'imagination ; on les tourne et retourne en mille manières, et il n'y a pas un jour sous lequel on ne les envisage : pourquoi ? c'est qu'on craint d'y être trompé ; et pourquoi le craint-on ? c'est qu'il y va d'un intérêt à quoi l'on est sensible et très-sensible, bien que ce ne soit qu'un intérêt périssable ; c'est qu'il y va de la fortune, c'est qu'il y va d'un gain qu'on veut se procurer, ou d'une perte dont on veut se garantir. Mais s'agit-il de la conscience, on n'y regarde pas de si près, et il semble que ce soit une de ces affaires qu'on peut expédier dans l'espace de quelques momens. Y eût-il une année et plus qu'on ne fût rentré en soi-même, pour savoir où l'on en est avec Dieu et de quoi l'on peut être responsable à sa justice, on se persuade avoir satisfait là-dessus à son devoir, en jetant un coup-d'œil sur la conduite qu'on a tenue, et s'attachant à quelques articles plus marqués. On passe tout le reste, et on ne va pas plus avant. Bien loin de craindre quelque surprise dans une révision si prompte et si précipitée, on contribue souvent soi-même à se tromper : c'est-à-dire, que sur certains doutes qui naissent, sur certains scrupules, on dispute avec soi-même et contre soi-même, pour les rejeter, pour les étouffer, pour les traiter de craintes frivoles, et pour se dispenser de les mettre au nombre des accusations qu'on se tient obligé de faire. Car c'est ainsi qu'en usent une multitude presque infinie de prétendus pénitens, d'autant plus dangereusement séduits par leurs fausses maximes, qu'ils en voient moins l'erreur, et qu'ils approchent du sacrement avec plus de sécurité.

Quoi qu'il en soit, ce n'est qu'après tout l'examen convenable que le pécheur, comme témoin éclairé, doit comparoître en présence de son juge, qui est le ministre de Jésus-Christ : mais cette précaution prise, c'est alors le temps de s'énoncer, de découvrir les plaies de son ame, de révéler aux oreilles du prêtre toutes ses misères, et de lui en faire un aveu simple et précis. Confession entière, et pour cela confession non-seulement qui déclare le péché, mais qui s'étende à toutes les circonstances capables ou de changer l'espèce du péché ou d'en augmenter la malice : circonstances du nombre, de l'habitude, du lieu, de la personne, des vues, des motifs, des suites, des moyens et autres. Car je dois me faire connoître aussi criminel que je le suis : or, je le suis plus ou moins, selon le nombre de mes péchés, selon l'habitude de mes péchés, selon la sainteté du lieu où j'ai péché, selon le caractère de ma personne, ou celui de la personne à l'égard de qui j'ai péché, selon la connoissance et la volonté délibérée avec laquelle j'ai péché, selon les motifs que je me suis proposés en péchant, intérêts, ambition, envie, haine, vengeance ; selon les suites et les pernicieux effets que j'ai causés, scandales,

mauvais exemples, dommages ; selon les voies dont
je me suis servi et les moyens que j'ai employés,
mensonges, calomnies, fraudes, trahisons, violences : voilà, dis-je, sur quoi je dois m'expliquer,
ne retenant rien, ne celant rien, et m'appliquant
ce que le Prophète disoit de lui-même, quoique
dans une matière toute différente : *Malheur à moi
si je me tais* (1), et si je me tais sur un seul point,
puisqu'un seul point volontairement omis, suffiroit
pour rendre inutile et même sacrilége, la confession que je ferois de tous les autres.

Confession nue et sans ambiguité, sans embarras,
sans détour. Car voici quel est l'artifice et comme
la dernière ressource de notre amour-propre. Il en
est peu qui, de dessein formé, cachent un péché
mortel, et qui osent, aux dépens de leur conscience, porter jusque-là le déguisement et la dissimulation : mais à quoi a-t-on recours, et quelle
sorte de milieu prend-on ? Ce péché qu'on a tant
de peine à tirer des ténèbres, et qu'on y voudroit
tenir enseveli, du moins en le produisant, on le co-
lore, on l'enveloppe, on l'adoucit, on le représente sous des images, et on l'exprime en des termes
qui le rendent moins odieux, et qui en diminuent
la difformité : de sorte que le confesseur, pour peu
qu'il manque de pénétration et de vigilance, ne le
connoît qu'à démi, et n'en peut discerner toute la
grièveté. Quand la femme de Jéroboam vint trouver
Ahias pour apprendre de lui quelle seroit l'issue
d'une dangereuse maladie dont son fils étoit attaqué,

(1) Isaï. 6.

ne voulant pas être connue, elle se déguisa ; mais le prophète inspiré d'en haut et instruit de ce qu'ellè étoit, lui cria d'aussi loin qu'il l'aperçut : *Entrez, femme de Jéroboam ; pourquoi voulez-vous paroître autre que vous n'êtes* (1) ? C'est ce qu'un confesseur ne peut dire, parce qu'il n'a pas pour l'éclairer la même inspiration ni la même lumière. Il ne voit les choses que selon qu'on les lui dépeint, et il est aisé de lui en imposer sur des faits qu'il ne peut savoir que par le récit de la personne qui les lui déclare : conduite pitoyable dans un pénitent et une pénitente. Qu'arrive-t-il de là ? double mal : savoir, que d'une part on a la peine d'une révélation toujours fâcheuse quand au fond, quelque imparfaite et quelque fardée qu'elle soit ; et que d'ailleurs on n'en retire aucun fruit, puisqu'elle n'est suffisante, ni pour nous réconcilier avec Dieu, ni pour calmer la conscience et nous donner la paix.

Confession abrégée autant qu'elle le doit être, retenue, discrète. Point de ces longues narrations, où le temps s'écoule en de vains discours, et qui, bien loin d'éclaircir les sujets, ne servent qu'à les obscurcir ; point de ces expressions peu séantes et qui blessent une certaine modestie ; point de ces accusations qui intéressent la réputation d'autrui, et qui retombent sur le prochain en le désignant. C'est là que la belle maxime du Fils de Dieu convient parfaitement : *Soyez prudent comme le serpent, et simple comme la colombe* (2). Avec cette prudence, on prend garde à ce qu'on dit et à la

_____

(1) 3. Reg. 14. — (2) Matth. 10.

manière dont on le dit ; et avec cette simplicité, on parle ingénument ; on n'ajoute, ni ne retranche : ce qui est certain, on l'accuse comme certain ; et ce qui est douteux, on le confesse comme douteux.

Enfin, confession humble. La raison est que sans cette humilité on n'aura pas la force de surmonter le plus grand obstacle à l'intégrité et à la sincérité de la confession. Car voilà l'écueil où échouent une infinité de chrétiens. Comme il y a, dit le Sage, une pudeur salutaire qui mène à la gloire, il y a aussi une mauvaise honte qui conduit au péché et à la mort. Elle conduit au péché, puisqu'elle lie la langue et qu'elle ferme la bouche sur certaines fautes qui coûtent plus à déclarer, parce qu'elles marquent plus de foiblesse et qu'elles causent plus de confusion. Et conduisant de la sorte au péché, elle conduit à la mort, puisqu'alors, bien loin de recouvrer la vie de l'ame par la rémission de ses péchés, on devient plus criminel, et l'on ajoute aux péchés passés un nouveau péché, plus grief encore et plus mortel, qui est l'abus du sacrement.

Comment donc se préserver de ces désordres, si ce n'est par l'humilité de la pénitence ; et est-il une disposition plus nécessaire ? Qu'est-ce qu'un pénitent ? c'est un coupable qui se reconnoît coupable, qui se dénonce lui-même comme coupable, qui vient, en qualité de coupable, réclamer la miséricorde de son juge, et demander grâce. Aussi est-ce pour cela qu'il paroît devant le prêtre en posture de suppliant, la tête découverte, les genoux en terre, et tel que le publicain qui se tenoit à la porte du temple, sans oser lever les yeux et se frappant la poitrine. Extérieur qui témoigne assez quels sont ou quels doivent être les secrets sentimens du cœur. Je dis quels doivent être ses sentimens intérieurs, et ce sont ceux d'une véritable pénitence. Plus elle nous fait voir l'injustice et la laideur du péché, plus elle nous porte à nous hair nous-mêmes, et par conséquent à nous confondre nous-mêmes. Car il n'est rien qui soit attaché plus naturellement et plus essentiellement au péché, que la confusion. Ainsi David, dans la pensée de son péché qu'il ne perdoit jamais de vue, que disoit-il à Dieu, et comment se regardoit-il en la présence de Dieu? *Ah ! Seigneur,* s'écrioit ce roi pénitent, *mes crimes sont en plus grand nombre que les cheveux de ma tête et le poids de mes offenses m'accable* (1). *Témoin et confus de ma misère, je marche la tête penchée, et je me suis à moi-même un sujet d'horreur* (2). *Mes amis même,* poursuivoit le même Prophète, *et mes proches se sont élevés contre moi, ils m'ont méprisé, ils m'ont abandonné à mes ennemis et à leurs insultes* (3) : *mais je n'ai pas eu une parole à répondre ; car ma conscience m'a bien fait sentir, qu'il n'y a point d'humiliations, ni d'opprobres qui ne me soient dus, et dans ce sentiment je n'ai point cherché à cacher mes iniquités* (4).

Mais, me dira-t-on, c'est une nécessité bien dure de révéler des choses à quoi l'on ne peut penser soi-même sans rougir, et il faut, pour s'y déterminer, une étrange résolution. J'en conviens, mais là-dessus

(1) Ps. 37. — (2) *Ibid.* — (3) *Ibid.* — (4) *Ibid.*

je réponds, 1. que c'est une obligation étroite et rigoureuse. Il n'y a ni état, ni caractère, ni âge, ni prééminence qui en exempte. Le prince n'en est pas plus dispensé que l'artisan, ni le prêtre pas plus que le laïque. Nous sommes tous pécheurs; et en conséquence de nos péchés, nous sommes tous, sans acception de personne, assujettis à la même loi. Ou soumettons-nous-y, et observons-la autant qu'il est en nous, ou n'espérons jamais de pardon. 2. C'est une peine, mais cette peine est un des premiers châtimens du péché. Vous avez commis le péché sans honte, ou la honte ne vous a pas empêché de le commettre : il est juste qu'une sainte honte commence à le réparer. Or c'est ce qu'elle fait, car elle est expiatoire et méritoire. La rémission que vous obtenez par là, ne vaut-elle pas bien le peu d'efforts que vous avez à faire, et pouvez-vous l'acheter trop cher? Honte pour honte, il n'y a pas à délibérer ni à balancer sur le choix d'une honte passagère et particulière, pour éviter à la fin des siècles et dans l'assemblée générale de tous les hommes une ignominie universelle et éternelle. 3. Si la confusion que nous avons à subir, fait tant d'impression sur nous, et s'il nous paroît si difficile de s'y soumettre, c'est que nous ne sommes point assez animés de l'esprit de pénitence. Avec une contrition plus vive, nous aurions beaucoup moins de répugnance à nous humilier. Que dis-je? saintement indignés contre nous-mêmes, nous ne nous croirions jamais autant humiliés que nous le méritons; et sur les termes que nous emploierons à nous accuser, il faudroit plutôt nous retenir, qu'il ne seroit besoin de nous exciter. Car voilà ce qu'on a vu plus d'une fois, et ce qu'on voit encore en quelques pénitens vraiment convertis et sensiblement touchés. Usent-ils de vaines excuses et de prétendues justifications? Au contraire, comment dans leurs accusations se traitent-ils, et quelles idées donnent-ils d'eux-mêmes? Que n'imputent-ils point à la perversité de leur cœur, à la malignité de leur esprit, à la corruption de leurs sens, à la violence et au débordement de leurs passions? Craignent-ils la confusion qui leur en doit revenir, et la comptent-ils pour quelque chose? Souvent le confesseur est obligé de les arrêter, de modérer leur zèle, de les consoler, de leur faire entrevoir jusque dans leurs désordres un fonds d'espérance et d'heureuses dispositions à un parfait retour, de relever ainsi leur courage, et de les remettre du trouble et de l'abattement où ils sont. Quand on est contrit de la sorte, toutes les difficultés disparoissent, et l'on se résout aisément à la confession la plus humilante.

Et de quoi aurions-nous lieu de nous plaindre, lorsque le Fils même de Dieu, notre Sauveur et notre modèle, s'est exposé aux plus prodigieux abaissemens et aux humiliations les plus profondes, pour la réparation de ces mêmes péchés dont il nous semble si pénible de porter la honte, après que nous en avons goûté le plaisir criminel? A quelles indignités et à quels mépris a-t-il été livré, ce Saint des saints, et comment a-t-il paru sur la terre? comme le dernier des hommes, comme l'op-

probre du monde et le rebut du peuple. Mais surtout dans cette douloureuse passion où il consomma
son sacrifice, de quels outrages fut-il comblé, et
selon le langage du Prophète, fut-il rassasié? Il
soutint le supplice de la croix, dit l'Apôtre, et il
accepta toute la confusion de la mort la plus infâme.
Ce ce fut point une confusion secrète, mais publique et découverte. Toute sa gloire y fut cachée,
sa puissance, sa sagesse, sa sainteté : et pourquoi
cela? c'est que son Père l'avoit chargé de toutes nos
iniquités; c'est que lui-même il avoit bien voulu
les prendre sur lui, et que se couvrant de la tache
de tous les péchés des hommes, il s'étoit engagé
à en essuyer devant les hommes toute la honte. Est-
ce là de quoi il s'agit pour nous? Est-ce là ce que
l'Eglise, autorisée et inspirée de Dieu, nous demande? Le précepte de la confession s'étend-il
jusque-là; et pour y satisfaire faut-il se perdre ainsi
d'honneur et sacrifier toute sa réputation?

De quelque nature que soit la confusion que doit
nous causer l'aveu de nos fautes, elle ne sera pas
sans fruit par rapport même à cette vie et à notre
tranquillité. Il est certain, et l'expérience nous l'a
appris, comme elle nous l'apprend tous les jours,
qu'on est bien dédommagé du peu de violence qu'on
s'est fait en se déclarant au ministre de la pénitence.
Dès qu'on a percé l'abcès et qu'on l'a jeté dehors,
on sent tout à coup la sérénité se répandre dans
l'ame. On se trouve comme déchargé d'un pesant
fardeau. Dieu verse ses consolations, et l'on reconnoît qu'il n'y a dans la confession que des rigueurs

apparentes, mais que dans le fond c'est une source de douceurs intérieures et toutes pures. Profitons d'un moyen si saint et si puissant pour nous remettre en grâce auprès de Dieu, et pour apaiser les troubles de notre conscience. Moins nous en avons fait d'usage jusques à présent, plus nous devons réparer nos pertes passées. C'est en nous confessant criminels, que nous rentrerons dans les voies de la justice chrétienne et que nous fléchirons en notre faveur le Père des miséricordes.

IV. Satisfaction. C'est une vérité de foi, que l'absolution du prêtre, en nous remettant, quant à la coulpe, les péchés que nous avons confessés, ne nous en remet pas pour cela toute la peine, je veux dire toute la peine temporelle dont nous demeurons redevables à la justice de Dieu. En vertu de cette absolution, la peine éternelle nous est remise, puisqu'étant alors justifiés par la grâce, nous sommes conséquemment rétablis dans nos droits à l'héritage céleste et au salut. Mais parce qu'il faut, d'une manière ou de l'autre, que la justice divine soit satisfaite, en même temps que nous recevons la rémission de la peine éternelle, il nous reste, dans les règles ordinaires, une peine temporelle à subir; et telle est, contre les hérétiques des derniers siècles, l'expresse décision du concile de Trente. Car il n'en est pas, remarque le saint concile, du sacrement de pénitence comme du baptême. Par le baptême, la rémission est complète, rémission de la coulpe et rémission de toute la peine; au lieu que dans le sacrement de pénitence, Dieu ne remet pas toujours;

avec

avec la coulpe et la peine éternelle, ce que nous appelons peine temporelle. D'où vient cela, et pourquoi cette différence? le même concile nous l'apprend : c'est que l'équité et la raison veulent que des pécheurs qui depuis le baptême ont perdu la grâce qu'ils avoient reçue, et ont violé le temple du Saint-Esprit, soient traités avec plus de sévérité que d'autres qui, sans cette grâce du baptême, ont péché avec moins de connoissance et moins de secours, et n'ont pas abusé des mêmes dons.

De là, cette troisième partie du sacrement de pénitence, laquelle consiste en des œuvres pénales que le confesseur impose au pénitent, pour lui tenir lieu de satisfaction. Ce n'est pas, selon la pensée et le langage des théologiens, une partie essentielle du sacrement, mais intégrante : c'est-à-dire, qu'elle n'en est que le complément, et que le sacrement sans cela pourroit subsister. Non pas toutefois que ce ne soit une partie nécessaire et d'une double nécessité, l'une par rapport au prêtre, qui est le ministre de la pénitence, et l'autre par rapport au pénitent, qui en est le sujet. J'explique ceci.

Nécessité par rapport au ministre de la pénitence; je veux dire qu'en même temps qu'il absout un pécheur, et qu'il lui confère la grâce du sacrement après avoir reçu sa confession, il doit lui enjoindre une peine, car c'est ainsi que l'Eglise l'ordonne; et comme cette peine est une satisfaction pour les péchés commis, il s'ensuit qu'elle y doit être proportionnée; en sorte que plus les péchés ont été griefs dans leur malice, ou multipliés dans leur nombre,

la peine soit plus rigoureuse, puisqu'il est raisonnable que celui-là soit puni plus sévèrement, lequel
a péché ou plus mortellement ou plus habituellement. Aussi est-ce dans cet esprit que la primitive
Église avoit tant de peines différentes marquées pour
chaque espèce de péché, et que les chrétiens s'y
soumettoient, en vue de prévenir les jugemens de
Dieu et de se soustraire à ses vengeances. Si la discipline a changé, l'esprit est toujours le même, et
le zèle des prêtres pour les intérêts du Seigneur ne
doit pas être moins vif présentement, ni moins
ferme qu'il l'étoit dans les premiers siècles. Ils n'ont
qu'à entendre là-dessus ce que leur déclare le concile de Trente, et la terrible menace qu'il leur fait.
Voici ses paroles, dignes de toute leur attention,
puisque c'est l'Eglise elle-même qui parle et qui
prononce. *Les prêtres du Seigneur, conduits par
l'esprit de Dieu et suivant les règles de la prudence,
doivent enjoindre des satisfactions salutaires et
convenables, eu égard à la nature des péchés et à
la foiblesse des pénitens :* pourquoi? *de peur*, ajou-
tent les **Pères** du concile, *que s'ils se montrent trop
indulgens, en n'imposant pour des fautes grièves
que de légères peines, ils ne se rendent coupables,
et ne participent aux péchés de ceux qu'ils auront
ainsi ménagés* (1).

Malheur donc à ces ministres faciles et complai-
sans, qui, portant la balance du sanctuaire que le
Seigneur leur a confiée, au lieu de la tenir droite,
la font pencher du côté où les entraîne une condes-

(1) Sess. 14.

'cendance naturelle et toute humaine ! Malheur à ces
'ministres timides et lâches, qui se laissent dominer
par l'autorité et la grandeur, et n'ont pas la force
'd'user de leur pouvoir ni de garder dans leurs juge-
'mens toute la supériorité que leur donne leur minis-
'tère ! Malheur à ces ministres aveugles et inconsi-
'dérés, qui, faute d'application ou faute de connoissance, ne font pas le discernement nécessaire entre
les divers états des malades qu'ils ont à guérir, et
ordonnent au hasard les remèdes, sans examiner
quels sont les plus efficaces ! Malheur à ces ministres
intéressés et vains, qui, pour ne pas rebuter ni éloigner d'eux des personnes d'une certaine distinction,
dont il leur est ou utile ou honorable d'avoir la
confiance, les déchargent, autant qu'ils peuvent,
des rigueurs de la pénitence, et sacrifient la cause
de Dieu à des vues politiques et mercenaires ! Mais
d'ailleurs, il doit être aussi permis d'ajouter : Malheur
à ces ministres outrés et rigides à l'excès, parce
qu'ils le sont par naturel et par inclination, parce
qu'ils le sont par entêtement et par prévention,
parce qu'ils le sont par une affectation de pharisien
et par ostentation ; en un mot, parce qu'ils ne le
sont, ni par raison, ni par religion ! Malheur, dis-
je à eux, quand ils désespèrent les pécheurs, en les
accablant de fardeaux insoutenables, et qu'ils oublient
cette règle si sage que leur prescrit le concile, de
compatir à l'infirmité de l'homme, et d'y conformer
la sévérité de leurs arrêts ! N'allons pas sur cela plus
loin : car en toute cette instruction, ce n'est point

tant des ministres de la pénitence qu'il s'agit, que des pénitens.

Nécessité par rapport au pénitent. L'obligation est mutuelle, et la même loi lie également l'un et l'autre, j'entends le prêtre et le pénitent. Ainsi, comme le prêtre est obligé d'imposer au pénitent une peine, le pénitent de sa part est obligé de l'accepter. Obligation même encore plus raisonnable et plus étroite à l'égard du pénitent, puisqu'il est le coupable, et qu'il ne peut, sans une injustice ouverte, refuser à Dieu, après l'avoir offensé, la satisfaction que mérite l'injure qu'il a faite à ce souverain maître.

Mais on demande en quel temps cette pénitence doit être accomplie, si c'est avant l'absolution, ou si l'absolution peut précéder? Cette question est aisée à résoudre, puisque c'est une erreur condamnée, de dire que le prêtre ne peut ni ne doit point absoudre le pénitent, à moins que celui-ci n'ait pleinement satisfait à toutes les œuvres qui lui ont été ordonnées. Et nous voyons en effet que l'usage contraire est établi et pratiqué communément dans l'Eglise : le confesseur écoute le pénitent; s'assure, autant qu'il est possible, de ses bonnes dispositions, surtout de sa contrition et de sa résolution; lui donne ensuite les avis qu'il juge propres, lui enjoint la satisfaction qu'il croit convenir; et s'il n'y a rien du reste qui l'engage à différer, l'absout et le réconcilie. Telle est, dis-je, la pratique ordinaire, malgré les abus que voudroient introduire

des gens qui ont pour principe de changer tout
dans l'Eglise, et de tout innover. Ce n'est pas qu'il
n'y ait quelquefois des rencontres et des circonstances où il est bon et sage de remettre l'absolution
après l'accomplissement de certaines œuvres, par
.exemple, de certaines restitutions, de certaines réparations, de certaines réconciliations ; d'autres exercices préliminaires, si j'ose parler de la sorte, qui
servent à mieux disposer le pécheur et qui sont pour
le prêtre de plus sûrs garans des promesses que le
pénitent lui a faites, ou plutôt qu'il a faites à Dieu :
mais ce sont des occasions particulières, lesquelles
ne doivent point prévaloir à la maxime générale,
et dont l'Eglise laisse le jugement à la sagesse et à
la discrétion du confesseur.

On demande encore si c'est un devoir tellement
indispensable d'accepter la peine que le ministre de
la pénitence a imposée, qu'on ne puisse, pour
quelque raison légitime, la refuser et s'en exempter?
Sur quoi il est à observer, que souvent le confesseur n'étant pas instruit de l'état d'une personne,
de ses engagemens, de ses facultés, de sa complexion naturelle, et de la délicatesse de son tempérament, il peut arriver que, par ignorance, ou
quelquefois même par indiscrétion, il lui ordonne
des choses moralement impraticables. Or jamais
Dieu ne nous commande l'impossible, ni jamais
l'Eglise n'exige de nous ce qui est au-dessus de nos
forces. D'où il résulte que le pénitent alors est en
droit de représenter et de s'excuser, non pas pour
être déchargé de toute peine, mais pour obtenir

que telle peine qui lui est enjointe et à laquelle il
n'est pas en pouvoir de satisfaire, lui soit commuée
selon la plus juste compensation, dans une autre
à peu près égale. Il n'y a rien en cela que d'équitable, ni rien qui ne s'accorde parfaitement avec la
prudence évangélique et l'esprit de la pénitence
chrétienne.

Mais quelle est la grande illusion et le grand abus ?
Illusion presque universelle, et répandue parmi une
multitude infinie d'hommes et de femmes du monde ;
illusion qui croît tous les jours, à mesure que la
piété s'éteint et que la mollesse du siècle étend plus
loin l'empire des sens ; illusion que les ministres de
Jésus-Christ ont tant de peine à combattre, et qu'ils
ne peuvent détruire à moins qu'ils ne s'arment de
toute la fermeté du zèle apostolique ; illusion, dis-
je, qui consiste en de prétendues impossibilités qu'on
imagine, et dont on se prévaut contre tout ce qui
peut captiver l'esprit ou mortifier la chair, c'est-à-
dire, contre les œuvres les plus satisfactoires et les
plus méritoires. Il est bon d'éclaircir ce point, et
d'en donner une pleine intelligence.

Le ministre de la pénitence exerce tout à la fois
deux fonctions, celle de juge et celle de médecin des
ames. Comme juge, il doit punir ; et comme médecin
des ames, il doit travailler à guérir. De là, les pénitences qu'il impose doivent être tout ensemble, et
expiatoires, et médicinales. Expiatoires par rapport
au passé, pour acquitter le pénitent des dettes qu'il
a contractées devant Dieu ; médicinales par rapport
à l'avenir, pour déraciner les mauvaises habitudes

du pénitent, et pour le précautionner contre les rechutes. Voilà les deux fins que se propose un confesseur habile et fidèle, sans les perdre jamais de vue dans les pratiques et les satisfactions qu'il ordonne. Et parce que les contraires se guérissent par les contraires, et qu'on ne peut mieux ni expier le passé, ni se mettre en garde contre l'avenir, que par des œuvres directement opposées aux fautes qu'on à commises, ou qu'on seroit en danger de commettre, que fait-il? afin de rendre les pénitences qu'il enjoint plus salutaires, il ordonne, par exemple, pour des péchés d'avarice, des charités et des aumônes; pour des péchés de resssentiment et de vengeance, des témoignages d'affection et de bons offices envers les personnes offensées; pour des péchés de scandale et de libertinage, des actions de piété et l'assiduité aux exercices publics de la religion; pour des intempérances ou des impudicités, les macérations du corps, les abstinences et les jeûnes; pour un attachement désordonné au monde et à ses divertissemens, des jours de retraite et des temps de silence et de prière : ainsi du reste.

Or tout cela devient impossible ou plutôt le paroît: pourquoi? parce que tout cela gêne, et qu'on est ennemi de la gêne et de toute contrainte; parce que tout cela contredit les inclinations et les passions, et qu'on ne veut les contrarier sur rien ni leur faire aucune violence; parce que tout cela afflige les sens, et qu'on ne prétend rien leur retrancher de leurs commodités et de leurs aises. Parler à un mondain, à une mondaine, de modérer leur jeu ou même de se l'interdire abso-

lument, de se retirer des spectacles et de certaines
assemblées; parler à un homme intéressé de faire des
largesses aux pauvres, à un vindicatif de-pardonner et
de prévenir par quelques avances, à un ambitieux de
s'exercer en des actes d'humilité, à un sensuel de réprimer ses appétits, à un paresseux de s'appliquer au
travail, à un libertin tout répandu au dehors de vivre
avec moins de dissipation, de s'acquitter des devoirs du
christianisme, d'entendre la parole de Dieu, de lire
de bons livres, d'assister au service divin, leur marquer là-dessus des règles et leur imposer des lois,
c'est leur tenir un langage étranger; c'est, à les en
croire, leur demander plus qu'ils ne peuvent; c'est
ne-les pas connoître et ne savoir pas les conduire.
Si le confesseur, exact et ferme, insiste néanmoins
sur cela, et ne veut rien relâcher de la sentence qu'il
a portée, on s'élève contre lui, on se récrie sur son
extrême rigueur, on le traite d'homme sauvage, qui
n'a nul usage du monde, et qui n'en sait pas distinguer les conditions. Erreur pitoyable, uniquement
fondée sur un amour déréglé de soi-même, et sur
les faux principes d'une aveugle nature qui nous
séduit.

Tout ce que vous ordonne ce confesseur est plein
d'une raison et d'une sagesse toute chrétienne. Mais
cela m'est bien onéreux : aussi est-ce une pénitence,
et il n'y a point de pénitence qui n'ait son austérité
et sa peine. Mais je ne suis point fait à toutes ces
pratiques : il est bon de vous y faire, et c'est justement afin que vous appreniez à vous y faire qu'on
vous les enjoint. Mais j'accepterois plus volontiers

toute autre chose : toute autre chose vous convien-
droit moins que celle-ci, parce qu'il est juste que
vous soyez puni par où vous avez péché, et que
d'ailleurs c'est un remède plus spécifique et plus
certain contre le penchant habituel qui vous porteroit encore à pécher. Mais il faut donc changer le
plan de ma vie : en doutez-vous, et n'est-ce pas pour
vous réformer et pour changer de conduite, que
vous avez dû venir au saint tribunal ? Mais je suis
d'un tempérament foible : éprouvez-vous, et peut-
être vous verrez que vous n'êtes pas, à beaucoup
près, si foible que vous le pensez ; de plus, cette
foiblesse que vous faites tant valoir, peut bien être
une raison pour vous ménager, sans que ce soit une
dispense absolue de tout exercice pénible et mortifiant. Mais enfin, je ne pourrai jamais m'assujettir
à ce qu'on me propose : vous ne le pourrez pas,
parce que vous ne le voulez pas ; or vous devez le
vouloir, puisque Dieu le veut, et qu'il ne vous
jugera pas selon les vains prétextes que vous allé-
guerez, mais selon ses ordres et ses volontés.

Chose étrange ! qu'ayant un aussi grand intérêt
que nous l'avons à détourner les coups de la justice
de Dieu, et pouvant l'apaiser à si peu de frais, nous
hésitions encore et nous nous rendions si difficiles à
prendre les moyens qu'on nous présente ! Il n'y a
point de péché qui ne méritât des larmes éternelles,
si la divine miséricorde n'agissoit en notre faveur ;
et il n'y a point de satisfactions qui pussent être
suffisantes, si Dieu usoit à notre égard de tous ses
droits. Avons-nous après cela bonne grâce de nous

plaindre ? et que veut-on de nous qui soit équivalent à ce qu'on en pourroit attendre selon les lois de la plus droite justice ? Ne comptons point avec Dieu , afin que Dieu ne compte point avec nous ; car dans ce compte , nous nous trouverions bien en arrière. *Si l'homme entreprend de disputer contre le Seigneur* , disoit le saint homme Job , *de mille sujets d'accusation , il ne pourra pas satisfaire sur un seul* (1). Le mal est , que nous ne nous attachons point assez à comprendre la grièveté du péché et les dommages extrêmes qu'il nous cause. Quand nous aurons mûrement considéré , d'une part , la grandeur infinie de Dieu , la multitude de ses bienfaits , la sévérité de ses jugemens ; d'autre part , notre propre bassesse et notre néant devant cette suprême majesté , notre ingratitude envers cette bonté souveraine , ce que nous avons à espérer de son amour , ce que nous avons à craindre de sa justice , de là nous apprendrons : 1. quelles actions de grâces lui sont dues de nous avoir fourni dans l'institution du sacrement de pénitence , une ressource pour nous relever de nos chutes , et une planche pour nous tirer du naufrage après le péché : 2. de quelle conséquence il est de ne laisser point le péché s'établir dans nous, et y prendre racine ; mais d'avoir promptement recours à la pénitence et à son sacrement , dès que nous nous sentons atteints de quelque blessure mortelle dans l'ame , et que nous sommes tombés dans la disgrâce de Dieu ; 3. de quel avantage doit être pour nous la fréquente confession ,

(1) Job. 9.

puisqu'elle sert à purifier de plus en plus notre cœur, à nous fortifier contre les attaques où nous sommes continuellement exposés, à nous maintenir dans un état de grâce et à nous y faire croître ; 4. avec quelle soumission nous devons écouter le confesseur qui nous parle au nom de Dieu, soit lorsqu'il nous reprend, soit lorsqu'il nous exhorte ; ou lorsqu'il nous instruit et qu'il nous donne des conseils pour le règlement de notre vie ; 5. avec quelle fidélité et quelle constance nous devons entreprendre tout ce qu'il nous prescrit de plus mortifiant : fortement persuadés, selon la maxime de saint Bernard, que moins il nous épargne en ce monde, plus il ménage nos véritables intérêts pour l'autre ; et que bien loin que sa fermeté soit une raison de nous éloigner de lui, ce seroit au contraire un juste sujet de nous en détacher et de le quitter, s'il nous traitoit avec plus d'indulgence et qu'il nous fît marcher par un chemin plus commode ; 6. enfin, combien il est doux, en se retirant des pieds du ministre de Jésus - Christ, d'entendre, comme de la bouche de Jésus - Christ même, cette consolante parole : *Vous êtes rentré en grâce, allez, et ne péchez plus.*

Pénitence extérieure, ou Mortification des sens.

NOTRE siècle, tout perverti qu'il est, ne laisse pas d'avoir des pénitens et des pénitentes. Il en a jusque dans le grand monde, jusques à la cour. Mais quelles pénitentes et quels pénitens ? des pénitens et des pénitentes de notre siècle, et non des premiers siècles. Expliquons-nous.

Abstinences rigoureuses, jeûnes fréquens et même perpétuels, longues veilles ; travail pénible, solitude et profond silence ; le pain et l'eau pour se nourrir, le sac et le cilice pour se vêtir, une simple natte, ou la terre nue, pour reposer ; rochers, cavernes, grottes obscures et ténébreuses, pour se retirer ; injures de toutes les saisons, chaleurs de l'été, froids de l'hiver, infirmités du corps, mort à soi-même et à tous les sens ; tout cela accompagné de ferventes prières, et tout cela soutenu sans interruption, sans relâche, jusques au dernier soupir de la vie : telle étoit la pénitence des premiers siècles. Mais ces siècles sont passés, et la pénitence de ces heureux siècles est passée avec eux.

Car quelle est la pénitence du siècle présent, et pour ne me point engager dans une discussion trop générale et trop vague, j'ose vous demander en particulier, quelle est la pénitence que vous faites, vous à qui je parle, et de qui il s'agit actuellement entre vous et moi. Après avoir été du monde, et y avoir paru sans y donner l'édification que le monde devoit attendre de vous, que dis-je ! après y avoir peut-être donné bien des scandales dans le cours d'une vie libertine et déréglée, vous regardez la retraite où vous vivez présentement, comme un état de pénitence : mais cette pénitence à quoi se réduit-elle ? Je ne prétends rien lui ôter de son mérite, et je vous rends volontiers toute la justice qui vous est due. Vous n'êtes plus, grâces au Seigneur, ce que vous avez été, et vous tenez maintenant une conduite beaucoup plus régulière et plus chrétienne. Il en faut bénir Dieu, puisque c'est un don de sa miséricorde. Je l'en bénis en effet, et je le prie d'achever en vous son ouvrage, et de vous le faire consommer par une sainte persévérance.

Mais revenons, s'il vous plaît, et voyons donc où se termine votre pénitence. Car vous comptez bien que votre état est un état pénitent, et vous espérez bien que Dieu l'acceptera comme tel, et qu'il vous en récompensera. Or, quel est-il, cet état? trouvez bon que j'entre là-dessus en quelque détail. Un équipage modeste, il est vrai, mais propre et surtout fort commode. Même modestie, mais aussi même propreté, et surtout même commodité dans le logement, dans l'habillement; une table frugale, mais bien servie, et peut-être plus délicate dans sa frugalité, que des repas beaucoup plus somptueux. Point de jeux, point de spectacles, point d'assemblées profanes; mais du reste, une société agréable, visites, promenades, campagnes, récréations où l'on prend goût, quoique honnêtes d'ailleurs et innocentes; en un mot, vie douce et paisible, sans bruit, sans embarras d'affaires, sans inquiétude, sans soin.

Je sais qu'avec cela vous avez vos exercices de piété et de charité. Vous récitez de saints offices, vous faites de bonnes lectures, vous vous adonnez même à l'oraison, vous approchez des sacremens, vous visitez quelquefois les pauvres et les soulagez. Tout cela est louable, et le monde en doit être édifié. Mais après tout, ces mêmes exercices où consiste tout le fond de votre vertu, comment les pratiquez-vous, et à quelles conditions? pourvu qu'ils ne vous gênent en rien, pourvu qu'ils vous laissent une pleine liberté de les quitter et de les reprendre selon qu'il vous plaira; pourvu qu'ils soient de votre choix, ou à votre gré, et qu'ils s'accommodent à votre inclination; pourvu que votre repos n'en soit aucunement troublé; pourvu qu'ils s'accordent avec l'extrême attention que vous avez à votre santé et à toute votre personne. Car voilà tous les adoucissemens et toutes les facilités que vous y voulez trouver. Or, est-ce là ce que vous appelez pénitence? Quoi que vous en puissiez dire, pourrai-je, moi, sans vous blesser, vous déclarer ingénument ma pensée? votre pénitence, c'est de quoi les vrais pénitens, les pénitens d'autrefois, auroient eu horreur comme d'une vie sensuelle et délicieuse; c'est ce qu'ils se seroient reproché comme un des plus grands relâchemens. Si vous en jugez autrement qu'ils en jugeoient, prenez garde d'en juger autrement que Dieu en juge lui-même.

Et en effet, je vous renvoie à l'évangile de Jésus-Christ. Quelles idées nous donne-t-il de la pénitence chrétienne, et sous quelles figures nous l'a-t-il représentée? comme une guerre contre la nature corrompue et toutes ses sensualités : *Je ne suis point venu sur la terre pour y apporter la paix, mais la guerre* (1); comme une croix dont nous devons nous charger, et que nous devons porter tous les

(1) Matth. 10.

jours : *Quiconque veut être mon disciple , qu'il re-*
nonce à soi - même , qu'il prenne sa croix et qu'il
me suive (1) ; comme une violence que chacun doit
se faire : *Depuis les jours de Jean-Baptiste ,* depuis
que ce saint précurseur a paru dans le-monde , qu'il
y a prêché la pénitence et la rémission des péchés ,
pratiquant lui - même ce qu'il enseignoit , vivant
dans le désert , ne se nourrissant que de sauterelles
et de miel sauvage , ou pour mieux dire , ne man-
geant ni ne buvant, depuis ce temps-là , *le royaume*
du ciel se prend par force , et on ne l'emporte que
par violence (2) ; comme une voie étroite où il faut
marcher au milieu des ronces et des épines : *O que*
le chemin qui mène à la vie est étroit , et qu'il y
en a peu qui y entrent (3) ! La vérité de tous ces
textes est incontestable : ce sont des points de foi.

Je vous renvoie au grand Apôtre , et aux divines
leçons qu'il nous a laissées dans ses épîtres. Car
s'expliquant encore plus clairement sur le sujet dont
il s'agit ici entre vous et moi : *Tous ceux ,* dit-il,
qui appartiennent à Jésus-Christ , ont crucifié leur
chair avec ses vices et ses convoitises (4). Il ne dit
pas seulement qu'ils ont crucifié leur cœur , mais
leur chair , cette chair criminelle qui , par une conséquence bien juste , doit avoir part à la peine ,
après avoir eu tant de part au péché. De là , cette
règle que le même apôtre donnoit aux Romains :
Autant que vous avez fait servir vos corps à l'ini-
quité , et que par là vous êtes devenus pécheurs ,
autant faites les servir à la justice pour devenir

(1) Matth. 16. — (2) Matth. 11. — (3) Matth. 7. — (4) Galat. 5.

saints par la pénitence (1). Cette proportion **est** remarquable, et peut étonner notre délicatesse : mais saint Paul la trouvoit encore trop foible, et c'est pour cela qu'il ajoutoit : *Je parle en homme, et j'ai égard à l'infirmité de votre chair* (2). Aussi disoit-il de lui-même et des autres disciples du Sauveur : *Partout et en tout temps nous portons dans nos corps la mortification de Jésus, afin que la vie de Jésus se fasse voir dans nos corps* (3). Je laisse cent autres témoignages : ceci suffit, et il n'est question que de vous l'appliquer à vous-même.

Car voilà dans la morale évangélique des maximes fondamentales. Elles regardent généralement tous les états du christianisme, et nous ne voyons point que Jésus-Christ ni les apôtres les aient restreintes à quelques conditions sans y comprendre les autres. Voilà comment on est chrétien, ou comment on doit l'être. Les justes même n'en sont pas dispensés : que faut-il conclure des pécheurs ? Or, sans vous flatter ni chercher vous-même à vous tromper, faites, je vous prie, l'application de ces principes à votre vie, telle que je l'ai décrite, et telle qu'elle est. De bonne foi, cette vie prétendue pénitente, est-ce une guerre où vous soyez sans cesse à combattre vos sens, et où vous les teniez dans une sujétion dure et pénible ? Est-ce une croix pesante et capable de vous accabler, si vous ne faisiez chaque jour, et à chaque pas, de violens efforts pour en soutenir le poids ? est-ce un renoncement à vous-même et à toutes vos aises ? Est-ce un chemin rude, étroit, raboteux ? De quelles

(1) Rom. 6. — (2) Rom. 6. v. 19, — (3) 2. Cor. 4.

austérités

austérites affligez-vous votre corps? quels soulagemens, et même quelles douceurs lui refusez-vous?
quelles abstinences, quels jeûnes pratiquez-vous? en
quelles occasions avez-vous sacrifié, par un esprit
de pénitence, votre goût, votre repos, votre santé?
quand avez-vous éprouvé la rigueur des saisons, les
froids de l'hiver, les ardeurs de l'été, et peut-on dire
enfin que vous êtes revêtue de la mortification de
Jésus-Christ? Où la faites-vous voir, et à quels traits
la reconnoît-on dans toute votre personne?

Je vois ce que vous pourrez me répondre : que la
mortification chrétienne consiste particulièrement
dans l'esprit, c'est-à-dire, qu'elle consiste à rompre
sa volonté, à modérer ses vivacités, à réprimer ses
désirs trop naturels, à se rendre maître de son cœur
et de tous ses mouvemens. J'en conviens avec vous,
et je veux bien même encore convenir qu'à l'égard
de cette mortification de l'esprit, les sujets de la pratiquer ne vous manquent pas dans la retraite où vous
vivez; que cette séparation et cet éloignement d'un
certain monde, n'est pas peu opposé à votre tempérament et à vos inclinations; que cette exactitude à
remplir certains devoirs, et à vous acquitter de vos
exercices de piété, vous donne lieu en bien des rencontres de surmonter vos répugnances, vos dégoûts,
vos ennuis; qu'il y a des momens où la tentation est
forte, où le souvenir des plaisirs passés fait de vives
impressions dans l'ame, où la solitude, la prière,
la lecture, toutes les observances de la religion deviennent très-insipides et par là même très-oné-
reuses; enfin, qu'on ne peut alors prendre l'empire

sur soi-même, et se vaincre sans beaucoup de violence : tout cela est incontestable. Mais il n'est pas
moins vrai que, selon la loi de Jésus-Christ, il faut
que la mortification des sens accompagne tout cela,
soutienne tout cela, soit le complément de tout cela.
Il n'est pas moins vrai que de tous les points de la
loi de Jésus-Christ, il n'y en a pas un que saint
Paul, fidèle interprète des sentimens de son maître,
nous ait plus souvent et plus expressément recommandé que la mortification des sens. A qui parloit-il ?
à des solitaires ? à des religieux ? Mais du temps de
saint Paul, il n'y avoit ni religieux, ni solitaires. Il
parloit donc à des hommes, à des femmes, à de
jeunes personnes du monde, sans distinction de
qualités ni de rangs. Si dans la suite il y a eu des
solitaires et des religieux, c'est que les plus éclairés
et les plus zélés d'entre les chrétiens, comprenant
d'une part l'obligation où ils étoient, comme chrétiens, surtout comme pénitens, de mener une vie
austère et mortifiée, et craignant d'ailleurs de se laisser surprendre, même dans leur pénitence, aux
illusions et à la mollesse du siècle, ils ont pris le
parti, pour se prémunir contre ce danger, de renoncer à tous leurs biens, d'embrasser la pauvreté,
de se confiner dans les déserts, de s'enfermer dans
les cloîtres, et de se réduire par là dans un dé-
nuement entier de tout ce qui peut servir à flatter
le corps.

De là l'établissement de tant de saints ordres où
les sens sont traités avec toutes les rigueurs que les
forces de la nature peuvent supporter ; où l'on est

nourri pauvrement, vêtu grossièrement, couché
durement; où le sommeil est court et interrompu,
le travail constant et assidu, le joug de la règle pesant; où, suivant la parole de l'Apôtre, le corps,
par de fréquentes macérations, est immolé comme
une hostie vivante et une victime d'expiation. Car
tel est, ajoute le maître des gentils, tel est le culte
raisonnable que nous devons à Dieu. Après quoi
il fait beau entendre dire aux gens du monde, que
tant de mortifications ne sont bonnes que pour les
monastères. Langage merveilleux ! J'avoue qu'il peut
y avoir en particulier des exercices de pénitence qui
conviennent moins aux uns qu'aux autres, selon la
diversité des occupations, des situations, des engagemens, des tempéramens : mais de prétendre
en général, comme le monde le prétend, que la
mortification de la chair n'est propre qu'aux personnes consacrées à Dieu dans la profession religieuse, c'est une erreur des plus grossières, et une
maxime des plus scandaleuses et des plus pernicieuses. J'aimerois autant qu'on me dît qu'il n'y a
que les religieux qui soient coupables devant Dieu,
et par conséquent qui soient redevables à la justice
de Dieu; qu'il n'y a que les religieux qui soient
exposés aux révoltes des sens, et par conséquent
qui soient obligés de les réprimer et de les dompter :
ou autant vaudroit-il dire qu'il n'y a que les religieux à qui le royaume de Dieu doive être chèrement vendu, tandis que les autres peuvent l'acheter
à vil prix et qu'ils y peuvent atteindre par une voie
large et spacieuse où rien ne les incommode. Abus

intolérable ! Il n'y a pas deux évangiles ; c'est le même pour le séculier et le religieux. Ce qu'il est pour l'un, il l'est aussi pour l'autre : car Jésus-Christ n'est point divisé. Raisonnez tant qu'il vous plaira et comme il vous plaira : malgré tous vos raisonnemens, malgré même la régularité apparente de votre vie, assez réformée d'ailleurs et assez exemplaire, n'ayant pas toujours vécu dans l'innocence, ainsi que vous le reconnoissez, et que vous ne pouvez vous le cacher à vous-même, il ne vous reste pour aller au ciel que la voie de la pénitence ; et malheur à vous si vous vous persuadez que vous puissiez traiter délicatement votre corps, et être pénitente. Je ne vois guère comment alors vous seriez à couvert de ces anathèmes du Fils de Dieu : Malheur à vous qui ne manquez de rien, *et qui avez en ce monde votre consolation ;* malheur à vous, *qui êtes rassasiés* et bien nourris ; malheur à vous qui passez vos jours *agréablement et dans la joie* (1).

Au reste, ne pensez pas que les pratiques et les œuvres de pénitence dont je vous parle, aient été inconnues aux personnes de votre naissance et de votre rang ; ni que je veuille, par un esprit de singularité, vous faire tenir une conduite extraordinaire dans l'état de grandeur et de distinction où vous êtes. Je ne suis point fait à exagérer, surtout en matière de morale et de devoir. Hé ! ne sait-on pas quelles ont été, jusque sur le trône, les austérités de saint Louis ? quelles ont été celles de bien

(1) Luc. 6.

d'autres princes et princesses ? Et pourquoi chercher si loin des exemples, lorsque nous en avons de nos jours ? Car sur les connoissances que je puis avoir, j'ose vous témoigner avec quelque certitude, que la mortification chrétienne et ses exercices ne sont point entièrement bannis du monde ni de la cour. Les apparences sont trompeuses de plus d'une manière : c'est-à-dire, que comme sous les apparences d'une vie innocente et pure, on cache bien souvent des déréglemens et des désordres ; de même aussi, sous les apparences d'une pompe humaine et d'une vie aisée, on cache quelquefois des pratiques bien rigoureuses et des pénitences qui ne sont connues que de Dieu. L'un est une damnable hypocrisie, et l'autre une salutaire et sainte humilité.

Mais peut-être encore me répondrez-vous qu'on a dans le monde assez de mortifications et de chagrins, et que c'est même aux grands du monde et à ceux qui vivent avec plus d'éclat dans les cours des rois, que sont réservées les grandes peines ; qu'il n'est donc pas besoin d'en chercher d'autres, et que celles qui se présentent chaque jour, peuvent suffire. Si vous le jugez ainsi, je veux bien entrer pour quelque temps dans votre pensée, et y condescendre. Oui, j'y consens : tenez-vous en aux peines de votre état, c'est-à-dire, faites-vous des peines de votre état, une vertu ; faites-vous-en une pénitence : regardez-les comme un châtiment dû à vos péchés, comme un moyen de les expier ; et dans cette vue acceptez-les avec soumission, et sanctifiez-les par une patience inaltérable. Je me borne là pour vous présentement :

pourquoi? parce que je suis certain que vous ne vous y bornerez pas vous-même, et que dès qu'une fois vous en serez venue là, vous voudrez aller plus loin? Comment cela? comprenez ce mystère : il est à remarquer. C'est qu'alors vous serez animée de l'esprit de pénitence, et que le même esprit de pénitence qui vous fera porter saintement les peines de votre état, vous inspirera d'y en ajouter encore de nouvelles; car il en est de cet esprit de pénitence, comme de l'amour de Dieu. Quand il est véritable et bien formé dans un cœur, il est infatigable. Mais parce qu'il vous manque et que vous êtes possédée d'un esprit tout contraire, qui est votre amour-propre, de là s'ensuivent deux grands maux : l'un, que vous ne savez pas profiter des mortifications de votre état, comme vous le pourriez, tout involontaires qu'elles sont, et que vous en perdez, par vos révoltes et vos impatiences, tout le fruit; l'autre, que ne voulant vous imposer vous-même, au-delà des peines de votre état, nulle mortification volontaire, vous vivez sans pénitence, et vous vous privez dans l'affaire de votre salut du moyen le plus nécessaire et le plus puissant.

Chose admirable! on aime la sévérité de la pénitence partout et en tout, hors en soi-même. On l'aime dans autrui, on l'aime dans les livres, on l'aime dans les discours publics, on l'aime dans les entretiens familiers; mais de l'aimer dans la pratique, je dis dans une pratique propre et personnelle, ce n'est guère là le goût du monde, et du monde même en apparence le plus réglé et le plus dévot. On l'aime dans autrui : on vante les austérités de celui-ci et de celle-là, et l'on devient d'autant plus éloquent à les exalter, que ce sont des gens avec qui l'on est plus étroitement uni de sentimens et de doctrine. On l'aime dans les livres : on lit avec assiduité et avec une espèce d'avidité certains ouvrages qui en traitent, on les a continuellement dans les mains, on les dévore, et l'on n'estime que ceux-là. On l'aime dans les discours publics : un prédicateur qui la prêche et qui la porte au plus haut point de perfection, pour ne pas dire à des extrémités sans mesure et sans discrétion, est regardé comme un apôtre; on le suit avec empressement, et l'on y traîne avec soi la multitude. On l'aime dans les entretiens familiers : on en parle, on en fait le sujet des conversations les plus vives et les plus sérieuses; on débite sur cette pénitence austère les plus belles maximes, et l'on ne peut assez gémir des relâchemens qui s'y sont glissés. Reste de l'aimer dans la pratique et par rapport à soi : mais en est-il question? c'est alors que chacun se retire, et se met en garde. On ne l'aime plus, et cependant elle ne nous peut être utile et méritoire que dans la pratique.

Pénitence intérieure, ou Mortification des passions.

OUTRE la pénitence du corps et la mortification des sens, saint Paul, et après lui tous les maîtres de la vie spirituelle, nous apprennent qu'il y a encore une mortification beaucoup plus excellente, qui est la mortification intérieure, ou la mortification de nos passions. Cette mortification du cœur a trois grands avantages, et nous procure trois grands biens : l'un est l'innocence chrétienne ; l'autre est la sainteté chrétienne ; et le troisième la paix chrétienne. Car nos passions nous corrompent, du moins elles nous arrêtent et nous relâchent dans le soin de notre perfection ; enfin elles nous troublent. Dès-là donc que nous travaillerons sérieusement à les mortifier, nous prendrons le moyen le plus infaillible de nous maintenir dans l'innocence de l'ame par l'exemption du péché, de nous élever à une haute sainteté par la pratique de la vertu, et de nous établir dans la paix par le repos dont nous jouirons. Expliquons chaque article, et faisons-y toute la réflexion convenable.

I. Mortification des passions, moyen de se maintenir dans l'innocence, et moyen nécessaire. Car il n'est pas possible de conserver l'innocence dans un cœur, tandis que les passions y règnent. Comme la source en est empoisonnée, et qu'elles ont pour principe cette malheureuse concupiscence qui nous porte vers les objets sensibles, et qui n'a point d'autre fin que de se contenter à quelque prix que ce puisse être ; pour peu que nous les écoutions et que nous en suivions les mouvemens, elles nous font en mille rencontres violer la loi de Dieu, et nous précipitent en toutes sortes de péchés. C'est ce que nous éprouvons tous les jours ; et si, dans ces derniers siècles, l'iniquité, selon l'expression de l'Ecriture, est devenue plus abondante que jamais, ce débordement de mœurs que nous voyons dans tous les états, ne vient que des passions qui se sont acquis un nouvel empire, et ont pris sur les hommes un ascendant plus absolu. Car à mesure qu'elles croissent et qu'elles s'enflamment, elles vont, ou elles nous font aller aux plus grands excès. Tant de riches intéressés ne commettroient pas des injustices si criantes, sans l'insatiable avarice qui les dévore; tant de mondains ambitieux ne formeroient pas de si détestables entreprises, sans l'envie démesurée de s'élever qui les possède; tant de voluptueux et de libertins ne se plongeroient pas en de si honteuses débauches, sans l'amour du plaisir qui les enchante; ainsi des autres. La passion est la racine de tout cela; et plus elle s'est fortifiée, plus elle a de pouvoir pour résister aux remords de la conscience et pour les surmonter.

Il est vrai néanmoins que nos passions n'attaquent pas toujours si ouvertement notre innocence: mais c'est en cela même qu'elles sont encore plus dangereuses; et on peut bien leur appliquer ce que saint Léon pape disoit de l'esprit tentateur et de ses artifices pour nous surprendre: Qu'un ennemi caché est d'autant plus à craindre, qu'il porte plus secrètement ses coups, et qu'on est moins en garde contre lui. En mille sujets, c'est la passion qui nous inspire, lorsque nous pensons être conduits par le motif le plus pur et le plus saint. Elle entre dans toutes nos délibérations; elle a la meilleure part dans toutes nos résolutions; comme l'ange de Satan, elle se transforme en ange de lumière, et à moins que le crime ne soit évident, il n'y a rien

qu'elle ne nous justifie, dès qu'elle s'y trouve intéressée. D'où il arrive qu'on tombe dans une infinité
de péchés, sans presque les apercevoir, et qu'on
demeure sans inquiétude dans des dispositions et des
engagemens d'affaires qui devroient nous faire
trembler.

De là donc il faut conclure que le préservatif le
plus salutaire, et même le plus nécessaire pour
mettre à couvert l'innocence de notre cœur, est de
le circoncire spirituellement, c'est-à-dire, d'observer avec soin les passions dont il est plus susceptible, et de nous appliquer sans relâche à les détruire. Prenons ce glaive évangélique dont parloit
Jésus-Christ, et qu'il est venu nous apporter. Avec
ce glaive tranchant et consacré par la grâce du Seigneur, attaquons ces passions si vives et si impétueuses qui nous entraînent, ces passions si subtiles
et si artificieuses qui nous séduisent, ces passions
si terrestres et si matérielles qui nous tiennent dans
l'esclavage des sens; faisons, autant qu'il nous est
possible, la même dissection de notre ame, que
Dieu en fera dans son jugement dernier, selon le
témoignage de l'Apôtre; pénétrons jusque dans les
jointures, jusque dans les replis les plus secrets où
nos passions se cachent, et sans les ménager, sans
leur accorder aucune trève, quelque part que nous
les trouvions, donnons-leur le coup de la mort.
Dès que nous aurons purgé notre cœur de ce mauvais levain, il nous sera facile, avec le secours du
ciel, d'en fermer l'entrée au péché et de nous garantir de sa contagion.

En effet, supposons un homme bien maître de ses passions, ou pour mieux dire, en qui les passions soient bien éteintes; sans être impeccable, ce sera un homme irrépréhensible. Comme il ne sera ni aveuglé ni animé par la passion, il suivra en toutes choses la droite raison et la religion; et puisque nous ne péchons qu'en nous écartant de ces deux principes, il est aisé de voir en quelle pureté de cœur il vivra, et combien de chutes il évitera. Il sera fidèle à Dieu, charitable envers le prochain, juste et réglé dans toutes ses actions; il jugera bien de tout, il en parlera bien; il n'y aura ni espérance qui l'attire, ni crainte qui le retienne aux dépens de son devoir; point de colère qui l'emporte, point de ressentiment qui l'envenime, point de plaisir qui le tente, point de grandeur qui l'éblouisse, point de prétentions, d'intrigues, de retours vers soi-même ni vers ses propres avantages : et de là quelle candeur d'ame! Bienheureux ceux qui ont ainsi le cœur net de toute tache et de tout désir mal ordonné : car ils seront en état de voir Dieu, et de goûter ses plus intimes communications.

Mais au contraire, qu'une passion demeure enracinée dans le fond de l'ame, et qu'elle y ait toujours le même empire, en vain vous pratiquerez d'ailleurs les plus saintes œuvres, en vain même vous aurez à certains jours les meilleurs sentimens, et vous paroîtrez être dans les meilleures dispositions; tandis que ce serpent vous infectera de son venin, tandis qu'il vous fera entendre sa voix comme à la première femme, et que vous lui prê-

terez l'oreille, il n'y aura point d'abîme où vous
ne vous précipitiez en peu de temps, ni d'écueil où
vous n'alliez malheureusement échouer. Et voilà ce
qui trompe, au tribunal de la pénitence, tant de
pécheurs qui donnent quelquefois toutes les marques
de la plus sincère conversion, et qu'on voit néanmoins presque aussitôt rentrer dans leurs premières
voies, et retourner à leurs mêmes habitudes. Est-ce
qu'ils ne sont pas touchés de la grâce, et qu'ils ne
veulent pas de bonne foi changer de conduite et
réformer leur vie? Il faut convenir qu'il y en a plusieurs dont les résolutions sur cela sont actuellement
telles qu'ils le témoignent. D'où vient donc qu'ils
retombent si vîte? c'est que pour rendre dans la suite
leurs résolutions efficaces, il falloit deux sortes de
retranchemens: l'un extérieur, et l'autre intérieur.
Le premier étoit d'arrêter les effets de la passion,
et d'en retrancher les actes criminels, et c'est ce
qu'ils se sont proposé. Mais afin d'y réussir, il étoit
nécessaire de faire en même temps, pour ainsi
parler, une autre circoncision plus importante,
c'est-à-dire, de retrancher la passion elle-même
comme le principe du mal, et de la bannir du cœur.
Or voilà à quoi ils n'ont pas pensé, et sur quoi ils
se sont flattés et ménagés, dans la fausse persuasion
où ils étoient, que sans se défaire de cette passion
qui leur plaît, ils sauroient la modérer et la retenir.
Erreur qu'ils ont bientôt eu lieu de reconnoître par
les promptes et déplorables rechutes qui les ont re-
plongés dans les mêmes précipices, et rengagés dans
les mêmes désordres.

De tout ceci, apprenons de quelle conséquence il est pour nous, selon l'avertissement du Prophète, de nous faire un cœur nouveau, si nous voulons nous rétablir et nous maintenir devant Dieu dans la sainte innocence que nous avons tant de fois perdue. Plût au ciel que dès l'age le plus tendre, et dès les premières années de la vie, on travaillât à se purifier de la sorte, et à se dégager de tout ce qui pourroit nous corrompre. Plus nous différons, plus nos passions croissent et prennent l'ascendant sur nous. On eût pu assez aisément dans la jeunesse couper cours à cette passion dont on n'est presque plus le maître depuis qu'elle s'est invétérée et comme changée dans une seconde nature. Cela ne regarde pas seulement les jeunes personnes; mais il n'est pas moins vrai des autres, que dès qu'ils découvrent dans eux quelque vice naturel, quelque inclination et quelque penchant vers un péché, ils ne doivent pas tarder d'un moment à prendre les armes, et à chasser ce démon qui s'est emparé de leur cœur. Et qu'on ne prétende point se rassurer sur ce que la passion ne paroît pas encore bien forte. Prévenons le mal de bonne heure, prévenons-le jusque dans les plus petites choses. C'est par une telle précaution qu'on évite les plus grandes maladies du corps, et c'est par là même qu'on se garantit d'une ruine totale de l'ame.

Maximes dont on n'a pas de peine à convenir en général; car elles sont sensibles, et confirmées par l'expérience la plus commune : mais d'en venir à l'effet, c'est ce qui étonne ; et les difficultés qu'on y trouve, font souvent une si vive impression, qu'on désespère de les vaincre, et qu'on n'ose pas même l'entreprendre. Aussi est-il constant, pour ne rien dissimuler, que d'arracher du cœur une passion, c'est de toutes les entreprises la plus grande, et celle où l'homme éprouve plus de combats et plus de contradictions. C'est s'arracher en quelque manière à soi-même, c'est mourir à soi-même, et y mourir autant de fois qu'il y a d'efforts à faire et d'obstacles à surmonter. Or, le moyen, dit-on, d'être ainsi continuellement aux prises avec soi-même, et seroit-ce vivre que d'en être réduit là? non, ce ne seroit pas vivre selon la chair, mais ce seroit vivre selon l'esprit de Dieu. En quoi nous devons remarquer un nouvel avantage de cette mortification des passions : car elle ne nous sert pas seulement à conserver l'innocence du cœur, mais à nous élever, et à nous faire parvenir au plus haut point de la sainteté chrétienne.

II. Mortification des passions, moyen de s'élever à une haute sainteté par la pratique des plus excellentes vertus. Pour bien entendre cette seconde vérité, il n'y a qu'à développer et à comprendre le vrai sens de ces adorables et divines leçons que nous fait le Sauveur du monde dans son évangile, et que nous font les apôtres dans leurs épîtres ; savoir, qu'il faut se dépouiller de soi-même ; qu'il faut hair son ame et la perdre en cette vie, afin de la sauver dans l'autre ; qu'il faut rompre les liaisons les plus étroites, et se séparer même de son père, de sa mère ; que pour être à Dieu, il faut crucifier la chair, et toutes les concupiscences de la chair ; que le royaume du ciel ne s'emporte que par violence, et qu'il faut s'efforcer et prendre infiniment sur soi pour y arriver. Voilà, sans contredit, ce qu'il y a de plus sublime dans la pratique de la sainteté. Or qui ne voit pas que tout cela est contenu dans la mortification des passions ? Car qu'y a-t-il dans nous de plus naturel et de plus intime que nos passions ? et n'est-ce pas en les détruisant, que nous nous dépouillons de nous-mêmes ? Qu'est-ce que haïr notre ame et la perdre, selon la pensée du Fils de Dieu ? n'est-ce pas refuser à notre cœur tout ce qu'il désire et qu'il recherche par le mouvement des passions, et lui interdire tout ce qui flatte ses inclinations sensuelles et qui contribue à les entretenir ? Avons-nous des liaisons plus étroites que celles qui sont formées par nos passions ? avons-nous de plus vives et de plus ardentes convoitises, que celles qui sont excitées par nos passions ? est-il rien où nous sentions plus de résistance, et où nous ayons plus de violence à nous faire, que lorsqu'il s'agit de dompter nos passions et de les amortir ? D'où il s'ensuit, que tout ce qu'il y a de plus parfait dans la loi que nous professons, se rapporte à la mortification du cœur et des passions, et que c'est par là que nous vivons en chrétiens, et en parfaits chrétiens.

Aussi le premier soin, et même, à proprement parler, l'unique soin de tous les saints, a été de régler leur cœur et de mortifier toutes leurs passions. Ce n'est pas qu'ils aient négligé le reste, l'assiduité à la prière, les macérations du corps. Au contraire, nous savons combien ces exercices leur étoient familiers et ordinaires, jusqu'à passer les nuits entières dans la contemplation des choses divines, jusqu'à s'exténuer et se ruiner le corps par leurs fréquentes et sanglantes austérités. Mais ces prières, ces mortifications de la chair, ils ne les envisageoient que comme des moyens pour atteindre à la fin qu'ils se proposoient, et qui étoit de purifier leur cœur de tout ce qu'il y avoit encore de terrestre et d'humain.

C'est donc par là qu'ils estimoient toutes les pratiques extérieures ou de piété ou de pénitence; et sans cela, on peut dire qu'elles perdent extrêmement de leur prix. C'est là ce qui distingue la vraie et solide dévotion, d'une dévotion superficielle et apparente. Malgré la perversité du siècle, on trouve encore assez de personnes qui veulent, ce me semble, pratiquer la vertu : mais quelle est communément l'illusion où donnent ces ames prétendues vertueuses ? c'est qu'elles bornent tous leurs soins à régler et à sanctifier le dehors ; à quitter certains ornemens mondains, à s'interdire certaines compagnies et certains divertissemens; à visiter les prisons, les hôpitaux ; à fréquenter les autels, et à se rendre assidus aux prédications, aux cérémonies de religion ; à faire de bonnes lectures, à méditer et à prier. Tout cela sans doute a son mérite, mais souvent un mérite bien au-dessous de l'idée qu'elles s'en font. Car ce n'est point là précisément ni particulièrement ce que Dieu demande d'elles. Il veut, avant toutes choses, qu'elles s'adonnent à la réformation de leur cœur, parce que ce qu'il y a de plus précieux en nous, c'est le cœur ; parce que ce qui nous coûte le plus, c'est la circoncision du cœur ; parce qu'avec le secours d'en haut, c'est du cœur que dépend toute notre sanctification.

Or voilà ce que tant d'ames pieuses, ou qui passent pour pieuses, et ne le sont que de nom, ne comprennent point assez. Sous cette belle montre de piété qui frappe la vue, elles ont leurs passions, qu'elles tiennent cachées et qu'elles nourrissent au fond de leur cœur. Quoique ce ne soit pas de ces passions grossières qui portent au crime et au libertinage, ce sont néanmoins des passions qui, pour être plus spirituelles, n'en sont pas moins vives dans les rencontres, et dont les effets ne se font que trop apercevoir. Un directeur et sage et habile, qui voudroit entreprendre la guérison d'un mal d'autant plus dangereux qu'il est interne et qu'il attaque de plus près le cœur, a le déplaisir de trouver ces ames, d'ailleurs si dociles, tellement aveuglées là-dessus et si délicates, qu'elles n'écoutent rien de tout ce qu'il leur dit. Qu'il leur parle d'oraisons, de communions, et même de quelques œuvres de pénitence, elles ne se lasseront point de l'entendre : mais qu'il vienne à leur proposer des moyens pour humilier leur esprit hautain, pour adoucir leur humeur aigre, pour modérer leurs saillies trop promptes, pour combattre leurs antipathies, leurs animosités, leurs envies secrètes, c'est là qu'elles cessent de lui donner la même attention. D'où il arrive que ces passions fomentées et entretenues dans le cœur, les font tomber en mille foiblesses qui scandalisent le prochain, et en des fautes presque journalières avec lesquelles elles se promettent en vain d'accorder une piété véritable et parfaite.

Ainsi, l'un des plus puissans motifs pour nous engager à la mortification de notre cœur, est de la considérer comme un moyen de perfection, et comme le moyen le plus efficace. Je dis le plus efficace, et c'est l'avis important que nous donne saint Jérôme : Vous ferez, dit ce saint docteur, autant de progrès dans les voies de Dieu, que vous remporterez de victoires sur vous-même. Car chacune de ces victoires demandera de vous bien des combats, et chacun de ces combats, bien des sacrifices plus agréables à Dieu que tous les sacrifices de l'ancienne loi. Pourquoi plus agréable à Dieu ? saint Bernard en apporte la raison, et elle est incontestable : c'est que dans les sacrifices de la loi judaïque, on n'immoloit qu'une chair étrangère, que la chair des animaux ; au lieu qu'ici l'homme s'immole lui-même en immolant son propre cœur et sa propre volonté. Pour peu que nous soyons touchés du désir de notre avancement selon l'esprit et selon Dieu, nous ne devons rien estimer davantage que ce qui peut tant y contribuer, ni rien embrasser avec plus d'ardeur.

Dans cette guerre sainte que nous aurons à soutenir, nous avons besoin d'aide et d'appui ; mais en est-il un plus présent et plus assuré, que la grâce du Seigneur et sa divine assistance ? c'est lui-même qui nous appelle, lui qui nous invite et qui nous met les armes à la main : est-ce pour nous manquer dans l'occasion, et pour ne pas seconder nos efforts ?

C'est sa cause que nous avons à défendre, ce sont ses ennemis que nous avons à combattre : car nos passions sont dans nous les ennemis de Dieu les plus déclarés, les plus animés, les plus obstinés. Elles ne cherchent qu'à nous détacher de lui, et à nous soulever contre lui ; et parce qu'elles ne sont pas toujours assez fortes pour nous porter à une révolte et à une séparation entière, du moins s'opposent-elles aux mouvemens de notre ferveur, et à toutes les vues de perfection qu'il lui plaît de nous inspirer. Or, encore une fois, quand il nous verra agir contre ses ennemis et pour ses intérêts, nous abandonnera-t-il ? Allons donc à lui avec confiance, et comptons sur sa protection. Laissons murmurer la nature ; laissons-la s'effrayer, se récrier, former mille obstacles. Revêtus de la vertu céleste, nous deviendrons insensibles à ses cris, inaccessibles à ses traits, invincibles à toutes ses attaques. Que dis-je ? plus même ses cris se feront entendre à nous, plus ses traits se feront sentir, plus ses attaques seront violentes ; et plus, en y résistant et les surmontant, nous nous enrichirons de mérites, nous monterons de degrés, nous nous perfectionnerons et nous nous sanctifierons. Car le mérite devant Dieu le plus relevé et la sainteté la plus éminente, c'est de savoir se renoncer et se vaincre. Heureux triomphe d'où suit un troisième avantage de la mortification des passions, qui est le repos de l'ame et la paix !

III. Mortification des passions, moyen de nous établir dans la paix et de jouir d'un parfait repos. C'est un trésor, mais un trésor semblable à celui de l'évangile, c'est-à-dire, un trésor qu'on ne peut payer trop cher, et qui mérite d'être acheté au prix de toutes choses, que de trouver la paix dans soi-même, d'être bien avec soi-même, de se posséder soi-même, non-seulement, comme disoit Jésus-Christ, par la pratique d'une humble patience et d'une pleine résignation aux ordres de Dieu, mais par la tranquillité et le calme de tous les mouvemens de son cœur (1). Etre dans cette situation qu'il est plus aisé d'imaginer et d'exprimer, que de sentir et d'éprouver, c'est un avant-goût de la béatitude du ciel ; c'est ce que nous concevons dans le séjour des bienheureux de plus digne de nos souhaits après la vue de Dieu, et ce qui doit être un jour pour nous le comble même de la gloire. Cette paix éternelle dont jouissent les saints ; cette paix qui ne sera jamais troublée ni interrompue ; cette paix qui, réconciliant l'homme avec lui-même, fera cesser dans lui toutes les révoltes intérieures ; cette paix qui nous rétablira dans l'état d'innocence où Dieu nous avoit créés : voilà ce que Dieu promet à ses élus, voilà à quoi nous aspirons. Mais il ne suffit pas, dit saint Augustin, d'y aspirer et d'y prétendre : voilà à quoi nous devons nous disposer, et de quoi il faut, dès cette vie, que nous commencions à faire l'essai, nous efforçant au moins d'en approcher, et nous élevant au-dessus de cette basse région où se forment les orages et les tempêtes ; au-dessus de ce petit monde qui est en nous, et qui n'est pas moins tumultueux ni moins difficile à pacifier, que le grand monde qui

(1) *In patientiâ vestrâ possidebitis animas vestras.* Luc. 21.

est autour de nous. Or, il est certain que jamais nous n'y pourrons établir une paix solide sans la mortification du cœur et de ses passions.

Car pour en être sensiblement persuadé, il n'y a qu'à voir quels sont les principes ordinaires de toutes les inquiétudes et de tous les troubles de notre ame. Ne sont-ce pas nos désirs et nos passions ? nos désirs trop vifs, trop empressés, et nos passions trop impétueuses et trop ardentes ; nos désirs qui se multiplient sans cesse, qui se combattent les uns les autres, qui se proposent des objets tout contraires, qui souvent se portent à des choses incapables de nous contenter, à des choses dont la possession nous devient plus onéreuse qu'avantageuse ; et nos passions qui sont vaines, qui sont injustes, qui sont extrêmes, qui sont sans bornes ? n'est-ce pas là, dis-je, ce qui nous empêche de pouvoir être en paix avec nous-mêmes, et ce qui excite au milieu de nous cette guerre intestine que saint Paul ressentoit comme nous, et dont il se plaignoit si amèrement ? Il faut donc posséder notre ame dans la paix, la dégager de ces désirs inquiets et de ces passions déréglées. Il faut éteindre le feu de cette cupidité qui nous brûle, il faut réprimer cette ambition qui nous agite, il faut rompre ces attaches qui nous captivent, qui nous tourmentent, qui nous déchirent le cœur, et nous causent mille douleurs.

Or il n'y a que la mortification de l'esprit qui puisse nous rendre ce bon office. Désirer peu de choses, et celles que l'on désire, les désirer peu : voilà les salutaires effets de cette mortification chré-

tienne; voilà ce que les païens eux-mêmes ont enseigné, ont exalté, ont envié et ambitionné, mais
ce qu'ils n'ont jamais bien pratiqué. C'est l'avantage
des vrais chrétiens, et le fruit propre de la sagesse
évangélique.

Oui, si nous voulons vivre contens, désirons
peu de choses : non-seulement, dit saint Chrysostôme, parce qu'il y a peu de choses qui soient
désirables, mais parce qu'il est impossible d'en désirer beaucoup sans perdre le repos, qui vaut mieux
que tout ce que l'on désire. Et les choses que nous
désirons, désirons-les peu ; non-seulement, ajoute
ce Père, parce qu'elles ne méritent pas d'être autrement désirées, mais parce que les désirant beaucoup, elles deviennent immanquablement le sujet
de mille peines. Désirer peu de choses hors de Dieu,
c'est ce que saint Augustin appelle la mort des désirs ; et cette mort des désirs, n'est-ce pas la mortification dont nous parlons? Et ce qu'on désire, le
désirer peu, c'est en quoi consiste cette sainte indifférence qui tient l'ame dans une assiette toujours
égale, et qui la met au-dessus de toutes les contrariétés et de tous les accidens. Ce n'est pas une indifférence de naturel, ni une indifférence de philosophe ; mais une sainte indifférence, c'est-à-dire,
une indifférence fondée sur les principes de la religion, qui nous fait mépriser tous les objets créés,
et qui tourne vers des biens réels toutes nos affections. Soyons en ce sens et selon l'esprit du christianisme, indifférens à tout sur la terre, ou du moins
ne nous entêtons de rien. Outre que l'entêtement

est partout vicieux, il ne laisse jamais le cœur dans une disposition paisible, parce qu'il est toujours impatient et violent.

Ceci convient à toutes les passions et à tous les désirs qu'elles nous inspirent : mais la voie la plus sûre et la plus courte pour pacifier notre cœur, c'est d'attaquer d'abord la passion qui domine le plus en nous, et de mortifier les désirs où nous remarquons plus de vivacité et plus de sensibilité. Car c'est là comme le premier mobile de l'ame ; c'est la source de tous les chagrins qui l'affligent. Souvent une seule passion est plus difficile à soumettre, et fait plus de ravage dans un cœur, que toutes les autres ensemble. Souvent il est aisé de retrancher toutes les autres et de se mortifier sur toutes les autres ; mais du moment qu'il s'agit de la passion dominante, et qu'on veut la contredire, ce n'est plus à beaucoup près la même facilité, et l'on n'en éprouve que trop les retours fâcheux et les soulèvemens. Cependant il n'y point de paix à espérer tant que cette passion ne sera pas détruite. Fussiez-vous dans tout le reste l'homme le plus modéré, le plus raisonnable, le plus sage, c'est assez de cette passion pour vous agiter et pour faire votre supplice ; elle vous remplira l'esprit de mille idées, de mille vues, de mille réflexions désagréables ; elle excitera dans votre cœur mille regrets, mille jalousies, mille dépits, mille ressentimens pleins d'aigreur et d'amertume ; elle vous mettra dans la tête mille desseins, mille projets, mille entreprises aussi embarrassantes que vaines et chimériques ; elle vous engagera dans des partis, dans des intrigues où peut-être vous aurez autant de déboires, de dégoûts, d'ennuis, de traverses à essuyer que de pas à faire ; elle remuera même en sa faveur toutes les autres passions, qui d'ailleurs demeuroient dans le silence, et vous laissoient dans le calme ; elle les allumera, et comme il ne faut quelquefois qu'un séditieux pour soulever tout un pays, il ne faudra que cette passion pour causer dans votre ame un bouleversement général. Souvent encore ce sera dans les moindres occasions et sur les plus petits sujets. Une étincelle produit le plus vaste incendie, et une bagatelle qu'on n'observeroit pas en toute autre rencontre, et qui ne feroit nulle sensation, est capable, dès qu'elle intéresse la passion dominante, de porter aux plus grandes extrémités.

On le voit tous les jours, et on le connoît par soi-même. O que vous vous seriez épargné de mouvemens et d'agitations, soit dans vous-même, soit hors de vous-même, si de bonne heure vous aviez écrasé ce ver qui vous pique et qui vous ronge ! De quelle paix vous jouiriez et de quelle heureuse liberté ! Tel étoit dès ce monde le bonheur des saints : ils étoient contens de tout, et à n'avoir même égard qu'à la vie présente, on peut dire dans un vrai sens, que jusques au milieu de leurs plus austères pénitences, ils menoient la vie la plus douce, parce qu'ils ne craignoient rien de tout ce que nous craignons sur la terre, qu'ils ne désiroient rien, et que, par l'extinction de toutes les passions humaines, ils avoient trouvé le secret de s'élever au-dessus de tous les événemens, et de passer leurs jours dans une indépendance et une tranquillité que rien n'étoit capable d'altérer.

C'est ce qui a fait dire à saint Basile qu'il y a beaucoup moins de peine à mortifier ses passions, qu'à ne les mortifier pas. Cette proposition a de quoi nous surprendre, et peut nous paroître un paradoxe; mais c'est une vérité très-constante. Car autant qu'on fait de violence à ses passions et qu'on les mortifie, autant on se dispose à goûter la paix; au lieu qu'on la perd en ne les mortifiant pas, et en suivant leurs aveugles convoitises. La santé du corps consiste dans le tempérament dés humeurs. Qu'une humeur vienne à prédominer, et que ce tempérament se dérange, de là les infirmités et les douleurs les plus cuisantes. Il en est de même par rapport à la paix de l'esprit : elle consiste dans la modération de nos désirs et de nos passions, qui en sont comme les humeurs. Tant que ces désirs ne seront pas mesurés, que ces passions ne seront pas réglées, l'esprit sera toujours ou abattu par la tristesse, ou transporté par la colère, ou envenimé par la haine, ou resserré par la crainte. Il y aura toujours quelque chose qui le blessera : car il aura beau vouloir se contenter et en chercher les moyens, ses désirs étant sans mesure, ils ne seront jamais satisfaits, et ses passions étant sans règle, elles demanderont toujours davantage.

Or pour en revenir à la pensée de saint Basile, dès-là qu'on se procure la paix en détruisant ses passions, et qu'on ne peut l'avoir en les flattant et les nourrissant, il y a par conséquent moins à souffrir dans la pratique de la mortification chrétienne, qui nous les fait combattre et qui les tient soumises, que dans les vains ménagemens de l'amour-propre, qui prend leur défense et se met de leur parti pour les seconder. Car ce qui doit faire la félicité d'un état en cette vie comme en l'autre, c'est la paix qu'on y possède. Soyons abandonnés du monde et dépourvus de tous les biens du monde, mais ayons la paix au-dedans de nous, avec cela nous sommes heureux. Vivons au contraire dans l'opulence, dans la splendeur, parmi toutes les aises et toutes les douceurs du monde, mais n'ayons pas la paix, tout dès-lors nous est insipide, richesses, grandeurs, fortune, et nous devenons malheureux. Pouvons-nous donc en trop faire pour l'avoir, et y a-t-il rien que nous ne devions pour cela sacrifier? C'est le fruit de la mortification intérieure, et c'est le partage des ames qui, se détachant d'elles-mêmes, s'attachent à vous, Seigneur, et ne veulent se reposer qu'en vous. Vous êtes le Dieu de la paix, et vous savez bien dédommager un cœur des vains plaisirs dont il se prive en renonçant à ses passions et à leurs objets corrupteurs. Vous nous l'avez apportée cette paix, et vous nous l'avez fait annoncer par vos anges. Vous nous avez en même temps apporté l'épée et la guerre : mais c'est justement par cette épée, par cette guerre spirituelle et domestique contre nos vices et nos inclinations perverses, que nous devons obtenir la sainte paix dont vous êtes l'auteur. Soutenez-nous dans la résolution où nous sommes de la mériter à quelque prix que ce puisse être, et de nous y affermir de telle sorte par votre grâce, que rien ne nous l'enlève jamais, ni dans le temps, ni dans l'éternité.

Pensées diverses sur la Pénitence et le Retour à Dieu.

Le mondain dit : Il faut que Dieu soit un maître bien exact et bien rigoureux, puisqu'il ne pardonne rien sans pénitence : et moi je dis : Il faut que Dieu soit un maître bien indulgent et bien miséricordieux, puisqu'on obtient de lui le pardon de tout par la pénitence.

Pourquoi railler de la conversion de cet homme? ce qu'il fait, c'est ce qu'il faudra que vous fassiez vous-même un jour; et c'est même, si vous n'avez pas renoncé entièrement à votre salut, ce que vous vous proposez de faire. Car voulez-vous vivre jusqu'au dernier moment dans votre péché? y voulez-vous mourir? j'ose dire qu'il n'y a point de pécheur si abandonné, qui porte jusque-là le désespoir.

Il y a certains sentimens du cœur dont on ne se fait pas beaucoup de peine, et où l'on s'entretient même avec plaisir, parce que d'un côté ils flattent la passion, et que de l'autre on ne les pénètre point assez pour se les bien développer à soi-même. Si, dans une réflexion sérieuse, on s'attachoit à les approfondir, on en découvriroit tout d'un coup le

désordre et l'énorme absurdité. Tel est le sentiment
d'un homme qui vit impénitent dans l'espérance de
mourir pénitent : je veux dire, qui mène une vie
criminelle, et qui s'y autorise par la pensée qu'un
jour il fera pénitence, et qu'il ne mourra point
avant que de s'être remis en grâce auprès de Dieu.
Je prétends que c'est là, de toutes les contradictions, la plus insensée et la plus monstrueuse. Pour
mieux comprendre l'extrême folie et l'affreux déréglement de raison où tombe ce pécheur, il n'y a
qu'à considérer la nature de la pénitence. Car qu'est-
ce que la pénitence ? c'est un repentir, mais un vrai
repentir ; c'est une douleur, mais une vraie douleur des offenses commises contre Dieu. Il faut que
cette douleur mette le pénitent dans une telle disposition, qu'au prix de toutes choses il voudroit
n'avoir jamais déplu à Dieu, ni jamais offensé
Dieu.

Or cela posé, voyons donc à quoi se réduit le
raisonnement d'un pécheur qui se dit à lui-même :
Je n'ai qu'à vivre de la manière que j'ai vécu jusqu'à présent, je n'ai qu'à demeurer dans mes habitudes, j'en ferai quelque jour pénitence. C'est comme
s'il disoit : Je n'ai qu'à vivre de la manière dont j'ai
vécu jusqu'à présent, et pourquoi ? parce que je
compte de me repentir quelque jour, et de me
repentir véritablement d'avoir ainsi vécu. C'est
comme s'il disoit : Je n'ai qu'à demeurer dans mes
habitudes, et pourquoi ? parce que je compte d'être
touché quelque jour d'une véritable douleur de m'y
être engagé, ou de ne les avoir pas quittées de

bonne heure. C'est comme s'il disoit : Rien ne me presse de retourner à Dieu : et pourquoi ? parce que je compte de ressentir quelque jour une telle peine de m'être séparé de lui, et de n'être pas retourné à lui dès à présent, que dans la force de mon regret, je serois prêt de sacrifier tout pour n'avoir jamais eu le malheur de le perdre et d'être un moment hors de sa grâce. Est-ce là raisonner, ou n'est-ce pas se jouer de Dieu et de soi-même ? Sans la passion qui l'aveugle, et sans la forte impression que fait sur lui l'objet présent qui l'entraîne, le pécheur raisonneroit tout autrement, et du même principe il tireroit des conséquences toutes contraires. Car la maxime générale et universellement suivie de tout homme sage, c'est de ne rien faire dont on prévoie devoir un jour se repentir. De sorte qu'un des motifs les plus puissans que nous apportions à un ami pour le détourner d'une chose qu'il entreprend, et sur quoi il nous consulte, est de lui dire ; Vous en serez fâché dans la suite, vous en aurez du chagrin, vous vous en repentirez. S'il voit en effet qu'il y ait là-dessus un juste sujet de craindre, et s'il se laisse persuader que ce qu'on lui prédit arrivera, bien loin de poursuivre l'entreprise, il n'hésite pas à l'abandonner. Ainsi l'Apôtre écrivant aux Romains, leur disoit en ce même sens : *Quel avantage, mes frères, avez-vous trouvé dans des choses dont vous rougissez maintenant* (1); et si vous avez connu que vous en deviez rougir, falloit-il vous y porter, et vous y obstiner?

(1) Rom. 6.

Un faux pénitent cherche à se ménager lui-même dans sa pénitence ; mais en se ménageant pour l'heure présente, c'est justement par là qu'il s'expose à de cruelles peines dans la suite, et à de fâcheux retours. Car pour peu qu'il soit instruit des devoirs de la pénitence, et qu'il ait de religion, il est difficile qu'il ne lui vienne pas dans la suite bien des remords et des reproches intérieurs dont sa conscience est étrangement et continuellement troublée.

Cependant, me direz-vous, combien dans le monde voyons-nous de gens tranquilles sur leurs pénitences passées, quelque lâches et quelque imparfaites qu'elles aient été ? J'avoue qu'on ne voit que trop de ces demi-pénitens, sans trouble et sans scrupule : mais ce que je regarde comme le souverain malheur pour eux, c'est cette paix même où ils vivent. La paix dans le péché est un grand mal ; mais un mal encore infiniment plus à craindre, c'est la paix dans la fausse pénitence. Car du moins la paix dans le péché ne nous ôte pas la connoissance du péché. Un pécheur, tout endurci qu'il est, ne peut ignorer après tout qu'il a perdu la grâce de Dieu, qu'il est hors des voies de Dieu et dans la haine de Dieu ; qu'à chaque moment qu'il passe dans cet état, il peut mourir et être réprouvé de Dieu. Or, cette seule connoissance est toujours une ressource pour lui, quoique éloignée, et peut servir à le réveiller de son assoupissement : au lieu que la paix dans la fausse pénitence, par la plus dangereuse de toutes les illusions, nous cache le péché.

nous persuade que le péché est détruit, lorsqu'il vit en nous plus que jamais, lorsqu'il y agit et qu'il y domine avec plus d'empire, lorsqu'il nous entraîne, sans que nous l'apercevions, dans l'affreux abîme d'une éternelle damnation. Car, quelle espérance y a-t-il alors de ramener une ame égarée? Si c'est la vue de ses offenses et le souvenir des désordres de sa vie qui se retrace quelquefois dans l'esprit de ce prétendu pénitent, il se dira à lui-même : J'ai péché, j'en conviens et je m'en confonds devant Dieu; mais enfin la pénitence efface tout ; j'ai demandé pardon à Dieu, je me suis confessé, on m'a ordonné des prières, des aumônes, et je m'en suis acquitté : que faut-il davantage? Si l'on vient à lui représenter les jugemens de Dieu et leur extrême rigueur, il répondra qu'il a pris ses mesures, qu'il a eu recours aux prêtres et qu'il en a reçu l'absolution ; que Dieu ne juge pas deux fois, et par conséquent qu'il ne nous jugera point après que nous nous serons jugés nous-mêmes. De cette sorte sa pénitence apparente n'a d'autre effet que de le confirmer dans une impénitence réelle et véritable. Or, pouvons-nous rien concevoir de plus funeste en cette vie et de plus terrible, que de trouver la mort où l'on devoit trouver le salut, et de se damner par la pénitence même?

Du plus grand mal nous pouvons tirer le plus grand bien; et ce qui nous damne peut servir à nous sauver. Cette habitude vicieuse, voilà ce qui fait le déréglement de vôtre vie, et ce qui vous mène plus directement à la perdition; cette même habitude sacrifiée à Dieu, voilà ce qui peut faire votre prédestination, et vous élever au plus haut point de la gloire. Mais c'est une habitude honteuse. Il n'importe : toute honteuse qu'elle est, le sacrifice en est digne de Dieu et digne de vous.

RIEN ne nous donne une idée plus juste de la conduite que doit tenir un pécheur, et des précautions qu'il doit prendre après sa conversion pour se préserver des rechutes, que le régime de vie qu'observe un malade dans l'état de la convalescence. Car, qu'est-ce, à proprement parler, qu'un pécheur pénitent ? c'est un malade qui sort d'une maladie très-dangereuse, et qui revient des portes de la mort, ou pour mieux dire, des portes de l'enfer. Quoique sauvé du coup mortel dont il avoit été atteint, il est encore dans une extrême foiblesse, et il se ressentira long-temps des mauvaises impressions de ses habitudes criminelles. Elles ont altéré toutes les puissances de son ame, et il ne peut faire un pas sans être en danger de tomber. Or, que fait un malade qui pense à se rétablir et qui veut reprendre ses forces ? Nous voyons avec quelle exactitude il obéit à toutes les ordonnances du médecin qui le gouverne ; avec quelle attention il prend garde aux temps, aux heures, aux manières, à tout ce qui lui est marqué ; avec quelle constance et quelle résolution il surmonte ses inclinations ou ses répugnances naturelles, il règle ses appétits, il mortifie son goût, il s'abstient de ce qui lui plairoit le plus, il se prive de tout ce qui lui peut être nuisible ;

sible ; c'étoit un homme de bonne chère , et il devient sobre et tempérant ; c'étoit un homme du monde, répandu dans le monde, et il devient retiré et solitaire. C'étoit un homme de plaisir , et il renonce à tous ses excès et à toutes ses débauches. Qu'on vienne lui parler là-dessus, le railler, le traiter d'esprit foible , le tenter tout de nouveau : il n'y a ni discours , ni respect humain qui le touchent. Il y va de la vie, dit-il ; et , par cette seule réponse, il croit avoir pleinement justifié ses soins et toute la circonspection dont il use. Appliquons cela à un pécheur converti : car il n'y a pas un trait qui ne lui convienne. Voilà son modèle, et la comparaison doit être entière ; mais la pratique est bien différente , et c'est notre confusion. Le convalescent sacrifie tout à l'intérêt de sa santé ; et combien de prétendus pénitens ne veulent rien sacrifier à l'intérêt de leur salut !

A CONSULTER l'évangile , et à s'en tenir précisément au texte et à la lettre , on diroit que Dieu réserve ses plus grandes faveurs aux pécheurs pénitens , et qu'il leur donne l'avantage sur les justes, qui néanmoins , fidèles à toutes ses ordonnances, ont toujours vécu dans la règle et dans le devoir. *Parmi les anges de Dieu*, selon l'exprès témoignage du Sauveur des hommes , *on se réjouit plus de la pénitence d'un pécheur , que de la persévérance de quatre-vingt-dix-neuf justes* (1). En quelque sens que les interprètes expliquent ces paroles , elles nous

(1) Luc. 15.

représentent une vérité très-certaine, savoir, que Dieu, dans tous les temps, a favorisé les pécheurs, même les plus scandaleux, des grâces les plus singulières, quand ils se sont retirés de leurs voies criminelles, et qu'ils ont embrassé son service.

Conduite de Dieu que nous devons adorer; conduite fondée sur plus d'une raison, et en voici quelques-unes. 1. Parce que Dieu se plaît à faire éclater les richesses de sa grâce : or il ne les fait jamais paroître avec plus d'éclat que dans ces sortes de pécheurs qui s'en sont rendus plus indignes. 2. Parce que les grâces de Dieu, surtout certaines grâces particulières, sont beaucoup plus à couvert des atteintes de l'orgueil dans les mains de ces pécheurs que dans les mains des justes. Que veux-je dire ? Un juste enrichi des dons célestes, et surtout de certains dons, peut plus aisément les attribuer en quelque manière à ses mérites, et comme l'ange superbe, se laisser éblouir de sa splendeur et de sa gloire; mais à quelque rang et à quelque degré qu'un pécheur soit élevé, il a, dans la vue de ses égaremens passés, un contre-poids qui le rabaisse, et qui lui sert de préservatif contre toutes les attaques d'une vaine estime de lui-même. 3. Parce que Dieu veut s'attacher ces pécheurs, et leur adoucir, par les grâces qu'il leur communique, la pesanteur de son joug, auquel ils ne sont point accoutumés, et sous lequel il seroit à craindre que leur foiblesse ne vînt à succomber. 4. Parce que Dieu prétend enfin récompenser ces pécheurs du courage qu'ils ont eu à rompre les liens où ils étoient engagés, et des efforts

qu'il leur en a coûté : car Dieu sait bien payer les sacrifices qu'on lui fait. Tout ceci, au reste, ne va
point à déprimer les justes, ni à leur rien ôter de
la louange qui leur est due ; à Dieu ne plaise : mais il
est bon d'exciter par là les pécheurs et d'animer leur
confiance. Le péché commence par le plaisir, mais la
peine le suit de près; la pénitence, au contraire,
commence par les larmes, mais elle est bientôt suivie
des délices de l'ame les plus vives et les plus sensibles.

Il faut qu'un pécheur converti loue Dieu, et qu'il
ait du zèle pour la gloire de Dieu, mais un zèle modeste et humble; c'est-à-dire, qu'il ne faut pas,
dès le lendemain de sa conversion, qu'il s'érige en
réformateur, qu'il devienne le censeur de tout le
genre humain, ni que tout à coup il lève l'étendard
de la sévérité avec empire et avec ostentation; mais
qu'il édifie par son humilité, par sa charité, par sa
douceur, par sa patience, par tous les exercices
d'une vraie et solide piété. Car comment oseroit-il
entreprendre de guérir le prochain, tandis que ses
plaies saignent encore, et quelles ne sont pas bien
fermées? Il a assez à faire de pleurer ses péchés, de
détruire ses mauvaises habitudes, de réparer devant
Dieu et devant le monde la vie scandaleuse qu'il a
menée; et il doit se souvenir que le public n'attend
pas si tôt de lui des prédications, mais des exemples.

Après vous être si souvent et si long-temps écar-
tée de votre devoir; après avoir fait parler de vous

et de votre conduite dans tout un quartier, toute
une ville, tout un pays (car vous ne le savez que
trop, et il n'y a point à vous le dissimuler,) : vous
vous êtes enfin reconnue; et désormais, par une pénitence exemplaire, par une vie pieuse et remplie
de bonnes œuvres, vous expiez le passé, autant que
vous croyez le pouvoir, et tâchez de satisfaire à la
justice de Dieu. Voilà de quoi l'on ne peut assez
bénir le ciel, ni assez vous féliciter vous-même.
Mais j'apprends d'ailleurs qu'en devenant plus régulière par rapport à vous, vous devenez en même
temps d'une rigueur outrée à l'égard du prochain;
qu'au soupçon le plus léger qui vous passe dans l'esprit, vous éclatez sans ménagement, et vous traitez
sans pitié les personnes qui dépendent de vous;
qu'une ombre dans eux vous fait peur, et que vous
prenez tout en mauvaise part. Quoi donc! vous ne
pouvez une fois pardonner aux autres la moindre
faute? Hé! tant de fois il a fallu vous pardonner les
plus grands scandales!

DE LA VRAIE

ET

DE LA FAUSSE DÉVOTION.

Règle fondamentale et essentielle de la vraie dévotion.

FAIRE de son devoir son mérite par rapport à Dieu, son plaisir par rapport à soi-même, et son honneur par rapport au monde : voilà en quoi consiste la vraie vertu de l'homme, et la solide dévotion du chrétien.

I. Son mérite par rapport à Dieu : car ce que Dieu demande singulièrement de nous et par-dessus toute autre chose, c'est l'accomplissement de nos devoirs. Dès-là que ce sont des devoirs, ils sont ordonnés de Dieu, ils sont de la volonté de Dieu, mais d'une volonté absolue, d'une volonté spéciale. Par conséquent c'est en les remplissant et en les observant que nous plaisons spécialement à Dieu; et plus notre fidélité en cela est parfaite, plus nous devenons parfaits devant Dieu, et agréables aux yeux de Dieu.

Aussi est-ce par là que nous nous conformons aux desseins de sa sagesse dans le gouvernement du monde, et que nous secondons les vues de sa providence. Qu'est-ce qui fait subsister la société humaine, si ce n'est le bon ordre qui y règne? et qu'est-ce qui établit ce bon ordre et qui le conserve, si ce n'est lorsque chacun, selon son rang, sa profession, s'acquitte exactement de l'emploi où il est destiné, et des fonctions qui lui sont marquées? Et comme il y a autant de différence entre ces fonctions et ces emplois, qu'il y en a entre les rangs et les professions, il s'ensuit que les devoirs ne sont pas partout les mêmes ; et que n'étant pas les mêmes partout, il y a une égale diversité dans la dévotion : tellement que la dévotion d'un roi n'est pas la dévotion d'un sujet; ni la dévotion d'un séculier, la dévotion d'un religieux ; ni la dévotion d'un laïque, la dévotion d'un ecclésiastique : ainsi des autres.

Pour bien entendre ceci, il faut distinguer l'esprit de la dévotion et la pratique de la dévotion; ou la dévotion dans l'esprit et le sentiment, et la dévotion dans l'exercice et la pratique. Dans le sentiment et dans l'esprit, c'est partout, et ce doit être la même dévotion ; parce que c'est partout et que ce doit être le même désir d'honorer Dieu, d'obéir à Dieu, de vivre selon le gré et le bon plaisir de Dieu. Mais dans la pratique et l'exercice, la dévotion est aussi différente que les obligations et les ministères sont différens. Ce qui est donc dévotion dans l'un, ne l'est pas dans l'autre : car ce qui est du devoir et du ministère de l'un, n'est pas du devoir et du ministère de l'autre.

Règle excellente ! juger de sa dévotion par son devoir, mesurer sa dévotion sur son devoir, établir sa dévotion dans son devoir. Règle sûre, règle générale et de toutes les conditions; mais règle dont il n'est que trop ordinaire de s'écarter. Où voit-on en effet ce que j'appelle dévotion de devoir? Cette idée de devoir nous blesse, nous gêne, nous rebute, nous paroît trop commune, et n'a rien qui nous flatte et qui nous pique. C'est néanmoins la véritable idée de la dévotion. Toute autre dévotion sans celle-là, n'est qu'une dévotion imaginaire; et celle-là seule, indépendamment de toutes les autres, peut nous faire acquérir les plus grands mérites et parvenir à la plus haute sainteté. Car on ne doit point croire que d'observer religieusement ses devoirs, et de s'y tenir inviolablement attaché dans sa condition, ce soit en soi peu de chose, et qu'on n'ait besoin pour cela que d'une vertu médiocre. Parcourons tous les états de la vie, et considérons-en bien toutes les obligations, je prétends que nous n'en trouverons aucun, qui, selon les événemens et les conjonctures, ne nous fournisse mille sujets de pratiquer ce qu'il y a de plus excellent dans la perfection évangélique.

Que faut-il, par exemple, ou que ne faut-il pas à un juge qui veut dispenser fidèlement la justice, et satisfaire à tout ce qu'il sait être de sa charge? Quelle assiduité au travail; et dans ce long et pénible travail, où le devoir l'assujettit, que de victoires à remporter sur soi-même, que d'ennuis à essuyer et de dégoûts à dévorer! Quel dégagement de cœur, quelle équité inflexible et quelle droiture! quelle fermeté contre les sollicitations, contre les promesses, contre les menaces, contre le crédit et la puissance, contre les intérêts de fortune, d'amitié, de parenté, contre toutes les considérations de la chair et du sang! Supposons la dévotion la plus fervente : porte-t-elle à de plus grands sacrifices, et demande-t-elle des efforts plus héroïques?

Que faut-il à un homme d'affaires, ou que ne lui

faut-il pas, pour vaquer dignement et en chrétien,
soit au service du prince, dont il est le ministre,
soit au service du public, dont il a les intérêts à
ménager ? Quelle étendue de soins, et quelle contention d'esprit ! A combien de gens est-il obligé de
répondre, et en combien de rencontres a-t-il besoin
d'une modération et d'une patience inaltérable ? Toujours dans le mouvement et toujours dans des occupations, ou qui le fatiguent, ou qui l'importunent,
à peine est-il maître de quelques momens dans toute
une journée, et à peine peut-il jouir de quelque
repos. Imaginons la dévotion la plus austère : dans
ses exercices les plus mortifians exige-t-elle une abnégation plus entière de soi-même, et un renoncement plus parfait à ses volontés, à ses inclinations
naturelles, aux douceurs et à la tranquillité de la vie ?
Que faut-il à un père et à une mère, ou que ne leur faut-
il pas pour veiller sur une famille, et pour la régler ?
Que n'en coûte-t-il point à l'un et à l'autre pour
élever des enfans, pour corriger leurs défauts, pour
supporter leurs foiblesses, pour les éloigner du vice
et les dresser à la vertu, pour fléchir leur indocilité,
pour pardonner leurs ingratitudes et leurs écarts,
pour les remettre dans le bon chemin et les y maintenir, pour les former selon le monde, et plus encore pour les former selon Dieu ? Concevons la dévotion la plus vigilante, et tout ensemble la plus
agissante : a-t-elle plus d'attention à donner, plus
de réflexions à faire, plus de précautions à prendre,
plus d'empire à acquérir et à exercer sur les divers
sentimens que les contrariétés et les chagrins excitent

dans le cœur? Tel chargé du détail d'un ménage et
de la conduite d'une maison, n'éprouve que trop
tous les jours combien ce fardeau est pesant, et
combien c'est une rude croix. Or tout cela, ce sont
de simples devoirs ; mais dira-t-on que l'accomplissement de ces devoirs devant Dieu n'ait pas son mérite, et
un mérite très-relevé? Je sais que le Sauveur du monde
nous ordonne alors de nous regarder comme des serviteurs inutiles, parce que nous ne faisons que ce
que nous devons : mais tout inutiles que nous sommes
à l'égard de Dieu, qui n'a que faire de nos services,
il est certain d'ailleurs que notre fidélité est d'un
très-grand prix auprès de Dieu même, qui juge des
choses, non par le fruit qu'il en retire, mais par
l'obéissance et la soumission que nous lui témoignons.

II. Son plaisir par rapport à soi-même. Je n'ignore
pas que l'évangile nous engage à une mortification
continuelle ; mais je sais aussi qu'il y a un certain
repos de l'ame, un certain goût intérieur que la
vraie dévotion ne nous défend pas ; ou pour mieux
dire, qu'elle nous donne elle-même, et qu'elle nous
fait trouver dans la pratique de nos devoirs. Car
quoi qu'en pense le libertinage, il y a toujours un
avantage infini à faire son devoir. De quelque manière alors que les choses tournent, il est toujours
vrai qu'on a fait son devoir ; et d'avoir fait son devoir, j'ose avancer que dans toutes les vicissitudes
où nous exposent les différentes occasions et les
accidens de la vie, cela seul est pour une ame pieuse
et droite la ressource la plus assurée et le plus ferme
soutien. Si l'on ne réussit pas, c'est au moins dans

sa disgrâce une consolation, et une consolation très-solide, de pouvoir se dire à soi-même : J'ai fait mon devoir. On s'élève contre moi, et je me suis attiré tels et tels ennemis ; mais j'ai fait mon devoir. On condamne ma conduite, et quelques gens s'en tiennent offensés ; mais j'ai fait mon devoir. Je suis devenu pour d'autres un sujet de raillerie, ils triomphent du mauvais tour qu'a pris cette affaire que j'avois entamée, et ils s'en réjouissent ; mais en l'entreprenant j'ai fait mon devoir.

Cette pensée suffit à l'homme de bien pour l'affermir contre tous les discours et toutes les traverses. Quoi qu'il lui arrive de fâcheux, il en revient toujours à cette grande vue, qui ne s'efface jamais de son souvenir, et qui lui donne une force et une constance inébranlable : J'ai fait mon devoir. D'ailleurs, si l'on réussit, on goûte dans son succès un plaisir d'autant plus pur et plus sensible, qu'on se rend témoignage de n'y être parvenu qu'en faisant son devoir, et que par la bonne voie. Témoignage plus doux que le succès même. Une homme rend gloire à Dieu de tout le bien qu'il en reçoit ; il en bénit le Seigneur, il reconnoît avec action de grâce que c'est un don du ciel : mais quoiqu'il ne s'attribue rien à lui-même comme étant de lui-même, il sait du reste qu'il ne lui est pas défendu de ressentir une secrète joie d'avoir toujours marché droit dans la route qu'il a tenue ; de ne s'être pas écarté un moment des règles les plus exactes de la probité et de la justice, et de n'être redevable de son élévation et de sa fortune, ni à la fraude, ni à l'intrigue. Au lieu qu'il en est tout autrement d'une ame basse et servile, qui trahit son devoir pour satisfaire sa passion. Si cet homme prospère dans ses entreprises, au milieu de sa prospérité et jusque dans le plus agréable sentiment de ce bonheur humain dont il jouit, il y a toujours un ver de la conscience qui le ronge malgré lui, et un secret remords qui lui reproche sa mauvaise foi et ses honteuses menées. Mais c'est encore bien pis, si ses desseins échouent, puisqu'il a tout à la fois le désespoir, et de se voir privé du fruit de ses fourberies, et d'en porter le crime dans le cœur, et d'en être responsable à la justice du ciel, quand même il peut échapper à la justice des hommes.

III. Son honneur par rapport au monde. Car s'il est de l'humilité chrétienne de fuir l'éclat, et de ne rechercher jamais l'estime des hommes par un sentiment d'orgueil et par une vaine ostentation; le christianisme, après tout, ne condamne point un soin raisonnable de notre réputation, sur ce qui regarde l'intégrité et la droiture dans la conduite. Or, ce qui nous fait cette bonne réputation qu'il nous est permis jusqu'à certain point de ménager, c'est d'être régulier dans l'observation de nos devoirs. Le monde est bien corrompu; il est plein de gens sans foi, sans religion, sans raison, et pour m'exprimer en des termes plus exprès, je veux dire que le monde est rempli de fourbes, d'impies, de scélérats; mais du reste, j'ose avancer qu'il n'y a personne dans le monde, ou presque personne, si dépourvu de sens ni si perdu de vie et de mœurs, qui n'estime au fond de l'ame et ne respecte un homme qu'il sait être fidèle à son devoir, inflexible à l'égard de son devoir, dirigé en tout et déterminé par son devoir. Ce caractère, malgré qu'on en ait, imprime de la vénération, et l'on ne peut se défendre de l'honorer.

Ce n'est pas néanmoins qu'on ne s'élève quelquefois contre cette régularité et cette exactitude, quand elle nous est contraire et qu'elle s'oppose à nos prétentions et à nos vues. Il y a des conjonctures où l'on voudroit que cet homme ne fût point si rigide observateur des règles qui lui sont prescrites, et qu'en notre faveur il relâchât quelque chose de ce devoir si austère dont il refuse de se départir. On se plaint, on murmure, on s'emporte, on raille, on traite de superstition ou d'obstination une telle sévérité; mais on a beau parler et déclamer, tous les gens sages sont édifiés de cette résolution ferme et courageuse. On en est édifié soi-même après que le feu de la passion s'est ralenti, et que l'on est revenu du trouble et de l'émotion où l'on étoit. Voilà un honnête homme, dit-on; voilà un plus homme de bien que moi. On prend confiance en lui, on compte sur sa vertu, et c'est là ce qui accrédite la piété, parce que c'est là ce qui en fait la vérité et la sainteté. Au contraire, si c'étoit un homme capable de mollir quelquefois sur l'article du devoir, et qu'il fût susceptible de certains égards au préjudice d'une fidélité inviolable, pour peu qu'on vînt à s'en apercevoir, son crédit tomberoit tout à coup, et l'on perdroit infiniment de l'estime qu'on avoit conçue de lui. En vain dans ses paroles tiendroit-il les discours les plus édifians, en vain dans la pratique s'emploieroit-il aux exercices de la plus haute perfection; on n'écouteroit rien de tous ses discours, et toutes ses vertus deviendroient suspectes. Il feroit des miracles, qu'on mépriseroit également et ses miracles et sa personne; car on reviendroit toujours à ce devoir dont il se seroit écarté, et on jugeroit par là de tout le reste.

Ce qu'il y a encore de plus remarquable, c'est qu'il ne faut souvent qu'une omission ou qu'une transgression assez légère en matière de devoir, pour décréditer ainsi un homme, quelque profession de vertu qu'il fasse et quelque témoignage qu'il en donne. Le monde est là-dessus d'une délicatesse extrême, et le monde même le plus libertin. Tant la persuasion est générale et le sentiment unanime, que la base sur quoi doit porter une vraie dévotion, c'est l'attachement à son devoir. Je ne veux pas dire que toute la piété consiste en cela; mais je dis qu'il ne peut y avoir de vraie piété sans cela; et que cela manquant, nous ne pouvons plus faire aucun fond sur notre prétendue dévotion. Puissent bien comprendre cette maxime, certaines ames dévotes, ou réputées telles ! Elles sont si curieuses de pratiques et de méthodes extraordinaires, et je ne blâme ni leurs méthodes, ni leurs pratiques; mais la grande pratique, la première et la grande méthode, est celle que je viens de leur tracer.

Saints Désirs d'une ame qui aspire à une vie plus parfaite, et qui veut s'avancer dans les voies de la piété.

QUAND serai-je à vous, Seigneur, comme j'y puis être, comme j'y dois être, comme il m'importe souverainement d'y être ; puisque c'est de là que dépend mon vrai bonheur en ce monde, et sur cela que sont fondées toutes mes espérances dans l'éternité ?

Il est vrai, mon Dieu, par votre miséricorde, que je tâche à me conserver dans votre grâce. J'ai horreur de certains vices qui perdent tant d'ames, et qui pourroient m'éloigner de vous. Je respecte votre loi, et j'en observe, à ce qu'il me semble, les points essentiels, ou je les veux observer. Que toute la gloire vous en soit rendue ; car c'est à vous seul qu'elle appartient, et si je ne vis pas dans les mêmes déréglemens et les mêmes désordres qu'une infinité d'autres, c'est ce que je dois compter parmi vos bienfaits, sans me l'attribuer à moi-même.

Mais, mon Dieu, d'en demeurer là, de borner là toute ma fidélité, de m'abstenir précisément de ces œuvres criminelles dont la seule raison et le seul sentiment de la nature me font connoître la difformité et la honte ; de n'avoir devant vous d'autre mérite que de ne me point élever contre vous, que de ne point commettre d'offense capable de me séparer de vous, que de ne vous point refuser un culte indispensablement requis, ni une obéissance absolument

nécessaire, est-ce là tout ce que vous attendez de moi ?
Est-ce là, dis-je, souverain auteur de mon être,
tout ce que vous avez droit d'attendre d'une ame
uniquement créée pour vous aimer, pour vous servir
et vous glorifier ? Cet amour qui vous est dû par tant
de titres, cet amour de tout le cœur, de tout
l'esprit, de toutes les forces, ce service, cette
gloire, se réduisent-ils à si peu de chose ?

Qu'ai-je donc à faire, Seigneur ? Hélas ! je le vois
assez ; vous me le donnez assez à entendre dans le
fond de mon cœur ; je me le dis assez à moi-même,
et je me reproche assez là-dessus à certains temps
mon peu de résolution et ma foiblesse : car ce ne
sont pas les connoissances qui me manquent, ni
même les bons désirs, mais le courage et l'exécution. Quoi qu'il en soit, ce qu'il y auroit à faire
pour moi, ce seroit de me détacher pleinement du
monde, et de m'attacher désormais à vous uniquement et inviolablement ; ce seroit de me conformer
à ces ames ferventes, qu'une sainte ardeur porte à
toutes les pratiques de piété que vous leur inspirez,
et qui peuvent dans leur état leur convenir ; ce seroit,
en renonçant aux vains amusemens du monde, de
m'adonner, selon ma condition et la disposition
de mes affaires, à de bonnes œuvres, à la prière,
à la considération de vos vérités éternelles, à la visite de vos autels, au fréquent usage de vos sacremens, au soin de vos pauvres, à tout ce qui s'appelle vie dévote et parfaite ; ce seroit de vaincre sur
cela ma lâcheté et mes répugnances, de prendre
une fois sur cela mon parti, de me déterminer enfin

sur cela à suivre l'attrait de votre divin esprit, qui depuis si long-temps me sollicite, mais à qui j'oppose toujours de nouvelles difficultés et de nouveaux retardemens.

Hé quoi! Seigneur, faut-il tant de délibérations pour se ranger au nombre de vos serviteurs les plus fidèles, et, si je l'ose dire, au nombre de vos amis? Tout ne m'y engage-t-il pas? N'êtes-vous pas mon Dieu : c'est-à-dire, n'êtes-vous pas le principe, le soutien, la fin de mon être? ne m'êtes-vous pas tout en toutes choses? Que d'idées je me retrace en ce peu de paroles! plus je veux les pénétrer, et plus j'y découvre de sujets d'un dévouement entier et sans réserve.

Dieu créateur et scrutateur des cœurs, voilà ce que je reconnois intérieurement et en votre présence; mais pourquoi ne m'en déclarerois-je pas hautement et en la présence des hommes? Pourquoi n'en ferois-je pas devant eux une profession ouverte? qu'ai-je à craindre de leur part? En voyant mon assiduité et ma ferveur dans votre service, après avoir été témoins de mes dissipations et de mes mondanités, ils seront surpris de mon changement. On parlera de ma dévotion, on en rira, on la censurera : mais cette censure, ou tombera sur des défauts réels, et je les corrigerai; ou tombera sur des défauts imaginaires, et je la mépriserai. Du reste, j'avancerai dans vos voies, je m'y affermirai; et quoi qu'en pensent les hommes, j'estimerai comme le plus grand de tous les biens, d'y persévérer, d'y vivre et d'y mourir.

Oui,

Oui, Seigneur, c'est mon bien et mon plus grand bien, mon bien par rapport à l'avenir, et mon bien même pour cette vie présente et mortelle. Que ne l'ai-je mieux connu jusqu'à présent : ce bien si précieux, ce vrai bien ! que n'ai-je su plutôt l'apercevoir à travers les charmes trompeurs et les frivoles enchantemens qui me fascinoient les yeux ! Tant que ce sera cet esprit de religion et de piété qui me conduira, quels avantages n'en dois-je pas attendre ? il amortira le feu de mes passions, il arrêtera mes vivacités et mes précipitations, il purifiera mes vues et mes intentions, il réglera mes humeurs, il redressera mes caprices, il fixera mes inconstances : car une vraie dévotion s'étend à tout cela, et de cette sorte elle me préservera même de mille mauvaises démarches, et de mille écueils dans le commerce du monde. Et en effet, dans toutes mes résolutions et toutes mes actions, cet esprit religieux et pieux me servira de guide, de conseil ; il me fera toujours résoudre, toujours agir avec maturité, avec modération et retenue, avec droiture de cœur avec réflexion et avec sagesse. Mais surtout dans mes afflictions, dans toutes mes traverses, et tous les chagrins inséparables de la misère humaine, c'est ce même esprit qui sera ma ressource, mon appui, ma consolation. Il me fortifiera, il réveillera ma confiance, il me tiendra dans une humble soumission à vos ordres ; et ces sentimens calmeront toutes mes inquiétudes, et adouciront toutes mes peines.

C'est ainsi, mon Dieu, que se vérifie l'oracle de votre Apôtre. C'est ainsi que la piété est utile à tout.

Mais que fais-je ? en me dévouant à vous, Seigneur, ce n'est point moi que je dois envisager; mais je ne dois avoir en vue que vous-même. Il me suffit de vous obéir et de vous plaire ; il me suffit de glorifier autant que je le puis votre saint nom, de rendre hommage à votre suprême pouvoir, d'user de retour envers vous et de reconnoître vos bontés infinies, de vous témoigner ma dépendance, mon zèle, mon amour. Voilà les motifs qui doivent me toucher, et que je dois me proposer. De tout le reste, je m'en remets aux soins paternels de votre providence : car elle ne me manquera pas; et m'a-t-elle manqué jusques à ce jour ? m'a-t-elle manqué dans le cours même d'une vie tiède, négligente, d'une vie sans fruit et sans mérite, où vous n'avez point cessé de m'appeler et de me représenter mes devoirs? Or il est temps de vous répondre, et ce seroit une obstination bien indigne de résister encore à de si favorables poursuites. Je me rends, Seigneur, je viens à vous, je me confie en votre secours tout-puissant ; et comme c'est par vous que je commence, ou que je veux commencer l'ouvrage de ma sanctification, c'est par vous que je le consommerai.

Ah ! Seigneur, si ce n'étoit par vous, par quel autre le pourrois-je ? Seroit-ce par moi-même, lorsque dans moi je ne trouve que des obstacles ? Toute la nature en est alarmée et y forme des oppositions au-dessus de mes forces, à moins qu'il ne vous plaise de me seconder. Une vie plus réglée, plus retirée, plus appliquée aux exercices intérieurs et toute contraire à mes anciennes habitudes, trouble mes passions, étonne mon amour-propre, ébranle mon courage, et me remplit d'idées tristes et dé-plaisantes. Grand Dieu! levez-vous; prenez ma dé-fense : prenez-la contre moi-même, quoique pour moi-même. C'est contre moi-même que vous la prendrez, en me défendant de ces ennemis domes-tiques qui sont nés avec moi et dans moi, et qui conspirent à me détourner de la sainte résolution que j'ai formée; mais ce sera en même temps pour moi-même, puisque ce sera pour le progrès de mon ame et pour mon salut.

Injustice du monde dans le mépris qu'il fait des pratiques de Dévotion.

A quoi bon tant de pratiques de dévotion et tant de menues observances? La piété ne consiste point en tout cela, mais dans le cœur. Ainsi parlent un homme et une femme du monde qu'on voudroit en-gager à une vie plus religieuse et à certains exer-cices qu'on sait leur être très-convenables et très-salutaires. Le principe qu'ils avancent est incontes-table, savoir, que la piété consiste dans le cœur : mais sur ce principe dont nous convenons également de part et d'autre, nous raisonnons du reste bien différemment. Car, disent-ils, pourquoi ne pas s'en tenir là, et qu'est-il nécessaire de s'assujettir à tous ces exercices et à toutes ces règles qu'on veut nous prescrire? Voilà ce qu'ils concluent; et moi par un raisonnement tout opposé, voici ce que je leur réponds, et ce que je leur dis : Il est vrai, c'est dans le cœur que la piété consiste; mais dès qu'elle est vraiment dans le cœur, elle porte, par une suite naturelle, à tout ce que je vous prescris ; et dès qu'elle ne vous porte pas à tout ce que je vous prescris, c'est une marque évidente qu'elle n'est pas vraiment dans le cœur.

En effet, du moment qu'elle est dans le cœur, elle veut s'y conserver; or, c'est par toutes ces pratiques qu'elle s'y maintient. Du moment qu'elle est dans le cœur, elle y veut croître et augmenter; or c'est par tous ces exercices qu'elle y fait sans cesse de nouveaux progrès. Du moment qu'elle est dans le cœur, elle veut se produire au dehors et passer aux œuvres; et c'est selon toutes ces règles qu'elle doit agir. Du moment qu'elle est dans le cœur, elle veut glorifier Dieu, édifier le prochain, faire honneur à la religion, et c'est dans toutes ces observances qu'elle trouve la gloire de Dieu, l'honneur de la religion, l'édification du prochain. Enfin, du moment qu'elle est dans le cœur, elle veut acquérir des mérites et s'enrichir pour l'éternité ; et tout ce qu'une sainte ferveur nous inspire, ce sont autant de fonds qui doivent profiter au centuple, et autant de gages d'une éternelle béatitude. Aussi l'Eglise, éclairée et conduite par l'esprit de Dieu, outre ce culte intérieur qu'elle nous recommande, et qu'elle suppose comme le principe et la base de toute vraie piété, a-t-elle cru devoir encore établir un culte extérieur où la dévo-

tion des fidèles pût s'exercer et se nourrir. Voïlà
pourquoi elle a institué ses fêtes, ses cérémonies,
ses assemblées, ses offices, ses prières publiques,
ses abstinences, ses jeûnes : pratiques dont elle a
tellement compris l'utilité et même la nécessité, que
de plusieurs elle nous a fait des commandemens
exprès, en nous exhortant à ne pas négliger les
autres, quoiqu'elle ait bien voulu ne les pas ordonner
avec la même rigueur. Rien donc n'est plus conforme
à l'esprit de l'Eglise, ni par conséquent au divin
esprit qui la guide en tout, qu'une dévotion agissante, et appliquée sans relâche à de pieuses observances, ou qu'une longue tradition autorise, ou
que le zèle suggère selon les temps et les conjonctures.

Le monde est merveilleux dans ses idées, et prend
bien plaisir à se tromper : je dis même le monde le
moins profane et en apparence le plus chrétien. On
veut une dévotion solide, et en cela l'on a raison ;
mais cette dévotion solide, on voudroit la renfermer
toute dans le cœur : pourquoi ? parce qu'on voudroit être dévot, et ne se contraindre en rien, ni
se faire aucune violence ; parce qu'on voudroit être
dévot, et consumer inutilement les journées dans
une molle oisiveté et dans une indolence paresseuse ;
parce qu'on voudroit être dévot, et vivre en toutes
choses selon son gré, et dans une entière liberté.
Car ces exercices propres d'une vie spirituelle et
dévote, ont leurs difficultés et leur sujétion ; il y
en a qui mortifient la chair et qui soumettent les
sens à des œuvres de pénitence dont ils ont un éloi-

gnement naturel; il y en a qui attachent l'esprit,
qui l'appliquent à d'utiles réflexions, et l'empêchent de se distraire en de vaines pensées où il aime
à se dissiper; d'autres captivent la volonté, répriment ses désirs trop vifs et trop précipités, et tout
indocile qu'elle est, la tiennent sous le joug et dans
la dépendance; d'autres règlent les actions de chaque
jour, les fixent à des temps précis, et leur donnent
un arrangement aussi invariable qu'il le peut être
dans la situation présente. Chacun porte avec soi
sa gêne, sa peine, son dégoût. Or voilà ce qui rebute, et à quoi l'on répugne.

Mais, dans le fond, qu'est-ce que toutes ces méthodes, que toutes ces pratiques? Ne sont-ce pas
des minuties? Des minuties! mais ces prétendues
minuties plaisent à Dieu, et entretiennent dans une
sainte union avec Dieu. Des minuties! mais ces prétendues minuties, les plus habiles maîtres et les plus
grands saints les ont regardées comme les remparts
et les appuis de la piété. Des minuties! mais ce sont
ces prétendues minuties qui font le bon ordre d'une
vie et la bonne conduite d'une ame. Des minuties!
mais c'est dans ces prétendues minuties que toutes
les vertus, par des actes réitérés et réglés, s'accrois-
sent et se perfectionnent. Des minuties! mais c'est
à ces prétendues minuties que Dieu a promis son
royaume, puisqu'il l'a promis pour un verre d'eau
donné en son nom.

En vérité, les mondains ont bonne grâce de rejeter avec tant de mépris ce qu'ils appellent, en
matière de dévotion, minuties et petitesses, lors-

qu'on les voit eux-mêmes dans l'usage du monde descendre à tant d'autres petits soins et d'autres minuties, pour se rendre agréables à un prince, à un grand, à toutes les personnes qu'ils veulent gagner. Ils ont bonne grâce de traiter de bagatelle ce qui concerne le service de Dieu, lorsque les moindres choses leur paroissent importantes à l'égard d'un souverain, d'un roi de la terre, dont ils recherchent la faveur, et à qui ils font si assidûment leur cour. Qu'ils en jugent comme il leur plaira : dès qu'il sera question du Dieu que j'adore et des hommages que je lui dois, je ne tiendrai rien au-dessous de moi; mais tout me deviendra respectable et vénérable. Ils riront de ma foiblesse, et j'aurai pitié de leur aveuglement.

Simplicité évangélique, préférable dans la Dévotion à toutes les connoissances humaines.

J'ENTENDS une bonne ame qui me parle de Dieu, et qui m'expose les sentimens que Dieu lui donne à la communion, à l'oraison, dans son travail et ses occupations ordinaires. Je suis surpris, en l'écoutant, de la manière dont elle s'explique : quel feu anime ses paroles ! quelle onction les accompagne ! elle s'énonce avec une facilité que rien n'arrête; elle s'exprime en des termes, qui, sans être étudiés ni affectés, me font concevoir les plus hautes idées de l'Etre divin, des grandeurs de Dieu, des mystères de Dieu, de ses miséricordes, de ses juge-

mens, des voies de sa providence, de sa conduite
à l'égard des élus, de ses communications intérieures. J'admire tout cela, et je l'admire d'autant
plus que la personne qui me tient ce langage si
relevé et si sublime, n'est quelquefois qu'une simple
fille, qu'une domestique, qu'une villageoise. A quelle
école s'est-elle fait instruire ? quels maîtres a-t-elle
consultés ? quels livres a-t-elle lus ? Et ne pourrois-
je pas, avec toute la proportion convenable, lui
appliquer ce qu'on disoit de Jésus-Christ : *Où cet
homme a-t-il appris tout ce qu'il nous dit ? n'est-
ce pas le fils d'un artisan* (1) ?

Ah! mon Dieu, il n'y a point eu pour cette ame
d'autre maître que vous-même et que votre esprit;
il n'y a point eu pour elle d'autre école que la prière
où elle vous a ouvert son cœur avec simplicité et
avec humilité; il ne lui a point fallu d'autres livres
ni d'autres leçons qu'une vue amoureuse du crucifix,
qu'une continuelle attention à votre présence,
qu'une dévote fréquentation de vos sacrés mystères,
qu'une pratique fidèle de ses devoirs, qu'une pleine
conformité à toutes vos volontés, et qu'un désir
sincère de les accomplir. Voilà par où elle s'est
formée; ou plutôt, voilà, mon Dieu, par où elle a
mérité, autant qu'il est possible à la foiblesse humaine, que votre grâce la formât, l'éclairât,
l'élevât.

Aussi est-ce à ces ames simples comme la colombe,
et humbles comme les enfans, à ces ames pures,
droites et ingénues, que Dieu communique avec

_____
(1) Matth. 13.

plus d'abondance ses lumières. C'est avec elles qu'il aime à converser. Il leur parle au cœur, et cette science du cœur, cette science de sentiment, cette science d'épreuve et d'expérience qu'il leur fait acquérir, est infiniment au-dessus de tout ce que peuvent nous découvrir toutes nos spéculations et toute notre théologie.

Que je m'adresse à quelqu'un de nos savans, et que je le fasse raisonner sur ce que nous appelons vie spirituelle, vie de l'ame, vie cachée en Jésus-Christ et en Dieu : que me dira-t-il ? peut-être avec toute son habileté le verrai-je tarir au bout de quelques paroles; et sera-t-il obligé de confesser que là-dessus il n'en sait pas davantage : ou s'il veut s'étendre sur cette matière ; il m'étalera de beaux principes et de belles maximes, mais dont je m'apercevrai bientôt qu'il n'a qu'une connoissance vague et superficielle. Dans ses raisonnemens je pourrai remarquer beaucoup de doctrine, beaucoup d'esprit, et cependant j'en serai peu touché, parce que le cœur n'y aura point de part. Deux ou trois mots qui partiroient du cœur, m'en feroient plus comprendre et plus sentir que tous ses discours. Je conclurai donc avec le saint roi David : *Heureux ceux à qui vous enseignez vous-même vos voies, ô mon Dieu* (1)! Tout dépourvus qu'ils peuvent être d'ailleurs des talens et des dons de la nature, *vous rendez leurs langues disertes et éloquentes* (2). A quoi j'ajouterai comme saint Augustin : *Hélas ! les ignorans s'avancent, se sanctifient, emportent le ciel ; et nous,*

(1) Ps. 93. — (2) Sap. 10.

avec toute notre étude et tout notre savoir, nous restons aux derniers rangs du royaume de Dieu, et souvent même nous nous mettons en danger de tomber dans l'abîme éternel.

Mais n'y a-t-il pas eu des saints et de très-grands saints parmi les savans? Je sais qu'il y en a eu, et c'est saint Paul lui-même qui nous apprend que Dieu a établi dans son Eglise, non-seulement des apôtres et des prophètes, mais des docteurs qui l'ont éclairée, et qui, en l'éclairant, sont parvenus à la plus haute sainteté. Donnons à leur vaste et profonde érudition toute la louange qui lui est due; mais du reste, gardons-nous de croire que ce fût là ce qui les entretenoit dans une union si intime avec Dieu. Quand il s'agissoit de traiter avec ce souverain maître, et d'aller à lui, ils déposoient, pour ainsi dire, toute leur science; et bien loin de l'appeler à leur secours, ils en éloignoient toute idée, et craignoient que, par un souvenir même involontaire, elle ne troublât les divines opérations de la grâce. Tout ce qu'ils savoient alors, c'étoit d'adorer avec tremblement, de s'abaisser sous la main toute-puissante du Seigneur, de s'anéantir en présence de cette redoutable majesté, de contempler, d'admirer, de s'affectionner, d'aimer. Ils n'avoient besoin pour cela ni d'un génie sublime, ni d'un travail assidu, ni de curieuses recherches, ni de pensées ingénieuses et subtiles; mais il ne leur falloit qu'une simple considération, qu'une foi vive, qu'un cœur droit. Ainsi, tout savans qu'ils étoient, ils conservoient devant Dieu et dans les choses de

Dieu, toute la simplicité évangélique. Quoique savans, ils n'étoient point de ces prudens et de ces sages à qui le Père céleste, suivant la parole du Fils de Dieu, a caché ses adorables mystères; mais ils étoient du nombre de ces petits à qui Jésus-Christ donnoit un accès si facile auprès de sa personne, et qu'il a spécialement déclarés héritiers du royaume de Dieu.

Voilà comment ils approchoient de Dieu, remplis du même sentiment que le prophète Jérémie, lorsqu'il s'écrioit : *De quoi suis-je capable, Seigneur, et que puis-je ? je ne suis qu'un enfant, et à peine saisje prononcer une syllabe* (1)? Mais il me semble que Dieu leur répondoit intérieurement à chacun, comme à son prophète : *Non, ne dites point que vous ne savez rien, et que vous n'êtes qu'un enfant.* Parce que vous ne vous regardez point autrement devant moi, c'est pour cela que je vous comblerai de mes dons célestes; que je vous attacherai à moi, et que je m'attacherai à vous; que je vous admettrai à mes entretiens les plus familiers; que je vous révélerai les secrets de ma sagesse, et que je vous mettrai dans la bouche de dignes expressions pour les annoncer. Car c'est aux petits et aux plus petits, que ces faveurs sont réservées.

Soyons de ce nombre favori, et consolons-nous si nous sommes privés de certains mérites personnels, et de certaines qualités qui brillent aux yeux des hommes. La science sans la charité peut être plus nuisible qu'utile à un savant, parce qu'elle enfle; mais la charité sans la science peut-seule nous

(1) Jerem. 1.

suffire pour notre propre sanctification, parce que
de son fond et par elle-même, elle édifie. Or cette
charité si sainte et si sanctifiante, nous pouvons
l'avoir sans être pourvus de grands talens naturels,
ni de grandes connoissances. Nous pouvons même,
dans l'état de cette enfance spirituelle, l'avoir plus
aisément et la conserver plus sûrement, puisque
nous sommes moins exposés à la présomption de
l'orgueil, et moins sujets à nous évanouir dans nos
pensées : *Voyez, mes frères*, disoit l'apôtre aux
Corinthiens, *qu'elle est votre vocation : il n'y en a
pas eu beaucoup parmi vous qui fussent sages selon
la chair, ou puissans, ou nobles ; mais ce qui
passe pour insensé devant le monde, Dieu l'a
choisi pour confondre les sages ; et ce qui est
foible et méprisable devant le monde, Dieu l'a
choisi pour confondre ce qu'il y a de plus fort et
de plus grand, afin*, conclut le Docteur des gentils,
que nul homme n'eût de quoi se glorifier (1), s'attribuant à soi-même ce qui ne vient que de Dieu,
et qui n'appartient qu'à Dieu. Un homme versé
dans les sciences ou divines ou humaines, a plus
lieu de craindre qu'une secrète complaisance ne lui
fasse dérober à Dieu la gloire de certaines lumières,
de certaines vues, de certaines dispositions de l'ame
dont la grâce est l'unique principe. Quoi qu'il en
soit, suivons l'avis du Sage ; *cherchons Dieu dans
la simplicité de notre cœur* (2). Apprenons à l'aimer,
à lui obéir, à le servir, à nous sauver : voilà ce qu'il
nous importe souverainement de savoir : voilà *tout*

_____

(1) 1. Cor. 1. — (2) Sap. 12.

l'homme; selon le terme de l'Ecriture, et par conséquent vóilà la grande science de l'homme, et où toute autre science doit se réduire.

Défauts à éviter dans la Dévotion, et fausses conséquences que le libertinage en prétend tirer.

QUE la nature est adroite, et qu'elle sait bien ménager ses intérêts! Elle les trouve partout, et jusque dans les choses. qui paroissent les plus opposées. Nous pensons à nous défaire d'une passion : que fait la .nature? en la place de cette passion, elle en substitue une autre toute contraire, mais qui est toujours passion, et par conséquent qui lui plaît et qui la flatte. On. donne à l'orgueil, à l'envie de dominer et d'intriguer, à l'impétuosité naturelle, à la malignité, à l'indolence et à l'oisiveté, ce qu'on ôte aux autres vices; et de là divers caractères de dévotion, plus aisés à remarquer qu'à corriger. Dévotion fastueuse et 'd'éclat, dévotion intrigante et dominante, dévotión inquiète et empressée, dévotion zélée pour autrui sans l'être pour soi, dévotion de naturel et d'intérêt, dévotion douce et commode.

1. Dévotion fastueuse et d'éclat. Car on aime l'éclat jusque dans la retraite, jusque dans la pénitence, jusque dans les plus saints exercices, et dans les œuvres même les plus humiliantes. Celle-ci peut-être ni celle-là ne se seroient pas retirées du monde, si elles ne l'avoient fait avec éclat, et si cet éclat ne les eût soutenues. Et depuis qu'elles ont renoncé

au monde et embrassé la dévotion, peut-être ne se rendroient-elles pas si assidues au soin des pauvres ou au soin des prisonniers, si elles ne le faisoient avec le même éclat, et si dans ce même éclat, elles n'avoient le même soutien. Bien d'autres exemples pourroient vérifier ce que je dis. On s'emploie à des établissemens nouveaux, qui paroissent et qui font bruit dans le monde. On y contribue de tout son pouvoir, et l'on fournit amplement à la dépense. De relever les anciens qui tombent, et d'y travailler avec la même ardeur et la même libéralité, ce ne seroit pas peut-être une œuvre moins méritoire devant Dieu, ni moins agréable à ses yeux : mais elle seroit plus obscure, et l'on n'auroit point le nom d'instituteur ou d'institutrice. Or cet attrait manquant, il n'est que trop naturel et que trop ordinaire qu'on porte ailleurs ses gratifications, et qu'on se laisse attirer par l'éclat de la nouveauté. Mais, dit-on, cet éclat sert à édifier le prochain. Sur cela je conviens que l'éclat alors seroit bon, si l'on n'y recherchoit que l'édification publique ; mais il est fort à craindre qu'on ne s'y cherche encore plus soi-même. Hé quoi ! faut-il donc quitter toutes ces bonnes œuvres ? Non, retenez-les toutes quant à l'action ; mais étudiez-vous à en rectifier l'intention.

2. Dévotion intrigante et dominante. En cessant d'intriguer dans le monde et d'y vouloir dominer, on veut intriguer et dominer dans le parti de la dévotion. Car il y a dans la dévotion même différens partis, et s'il n'y en avoit point, et que l'uniformité des sentimens fût entière, sans dispute, sans contes-

tation, sans occasion de remuer, de s'ingérer en mille affaires et mille menées, il est à croire que bien des personnes, surtout parmi le sexe, n'auroient jamais été dévotes ni voulu l'être. Le crédit qu'on a dans une secte dont on devient, ou le chef, ou l'un des principaux agens; l'empire qu'on exerce sur les esprits qu'on a su prévenir en sa faveur, et qui prennent aveuglément les impressions qu'on leur donne; l'autorité avec laquelle on les gouverne et on les fait entrer dans toutes ses vues et toutes ses pratiques; le plaisir flatteur d'être l'ame des assemblées, des délibérations, de tous les conseils et de toutes les résolutions; le seul plaisir même d'avoir quelque part à tout cela, et d'y être compté pour quelque chose : voilà ce qui touche un cœur vain et amateur de la domination, voilà son objet : tout le reste n'est proprement que l'accessoire et qu'une spécieuse apparence.

3. Dévotion inquiète et empressée. *Marthe, Marthe, vous vous inquiétez et vous vous mettez en peine de bien des choses* (1), disoit le Sauveur du monde à cette sœur de Magdeleine, voyant qu'elle s'embarrassoit de trop de soins pour le recevoir dans sa maison, et pour lui témoigner son respect. C'étoit sans doute une bonne œuvre qu'elle faisoit, puisqu'il s'agissoit du Fils de Dieu; mais dans toutes nos œuvres et particulièrement dans nos œuvres de piété, Dieu veut toujours que nous conservions le recueillement intérieur, qui ne peut guère s'accorder avec une ardeur si vive et si préci-

(1) Luc. 10.

pitée. Car dans les choses de Dieu, comme partout ailleurs, il y a de ces vivacités et de ces empressemens qu'il faut modérer. C'est le caractère de certains esprits, qui n'entreprennent ni ne font presque jamais rien d'un sens rassis et avec tranquillité : de sorte qu'on les voit dans un mouvement perpétuel, et que pour quelques démarches qui suffiroient, ils en font cent d'inutiles. Ils croient agir en cela avec plus de mérite devant Dieu ; mais souvent, sans qu'ils l'aperçoivent, s'y mêle-t-il beaucoup de tempérament et quelquefois même une secrète complaisance au fond de l'ame. Car toutes ces manières et toutes ces agitations extérieures ont je ne sais quel air d'importance, dont le cœur se laisse aisément flatter. C'est l'œuvre de Dieu, disent-ils, et *malheur à celui qui fait l'œuvre de Dieu négligemment* (1). Je l'avoue, et je le dis aussi bien qu'eux : mais sans négliger l'œuvre de Dieu, on peut s'y comporter avec plus d'attention à Dieu même, avec plus de récollection, avec moins de dissipation. Hé ! pourrois-je leur demander, que prétendez-vous, en vous laissant ainsi distraire, et perdant par toutes vos précipitations et tous vos troubles la présence de Dieu ? Vous le cherchez hors de vous, et vous le quittez au dedans de vous-mêmes.

4. Dévotion zélée, mais fort zélée pour autrui et très-peu pour soi. Depuis que telle femme a levé l'étendard de la dévotion, il semble qu'elle soit devenue impeccable, et que tous les autres soient des pécheurs remplis de défauts. Elle donnera dans un

(1) Jerem. 48.

jour

jour cent avis, et dans toute une année elle n'en
voudra pas recevoir un seul. Quoi qu'il en soit, nous
avons du zèle, et le zèle le plus ardent, mais sur
quoi? sur quelques abus assez légers que nous remarquons, ou que nous nous figurons dans des
subalternes, et dans des états qui dépendent de
nous. Voilà ce qui nous occupe, sans que jamais
nous nous occupions des véritables abus de notre
état, dont nous ne sommes pas exempts, et qui
quelquefois sont énormes. Cependant on inquiète
des gens, on les fatigue, on va même jusqu'à les
accabler. Le Prophète disoit : *Mon zèle me dévore* (1) ; mais combien de prétendus zélateurs ou
zélatrices pourroient dire : *Mon zèle, au lieu de me
dévorer moi-même, dévore les autres.*

5. Dévotion de naturel, d'inclination, d'intérêt.
Le vrai caractère de la piété est d'accommoder nos
inclinations et nos désirs à la dévotion ; mais l'illusion la plus commune et le désordre presque universel, est de vouloir au contraire accommoder la
dévotion à tous nos désirs et à toutes nos inclinations. De là vient que la dévotion se transfigure en
toutes sortes de formes : mais surtout à la cour elle
prend toutes les qualités de la cour. La cour (ce
que je ne prétends pas néanmoins être une règle générale), la cour est le séjour de l'ambition : la dévotion y devient ambitieuse ; la cour est le séjour de
la politique : la dévotion y devient artificieuse et
politique ; la cour est le séjour de l'hypocrisie et
de la dissimulation : la dévotion y devient dissi-

(1) Ps. 68.

mulée et cachée ; la cour est le séjour de la médisance : la dévotion y devient critique à l'excès et
médisante. Ainsi du reste. La raison de ceci est,
que dans la dévotion même, il y a toujours, si l'on
n'use d'une extrême vigilance, quelque chose d'humain et un fonds de notre nature corrompue, qui
s'y glisse et qui agit imperceptiblement. On est
pieux, ou l'on croit l'être ; mais on l'est selon ses
vues, mais on l'est selon ses avantages personnels et
temporels, mais on l'est selon l'air contagieux du
monde, que l'on respire sans cesse. C'est-à-dire,
qu'on l'est assez pour pouvoir en quelque manière
se porter témoignage à soi-même de l'être, et pour
en avoir devant le monde la réputation ; mais qu'on
l'est trop peu pour avoir devant Dieu le mérite de
l'être véritablement. Sainteté de cour, sainteté la
plus éminente quand elle est véritable, parce qu'elle
a plus d'obstacles à surmonter, et plus de sacrifices
à faire : mais que ces sacrifices sont rares ! et comme
il faut pour cela s'immoler soi-même ! que l'esprit
de la cour trouve d'accommodemens et de raisons
pour épargner la victime !

6. Dévotion douce, oisive, commode. On dit,
en se retirant des affaires du monde, et se donnant
à Dieu : Pourquoi tant de mouvemens et tant de
soins ? Tout cela me lasse et m'importune ; je veux
vivre désormais en repos. Erreur : ce n'est point là
l'esprit de la piété ; mais c'est un artifice de l'amour-
propre, qui se cherche soi-même jusque dans les
meilleurs desseins. Il veut partout avoir son compte,
et être à son aise : en quoi il nous trompe. La sain-

teté de cette vie est dans le travail et dans la peine, comme celle de l'autre est dans la béatitude et dans la paix.

Que le libertinage, instruit, aussi bien que nous, de ces égaremens dans la dévotion et des autres, les condamne, nous ne nous en plaindrons point, et nous ne l'accuserons point en cela d'injustice. Mais de quoi nous nous plaignons et avec raison, c'est que le libertin abuse de quelques exemples particuliers, pour en tirer des conséquences générales au désa-vantage de toutes les personnes vertueuses et adon-nées aux œuvres de piété. De quoi nous nous plai-gnons, c'est que le libertin prenne de là sujet de décrier la dévotion, de la traiter avec mépris, de l'exposer à la risée publique par de fades et scanda-leuses plaisanteries. De quoi nous nous plaignons, c'est que le libertin veuille de là se persuader qu'il n'y a de vraie dévotion qu'en idée, et que ce n'est dans la pratique qu'un dehors trompeur et un faux nom. De quoi nous nous plaignons, c'est qué le li-bertin exagère tant les devoirs de la dévotion, et qu'il affecte de les porter au degré de perfection le plus éminent, afin que ne voyant presque personne qui s'y élève, il puisse s'autoriser à conclure, que tout ce qu'on appelle gens de bien, ne valent pas mieux la plupart que le commun des hommes. De quoi nous nous plaignons, c'est que par là le libertin ôte en quelque sorte aux prédicateurs, et à tous les ministres chargés de l'instruction des fidèles, la li-berté de s'expliquer publiquement sur la dévotion, d'en prescrire les règles, d'en découvrir les illusions, de peur que les mondains n'empoisonnent ce qu'ils entendent sur cette matière, et que leur malignité ne s'en prévale.

Cependant le monde pensera tout ce qu'il lui plaira, et il raillera tant qu'il voudra ; nous parlerons avec discrétion, mais avec force, et nous ne déguiserons point la vérité dont nous sommes les dépositaires et les interprètes. Nous imiterons notre divin maître, qui n'usa de nul ménagement à l'égard des scribes et des pharisiens, et qui tant de fois publia leurs hypocrisies et leurs vices les plus secrets ; nous exalterons la vertu, nous lui donnerons toute la louange qu'elle mérite, nous reconnoîtrons qu'elle n'est point bannie de la terre et qu'elle règne encore dans l'Eglise de Dieu : mais en même temps, pour son honneur et pour la réformation de ceux mêmes qui la professent, nous ne craindrons point de marquer les altérations qu'on y fait. Nous démêlerons dans cet or ce qu'il y a de pur et tout ce qu'on y met d'alliage. Plaise au ciel que nos leçons soient bien reçues et qu'on en profite ! c'est notre intention : mais quiconque en sera scandalisé, qu il s'impute à lui-même son scandale.

Alliance de la Piété et de la Grandeur.

QUELQUE opposé que semble être au christianisme l'état des grands, il y a une merveilleuse alliance entre la piété et la grandeur. Bien loin qu'elles soient incompatibles, elles se soutiennent mutuellement l'une et l'autre : de sorte que la piété sert à relever la grandeur, et que la grandeur sert à relever la piété.

I. La piété relève tout à la fois la grandeur, et devant Dieu et devant les hommes : devant Dieu, parce que la piété rend la grandeur chrétienne et sainte ; devant les hommes, parce que la piété nous rend la grandeur singulièrement aimable et vénérable.

Grandeur chrétienne et sainte devant Dieu : par où ? par la piété, ainsi que je viens de le dire. Car que fait la piété dans un grand, et comment le sanctifie-t-elle ? Est-ce en le dépouillant de sa grandeur même ? est-ce en le faisant renoncer à tous les titres d'honneur dont il est revêtu ? L'oblige-t-elle à céder ses droits, à se démettre de son autorité et de son pouvoir, à descendre de son rang et à se dégrader, à mener une vie privée et à se réduire dans une retraite obscure, sans pompe, sans éclat, sans nom ? Il est vrai qu'il y a eu des grands du monde, et même des princes et des rois, que l'esprit de Dieu a portés jusque-là. Ils se sont retirés dans les solitudes et dans les cloîtres ; et pour se mettre plus sûrement en garde contre la contagion du siècle, ou pour acquérir une ressemblance plus parfaite avec Jésus-Christ humilié et anéanti, ils se sont cachés et ensevelis dans les ténèbres. Mais si ces exemples sont dignes de notre admiration, ce n'est pas une conséquence que tous les grands les doivent suivre, et qu'ils ne puissent autrement se sanctifier que par cette abdication volontaire, et ce renoncement à l'état de distinction où la Providence les a élevés. S'il en étoit ainsi, il faudroit donc qu'il n'y eût dans le monde chrétien, ni puissance séculière, ni dignité, ni magistrature, ni principauté, ni monarchie, puisqu'il seroit nécessaire de quitter tout cela et de se défaire de tout cela, pour pratiquer le christianisme et pour s'y perfectionner. Système qui dérangeroit tout le plan de la sagesse divine, et qui renverseroit tout l'ordre qu'elle a établi. A ne point parler des saints législateurs et des saints rois qui ont vécu dans l'ancienne loi et gouverné le peuple de Dieu, combien de grands dans la loi nouvelle, combien de rois, sans déroger en rien de leur grandeur, sont parvenus, au milieu de la cour, à la plus sublime sainteté, et ont mérité d'être honorés d'un culte public par toute l'Eglise ?

De là il s'ensuit qu'on peut être grand selon le monde, demeurer dans la condition de grand, vivre en grand, et cependant marcher et s'avancer dans les voies de la perfection chrétienne. Or voilà l'ouvrage, ou plutôt le chef-d'œuvre de la piété, elle fait remonter un grand jusqu'au principe de sa grandeur et de toute grandeur humaine, qui est Dieu ; elle lui fait reconnoître avec l'Apôtre, et selon la maxime fondamentale de la foi, que toute puissance vient de Dieu, et par conséquent que tout ce qu'il est, il ne l'est que par la grâce de Dieu. D'où il conclut, par le raisonnement le plus juste et le plus sensible, que toute sa grandeur n'est donc qu'une grandeur subordonnée au souverain maître de qui il l'a reçue. Que c'est une grandeur dépendante ; et que bien loin qu'elle l'affranchisse des lois divines, elle lui impose une obligation particulière d'honorer d'un culte plus religieux, plus assidu, plus fervent, le suprême auteur à qui il est redevable de son état et de tous les avantages temporels qui y sont attachés. Que ce n'est pas pour lui qu'elle lui a été donnée, cette grandeur, et qu'il n'en est que le dépositaire; mais que chaque chose devant retourner à sa source, c'est à Dieu que l'hommage en est dû, et à ce Seigneur des seigneurs qu'elle doit être référée par un usage tel qu'il le demande et tel qu'il le mérite.

Toutes ces pensées, et bien d'autres que la piété ne manque point de suggérer, tiennent un grand dans une attention continuelle sur soi-même, pour ne se laisser point éblouir de l'éclat qui l'environne, et ne se point évanouir dans ses idées; pour se maintenir toujours devant Dieu et à l'égard de Dieu, dans des sentimens humbles et soumis, dans une dépendance volontaire et entière, dans une obéissance pleine et parfaite; pour n'user jamais de sa puissance contre Dieu, en la faisant servir à satisfaire ses passions, son intérêt, son ambition, ses ressentimens et ses vengeances; mais au contraire, pour l'employer toujours selon les vues et le gré de Dieu, consultant Dieu dans tout ce qu'il entreprend, n'y envisageant que Dieu, et ne s'y proposant autre chose que d'être l'exécuteur de ses ordres, et le ministre de ses éternelles volontés; pour s'attacher avec d'autant plus de fidélité et plus de zèle au service de Dieu, qu'il se voit comblé plus libé-

ralement et plus abondamment de ses dons; pour
lui rendre tous les devoirs de religion, d'adoration,
de reconnoissance et de dévotion, que l'Eglise de
Dieu exige de chaque fidèle, ne manquant à nulle
observance, ne se dispensant d'aucune pratique, y
en ajoutant même de propres et de personnelles,
en un mot, remplissant toute justice, et n'écoutant
là-dessus ni respect du monde, ni inclination ou
répugnance de la nature. Qui peut douter qu'un
grand de ce caractère ne soit spécialement agréable
à Dieu? c'est-à-dire, qui peut douter qu'il ne soit
vraiment grand aux yeux de Dieu; puisque la vraie
grandeur est de plaire à Dieu, et que rien ne doit
plaire davantage à Dieu que la grandeur même temporelle, ainsi appliquée à le glorifier et toute dé-
vouée à son honneur? Voilà par où David devint
un objet de complaisance pour Dieu, et un prince
selon le cœur de Dieu. C'est ce qui consacra toutes
ses entreprises et toutes ses victoires. C'est ce qui en
fit tout le mérite et tout le prix.

Grandeur singulièrement aimable et vénérable
devant les hommes : autre effet de la piété dans un
grand. Il est certain que la vertu, en quelque sujet
qu'elle se rencontre, est toujours digne de notre
estime et de nos respects; mais il faut convenir, dit
saint Bernard, que par une grâce et un don particulier, elle plaît surtout dans les nobles. D'où vient
cela? on pourroit dire qu'étant beaucoup plus rare
dans les grands, elle paroît par-là même beaucoup
plus estimable. On pourroit ajouter qu'ayant dans
les grands beaucoup plus d'efforts à faire pour se

soutenir, et plus de difficultés à vaincre, elle les
rend aussi beaucoup plus recommandables par les
obstacles mêmes qu'ils surmontent, et par les victoires qu'ils remportent. Mais sans m'arrêter à ces
raisons ni à toutes les autres, voici, ce me semble,
la plus essentielle : c'est que la piété corrige dans
un grand les défauts les plus ordinaires par où la
grandeur devient communément odieuse et méprisable, et qu'au contraire elle lui donne les qualités
les plus capables de gagner les cœurs et de les prévenir en sa faveur.

En effet, ce qui nous indispose à l'égard des
grands, et ce qui nous porte le plus souvent contre
eux aux murmures et aux mépris, ce sont leurs
hauteurs et leurs fiertés, ce sont leurs airs dédai-
gneux et méprisans, ce sont leurs façons de parler,
leurs termes, leurs gestes, leurs regards, toutes
leurs manières, ou brusques et rebutantes, ou trop
impérieuses et trop dominantes. Ce sont encore bien
plus leurs tyrannies et leurs duretés, quand, par
l'abus le plus énorme du pouvoir dont ils ont été
revêtus, ils tiennent dans l'oppression des hommes
comme eux, et leur font sentir sans ménagement
tout le poids de leur grandeur ; quand, par l'indifférence la plus mortelle, uniquement attentifs à ce
qui les touche, et renonçant à tous les sentimens de
la charité, ils voient d'un œil tranquille et sans nulle
compassion, des misères dont assez ordinairement
ils sont eux-mêmes auteurs ; quand, par une monstrueuse ingratitude, ils laissent sans récompense
les services les plus importans, et oublient des gens

qui se sont immolés et qui s'immolent sans cesse pour leurs intérêts. Ce sont leurs injustices, leurs violences, leurs concussions, et, si je puis user de ce terme, leurs brigandages soit connus et publics (car souvent même ils ne s'en cachent pas), soit particuliers et plus secrets, mais qui ne causent pas moins de dommages, et ne donnent pas moins à souffrir. Ce sont les désordres de leur vie, leurs débauches, leurs excès, leur irréligion, tous les vices où ils s'abandonnent avec d'autant plus de liberté, que c'est avec plus d'impunité. Voilà, tout grands qu'ils sont, ou par la naissance, ou par la faveur, ce qui les rabaisse infiniment dans les esprits et ce qui les avilit. On respecte dans eux leur caractère. On redoute leur puissance. On leur rend les hommages qu'on ne peut leur refuser, ni selon les lois du monde, ni selon la loi de Dieu : mais leurs personnes, comment les regarde-t-on? et tandis qu'au dehors on les honore, quelle estime en fait-on dans le cœur, et quelles idées en conçoit-on? S'ils en étoient instruits, il faudroit qu'ils fussent bien insensibles, pour n'en être pas pénétrés jusque dans le fond de l'ame.

Or la piété retranche tout cela, réforme tout cela, change tout cela. En faisant de la grandeur une grandeur chrétienne, elle en fait une grandeur aimable et vénérable : comment? parce qu'elle en fait une grandeur modeste et humble, qui, sans abandonner ses droits ni oublier ses prérogatives, du reste ne s'enorgueillit point, ne s'enfle point, ne se laisse point infatuer d'elle-même; qui n'offense personne, ne choque personne, ne s'éloigne de personne ; qui tout au contraire se rend affable à l'égard de tout le monde, prévenante, honnête, douce, condescendante. Parce qu'elle en fait une grandeur officieuse et charitable, qui se plaît à obliger ; qui volontiers s'emploie pour les petits, pour les pauvres, pour les affligés ; qui compatit à leurs maux, et prend soin, autant qu'il lui est possible, de les soulager ; qui se communique, se familiarise, pardonne aisément, récompense abondamment, répand libéralement ses dons, et pense plus en quelque manière aux autres qu'à soi-même. Parce qu'elle en fait une grandeur sage, droite et juste ; vraie dans ses paroles, fidèle dans ses promesses, équitable dans ses jugemens ; n'écoutant que la raison, et la suivant en tout sans nul égard ; prenant le parti de l'innocence, soutenant la veuve et l'orphelin, rendant à chacun ce qui lui appartient, et aimant mieux, en bien des rencontres, se relâcher de certains intérêts et de certaines prétentions, que de se mettre au hasard de faire tort à qui que ce soit, et de profiter de ses dépouilles. Parce qu'elle en fait une grandeur réglée dans toute sa conduite et irréprochable dans ses mœurs ; tellement adonnée aux devoirs de la religion, qu'elle ne manque à aucun devoir du monde ; ennemie du libertinage, zélée pour le bon ordre, commençant par s'y soumettre elle-même, et donnant l'exemple à ceux qu'elle y veut réduire, ou qu'elle travaille à y maintenir.

Supposons un grand en de telles dispositions, et

agissant de telle sorte en toutes choses : est - il un homme plus respecté ? du moins est-il un homme plus respectable ? peut-on se défendre de l'estimer, de l'admirer, de l'aimer ? Qu'il ait quelques ennemis secrets, qu'il ait des concurrens et des envieux : ses ennemis mêmes, ses envieux et ses concurrens seront forcés dans le cœur de lui rendre la justice qui lui est due. Quoi qu'il en soit et quoi qu'ils en pensent, tout le public se déclarera en sa faveur ; et c'est à son égard que se vérifiera ce que le Saint-Esprit a dit en particulier d'un homme désintéressé : *Quel est celui-là ? nous le comblerons d'éloges : car sa vie est un perpétuel miracle* (1). Mais, dira-t-on, ne voit-on pas quelquefois de ces grands que la piété rend importuns, difficiles, chagrins, bizarres, farouches, et par là même insupportables et méprisables ? erreur. Je dis erreur : non pas que je ne convienne de toutes leurs bizarreries, et de tous les travers où ils donnent ; mais erreur, si l'on attribue tout cela à la piété. Car il faut bien distinguer ce qui vient d'eux - mêmes, et ce qui vient de la piété qu'ils professent. Une parfaite piété, bien loin de nous porter à tous ces écarts, nous en garantit ou nous en retire : et de là il faut conclure, que le principe du mal, c'est qu'ils n'ont encore qu'une piété très-défectueuse. Autant qu'ils la perfectionneront, autant elle les perfectionnera eux-mêmes ; et plus elle les perfectionnera en corrigeant les défauts personnels qu'on leur reproche, et leur faisant acquérir les vertus contraires, plus elle

(1) Eccli. 31, v. 9.

donnera de lustre à leur grandeur et les rendra recommandables.

II. Comme la piété relève la grandeur, on peut dire aussi que la grandeur, par un heureux retour, sert infiniment à relever la piété, et cela en plus d'une manière : parce que la grandeur met en crédit la piété ; parce que la grandeur a plus de pouvoir pour bannir le vice, et que par la force de ses exemples, elle engage plus de monde dans le parti de la piété ; parce que la grandeur, par l'édification qu'elle donne, détruit le plus puissant obstacle que la piété ait à combattre, qui est le respect humain ; parce que la grandeur fournit à la piété de plus importans sujets, et des occasions plus éclatantes de s'exercer et de signaler sa religion et son zèle.

La grandeur met en crédit la piété ; et la raison est, qu'étant prévenus naturellement, comme nous le sommes, d'un certain respect pour les grands, nous sommes par là naturellement portés à juger des choses selon qu'ils en jugent ; surtout si ce sont d'ailleurs de bonnes choses en elles-mêmes, ou des choses au moins qui ne paroissent pas évidemment mauvaises. Ainsi, quand on voit pratiquer les exercices du christianisme à un grand ; quand on le voit fréquenter les sacremens, assister régulièrement et dévotement au sacrifice de l'autel, sanctifier les fêtes par son assiduité aux prières et aux offices ordinaires de l'Eglise, observer les abstinences, les jeûnes, écouter la parole divine, ne manquer à rien de tout ce qui concerne le culte de Dieu, on n'en a que plus d'estime pour ces mêmes exercices. On ne les

compte plus seulement pour des pratiques du peuple
et d'un petit nombre d'ames pieuses , mais on les
regarde comme des devoirs convenables à tous les
états et aux plus hauts rangs. Les païens , selon le
témoignage de saint Cyprien , respectoient jusqu'aux
vices mêmes de leurs prétendues divinités , et il leur
sembloit que ces vices étoient consacrés dès que
c'étoient les vices des dieux. De là nous devons juger
à combien plus forte raison la vertu reçoit des grands
un éclat particulier , et quel prix dans l'opinion
commune y ajoute leur grandeur.

De ce premier avantage il en suit un autre : c'est
que l'exemple des grands ayant autant d'efficace qu'il
en a pour toucher les cœurs et pour les engager ,
il est par là même d'un secours infini à la piété ,
pour s'établir et pour se répandre. Ce sont des modèles sur lesquels on se forme beaucoup plus volontiers que sur le reste des hommes. Ce sont des
lumières , suivant la figure de l'évangile , et des
lumières , non point *cachées sous le boisseau ,* mais
placées sur le chandelier , dont les rayons *éclairent
toute la maison* (1) , et dont la splendeur frappe
vivement les yeux. L'édification que donne un particulier est renfermée dans un petit nombre de personnes qui le voient et qui sont témoins de ses
actions : mais il n'en est pas de même d'un grand.
Plus il est élevé , plus il est connu et remarqué :
d'où il arrive que la bonne odeur de sa piété s'étend
bien plus loin , et que sa vie exemplaire devient bien
plus édifiante. Edification aussi efficace qu'elle est

(1) Matth. 5.

générale : car les exemples d'un homme au-dessus de nous, sont contre nous les titres les plus convaincans et les plus pressans reproches, quand nous refusons de faire ce qu'il fait, et que nous ne voulons pas tenir la même conduite que lui, ni nous assujettir aux mêmes observances. Notre cœur nous applique à nous-mêmes ce témoignage, et le tourne à notre confusion. Tous les prétextes dont nos passions tâchent de se prévaloir, s'évanouissent, parce qu'on se trouve forcé de reconnoître, que ce ne sont en effet que des prétextes et que de fausses excuses. On est intérieurement excité, sollicité, attiré ; et plusieurs enfin suivent l'attrait dont ils ressentent l'impression. Voilà comment dans une ville, dans une cour, il ne tiendroit souvent qu'à quelques personnes distinguées par leur naissance et par leur dignité, de bannir des abus, des coutumes, des modes, des scandales, mille désordres qui ruinent toute la piété, et qui déshonorent la religion. Si leur exemple ne suffisoit pas, ils y emploiéroient le pouvoir qu'ils ont en main, et le mettant en œuvre à propos, selon les besoins et les rencontres, ils sauroient bien réprimer la licence, et maintenir l'honneur de Dieu et de son service.

De tout ceci, par une conséquence naturelle, qu'arriveroit-il encore en faveur de la piété ? C'est qu'elle prendroit l'ascendant sur l'ennemi le plus dangereux qui l'attaque et qui s'oppose à ses progrès, je veux dire sur le respect humain. Car il n'y auroit plus de honte à vivre selon les maximes de l'évangile et selon les règles de la foi, si les grands se déclaroient hautement pour la piété. Les mondains et les libertins auroient beau parler et railler : cet exemple, sans de longs raisonnemens, seroit une réponse courte et toujours présente à toutes leurs railleries et à tous leurs discours. S'il y avoit même alors quelque chose à craindre, ce n'est pas que le respect du monde perverti et corrompu nous arrêtât : mais c'est qu'une autre sorte de respect humain tout contraire, et que la seule envie de plaire à un grand ne nous portât à une piété hypocrite, et ne nous fît affecter de faux dehors. Tant il est certain que tout cède à l'exemple des grands ; et tant ils sont coupables, quand ils ne font pas servir l'empire qu'ils ont sur les esprits à confondre le libertinage, et à mettre la piété en état d'agir ouvertement et de se montrer avec assurance.

Enfin, par une dernière prérogative et un privilége qui lui est propre, c'est la grandeur qui fournit à la piété plus d'occasions et plus de moyens d'entreprendre de grandes choses, et de les exécuter pour la gloire de Dieu, pour le bien du prochain, et pour l'avancement de la religion. Car plus un homme est élevé selon le monde, plus il peut s'employer utilement selon Dieu et faire de bonnes œuvres. Par exemple, que ne peut point faire un seigneur dans toutes ses terres ? Que ne peut point faire un chef de justice dans tout son ressort, ou un commandant dans toute une province ? Que ne peut point faire un roi dans toute l'étendue de ses Etats ? Comment saint Louis fit-il de si beaux établissemens, porta-t-il des lois si salutaires, donna-t-il de

si

si saints édits, forma-t-il des armées et les condui-
sit-il contre les ennemis de la foi? c'est que dans sa
personne la piété se trouvoit soutenue de la grandeur. S'il eût été moins puissant, et qu'il se fût
trouvé réduit à une condition médiocre, il n'eût pu
dans la pratique et dans les effets porter si loin sa
charité, son zèle, son détachement, son équité inviolable, sa générosité toute chrétienne, sa patience,
son humilité, bien d'autres vertus. Heureux d'avoir
su dans sa grandeur et par sa grandeur même,
s'élever à un si haut point de sainteté.

Voilà par proportion quel seroit le bonheur de
tous les grands, s'ils savoient user, comme ils le
doivent, de leur grandeur. Mais leur malheur est de
ne vouloir être grands que pour leur élévation temporelle, et de se persuader presque que la grandeur
est un titre qui les affranchit des lois du christianisme. La louange que donne l'Ecriture à un grand,
c'est *d'avoir pu faire le mal et de ne l'avoir pas
fait* (1) : mais par une règle à peu près semblable,
ce qui condamne la plupart des grands, et ce qui
leur sera reproché au jugement de Dieu, c'est d'avoir
pu faire le bien et le plus grand bien, et d'avoir omis
de le faire.

Pensées diverses sur la Dévotion.

POURQUOI la vraie dévotion est-elle si peu connue, et pourquoi au contraire connoît-on si bien la
fausse? c'est que la vraie dévotion se cache, parce

(1) Eccl. 31.

qu'elle est humble ; au lieu que la fausse aime à se
montrer et à se distinguer. Je ne dis pas qu'elle aime
à se montrer ni à se faire connoître comme fausse :
bien loin de cela, elle prend tous les dehors de la
vraie ; mais elle a beau faire, plus elle se montre,
plus on en découvre la fausseté. Voilà d'où vient
que le monde juge communément très-mal de la
dévotion. Car il n'en juge que par ceux qui en ont
l'éclat, qui en ont le nom, la réputation : or, ce
n'est pas toujours par ceux-là qu'on en peut former
un jugement favorable et avantageux. Pour mettre
la dévotion en crédit, il faudroit que la fausse de-
meurât dans les ténèbres, et que la vraie, perçant
le voile de son humilité, parût au grand jour.

Si les libertins pouvoient être témoins de ce qui
se passe en certaines ames solidement chrétiennes et
pieuses; s'ils voyoient la droiture de leurs intentions,
la pureté de leurs sentimens, la délicatesse de leur
conscience; s'ils savoient quelle est leur charité, leur
humilité, leur patience, leur mortification, leur désintéressement, ils auroient peine à le comprendre :
ils en seroient étonnés, touchés, charmés; et bien
loin de s'attacher, comme ils font, à tourner la piété
en ridicule, ils en respecteroient même jusque dans
la fausse les apparences, de peur de se tromper dans
la vraie.

Nous cherchons en tout le plaisir, et nous le voulons trouver jusque dans le service de Dieu et dans
la piété. Ce sentiment, dit saint Chrysostôme, est

bien indigne d'un chrétien : mais tout indigne qu'il est, Dieu, par une admirable condescendance, n'a point refusé de s'accommoder à notre foiblesse, et c'est ce que nous montre l'exemple des saints. Dès cette vie, quelles douceurs, quelles délices intérieures les saints n'ont-ils pas goûtées ? Peut-être ne les concevons-nous pas, parce que nous ne nous sommes jamais mis en état de les goûter comme eux : mais les fréquentes épreuves qu'ils en ont faites, et que nous ne pouvons désavouer, sont sur cela des témoignages irréprochables et convaincans. Pendant que les réprouvés dans l'enfer, ainsi que l'Ecriture nous l'apprend, protestent et protesteront éternellement qu'*ils se sont lassés dans le chemin de l'iniquité* (1) ; pendant que tant de mondains sur la terre nous assurent encore tous les jours, et nous prennent à témoin qu'il n'y a pour eux dans le monde qu'amertume, que trouble et affliction d'esprit ; que nous ont dit au contraire mille fois les serviteurs de Dieu ? que nous disent-ils sans cesse de leur état ? Ils n'ont tous là-dessus qu'une voix commune et qu'un même langage, pour nous faire entendre qu'ils ont trouvé dans Dieu une source inépuisable de consolations, et des consolations les plus sensibles ; que Dieu leur tient lieu de toutes choses, et qu'un moment qu'ils passent auprès de lui, leur est incomparablement plus doux que des années entières au milieu de tous les divertissemens, et de toutes les joies apparentes du monde. Veulent-ils nous tromper ? mais quel intérêt les y porteroit ? Se trompent-ils

(1) Sap. 5.

eux-mêmes? mais on ne se trompe pas aisément sur
ce qu'on sent. Pourquoi donc nous obstinons-nous
à ne les en pas croire ; ou si nous les croyons, pourquoi nous obstinons-nous à vouloir être malheureux
avec le monde, plutôt que de chercher en Dieu notre
véritable bonheur ?

Dès que les Juifs commencèrent à manger des
fruits de cette terre abondante où ils entrèrent en sortant du désert, la manne qui les avoit jusque-là
nourris, ne tomba plus du ciel ; et tant qu'une ame
est attachée aux plaisirs des sens et aux douceurs de
la vie présente, en vain espère-t-elle goûter jamais
les douceurs et les consolations divines. C'est une
nécessité de renoncer à l'un ou à l'autre. Voulons-
nous que Dieu nous soit comme une manne où nous
trouvions toutes sortes de goûts? il faut que le monde
nous soit comme un désert.

Trois ou quatre communions par semaine, et
pas un point retranché ni de son extrême délicatesse et de l'amour de soi-même, ni de son intérêt propre, de son aigreur ou de sa hauteur d'esprit ; deux heures d'oraison par jour, et pas un moment de réflexion sur ses défauts les plus grossiers ;
enfin beaucoup d'œuvres saintes et de pure dévotion,
mais en même temps une négligence affreuse de
mille articles essentiels, ou par rapport à la religion
et à la soumission qu'elle demande, ou par rapport
à la justice et aux obligations qu'elle impose, ou
par rapport à la charité et à ses devoirs les plus in-

dispensables : voilà ce que je ne puis approuver et
ce que jamais nul homme comme moi n'approuvera.
Mais les prières, les oraisons, les fréquentes communions ne sont-elles pas bonnes ? Oui sans doute,
elles le sont ; et c'est justement ce qui nous condamne, qu'étant si bonnes en elles-mêmes, elles ne
nous rendent pas meilleurs.

GARDEZ toutes vos pratiques de dévotion, j'y
consens, et je vous y exhorte même très-fortement ;
mais avant que d'être dévot, je veux que vous soyez
chrétien. Du christianisme à la dévotion, c'est l'ordre naturel ; mais le renversement et l'abus le plus
monstrueux, c'est la dévotion sans le christianisme.
Pour en donner un exemple, en matière d'inimi-
tié, de vengeance, de médisance, si l'on n'y prend
garde, on fait souvent par dévotion, tout ce que
les libertins et les plus mondains font par passion.
Dans le cours d'une affaire ou dans la chaleur d'une
dispute, on décrie des personnes, on les comble
d'outrages, on les calomnie, et l'on croit rendre
par là service à Dieu ; si dans la suite il en vient
quelque scrupule, on se contente pour toute réparation, de dire dévotement : N'y pensons plus et
n'en parlons plus ; je mets tout cela au pied du crucifix. Mais il y faudroit penser, mais il en faudroit
parler, mais il y faudroit remédier, et ce seroit là
non-seulement la perfection, mais le fond du christianisme et la religion.

VOULOIR accorder tout le luxe et tout le badinage

du monde avec la dévotion, cela n'est pas sans exemple ; mais c'est l'aveuglement le plus déplorable. Hé ! ces parures peu modestes, ces manières si libres, si enjouées, si familières, les peut-on même accorder avec la réputation ?

BEAUCOUP de directeurs des consciences, mais peu de personnes qui se laissent diriger. Ce n'est pas que toutes les ames dévotes, ou presque toutes, ne veuillent avoir un directeur ; mais un directeur à leur mode, et qui les conduise selon leur sens : c'est-à-dire, un directeur dont elles soient d'abord elles-mêmes comme les directrices, touchant la manière dont il doit les diriger. Cela s'appelle, à bien parler, non pas vouloir être dirigé, mais vouloir, par un directeur, se diriger soi-même

LA dévotion doit être prudente, et on peut bien lui appliquer ce que saint Paul a dit de la foi : *Que votre service soit raisonnable* (1). Ce n'est donc point l'esprit de l'évangile, que par une dévotion outrée nous nous portions à des extrémités qui choquent le bon sens, ou à des singularités qui ne sont propres qu'à faire parler le monde. Mais le mal est que cette prudence, qui est un des caractères de la dévotion, n'est pas toujours le caractère des personnes dévotes. Elles ont, il est vrai, leurs directeurs ; mais ces directeurs, elles ne les écoutent pas toujours, et je puis dire avec quelque connoissance, que ce n'est pas pour ces directeurs une petite peine, de voir sou-

(1) Rom. 12.

vent qu'on leur attribue des imprudences auxquelles
ils n'ont nulle part, et sur quoi néanmoins ils ne
peuvent guère se justifier, parce qu'il ne leur est
pas permis de s'expliquer.

ALLER sans cesse de directeur en directeur, et
tour à tour vouloir tous les éprouver, c'est dans les
uns inquiétude, et dans les autres curiosité. Quoi
que ce soit, dans ces divers circuits on court beaucoup, mais on n'avance guère.

ETES-VOUS de la morale étroite, ou êtes-vous de
la morale relâchée ? Bizarre question qu'on fait
quelquefois à un directeur, avant que de s'engager
sous sa conduite. Je dis question ridicule et bizarre,
dans le sens qu'on entend communément la chose ;
car quand on demande à ce directeur s'il est de la
morale étroite, on veut lui demander s'il est de
ces directeurs sévères par profession, c'est-à-dire,
de ces directeurs déterminés à prendre toujours
et en tout le parti le plus rigoureux, sans examiner
si c'est le plus raisonnable et le plus conforme à
l'esprit de l'évangile, qui est la souveraine raison.
Et quand au contraire on demande à ce même directeur, s'il est de la morale relâchée, on prétend
lui demander s'il est du nombre de ces autres directeurs qu'on accuse d'altérer la morale chrétienne,
et d'en adoucir toute la rigueur par des tempéramens qui accommodent la nature corrompue, et qui
flattent les sens et la cupidité. A de pareilles demandes
que puis-je répondre, sinon que je ne suis par état

ni de l'une ni de l'autre morale, ainsi qu'on les
conçoit; mais que je suis de la morale de Jésus-
Christ, et que Jésus-Christ étant venu nous enseig-
gner dans sa morale la vérité, je m'en tiens dans
toutes mes décisions à ce que je juge de plus vrai,
de plus juste, de plus convenable selon les conjonc-
turés, et selon les maximes de ce divin législateur.
Tellement que je ne fais point une obligation indispensable de ce qui n'est qu'une perfection; comme
aussi, en ne faisant point un précepte de la pure ·
perfection, j'exhorte du reste, autant qu'il m'est
possible, de ne se borner pas dans la pratique à la
simple obligation. Voilà ma morale. Qu'on m'en
enseigne une meilleure et je la suivrai.

Il y a dans saint Paul une expression bien forte.
C'est au sujet de certains séducteurs qui prêchoient
le judaïsme, et portoient les fidèles à se faire circoncire. *Pourquoi veulent-ils que vous soyez cir-
concis* (1), disoit sur cela le grand Apôtre, écrivant aux Galates? *c'est afin de se glorifier dans
votre chair.* Comme s'il leur eût dit : Ce n'est pas
le zèle de la loi de Moïse qui touche ces gens-là,
et qui les intéresse. Ils s'en soucient fort peu, puisqu'eux-mêmes ils la violent en mille points. Que
prétendent-ils donc? ils voudroient pouvoir se vanter de vous avoir engagés dans leur parti; ils voudroient pouvoir vous compter au nombre de leurs
disciples; ils voudroient s'en faire honneur; et c'est
pour cela qu'à quelque prix que ce soit, et quoi

(1) Galat. 6.

qu'il vous en puisse coûter, ils exigent de vous que
vous vous soumettiez à la circoncision. Voilà,
selon le maître des gentils, quel étoit l'esprit de
ces faux docteurs et de ces dévots de la synagogue.
O ! qu'il est aisé de se faire dans le monde la réputation d'homme sévère, et de la soutenir aux dépens
d'autrui !

DE LA PRIÈRE.

Précepte de la Prière.

Saint Augustin s'étonnoit que Dieu nous eût fait un commandement de l'aimer, puisque de lui-même il est souverainement aimable, et qu'indépendamment de toute loi, tout nous porte à ce divin amour et tout nous l'inspire. Conformément à cette pensée du saint docteur, n'y a-t-il pas lieu de nous étonner aussi nous-mêmes, que Dieu nous ait fait un commandement de prier, puisque tout nous y engage, et que d'abandonner la prière, c'est abandonner tous nos intérêts, qui en dépendent?

Commandement certain et indispensable; et sans insister sur tous les autres motifs qui regardent Dieu plus immédiatement, et le culte de religion que nous devons à cette majesté souveraine, commandement fondé, par une raison spéciale, sur la charité que nous nous devons à nous-mêmes. Car à quoi nous oblige étroitement et incontestablement cette charité propre? à prendre tous les moyens que nous jugeons nécessaires pour nous soutenir au milieu de tant de périls qui nous environnent, et pour échapper à tant d'écueils où sans cesse nous pouvons échouer et nous perdre. Or entre ces moyens il n'en est point de plus efficace ni de plus absolument requis, que la prière : comment cela? parce que dans l'impuissance naturelle et l'extrême foi-

blesse où nous sommes, nous ne pouvons nous suffire à nous-mêmes ; c'est-à-dire, que nous ne pouvons pas nous-mêmes résister à toutes les tentations,
nous préserver de tous les dangers, fournir à tous
les besoins qui, dans le cours des choses humaines,
se succèdent sans interruption les uns aux autres ;
d'où il s'ensuit qu'il nous faut donc du secours, et
un secours prompt, et un secours puissant, et un
secours continuel, qui est le secours de Dieu et de
sa grâce. Mais ce secours, par où l'obtiendrons-
nous ? par la prière. C'est ainsi que le Fils de Dieu
nous l'a déclaré, et qu'il s'en est expliqué dans les
termes les plus formels : *Si vous demandez quelque
chose à mon Père, et que vous le demandiez en
mon nom, il vous le donnera* (1). Ce qui nous fait
entendre, par une règle toute contraire, que si nous
ne demandons pas, Dieu ne nous donnera pas. Or,
si Dieu ne nous donne pas, nous manquerons de
secours ; si nous manquons de secours, nous ne nous
soutiendrons pas, nous succomberons ; si nous suc-
combons, nous périrons, et nous périrons par notre
faute, puisqu'il ne tenoit qu'à nous de prier, et par
conséquent de ne pas périr. Dieu donc, qui ne veut
pas qu'aucun périsse, et qui par la loi de la charité
que nous ne pouvons sans crime nous refuser à
nous-mêmes, nous ordonne de n'omettre aucun
moyen nécessaire pour éviter notre perte, veut que
nous ayons recours à la prière, et nous en fait un
précepte.

Précepte qui nous marque deux choses les plus

(1) Joan. 14.

dignes de notre étonnement, l'une de la part de Dieu, l'autre de la part de l'homme. Quelle providence dans Dieu, quelle bonté, quel excès de miséricorde et de libéralité nous fait voir ce commandement? Tout ce que nous pouvons attendre des maîtres de la terre, et en quoi consiste auprès d'eux notre plus haute faveur, c'est que par une affection particulière et qui ne s'étend qu'à un petit nombre de favoris, ils soient disposés à écouter nos demandes et à nous les accorder. Mais ils s'en tiennent là, et ils ne nous font point une obligation étroite de leur demander quoi que ce soit: ils nous laissent là-dessus dans une liberté entière. Vous, mon Dieu, père tout-puissant et tout bon, vous ne vous contentez pas d'une telle disposition de votre cœur à notre égard. C'est trop peu pour vous, et vous ne nous dites pas seulement, *Demandez*, *et vous recevrez* (1) : mais vous nous ordonnez de demander, mais vous nous faites un devoir de demander, mais vous nous reprochez comme un crime, et un crime capital, de ne pas demander. Hé! que vous importent, Seigneur, tous les vœux que nous formons et que nous vous adressons? Que dis-je? ô mon Dieu! vous nous aimez, et cela suffit. Votre amour veut se satisfaire; il veut s'exercer, et que nous nous mettions en état d'attirer sur nous vos dons et d'en profiter. Point d'autre intérêt qui vous touche que le nôtre.

D'ailleurs, ce que nous découvre dans l'homme ce même précepte de la prière, n'est pas moins

(1) Joan. 16.

surprenant. C'est l'aveuglement le plus prodigieux,
et la plus mortelle insensibilité pour nous-mêmes.
Quoi! nous avons continuellement besoin du secours de Dieu; sans cette assistance et ce secours
d'en haut nous ne pouvons rien; qu'il vienne un
moment à nous manquer, nous sommes perdus: et
cependant, pour exciter notre zèle et notre vigilance à l'implorer, ce secours du ciel dont nous
ne pouvons nous passer, Dieu a jugé qu'il falloit un
commandement exprès! D'où nous devons conclure
combien sur cela il nous a donc connus aveugles
et insensibles. Or, une telle insensibilité, un tel
aveuglement ne tient-il pas du prodige?

Oui sans doute, c'est un prodige; mais toute pro-
digieuse qu'est la chose, voici néanmoins, j'ose le
dire, un autre prodige plus inconcevable: et quoi?
c'est qu'après même et malgré le commandement
de Dieu, nous recourions encore si peu à la prière,
et nous en fassions si peu d'usage.

S'il nous survient quelque affaire fâcheuse; si nous
craignons quelque disgrâce temporelle dont nous
sommes menacés; si nous avons quelqu'intérêt à
ménager dans le monde et quelque avantage à
obtenir, que faisons-nous d'abord, et quelle est
notre ressource? On pense à tous les moyens que
peut suggérer l'industrie, l'intrigue, la prudence
du siècle; on cherche des patrons en qui l'on met
sa confiance, et dont on tâche de s'appuyer; on
intéresse, autant qu'il est possible, les hommes en
sa faveur: mais de s'adresser à Dieu avant toutes
choses; de lui recommander les desseins qu'on a

formés, afin qu'il les bénisse; de lui représenter dans une fervente prière les dangers où l'on se trouve, et les calamités dont on est affligé, c'est ce qui ne vient pas à l'esprit, et à quoi l'on ne fait nulle attention : comme si Dieu n'entroit point dans tous les événemens humains; comme s'il n'y avoit aucune part, et qu'il n'étendît pas jusque-là sa providence ; comme si nos soins, indépendamment de lui, pouvoient nous suffire, et qu'il y eût moins à compter sur les secours qu'il nous a promis, que sur ceux qu'on attend d'un ami, ou de quelqu'autre personne que ce soit, qui veut bien s'employer pour nous. Outrage dont Dieu se tient, et doit se tenir grièvement offensé.

De là qu'arrive-t-il? le Saint-Esprit nous l'apprend : *Malheur à celui qui se confie dans la créature aux dépens du Créateur, et qui prend pour son soutien un bras de chair* (1). Dieu permet que nos projets échouent, que nos mesures deviennent inutiles, que nos espérances soient trompées; que tous les maux dont on vouloit se garantir, viennent fondre sur nous; que des parens, des amis, de prétendus protecteurs manquent, ou de pouvoir pour nous soutenir, ou de bonne volonté pour y travailler. Dieu, dis-je, le permet; et c'est alors que, forcés par une dure nécessité, et n'ayant plus d'autre refuge, nous commençons à lever les mains vers lui, et à réclamer son assistance.

Or, en de pareilles conjonctures qu'auroit-il droit de nous répondre? S'il pensoit et s'il agissoit

(1) Jerem. 17.

en homme, il nous rejetteroit de sa présence, il refuseroit de nous écouter, il nous renverroit à ces faux dieux que nous lui avons préférés, il nous abandonneroit à nous-mêmes, il insulteroit à notre misère et il s'en feroit un triomphe, bien loin d'y compatir en aucune sorte et de la soulager. Mais c'est ici le miracle et le comble de sa miséricorde. Miracle que nous ne pouvons assez admirer, et qui mérite toute notre reconnoissance. Quoiqu'il soit le dernier à qui nous allions, et que nous n'allions même à lui que par une espèce de contrainte, il veut bien néanmoins encore nous entendre ; il veut bien nous ouvrir son sein, et prêter l'oreille à nos prières ; il veut bien y condescendre et devenir notre appui, notre consolateur, notre restaurateur ; il veut bien pour nous rétablir et nous relever, nous tendre les bras et répandre sur nous ses dons. Voilà ce qui n'appartient qu'à une bonté souveraine. C'est être miséricordieux et bienfaisant en Dieu.

Sécheresses et aridités dans la Prière. Esprit de Prière.

QUELLE misère, mon Dieu! quelle contradiction! Vous êtes pour moi la source de tous les biens : dans l'éternité vous serez toute ma béatitude; et dès cette vie je ne puis prétendre de plus solide bonheur que d'approcher de vous, que d'être en votre présence et devant vous, que de converser et de m'entretenir avec vous : je le sais, j'en suis instruit, la foi me l'enseigne, la raison me le donne à con-

noître, l'expérience me l'apprend et me le fait sentir.
Toutefois, Seigneur, comment est-ce que je vais à
la prière, où je dois vous parler, vous écouter,
vous répondre? comment est-ce que je vais et que
je demeure à l'oraison, qui ne doit être autre chose
qu'un commerce intime entre vous et moi? Je dis
entre vous, tout grand que vous êtes, ô souverain
Maître de l'univers! et moi, tout méprisable, tout
néant que je suis, vile et abjecte créature.

A peine ai-je plié le genou, à peine suis-je resté
quelques momens au pied d'un oratoire pour vous
offrir mes hommages, que je pense à me retirer.
Mon esprit volage et sans arrêt, m'abandonne, et
se porte partout ailleurs. Mon cœur, comme une
terre sans eau, ou comme une herbe fanée et sans
suc, n'a ni goût, ni sentiment, ni mouvement. D'où
il arrive que je tombe dans une indifférence et une
langueur qui me rend un des plus saints exercices
insipide et onéreux. J'en devrois faire mon plaisir
le plus doux, mais il me devient un fardeau et une
peine.

Voilà, Seigneur, le triste état où je me vois, et
dont j'ai bien sujet de m'humilier. Quoi! mon Dieu,
vous daignez me recevoir auprès de vous; vous me
permettez de vous exposer humblement et avec une
espèce de familiarité mes pensées; vous trouvez
bon que je vous adresse mes vœux; vous prêtez
l'oreille pour m'entendre; et mon ame stérile et
aride ne m'inspire rien, ne produit rien, ne vous
dit rien! Si c'étoit par une crainte respectueuse, qui
tout à coup me saisît à la vue de vos grandeurs, et
qui

qui m'interdît ; si c'étoit par un principe de religion, par une vive impression de votre adorable majesté, je ne laisserois pas de vous honorer alors, et mon silence même vous parleroit. Mais je dois, à ma condamnation et à ma honte, le confesser : c'est par une froideur mortelle, c'est par une lenteur oisive et paresseuse, c'est par un assoupissement que rien ne réveille. Ah ! Seigneur, ne finira-t il point ? Il y a long-temps que je me le reproche, et que je souhaite d'en sortir : mais ce ne sera qu'avec votre grâce, et de moi-même je ne le puis. Or cette grâce, je vous la demande. Je viens à vous pour cela, j'ai recours à vous ; et dans la prière que je vous fais, tout le fruit que je me propose, est d'obtenir de vous l'esprit de prière.

Don précieux que votre Prophète nous a promis de votre part et en votre nom. C'est par sa bouche que vous avez dit : *Je répandrai sur Jérusalem un esprit de prière* (1) ; et c'est-à-dire, que vous répandrez sur l'ame fidèle un esprit d'intelligence, un esprit de recueillement, un esprit de piété. Un esprit de lumière et d'intelligence, qui, dans la prière, lui découvrira vos éternelles vérités, les lui fera creuser et approfondir jusqu'à ce qu'elle en soit remplie et toute pénétrée. Un esprit de recueillement, qui, pendant la prière, effacera de son souvenir toute idée du monde, la dégagera de toute vue humaine, la détournera de tout objet étranger et profane ; en sorte que des yeux de la foi elle ne voie que vous, et que toutes ses puissances inté-

_____

(1) Zach. 12.

rieures ne soient occupées que de vous. Un esprit de piété, qui lui donnera un attrait particulier à la prière, qui l'y affectionnera, qui lui en facilitera la pratique; tellement qu'elle en fasse sa nourriture, son repos, sa joie, ses plus chères délices.

Tel étoit l'esprit qui animoit vos saints dans ces longues et ferventes oraisons où descendoient sur eux les plus purs rayons de votre clarté céleste, où vous les éleviez aux plus hautes connoissances de vos adorables et innombrables perfections, où ils vous contemploient comme face à face, où ils s'abîmoient et se perdoient amoureusement en vous, où leurs cœurs s'embrasoient du feu le plus ardent, et où ils goûtoient des douceurs ineffables. Aussi avec quel empressement alloient-ils à la prière, avec quel zèle et quelle assiduité! C'étoit leur entretien le plus ordinaire; c'étoit, pour ainsi parler, leur pain de tous les jours, et leur délassement le plus agréable dans les fonctions laborieuses qui les occupoient.

Par votre grâce, ô mon Dieu! cet esprit de prière ne s'est point retiré du christianisme. Il y est encore, et il agit parmi ce petit nombre de justes que vous vous êtes réservés sur la terre. C'est lui qui, selon le langage de votre Apôtre, *soutient leur in-firmité* (1). C'est lui qui prie dans eux et pour eux, *avec des gémissemens qui ne se peuvent exprimer :* et vous, Seigneur, qui sondez le fond des cœurs, *vous savez ce qu'il leur inspire.* Vous voyez leurs larmes, vous entendez leurs soupirs, vous êtes té-moin de leurs secrets élancemens vers vous, de leurs

(1) Rom. 8.

désirs enflammés, de leurs saints transports. Hélas ! malgré toute mon indignité, voilà où je pourrois aspirer et parvenir moi-même, si j'apportois à la prière plus de soin, plus de préparation ; et si j'apprenois à me faire plus de violence pour recueillir mes sens, pour fixer l'attention de mon esprit, et pour exciter les affections de mon cœur.

Car quoiqu'il soit vrai que, sans égard aux dispositions d'une ame, quelque bien préparée qu'elle puisse être, vous l'éprouvez quelquefois par des sécheresses où sa volonté n'a point de part, il est certain néanmoins, suivant l'ordre commun de votre providence, qu'à proportion des efforts que nous faisons pour vous chercher dans l'oraison, nous vous y trouvons ; et que c'est aux ames les plus vigilantes, les plus attentives sur elles-mêmes, que vous vous communiquez avec plus d'abondance. De là donc, aussi négligent et aussi lâche que je le suis et que je me connois, dois-je m'étonner que tout le temps de ma prière se passe en des tiédeurs et des égaremens continuels ; et n'est-ce pas à ma lâcheté et à mon extrême négligence que je dois les imputer ?

Du moins, mon Dieu, n'ai-je point encore perdu l'estime de la prière. Du moins ai-je encore cet avantage d'en comprendre l'excellence, l'utilité, la nécessité. C'est une ressource pour en allumer tout de nouveau dans moi l'esprit, et pour le ressusciter. Je vois quel besoin nous avons tous de ce secours, et quel besoin j'en puis avoir plus que les autres. Je n'ignore pas ce que les disciples de votre Fils bien-aimé lui disoient : *A qui irons-nous, Seigneur, si ce n'est à vous ? vous avez les paroles de la vie éternelle* (1). Et je sais de plus que pour aller à vous, il n'y a point de voie plus droite que la prière. Je sais que la prière est cette mystérieuse échelle que vit votre serviteur Jacob, laquelle touchoit de la terre au ciel, et par où vos anges montoient et descendoient, pour nous marquer comment l'oraison porte vers vous nos vœux, et attire sur nous vos dons. Je suis persuadé de tout cela, et dans cette persuasion, je regarde comme un des malheurs pour moi le plus funeste, et comme la ruine entière de mon ame, si, rebuté de la prière, je venois à l'abandonner. Vous ne l'avez point encore permis, et vous ne le permettrez point. Quelque éloignement que j'en puisse avoir par mon indolence naturelle et par ma faute, je ne l'ai point après tout quittée jusques à présent, et je ne la veux point quitter. Vous bénirez ma résolution, et vous aurez égard à ma persévérance. Vous m'aiderez à vaincre cette lenteur habituelle qui m'appesantit, et qui rend ma prière si languissante. Vous m'inspirerez vous-même, et vous m'animerez.

Je n'attends pas toutefois, Seigneur, que d'abord vous me traitiez comme tant d'ames vertueuses, ni que vous me favorisiez des mêmes communications. Ce sont des grâces qu'il faut mériter, et dont vous récompensez notre fidélité et notre constance. Mais, du reste, ayez pitié, mon Dieu, de ma foiblesse ; et pour seconder mes efforts, faites au moins couler

(1) Joan. 6.

sur moi de temps en temps quelques gouttes de
cette rosée qui s'insinue dans les cœurs les plus endurcis, et qui les amollit. Sans cette onction divine,
je me défie de ma fermeté et de mon courage. Cependant, qu'il en soit ainsi que vous l'ordonnerez :
ce sera toujours le mieux, et pour votre gloire et
pour mon bien. A quelques épreuves qu'il vous
plaise de me mettre, je les accepte. Vous ne m'y
délaisserez pas ; mais vous me soutiendrez, afin que
je puisse les soutenir.

Car je l'ai dit, mon Dieu, et souffrez que je
m'explique encore devant vous sur un sujet dont il
m'est si important de me bien convaincre. Il est vrai
que les dégoûts de la prière où nous tombons à certains temps, que ces langueurs sensibles et ces désolations qui nous abattent et semblent nous faire
perdre tout courage, sont quelquefois de simples
épreuves dont se sert votre providence pour purifier
vos élus et les perfectionner. Vous vous éloignez
d'eux en apparence, lors même qu'ils vous cherchent
avec l'intention la plus pure et le zèle le plus sincère.
Ils vous parlent, et vous ne leur répondez point.
Ils vous réclament, et vous êtes comme insensible
à leurs vœux. Ils s'écrient sans cesse, et vous disent
comme cet aveugle de l'évangile : *Seigneur, faites
que je voie* (1) ; mais vous les laissez en d'épaisses
ténèbres et dans une nuit obscure qu'ils ne peuvent
percer : à peine leur reste-t-il quelque lueur pour
se conduire. Situation affligeante et presque acca-
blante : il n'y que ceux qui passent ou qui ont passé

(1) Luc. 18.

par ce désert, qui puissent bien connoître ce qu'il
en coûte pour y marcher. Vous avez en cela, mon
Dieu, vos desseins toujours adorables et toujours
favorables, quoique rigoureux : vous voulez exercer
vos élus par de rudes combats, afin de multiplier
leurs couronnes par les victoires qu'ils remporteront :
vous voulez leur apprendre à vous servir pour vous-
même, et par un pur esprit de foi et d'amour, et
non point pour les consolations intérieures, ni
toutes les douceurs spirituelles qui pourroient les
attirer à vous et les y attacher ; vous voulez leur
fournir de quoi vous prouver leur fidélité et leur
constance, et par là même leur fournir des sujets de
sanctification et de mérite. Voilà vos vues, toutes
salutaires et toutes miséricordieuses ; et dès qu'une
ame y est bien entrée, qu'elle est bien instruite et
bien persuadée de cette vérité, c'est un appui qui la
soutient dans ses langueurs involontaires et ses attié-
dissemens.

Que dis-je, mon Dieu, et n'ai-je pas toujours lieu
de me confondre là-dessus et de m'humilier ? Ces
délaissemens apparens et ces aridités dans la prière,
j'en conviens, ce sont souvent des épreuves où vous
mettez les ames les plus fidèles ; mais il n'est pas moins
ordinaire que ce soient de justes châtimens dont vous
punissez les ames négligentes. Vous ne les écoutez
point ou vous semblez ne les point écouter, parce
qu'en mille choses elles vous refusent ce que vous
demandez d'elles, et qu'elles résistent à vos divines
volontés ; vous ne vous communiquez point à elles,
parce qu'elles vont à vous sans préparation, et

qu'elles demeurent auprès de vous sans réflexion et sans attention; vous leur fermez votre sein, parce qu'elles ne se sont pas fait,la moindre violence pour se recueillir en vous, et pour se rappeler à elles-mêmes. Or n'est-ce pas là mon état? et de quoi pourrois-je me plaindre, quand je ne puis m'en prendre qu'à moi du peu de goût que je sens à la prière, et du peu de fruit que j'en retire? Mais, Seigneur, c'est déjà une heureuse disposition pour guérir le mal, que d'en connoître le principe. Il s'agit d'y apporter le remède, et c'est pourquoi j'implore votre secours. Les apôtres demandoient autrefois à votre Fils, leur maître et le nôtre, qu'il leur enseignât à prier : voilà ce que je ne cesserai point de vous demander moi-même. Il y faut de ma part plus de soin, plus de vigilance, plus d'efforts pour fixer mon esprit et pour exciter mon cœur; il y faut plus de ferveur et plus d'assiduité à remplir tous mes devoirs : mais sans vous tous mes soins seroient inutiles. Jetez un regard sur moi du plus haut des cieux. Faites luire sur votre serviteur un rayon de votre lumière. Parlez-lui au cœur, et par cette parole intérieure que vous lui ferez entendre, daignez le former vous-même à converser utilement et saintement avec vous.

Recours à la Prière dans les afflictions de la vie.

DANS l'affliction où j'étois, je me suis souvenu de Dieu, et j'ai senti la joie se répandre dans mon *cœur* (1). C'est ce qu'éprouvoit le Prophète royal, et c'est le témoignage qu'il en rend lui-même. Le sceptre ni la couronne qu'il portoit ne l'exemptoient pas de peines; ou plutôt, n'est-ce pas ce qui l'exposoit aux plus grandes peines? Quoi qu'il en soit, à quoi dans toutes ses peines avoit-il recours? à la prière. Il y trouvoit son soutien, son repos, sa consolation. Ressource des ames affligées, et ressource immanquable. Il faut en avoir fait l'expérience pour le connoître.

En effet, ce n'est jamais en vain qu'une ame s'adresse à Dieu dans la douleur qui la presse. Souvent elle ne sait pas, ni ne peut savoir par où Dieu la consolera. Souvent même, à n'en croire que les sens et que la raison humaine, il lui semble que son mal est sans remède, tant elle en est possédée et accablée. Mais qu'elle ne s'écoute point elle-même; qu'elle se fasse violence pour surmonter un certain dégoût qui l'éloigne de la prière (car le chagrin dégoûte de tout); que dans un esprit de foi et de confiance elle aille à Dieu, elle se prosterne aux pieds de Dieu, elle se jette dans le sein de Dieu; qu'elle lui dise comme David : Vous êtes, Seigneur, souverainement équitable dans vos jugemens; mais vous n'êtes pas moins compatissant à nos maux, ni moins charitable. Vous exercez sur moi votre justice en m'affligeant : exercez encore sur moi-même votre miséricorde en me consolant. Qu'elle agisse et qu'elle parle de la sorte, Dieu se laissera toucher à cette prière : il y prêtera l'oreille et elle opérera dans le temps.

(1) Psalm. 76.

Je dis dans le temps marqué de Dieu. Il a ses momens, et ce n'est pas toujours sur l'heure ni dès le jour même qu'il calme la tempête, et qu'il remet une ame dans sa première tranquillité. Mais au bout de quelques heures, de quelques jours, ou extérieurement il la console par quelque événement auquel elle ne s'attendoit pas, et qui lui présente une scène toute nouvelle et plus agréable, ou il la fortifie intérieurement par quelque réflexion qui lui fait envisager les choses sous des idées moins tristes et moins fâcheuses. Car comme la plupart de nos chagrins ne viennent que d'une imagination blessée, il ne faut assez communément qu'une vue, qu'une réflexion, pour dissiper le nuage qui enveloppoit l'esprit et qui le plongeoit dans une noire mélancolie. Dans un instant on ne se reconnoît plus; on n'est plus le même; ce qui sembloit un monstre ne paroît plus qu'un vain fantôme; on a honte de sa foiblesse passée, et de l'abattement où l'on est tombé; on se relève et on rentre dans la paix. Qui fait tout cela? c'est qu'on n'a pas oublié Dieu, et qu'on s'est tourné vers Dieu. De là cet important avis de l'apôtre S. Jacques: *Si quelqu'un est dans la tristesse, qu'il prie* (1). Peut-être Dieu tardera-t-il un peu à venir et à ramener la sérénité : mais ne cessons point de prier. La prière, comme la parole de Dieu, *produit son fruit dans la patience* (2).

C'est de quoi nous avons, sinon un exemple, du moins une figure, dans la personne de Jésus-Christ. Ce divin Sauveur se voyant à la veille de cette

(1) Jac. 5, v. 15. — (2) *Fructum afferunt in patientiâ* Luc. 8.

sanglante passion où la justice de son Père l'avoît condamné, et sentant le trouble et les agitations de son ame, ne cherche point ailleurs de soulagement à sa peine, que dans la prière (1). S'il eût suivi l'attrait et le sentiment naturel, il se fût arrêté avec ses apôtres, il leur eût déchargé son cœur, il leur eût représenté l'extrémité des maux qui lui pendoient sur la tête, et la rigueur du supplice qu'il alloit subir. C'eût été pour lui une espèce d'adoucissement, de les entretenir, de les écouter, de recevoir les témoignages de leur zèle, de leur attachement à sa personne, de leur compassion. Mais il connoissoit trop combien il y a peu de fond à faire sur les hommes, et combien peu l'on en peut attendre de solides secours dans les adversités de la vie. Il l'éprouvoit même sur l'heure : à peine ses apôtres faisoient-ils quelque attention à ce qu'il leur disoit, à peine l'écoutoient-ils; ils demeuroient plongés dans le sommeil, et ne lui répondoient pas une parole.

Que lui restoit-il donc? la prière : mais une prière humble et soumise, mais une prière continue et prolongée pendant les heures entières, mais une prière fréquente et réitérée jusqu'à trois fois sur le même sujet et dans la même conjoncture. Et en quoi consistoit-elle, cette prière? à quoi se réduisoit-elle? elle ne consistoit point en de longs discours; mais, selon le rapport des évangélistes, elle se réduisoit à quelques mots entrecoupés qu'il prononçoit et qu'il répétoit de temps en temps. Du reste, il se tenoit prosterné devant son Père, il se soumettoit à ses

(1) Luc. 22.

ordres, il acceptoit ses arrêts, il attendoit dans le silence que ce Père tout-puissant et tout miséricordieux jetât sur lui un regard favorable, qu'il le rassurât, qu'il le fortifiât, qu'il lui rendît la tranquillité et le calme.

Chose admirable, et merveilleux effet de la prière! Il sembloit que le ciel fût insensible aux gémissemens et aux vœux redoublés de ce Dieu sauveur. Il prioit, il se remettoit à prier, et sans se rebuter, il recommençoit encore tout de nouveau; mais ses inquiétudes, ses alarmes, ses ennuis, ses combats intérieurs, bien loin de lui donner quelque relâche, croissoient au contraire jusqu'à le faire tomber en défaillance, et à lui causer une sueur de sang. Tout cela est vrai : mais tout cela n'étoit point une preuve de l'inutilité de sa prière. Elle devoit agir dans peu, et le moment approchoit où il en devoit sentir l'efficace. Il vint, ce moment: la prière, ou, pour mieux dire, la grâce d'en haut, fruit ordinaire de la prière, eut bientôt dissipé ses frayeurs, relevé son courage, et fait succéder dans son ame, aux plus violens orages, la sérénité la plus parfaite. Quelle heureuse et quelle subite révolution dans les sentimens et les dispositions de son cœur! Avant que de prier, et jusque dans l'exercice de la prière, il étoit tout interdit, tout abattu, tout désolé : mais sa prière finie, ce fut tout à coup, pour ainsi dire, comme un autre homme. Plus rien qui l'étonnât, plus rien qui le déconcertât, plus rien qui pût altérer sa fermeté désormais inébranlable, et cette nouvelle force dont il se trouve revêtu.

D'où nous pouvons juger quelle est l'illusion, non-seulement de tant de mondains, mais de tant de chrétiens même et de personnes pieuses, qui, par l'aveuglement le plus déplorable, quittent le remède lorsqu'ils en ont un besoin plus pressant; je veux dire, qui, dans l'affliction, se retirent de la prière et la négligent, lorsque la prière leur est plus nécessaire et qu'ils en peuvent tirer plus d'avantage. Car voilà l'erreur : on est rempli d'amertume, on a dans l'esprit mille pensées qui l'attristent et qui le tourmentent, on a dans le cœur mille mouvemens qui le saisissent, qui l'irritent, qui le soulèvent. Que faire en cette situation pénible et douloureuse ? on se persuade pouvoir alors se distraire avec plus de liberté; on se croit en droit de s'émanciper et de laisser ainsi pendant quelque temps mûrir la plaie et se fermer; on retranche de ses pratiques journalières; on abrége ses prières les plus communes, bien loin d'en ajouter de nouvelles : c'est-à-dire, qu'on se prive de la plus sûre, et même de l'unique ressource qu'on puisse avoir, et que, par un égarement pitoyable, on cherche sa consolation où elle n'est pas, sans la chercher où elle est, et où tant d'autres l'ont trouvée avant nous. On la trouveroit à un autel, on la trouveroit à un oratoire et aux pieds du crucifix, on la trouveroit dans une méditation, dans une communion, on la trouveroit partout dès que l'ame s'élèveroit à Dieu, et le réclameroit en implorant son assistance.

On me dira : Mais le moyen de prier, lorsqu'on est sans cesse obsédé du sujet qui nous chagrine et qu'on ne peut presque penser à autre chose, ni être touché d'autre chose? Dans ce renversement et ce bouleversement de l'ame, pour s'exprimer de la sorte, est-on maître de recueillir son esprit et est-on maître d'affectionner son cœur? Ah! j'en conviens, et telle est notre misère : il y a de ces temps orageux où l'on n'est proprement maître ni de son esprit par rapport à l'attention que demande la prière, ni de son cœur par rapport à une certaine affection. Mais prions au moins comme nous le pouvons : or, nous le pouvons toujours, puisqu'au moins nous sommes toujours maîtres d'aller nous présenter devant Dieu, et de nous tenir auprès de Dieu. Cette seule présence parlera pour nous, et dira confusément tout ce que nous ne pourrons dire distinctement et en détail. Ainsi le prophète Jérémie, dans une posture de suppliant et prosterné aux pieds du Seigneur, se contentoit de lui représenter sa peine : *Voyez, mon Dieu, considérez en quelle affliction je me trouve* (1). Ce langage se fait entendre à Dieu : il en démêle tout le sens, et il est très-disposé à y répondre.

Mais j'ai prié et je n'éprouve point que j'en sois mieux. Peut-être n'en êtes-vous pas mieux actuellement, ou peut-être avez-vous quelque lieu de le croire, parce que votre sensibilité est toujours la même ; mais retournez à la prière, persévérez dans la prière, demeurez-y et attendez le Seigneur. S'il diffère, il saura bien vous dédommager de ce délai. On ne perd rien avec lui, et il ne lui faut qu'un

(1) Thren. 1.

instant pour former le plus beau jour dans la plus
épaisse nuit, et pour faire succéder la joie la plus
pure aux plus amères douleurs. D'autres que vous
en ont fait l'épreuve, et ils en ont tous rendu le
même témoignage. Croyez-les, et mettez-vous en
état de pouvoir bientôt vous-même en servir comme
eux de témoin.

Mais je me sens bien : le chagrin qui me poursuit
est plus fort que moi ; je n'en reviendrai jamais.
Jamais ! Hé ! qui êtes-vous, homme de peu de foi,
pour mettre des bornes à la vertu de la grâce et à
la douceur de son onction ? Est-il un cœur si serré
qu'elle ne puisse ouvrir et où elle ne puisse pénétrer,
et partout où elle s'insinue et elle pénètre, est-il
une blessure si profonde, si envenimée, si cuisante,
dont elle ne puisse amortir le sentiment ? Vous
avez mille voies, Seigneur, pour la répandre, cette
onction sainte. Ces voies nous sont inconnues, mais
c'est assez que vous les connoissiez. Votre esprit
souffle où il veut, quand il veut, de la manière qu'il
veut. Nous ne savons où il va, ni comment il y
va ; mais enfin il y va, lorsqu'on a pris soin de l'y
appeler, et il y porte l'abondance de la paix. Oh
qu'il est doux cet esprit du Seigneur ! et selon la
parole de votre Prophète, qu'il est doux, mon
Dieu, pour ceux qui vous craignent ! qu'est-ce
donc, pour ceux qui espèrent en vous, qui vous
aiment et qui vous invoquent ?

Prière mentale, ou pratique de la Méditation. Son importance à l'égard des gens du monde.

DANS le dernier entretien que nous eûmes il y a quelque temps, je me hasardai à vous parler de la méditation; mais vous en parûtes surpris, et vous me répondîtes d'un ton assez décisif, que cela ne convenoit guère à un homme du monde, surtout à un homme aussi occupé que vous l'êtes, et qu'il falloit renvoyer ces sortes d'exercices aux solitaires, aux religieux, à un petit nombre de personnes dévotes qui passent leurs jours dans la retraite. Voilà votre pensée; mais permettez-moi de vous déclarer ici plus expressément la mienne, et d'insister tout de nouveau sur la proposition que je vous ai faite.

A vous en croire, une courte méditation chaque jour n'est point une pratique qui vous soit propre dans votre état; mais pour vous détromper de cette erreur, je vais vous faire quelques questions qui vous sembleront fort étranges, et qui ne seront pas néanmoins hors de propos. Car quand vous me dites: Me convient-il de m'adonner à la méditation? je vous dis, moi, et je vous demande: Vous convient-il de vous sauver? vous convient-il de conserver votre ame nette de tout péché capable de la perdre éternellement et de la damner? vous convient-il, au milieu de tant de piéges, de tant d'écueils où votre condition vous expose par rapport à la conscience, de les découvrir tous et de les bien connoître, pour y prendre garde et pour les éviter? vous convient-il de savoir où vous en êtes avec Dieu, ce que vous devez à Dieu, comment vous vous en acquittez devant Dieu, si, dans toute la conduite de votre vie, vous agissez selon les principes de l'évangile et de la loi de Dieu? vous convient-il d'apprendre la religion que vous professez, d'en pénétrer les grandes vérités, et de vous en remplir; de n'oublier jamais les hautes espérances qu'elle vous donne, et les terribles menaces qu'elle vous fait; de vous prémunir ainsi contre mille occasions, mille tentations, d'autant plus dangereuses qu'elles sont plus subtiles, et que peut-être vous ne le remarquez pas? Tout cela, dis-je, et le reste, vous convient-il dans le monde? Sans doute qu'étant chrétien, comme vous prétendez l'être, vous n'hésiterez pas à reconnoître qu'il n'est rien de plus important pour vous, ni rien par conséquent de plus convenable, que tout ce que je viens de vous marquer: or tout ce que je viens de vous marquer dépend de la méditation; et par une suite incontestable, rien donc, en quelque état que vous soyez, ne vous convient mieux que la méditation.

Sans une sérieuse méditation sur le salut, comment travaillerez-vous solidement et efficacement à une affaire où les illusions sont si fréquentes et les égaremens si communs? Comment vous maintiendrez-vous dans l'innocence chrétienne, si vous n'avez la crainte du péché dans le cœur, et comment vous imprimerez-vous dans l'ame cette crainte du péché, si vous ne vous appliquez souvent à considérer

dérer les puissans motifs qui vous en doivent inspirer de l'horreur? Comment, assailli de tant de passions également impétueuses et artificieuses, les réprimerez-vous et apercevrez-vous leurs déguisemens et leurs surprises, si, par d'utiles retours sur vous-même, vous ne vous étudiez à démêler tous vos sentimens, et à rectifier toutes vos intentions? Le moyen que, dans l'embarras et la diversité d'occupations qui vous répandent au-dehors, vous ayez toujours présente la vue de vos devoirs, et que dans vos délibérations, dans vos résolutions, vous ne vous écartiez jamais des voies de la justice ou de la charité, à moins que vous ne preniez sans cesse la balance du sanctuaire pour peser chaque chose devant Dieu, et pour examiner ce qu'il y a de bon et ce qu'il y a de défectueux? Le moyen qu'au milieu de tant de précipices dont vous êtes environné de toutes parts, n'ouvrant jamais les yeux pour mesurer vos démarches, et vous laissant aller au hasard, vous ne fassiez pas de tristes et de funestes chutes? que ne repassant jamais dans votre esprit la loi du Seigneur, vous en soyez assez instruit pour la pratiquer fidèlement et pleinement? que, ne vous retraçant jamais le souvenir des grandes vérités de la foi, des jugemens de Dieu, de ses châtimens et de ses miséricordes, de votre fin dernière, d'une souveraine béatitude, d'un enfer, vous puissiez, sans être appuyé et comme armé de ces considérations, résister aux attaques de vos ennemis invisibles, et repousser leurs traits empoisonnés? Qu'en sera-t-il donc de vous? ce qu'il en est d'une multitude infinie de mondains qui manquent de réflexion, vivent dans des ignorances criminelles, commettent des fautes très-grièves, négligent les plus essentielles obligations, portent le nom de chrétien, et n'ont presque nulle teinture, nulle idée du christianisme, se font des règles et une morale à leur mode, les suivent sans scrupule, et courent à la perdition avec aussi peu d'inquiétude, que s'ils étoient dans le chemin le plus sûr et le plus droit.

En vérité, l'on ne vous comprend pas, vous autres gens du monde ; et quoique éclairés d'ailleurs, vous êtes, au regard du salut, bien aveugles dans vos raisonnemens. Vous tombez en des contradictions monstrueuses ; vous êtes les premiers à dire que le salut est une affaire capitale, et vous ne voulez pas vous donner le loisir d'y penser ; vous dites que c'est une affaire difficile et incertaine, et vous ne voulez faire nulle attention aux moyens d'y réussir et de l'assurer ; vous dites que c'est une affaire indispensable et d'une nécessité absolue, et vous vous croyez dispensés des exercices qu'on y juge les plus propres, et qui peuvent le plus y contribuer. Ainsi de tous les autres points que je pourrois parcourir, où vous supposez dans la spéculation les mêmes principes que nous, et vous tirez néanmoins dans la pratique des conclusions toutes contraires.

Vous faites plus, et pour ne point sortir du sujet dont il s'agit entre nous, vous vous prévalez contre l'usage de la méditation, de cela même qui doit être pour vous une raison plus pressante et plus particulière de vous y rendre assidu. Car vous alléguez le bruit, le tumulte, les soins, les engagemens, les agitations du monde : tout votre temps, dites-vous, s'y consume, et à peine pouvez-vous vous reconnoître. Or voilà justement pourquoi vous avez plus besoin d'une solide méditation : afin que ce tumulte et ce bruit du monde ne vous jette point dans un oubli entier de Dieu, et de ce qui lui est dû; afin que ces soins du monde, comme des épines, n'étouffent point dans vous le bon grain de la parole de Dieu, et qu'ils ne vous détournent point du soin de votre ame et de sa perfection; afin que ces engagemens du monde ne deviennent point pour vous des engagemens d'iniquité, et que ce ne soient point des pierres de scandale où votre vertu se démente; afin que ces agitations du monde ne vous troublent point, et, si j'ose m'exprimer de la sorte, ne vous étourdissent point jusqu'à vous endurcir le cœur et à vous ôter tout sentiment de piété : car c'est ce qui arrive communément.

Le dirai-je, et quelle peine aurois-je à le dire, puisque ce n'est point un paradoxe, mais une vérité certaine et indubitable? Un solitaire, un religieux, une personne de piété et séparée du monde; quoi que vivant dans le monde, pourroient plus aisément se passer de la méditation; et la preuve en est très-naturelle : parce que dans le silence du désert, dans l'obscurité du cloître, dans le repos d'une vie pieuse et retirée, il y a beaucoup moins d'objets qui les puissent distraire; et qu'après tout, au défaut de la méditation, ils ont bien d'autres observances qui les attachent à Dieu, qui leur en renouvellent à toute

heure la pensée, qui en cent manières différentes,
leur remettent devant les yeux les maximes éternelles, et qui par là leur servent de préservatifs
contre la dissipation de l'esprit, et tous les relâchemens où elle seroit capable de les porter. Mais dans
le train de vie où vous êtes, et dans la situation où
il vous met, si vous rejetez la sainte méthode que je
vous prescris, et si vous refusez de vous y assujettir,
que vous restera-t-il pour y suppléer ?

Peut-être est-ce le terme de méditation qui vous
choque : car la foiblesse du mondain, va quelquefois jusque-là. On est prévenu contre tout ce qui a
quelque apparence de vie dévote ; et c'est assez d'entendre nommer certaines pratiques, pour en concevoir du dégoût, et pour traiter ceux qui nous les
proposent d'esprits simples et de gens qui ne savent
pas le monde. Eh bien ! si le nom ne vous plaît pas,
laissez-le, j'y consens ; mais retenez la chose ; il importe peu du reste comment vous l'appellerez. Et ne
me dites pas que vous ne savez point méditer, et que
vous n'en avez nul usage : car je dis moi au contraire,
qu'il n'est rien dont nous ayons plus d'usage que de la
méditation, et que sans étude nous savons méditer sur
tout. Nous savons méditer sur une affaire temporelle,
sur un intérêt de fortune ; méditer sur un procès ou
à poursuivre, ou à soutenir, ou à décider ; méditer
sur une entreprise, sur un emploi, sur un parti,
sur un établissement, sur un mariage ; méditer sur
une intrigue politique, sur une négociation, sur un
traité, sur un commerce ; méditer sur un ouvrage
d'esprit, sur un point de doctrine, sur une ques-

tion, une opinion de l'école; et s'il faut l'ajouter, méditer même sur un crime que nous projetons : c'est-à-dire, que sur tout cela et sur tout le reste, dont le détail seroit infini, nous savons réfléchir, raisonner, chercher des moyens, prendre des précautions, démêler le bien et le mal, le vrai et le faux, ce qui convient et ce qui ne convient pas, ce qui peut profiter et ce qui peut nuire. C'est-à-dire, que nous savons sur tout cela délibérer, examiner, peser les raisons, prévoir les obstacles, faire des arrangemens, former des résolutions; c'est-à-dire, que nous savons penser à tout cela, en tous lieux, en tout temps, le matin, le soir, le jour, la nuit, et y penser sans ennui, sans distraction, avec l'attention la plus infatigable et la plus constante. Comment n'y aura-t-il que les choses de Dieu et que le salut, à quoi nous ne puissions appliquer notre esprit, ni arrêter nos pensées? Comment sera-ce l'unique sujet, sur quoi la méditation nous devienne ou nous semble impraticable? En deux mots, *veillez*, suivant l'importante leçon du Sauveur des hommes, *et priez*. Veillez et observez attentivement tous vos pas : pourquoi? parce que vous marchez dans un pays ennemi, et qu'à tout moment vous pouvez être surpris. Priez et implorez humblement la grâce d'en haut : pourquoi? parce que vous êtes foible, et que sans l'assistance divine vous ne pouvez vous défendre. Veillez, et votre vigilance rendra votre prière plus efficace auprès de Dieu; priez, et votre prière secondera votre vigilance par les secours qu'elle vous attirera de la part de Dieu. Or, pour l'un et pour l'autre, le même Sauveur vous donne encore cet avis, qui est de vous retirer à l'écart, et de rentrer en vous-même ; examinant devant Dieu toute votre conduite, vous demandant compte de toutes vos actions, supputant et vos progrès et vos pertes, prenant des mesures pour réparer le passé et pour réformer l'avenir, vous excitant, vous encourageant, vous adressant au ciel et l'intéressant en votre faveur. Il n'est point question d'y employer beaucoup de temps, mais d'être exact et régulier à y donner tous les jours quelque temps. Vous saurez bien le ménager, ce temps, et le trouver, dès que vous le voudrez ; et vous. le voudrez, dès que vous comprendrez bien le prix de votre ame, et combien il vous importe de la sauver.

Mais c'est ce que vous n'avez point encore compris comme il faut ; et de ce que vous ne le comprenez pas, voilà pourquoi vous y pensez si peu. Vous pensez à toute autre chose, vous vous occupez de toute autre chose : hé ! ne penserez-vous jamais à vous-même ? jamais ne vous occuperez-vous de vous-même ? Car ce que j'appelle vous-même, ce ne sont point ces biens, ces plaisirs, ces honneurs mondains qui passent si vîte, et à quoi vous êtes néanmoins si attentif. Ce ne sont point toutes ces affaires, ou domestiques, ou étrangères qui ne regardent que des intérêts temporels, et dont vous avez sans cesse la tête remplie. Tout cela n'est point vous-même, puisque tout cela peut être séparé de vous, et qu'indépendamment de tout cela vous pouvez subsister, et être éternellement heureux ou éternellément malheureux. Mais vous-même, vous dis-je, c'est cette ame immortelle qui fait la plus noble partie de votre être, et que Dieu vous a confiée; cette ame dont la perte seroit pour vous le souverain malheur, quand vous pourriez posséder tout le reste; et dont le salut au contraire doit être votre souveraine béatitude, quand il ne vous resteroit rien d'ailleurs, et que tout vous seroit enlevé. Voilà, encore une fois, et à proprement parler, ce que vous êtes, et voilà par conséquent ce qui demande toutes vos réflexions. Or ces réflexions ne se font que par la méditation, et de là vous jugez avec quelle raison on vous recommande une pratique si salutaire.

Usage des Oraisons jaculatoires ou des fréquentes aspirations vers Dieu.

On demande assez communément des pratiques pour se recueillir au-dedans de soi-même dans les différentes occupations de la vie. On se plaint du peu de loisir qu'on a pour vaquer à la prière, et pour se réveiller souvent et se renouveler en esprit par ce saint exercice. D'où il arrive que, malgré toutes les résolutions qu'on a prises à certains temps, une multitude d'affaires qui se succèdent les unes aux autres, nous fait perdre le souvenir de Dieu; et que dans cet oubli de Dieu, on se dissipe, on se relâche, on devient tout languissant, ou du moins qu'on agit d'une façon toute humaine et sans mérite. Or le remède le plus aisé, le plus prompt, comme aussi le plus efficace et le plus puissant, c'est ce qu'on appelle, selon le langage ordinaire, prières jaculatoires et dévotes élévations de l'ame à Dieu.

Ce sont certaines paroles vives et affectueuses par où l'ame s'élance vers Dieu, tantôt pour lui marquer sa confiance, tantôt pour le remercier de ses dons, tantôt pour exalter ses grandeurs, tantôt pour s'anéantir devant ses yeux; quelquefois pour fléchir sa colère et pour implorer sa miséricorde, toujours pour lui adresser d'humbles demandes et pour réclamer son secours. Ces prières sont courtes, et ne consistent qu'en quelques mots; mais ce sont des mots pleins d'énergie, et si je l'ose dire, pleins de substance. De là vient qu'on les nomme prières jaculatoires, parce que ce sont comme des traits enflammés qui tout à coup partent de l'ame, et percent le cœur de Dieu.

L'Ecriture et surtout les psaumes, nous fournissent une infinité de ces aspirations, et c'est-là particulièrement qu'on les peut choisir. Telle est, par exemple, celle-ci: *Vous êtes le Dieu de mon cœur* (1); ou cette autre: *O mon Dieu et ma miséricorde* (2)! ou cette autre: *Qui me donnera des ailes comme à la colombe, pour aller à vous, Seigneur, et me reposer en vous* (3)? ou mille autres que je passe et dont le détail seroit trop long. Il y en a également un très-grand nombre que Dieu avoit inspirées aux saints, et qu'ils s'étoient rendues familières: comme

(1) Ps. 72. — (2) Ps. 58. — (3) Ps. 54.

celle de saint Augustin : *Beauté si ancienne et toujours nouvelle, je vous ai aimée trop tard ;* ou celle de saint François d'Assise : *Mon Dieu et mon tout*; ou celle de sainte Thérèse : *Souffrir ou mourir ;* ou celle de saint Ignace de Loyola : *Que la terre est peu de chose pour moi, Seigneur, quand je regarde le ciel !*

Quoique ces prières, quelles qu'elles soient, et quelques sentimens de piété qu'elles expriment, puissent être propres à tout le monde, dès-là qu'elles nous élèvent et qu'elles nous portent à Dieu, il est vrai néanmoins qu'il y en a qui conviennent plus aux uns qu'aux autres. Car, comme dans l'ordre de la nature les qualités et les talens sont différens, ainsi dans l'ordre de la grâce les dons du ciel ne sont pas les mêmes, mais chacun a son attrait particulier qui le touche davantage et qui fait sur son cœur une plus forte impression. Celui-là est plus susceptible d'une humilité et d'une crainte religieuse : et celui-ci d'un amour tendre et d'une confiance filiale. Or, c'est à nous, dans cette diversité, de prendre ce qui est plus conforme à notre goût et à nos dispositions intérieures. L'expérience et la connoissance que nous avons de nous-mêmes doit nous le faire connoître.

Et il n'y a point à craindre que la continuité du même sentiment, et une fervente répétition des mêmes paroles ne nous cause du dégoût et ne nous devienne ennuyeuse. Cela peut arriver et n'arrive en effet que trop dans les sentimens humains. Ils perdent, par l'habitude, toute leur pointe: ils se ralentissent, et n'ayant plus de quoi piquer une ame, ils viennent enfin à s'amortir tout à fait et à s'éteindre. De là ces vicissitudes et ces changemens si ordinaires dans les amitiés et les sociétés du monde. Ce ne sont que ruptures et que réconciliations perpétuelles, parce que le même objet ne plaît pas toujours également, et que d'un jour à l'autre le cœur prend de nouvelles vues et de nouvelles affections. Mais, selon la remarque de saint Grégoire, il y a dans les choses de Dieu cet avantage inestimable, que plus on les pratique, plus on les goûte; de même aussi que par une suite bien naturelle, plus on les goûte, plus on les veut pratiquer. En sorté que le sentiment qu'elles ont une fois inspiré, au lieu de diminuer par l'usage, croît au contraire et n'en a que plus d'onction.

Il n'est donc pas besoin de les interrompre ni de les varier : le même exercice peut suffire dans tous les temps, et il n'y faut point d'autre assaisonnement que celui que la grâce y attache. A quoi se réduisoit toute la prière de ce pieux solitaire, dont il est rapporté qu'il passoit les journées et les nuits presque entières à dire seulement : *Béni soit le Seigneur mon Dieu !* Il le répétoit sans cesse, et après l'avoir dit mille fois, il se sentoit encore plus excité à le redire. Car en ce peu de mots il trouvoit un fonds inépuisable de douceurs et de délices spirituelles. Il en étoit saintement ému et attendri; il en étoit ravi, et comme transporté hors de lui-même. Ce n'est pas qu'il fût fort versé dans les méthodes d'oraison, ni qu'il en connût les règles : le mouvement de son cœur, joint à l'inspiration divine, voilà l'unique et la grande règle qu'il suivoit. Avec cela le sujet le plus simple étoit pour lui la plus abondante matière et une source intarissable.

Il est vrai néanmoins qu'il y a des esprits à qui la variété plaît dans les pratiquēs même de piété, et à qui elle est en effet nécessaire pour les soutenir, et pour les retirer de la langueur où autrement ils ne manquent point de tomber. Il est encore vrai que c'est là l'état le plus commun ; mais du reste, si c'est le nôtre, nous avons là-dessus de quoi pleinement nous satisfaire, par l'infinie multitude de ces prières dont nous parlons, et qui sont répandues dans tous les livres saints. Est-on assailli de la tentation, et dans un danger prochain de succomber ? on peut dire alors comme les apôtres attaqués d'une rude tempête, et battus violemment de l'orage : *Sauvez-nous, Seigneur ; sans vous nous allons périr* (1). Est-on dans le désordre du péché, et pense-t-on à en sortir ? on peut dire, ou avec David pénitent : *Tirez mon ame du fond de l'abîme, ô mon Dieu ! et souvenez-vous que c'est mon unique* (2) ; ou avec le même prophète : *Seigneur, vous ne mépriserez point un cœur contrit et humilié* (3) ; ou avec le publicain prosterné à la porte du temple : *Soyez-moi propice, mon Dieu : je suis un pécheur* (4) ; ou avec l'enfant prodigue : *Mon Père, j'ai péché contre le ciel et contre vous* (5). Est-on dans l'affliction et dans la peine ? on peut dire, soit en reconnoissant la volonté de Dieu qui

(1) Matth. 8. — (2) Ps. 21. — (3) Ps. 5o. — (4) Luc. 18. — (5) Luc. 15.

nous éprouve : *Tout vient de vous , Seigneur , et vous êtes le maître ;* soit en se résignant et en acceptant : *Vous le voulez, mon Dieu ; et parce que vous le voulez, je le veux ;* soit en offrant à Dieu ses souffrances : *Vous voyez , Seigneur , ce que je souffre , et pour qui je le souffre ;* soit en cherchant auprès de Dieu du secours et du soulagement : *Il vous a plu de m'affliger , Seigneur ; et il ne tient qu'à vous de me consoler.* Si nous sentons notre foi s'affoiblir et chanceler, disons : *Je crois , mon Dieu ; mais fortifiez , augmentez ma foi* (1). Si nous sommes dans le découragement, et que nous manquions de confiance , disons : *Qu'ai-je à craindre, Seigneur ; et tant que vous serez avec moi ; que peut tout l'univers contre moi* (2) ? ou : *Je puis tout en celui et avec celui qui me soutient* (3). Si notre amour commence à se refroidir, et qu'il n'ait plus la même vivacité ni la même ardeur , disons : *Embrasez mon cœur de votre amour, ô mon Dieu ! et si je ne vous aime point assez , faites que je vous aime encore plus.* Dans la vue des bienfaits de Dieu , nous nous écrierons : *Qu'est-ce que l'homme , Seigneur , et par où ai-je mérité tant de grâces* (4) ? Dans le souvenir et le désir de l'éternelle béatitude où Dieu nous appelle , nous dirons : *Quand viendra le moment , et quand sera-ce que j'entrerai dans la joie de mon Seigneur et de mon Dieu* (5) ? Dans la sainte résolution de nous attacher plus étroitement à Dieu , et de le servir avec plus de zèle que jamais , nous lui ferons la même protestation

(1) Matth. 9.—(2) Ps. 3.—(3) Phil. 4.—(4) Job. 7.—(5) Matth. 25.

que le roi prophète : *Je l'ai dit, Seigneur, c'est maintenant que je vais commencer* (1) ; et nous ajouterons : *Cet heureux renouvellement, ô mon Dieu ! ce sera l'ouvrage de votre droite.* Enfin selon les conjonctures, les temps, et selon que nous nous trouverons touchés intérieurement et diversement affectionnés, nous userons de ces prières, et de tant d'autres que je ne marque pas, mais qu'il nous est aisé de recueillir conformément à notre dévotion, et d'avoir toujours présentes à la mémoire.

Peut-être comptera-t-on pour peu des prières ainsi faites, et peut-être, à raison de leur brièveté, se persuadera-t-on qu'elles ne doivent pas être d'un grand poids devant Dieu. Mais le Sauveur des hommes nous a formellement avertis, que le royaume de Dieu ne consiste point dans l'abondance des paroles. La droiture de l'intention, la force et l'ardeur du sentiment, voilà à quoi Dieu se rend attentif, voilà à quoi il se laisse fléchir ; et c'est en ce sens qu'on peut prendre ce qu'a dit le Sage : *Qu'une courte prière pénètre les cieux.* David dans un même péché avoit commis un double crime, et le pardon de l'un et de l'autre ne devoit être, ce semble, accordé qu'à de puissantes intercessions, long-temps et souvent réitérées ; mais dès qu'aux reproches que lui fait le Prophète, il s'est écrié : *J'ai péché contre le Seigneur* (2), cette seule confession que le repentir lui met dans la bouche, suffit pour apaiser sur l'heure la colère de Dieu. Bornons-nous à cet exemple, et ne parlons point de bien d'autres, non moins connus ni moins con-

(1) Ps. 70. — (2) 2. Reg. 13.

vaincans. On ne traite avec les grands du monde
que par de fréquentes entrevues et de longues délibérations ; mais avec Dieu tout peut se terminer dans
un instant.

De tout ceci, concluons combien nous sommes
inexcusables, lorsque nous négligeons une manière
de prier qui nous doit coûter si peu et qui nous
peut être si salutaire. Car il n'est point ici question
de profondes méditations, et il ne s'agit point d'employer des heures entières à l'oraison. Quand on le
demanderoit de nous, nous n'aurions communément,
pour nous en dispenser, que de vains prétextes et
de fausses raisons ; mais ces raisons, après tout,
quoique frivoles et mal fondées, ne laisseroient pas
d'être spécieuses et d'avoir quelque apparence. Nous
pourrions dire, et c'est en effet ce qu'on dit tous les
jours, que nous manquons de temps ; que nous
sommes chargés de soins qui nous appellent ailleurs ;
que notre esprit naturellement volage, nous échappe,
et que nous avons peine à l'arrêter ; que mille distractions viennent nous assaillir en foule et nous
troubler, dès que nous nous mettons à l'oratoire,
et que nous voulons rentrer en nous-mêmes ; que
d'avoir sans cesse à combattre pour les rejeter, c'est
une étude, un travail, une espèce de tourment : en
un mot, que nous ne sommes point faits à ces sortes
d'exercices si relevés et si spirituels, et qu'ils ne
nous conviennent en aucune façon.

Voilà, dis-je, de quelles excuses nous pourrions
nous prévaloir, quoique avec assez peu de sujet ;
mais de tout cela que pouvons-nous alléguer, par

rapport à ces dévotes aspirations qui nous devroient être si habituelles ? Sont - ce nos occupations qui nous détournent de cette sainte pratique , et qui nous ôtent le temps d'y vaquer ? mais il n'y faut que quelques momens. Craignons-nous que cet exercice ne nous devienne ennuyeux ? mais quel ennui nous peut causer un instant qui coule si vîte , et qui se fait à peine sentir ? Dirons-nous que nous sommes trop distraits ? mais pour un simple mouvement du cœur , et pour quelques paroles que la bouche prononce , il ne faut pas une grande contention d'esprit, et il n'est guère à croire qu'on n'y puisse pas donner l'attention suffisante. Tout est terminé avant qu'aucun autre objet ait pu s'offrir à l'imagination et la porter ailleurs. Enfin , nous retrancherons-nous sur le peu de commodité par rapport aux occasions, aux heures, aux lieux convenables ? mais en toute rencontre , à toute heure , partout, et en quelque lieu que ce soit , il n'est rien qui nous empêche de rappeler le souvenir de Dieu, de nous tourner intérieurement vers lui, et de lui adresser nos vœux. Il n'est point besoin de préparation pour cela ; il n'est point nécessaire de se retirer à l'écart , d'être au pied d'un autel, de quitter un travail dont on est actuellement occupé, ni d'interrompre une conversation où la bienséance nous a engagés et où elle nous retient.

Qu'avons-nous donc , encore une fois , à opposer, et quel obstacle réel et véritable peut servir à notre justification ? Reconnoissons-le de bonne foi : la source du mal , c'est notre indifférence pour Dieu,

et pour tout ce qui regarde la perfection et la sanctification de notre ame. Si nous aimions Dieu , je
dis, si nous l'aimions bien , notre cœur, aidé de
la grâce et entraîné par le poids de son amour , se
porteroit de lui-même à Dieu : Il ne faudroit point
alors nous inspirer les sentimens que nous aurions
à prendre , ni les chercher ailleurs que dans le fond
de notre ame ; et comme la bouche parle de l'abondance du cœur , il ne faudroit point nous suggérer
des termes pour exprimer ce que nous sentons ; ces
expressions viendroient assez ; et sans recherche ,
sans étude , elles naîtroient , si je l'ose dire , sur
nos lèvres. Nous en pourrions juger par une comparaison , si elle étoit convenable à une matière
aussi sainte que celle-ci. Qu'un homme soit possédé
d'un fol amour, et qu'il soit épris d'un objet profane et mortel , faut-il l'exhorter beaucoup et le
solliciter de penser à la personne dont il est épris?
que dis-je? peut-il même n'y penser pas et l'oublier? Tout absente qu'elle est , il ne la perd en
quelque manière jamais de vue, et elle lui est toujours présente. Hélas! à quoi tient-il que nous ne
soyons ainsi nous-mêmes dans une présence continuelle de Dieu, mais dans une présence toute sainte
et toute sanctifiante ?

Cette présence de Dieu est un des exercices que
tous les maîtres de la vie chrétienne et dévote nous
ont le plus recommandé. Ils nous en ont tracé diverses méthodes, toutes bonnes, toutes utiles ; mais
de toutes les méthodes, je ne fais point difficulté
d'avancer qu'il n'en est aucune, ni plus solide, ni

plus

plus à la portée de tout le monde, que de s'accoutumer, ainsi que je viens de l'expliquer et que je l'entends, à parler à Dieu de temps en temps dans le cours de chaque journée. La plupart des autres méthodes consistent en des efforts d'imagination qu'il est difficile de soutenir, et dont les effets peuvent être nuisibles; au lieu que celle-ci se présente comme d'elle-même, et ne demande aucune violence.

Elle a encore cet avantage, que, sans nous détourner des affaires dont nous sommes chargés, ni des fonctions auxquelles nous sommes indispensablement obligés de nous employer selon notre profession, elle nous met en état de pratiquer presque à la lettre cette importante leçon du Sauveur du monde, *qu'il faut toujours prier et ne point cesser.* Car, n'est-ce pas une prière continuelle? depuis le réveil du matin jusqu'au sommeil de la nuit, d'heure en heure, ou même plus souvent, on pense à Dieu, on dit quelque chose à Dieu, on se tient étroitement et habituellement uni à Dieu. Ce n'est pas sans retour de la part de Dieu, ni même sans le retour quelquefois le plus sensible. Dieu ne manque guère de répondre, et de faire entendre secrètement sa voix. On l'écoute, et on se sent tout animé, tout excité, tout pénétré. Il y a même des momens où l'on se connoît à peine soi-même; et c'est bien là que se vérifie ce que nous lisons dans l'excellent livre de l'Imitation de Jésus-Christ : *Le Seigneur se plaît à visiter souvent un homme intérieur ; il s'entretient doucement avec lui, il le comble de conso-*

solation et de paix, et il en vient même à une familiarité qui va au-delà de tout ce que nous en pouvons comprendre. Heureuse une ame qui, sans bien comprendre ce mystère de la grâce, se trouve toujours en disposition de l'éprouver !

ORAISON DOMINICALE.

Comment elle nous condamne de la manière que nous la récitons, et dans quel esprit nous la devons réciter.

Qu'est-ce que l'oraison dominicale? c'est le précis de toutes les demandes que nous devons faire à Dieu. Nous les lui faisons en effet chaque jour; nous récitons chaque jour cette sainte prière. Ce sont, dans les vues de Jésus-Christ, des demandes salutaires pour nous; mais dans la pratique et selon les dispositions de notre cœur, ce sont autant de condamnations que nous prononçons contre nous, et voici comment.

Nous demandons à Dieu *que son nom soit sanctifié*, qu'il soit connu, béni, adoré par toute la terre; et ce nom adorable du Seigneur, nous le profanons, nous le blasphémons. Ce souverain maître, ce créateur de toutes choses, que nous reconnoissons digne des hommages de tout l'univers, nous le déshonorons par les désordres de notre vie; nous l'insultons jusques au pied de ses autels par nos scandales et nos irrévérences. Bien loin de nous employer à étendre sa gloire dans toutes les contrées du monde, nous ne prenons pas seulement soin de le faire servir et glorifier dans l'étroite enceinte d'une maison soumise à notre conduite ; nous ne l'y glorifions ni ne l'y servons pas nous-mêmes : première condamnation.

Nous demandons à Dieu *que son règne arrive :* c'est-à-dire, que dès cette vie, il règne dans nous par sa grâce, et qu'en l'autre nous régnions avec lui par la possession de son royaume céleste. Mais ce règne de Dieu dans nous par la grâce, nous le détruisons par le péché. Sous l'empire de qui vivons-nous, et voulons-nous vivre ? sous l'empire du monde corrompu, sous celui de nos habitudes vicieuses, de nos passions déréglées. Voilà les maîtres qui nous gouvernent et dont nous aimons la domination, toute honteuse et toute injuste qu'elle est. Tellement qu'au lieu de soumettre notre cœur à Dieu, nous en bannissons Dieu pour y établir en sa place ses plus déclarés ennemis. De là, nous ne pensons guère à ce royaume du ciel où Dieu nous appelle, et où il nous promet de nous faire régner éternellement avec lui et avec ses saints. Comme de vils animaux, nous avons toujours les yeux tournés vers la terre ; nous ne sommes occupés que de la vie présente ; et c'est à cette vie terrestre et sensuelle que nous rapportons toutes nos vues, tous nos désirs, tous nos intérêts : seconde condamnation.

Nous demandons à Dieu *que sa volonté se fasse sur la terre comme dans le ciel* ; que toute sa loi soit observée, tous ses préceptes fidèlement gardés; que nous ayons là-dessus la même exactitude, la même diligence, la même pureté d'intention, la même ferveur et la même constance qu'ont ces esprits bienheureux dont il a fait ses anges et ses ministres; que, de quelque manière qu'il lui plaise disposer de nous en ce monde, il nous trouve toujours dociles, patiens, résignés, et dans une parfaite conformité de cœur aux desseins de sa providence. C'est pour tous les hommes en général, mais spécialement pour chacun de nous en particulier, que nous lui faisons cette prière. Or de bonne foi, comment pouvons-nous la faire, quand nous transgressons ses commandemens avec tant de liberté et tant de facilité; quand nous résistons avec tant d'obstination à tous les mouvemens intérieurs, à toutes les inspirations qu'il nous donne, et où il nous déclare ce qu'il veut de nous; quand nous n'accomplissons au moins qu'en partie et qu'avec des réserves et des négligences extrêmes, ce qu'il nous prescrit et ce que nous savons lui être agréable; quand, à la moindre disgrâce qui nous arrive, au moindre événement qui nous chagrine et qui nous mortifie, nous nous troublons, nous nous révoltons, nous éclatons en plaintes et en murmures? Allons après cela lui faire des protestations d'obéissance, et d'un sincère attachement à son bon plaisir; toute notre conduite, tous nos sentimens démentent nos paroles : troisième condamnation.

Nous demandons à Dieu *qu'il nous donne notre pain de chaque jour*, et qu'il nous le donne *dans le jour et pour le jour présent* : rien davantage. Par où nous lui témoignons que nous nous contentons

du nécessaire; que nous ne voulons que le pain,
et que notre pain; que nous ne prétendons point
avoir le pain d'autrui, mais celui seulement qu'il
nous a promis, et qui nous appartient comme un
don de sa bonté paternelle; que nous ne le voulons
même qu'autant qu'il peut suffire dans le cours de la
journée à notre subsistance et à nos besoins. Cette
demande, prise dans son vrai sens, est sans contredit une des plus raisonnables et des plus modé-
rées. Mais en effet, nous bornons-nous à ce nécessaire? Avons-nous jamais assez pour remplir l'insatiable convoitise qui nous dévore? Fussions-nous
dans l'état le plus opulent, nous voulons toujours
acquérir, toujours amasser, toujours accumuler
biens sur biens. Non contens que Dieu nous fournisse l'aliment et le pain, nous portons bien au-delà
nos prétentions. Il faut que nous ayons de quoi soutenir d'excessives dépenses en logemens, en ameublemens, en équipages, en jeux, en parties de plaisir. Il faut que nous ayons de quoi satisfaire tous
nos sens, de quoi leur procurer toutes leurs commodités et toutes leurs aises, de quoi mener une vie
molle et délicieuse. Il faut que nous soyons dans le
faste, l'éclat, la splendeur. Il le faut, dis-je, selon
nos désirs désordonnés; et si les revenus dont on
jouit ne sont pas assez amples pour cela, à quelles
injustices a-t-on recours? quelles voies prend-on,
tantôt de violence ouverte, tantôt d'adresse et d'industrie, pour enlever aux autres le pain qu'ils ont
reçu de Dieu et pour se l'approprier? épargne-t-on
le pauvre, l'orphelin, la veuve? Et jusqu'où n'étend-

on point ses vues dans l'avenir ? Il semble que nous nous croyions immortels, et que nous devions au moins passer de plusieurs siècles cet aujourd'hui que le Fils de Dieu nous a toutefois marqué comme l'unique objet de nos soins, et où il veut que nous les renfermions : quatrième condamnation.

Nous demandons à Dieu *qu'il nous remette nos offenses, et qu'il nous pardonne comme nous pardonnons à ceux qui nous ont offensés.* Terrible condition, *comme nous pardonnons !* car nous ne pardonnons rien, ni ne voulons rien pardonner : ou si, peut-être après bien des difficultés et de longues négociations, nous consentons à quelque accommodement, du moins attendons-nous qu'on fasse toutes les avances. Et comment encore pardonnons-nous alors ? nous ne pardonnons que de bouche et qu'en apparence, sans pardonner de cœur. Nous ne pardonnons qu'à demi, voulant bien nous relâcher jusqu'à certain point, mais sans aller plus loin. De sorte que malgré nos retours affectés et imparfaits, il nous reste toujours dans le fond un venin secret et et une indisposition habituelle qui ne se produit que trop dans les rencontres, et ne se fait que trop sentir. D'où s'ensuivent les plus affreuses conséquences ; savoir, qu'en demandant à Dieu qu'il nous remette nos offenses, comme nous remettons celles qui nous ont été faites, nous lui demandons qu'il ne nous en remette aucune, puisque de toutes celles que nous pouvons recevoir, il n'y en a pas une que nous voulions remettre. Nous lui demandons que s'il se trouve en quelque manière disposé à se récon-

cilier avec nous, il nous laisse faire vers lui toutes
les démarches, sans nous prévenir et sans nous rechercher par sa grâce : ce qui nous rendroit cette
réconciliation absolument impossible. Nous lui demandons que s'il daigne se rapprocher de nous, ce
soit seulement une réunion apparente, et que son
cœur à notre égard demeure toujours dans le même
éloignement et le même ressentiment. Nous lui demandons que, si par l'entremise de ses ministres,
il veut bien nous donner l'absolution de nos péchés,
ce ne soit qu'une demi-absolution, une absolution
limitée, laquelle ne l'empêche point d'agir contre
nous à toute occasion, et de travailler secrètement
à notre ruine. Quelles prières et quelles demandes !
Qui n'en doit pas être effrayé pour peu qu'on y
pense ? Mais elles sont toutes néanmoins comprises
dans cette règle, *Pardonnez-nous comme nous pardonnons*; et c'est la cinquième condamnation.

Nous demandons à Dieu *qu'il ne nous expose
point à la tentation*, surtout à certaines tentations
que nous savons être plus dangereuses pour nous,
et où notre foiblesse est plus en péril de succomber.
Car quoique Dieu permette quelquefois que la tentation nous attaque malgré nous, et quoique nous
devions alors en soutenir l'effort avec patience et
avec courage, il veut du reste que nous la fuyions
autant qu'il dépend de nous, et il trouve bon que
nous lui adressions nos vœux pour en être déli-
vrés. Mais voici l'énorme contradiction où nous
tombons, et qui nous rend inexcusables : c'est que
nous nous exposons aux tentations les plus vio-

lentes. On a cent fois éprouvé le danger prochain
de telle et telle occasion, et cependant on y demeure
toujours; on ne peut ignorer combien cette liaison,
combien ces conversations, ces entrevues font d'impression sur le cœur, et à quels désordres elles sont
capables de conduire, et cependant on n'y veut pas
renoncer; on sait que le monde est plein de piéges
et d'écueils; on a l'exemple de mille autres qu'on y
a vus, et qu'on y voit sans cesse échouer malheureusement; on a l'exemple de ses propres chutes,
dont peut-être on ne s'est encore jamais bien relevé,
et cependant on veut être du monde, et d'un certain monde : c'est-à-dire, d'un monde particulier
qui plaît davantage, et dont on se sent plus touché;
d'un monde qui excite plus nos passions, qui flatte
plus nos inclinations; d'un monde où l'innocence
des plus grands saints eût fait un triste naufrage, et
où la vertu des anges seroit à peine en sûreté. On
veut vivre dans ce monde, parmi ce monde, avec
ce monde; on veut avoir part à ses divertissemens,
à ses assemblées, à ses entretiens, sans égard à tous
les risques qu'il y a à courir, et sans profiter de la
connoissance qu'on a de son extrême fragilité. Il en
est de même d'une infinité d'autres engagemens, où
l'on se jette en aveugle, quoique d'une volonté
pleine et délibérée : engagemens de professions et
d'états, engagemens d'emplois et de commissions,
engagemens d'affaires et d'intérêts. N'avons-nous
pas bonne grâce alors de dire à Dieu : Seigneur,
détournez de nous les tentations où nous pourrions
nous perdre, et ne nous y abandonnez pas! Et Dieu

n'a-t-il pas droit de nous répondre : Pourquoi donc y restez-vous habituellement? pourquoi donc ne prenez-vous aucune des mesures que je vous inspire pour vous en défendre? Avec cela ne comptez ni sur moi ni sur vous-mêmes : sixième condamnation.

Nous demandons enfin à Dieu *qu'il nous délivre du mal.* Le plus grand mal qu'il y ait à craindre sur la terre, c'est sans doute le péché; et de tous les maux, le plus grand que nous ayons à éviter dans l'autre vie, c'est la damnation éternelle, où le péché conduit comme la cause à son effet. C'est donc particulièrement de l'un et de l'autre que nous demandons d'être préservés. Mais voulons-nous, si j'ose parler de la sorte, nous jouer de Dieu? prétendons-nous l'outrager en le priant, et lui faire insulte? Seigneur, lui disons-nous, que votre grâce nous garde du péché : mais ce péché, nous l'aimons; mais ce péché, nous l'entretenons dans nous et nous l'y nourrissons; mais ce péché, nous en faisons le principe de toutes nos actions, le ressort de toutes nos entreprises, l'ame de tous nos plaisirs, la douceur et l'agrément de toute notre vie. Je dis plus : nous en faisons notre idole et notre divinité, nous le favorisons ce péché, nous nous familiarisons avec lui, nous prenons sa défense, et, si l'on veut nous en donner de l'horreur, c'est contre ceux mêmes qui travaillent à nous en détacher que nous tournons toute notre haine. Ainsi nous laissons-nous entraîner dans cet abîme de malheurs qui en est le terme, et où nous ressentirons éternellement les coups de la vengeance divine. C'est là, c'est dans cette fatale éternité, qu'il n'y aura plus à demander que Dieu nous délivre de ce lieu de tourmens où l'arrêt de sa justice nous aura précipités. Il falloit le demander plutôt, et le bien demander. Nous l'aurons demandé pendant la vie, il est vrai : mais nous l'aurons demandé comme ne le demandant pas. Car c'est ne le pas demander, que d'y apporter, en le demandant, des obstacles invincibles, et Dieu pourra toujours nous reprocher que nous ne l'aurons pas voulu, ou bien voulu : septième et dernière condamnation.

Où donc en sommes-nous, et que ne sera pas capable de corrompre la malice de notre cœur, quand elle peut de la sorte pervertir la prière même, et la plus excellente de toutes les prières? Je ne dis pas, à Dieu ne plaise, la pervertir en elle-même; c'est une prière toute divine, et qui garde partout son caractère de divinité : mais je dis la pervertir par rapport à nous, et au fruit que nous en devons retirer. Le dessein du Fils de Dieu, en nous la traçant, a été que ce fût pour tous les fidèles une source de grâces et de bénédictions : mais par l'abus qu'en font la plupart des chrétiens en la récitant, elle ne peut qu'irriter le ciel, et qu'attirer sur nous ses anathèmes et ses malédictions. Faut-il pour cela nous l'interdire absolument, et ne la prononcer jamais? autre malheur non moins funeste ni moins terrible. Ce seroit nous excommunier nous-mêmes; ce seroit nous retrancher du nombre des enfans de Dieu, en ne l'honorant plus comme notre père; ce seroit, en quelque manière, nous séparer du corps de l'Eglise, en ne priant plus avec elle ni comme elle. Nous ne pouvons donc trop user d'une prière qui nous a été si expressément recommandée par Jésus - Christ. Si nous sommes justes, cette prière, dite avec une foi vive et une humble confiance, servira à notre avancement et à notre perfection. Si nous sommes pécheurs, cette prière, accompagnée d'un sentiment de pénitence, servira à fléchir le cœur de Dieu et à nous remettre en grâce auprès de lui par une sincère conversion. Si même nous ne nous sentons point encore touchés d'un repentir assez vif, cette prière, jointe à un vrai désir d'être plus fortement attirés, servira à nous obtenir une grâce de contrition. Mais adressons-nous, pour en profiter, au divin Sauveur qui nous l'a enseignée, et demandons-lui que comme il en est l'auteur, et qu'il nous l'a mise dans la bouche, il en soit, en nous animant de son esprit, le sanctificateur et le médiateur.

Il sera l'un et l'autre, quand nous prierons selon les intentions que cet adorable maître s'est proposées en nous apprenant lui-même à prier. Etudions-les, méditons-les, pénétrons-les ; et pour y bien entrer, appliquons-nous chacun en particulier chaque demande, et disons à Dieu :

I. *Notre Père qui êtes dans les cieux, que votre nom soit sanctifié.* Dieu de majesté, Roi des rois et Seigneur des seigneurs, grand Dieu, ce ne sont point tous ces titres et tant d'autres que j'emploie pour vous intéresser en ma faveur et pour trouver accès auprès de vous. Vous êtes mon père : cela me suffit. Oui vous l'êtes, Seigneur, et tout ce que j'ai reçu de vous me le donne bien à connoître. Vous êtes le père de tous les hommes : mais j'ose dire que vous êtes encore plus particulièrement le mien, que celui d'une infinité d'autres hommes, puisqu'il y a une multitude innombrable d'hommes et des peuples entiers que vous n'avez jamais prévenus des mêmes grâces que moi, ni favorisés des mêmes dons.

Cependant, mon Dieu, ce titre de père qui m'est si cher et qui m'annonce vos miséricordes, ne me fait point oublier votre pouvoir suprême et votre souveraine grandeur; et s'il excite toute ma confiance, il ne m'inspire pas moins de respect et de vénération. Car vous êtes dans les cieux, ô Père tout-puissant! et dans le plus haut des cieux. C'est là que vous avez établi le trône de votre gloire, là que vous faites briller toute votre splendeur, là que vous exercez votre empire au milieu de vos anges et de vos élus; et quoique la lumière où vous habitez soit inaccessible, c'est là même néanmoins que vous nous ordonnez d'élever nos esprits, de porter nos cœurs, d'adresser nos vœux. Recevez les miens, Seigneur, je vous les adresse. Ils sont sincères, et ils sont tels que vous le voulez. Par où puis-je mieux commencer que par vous-même; et de toutes les demandes que j'ai à vous faire, quelle est la plus naturelle et la plus juste, si ce n'est que votre nom soit sanctifié?

Ce nom adorable, c'est votre essence divine, puisque vous vous appelez *celui qui est;* ce sont vos infinies perfections; c'est tout ce que vous êtes. Or que tout ce que vous êtes, ô mon Dieu! soit honoré comme il le doit être, je veux dire du culte le plus pur, le plus religieux, le plus saint. Que tout l'univers vous connoisse, vous glorifie, vous adore. Que tout ce qui est capable d'aimer, s'attache inviolablement à vous et ne s'attache qu'à vous. Tel est le désir le plus affectueux de mon cœur et le plus vif. Mais en vous le témoignant, touché d'une pieuse émulation que vous ne condamnerez point, Seigneur, j'ose ajouter que je voudrois, s'il étoit possible, moi seul vous aimer et vous glorifier autant que vous glorifient toutes vos créatures, et que vous aiment tous les esprits bienheureux et toutes les ames justes.

Que dis-je, mon Dieu? ce ne sont là que des souhaits toujours bons, puisque vous en êtes le principe, l'objet et la fin; mais au lieu de m'en tenir à des souhaits vagues et indéterminés, ce que je dois surtout vous demander et ce que je vous demande très-instamment, c'est qu'autant qu'il dépend de moi, selon ma disposition et mes forces présentes, je vous glorifie dans mon état; c'est que sur cela je ne me borne point à des paroles, mais que je passe à la pratique et aux effets; c'est que par l'innocence de mon cœur, que par la ferveur de ma piété, que par la sainteté de mes œuvres, que par l'édification de mes mœurs, je vous présente chaque jour un sacrifice de louanges, et je vous rende jusques à la mort un hommage perpétuel.

II. *Que votre règne arrive.* Ah! Seigneur, qu'il arrive dans moi, ce règne si favorable et si désirable pour moi. Et comment n'y est-il point encore arrivé? comment dis-je, ô mon Dieu! n'avez-vous pas plutôt régné sur toutes les puissances de mon ame, sur tous mes sens, soit intérieurs, soit extérieurs, sur tout moi-même? Car qu'y a-t-il en moi qui ne soit à vous, et qui, par la plus juste conséquence et l'obligation la plus essentielle, ne vous doive être soumis?

Il est vrai, vous régnez dans moi et sur moi nécessairement, et par la souveraineté inséparable de votre être. Vous êtes mon Dieu, et puisque vous êtes mon Dieu, vous êtes mon Seigneur : et parce qu'il ne dépend point de moi que vous soyez mon Dieu, ou que vous ne le soyez pas, il ne dépend point non plus de moi que vous soyez ou ne soyez pas mon Seigneur. Mais comme je ne contribue en rien à ce règne de nécessité, dès qu'il est indépendant de ma volonté, il ne sert aussi qu'à relever votre gloire, et ne contribue en rien à ma perfection et à mon mérite. Ce n'est donc point là le règne que je vous demande. Je ne vous prie point qu'il s'établisse, puisqu'il est déjà tout établi. Mais, Seigneur, il y a un règne de grâce auquel je puis coopérer et que vous avez fait dépendre de mon consentement et de mon choix. Je veux dire qu'il y a un règne tout spirituel où votre grâce prévient une ame, et où l'ame prévenue de cette grâce intérieure obéit volontairement et librement à toutes vos inspirations, se conforme en toutes choses et sans réserve à votre bon plaisir, exécute avec une pleine fidélité tous vos ordres, et n'a point d'autre règle de conduite que vos divins commandemens et votre loi. Je veux dire qu'il y a un règne d'amour où le cœur se donne lui-même à vous, et se met, pour ainsi parler, dans vos mains, afin que vous le possédiez tout entier ; afin

que vous le gouverniez selon votre gré; afin que
vous lui imprimiez tel sentiment qu'il vous plaît; afin
que vous le dégagiez de toute affection terrestre, de
toute attache humaine, de tout objet qui n'est point
vous ou qui ne le porte pas vers vous; afin que vous
le changiez en vous et qu'il ne soit qu'un avec vous.
Or voilà l'heureux et saint règne après lequel je sou-
pire. Qu'il vienne, et qu'il détruise en moi le règne
du péché, le règne du monde, le règne de l'amour-
propre et de la cupidité, le règne de tous les désirs
sensuels et de toutes les passions.

Je n'ai que trop long-temps vécu sous l'empire
de ces injustes maîtres et sous leur tyrannique domination. Je n'ai que trop long-temps gémi sous leur
joug également honteux et pesant. En quel esclavage
m'ont-ils réduit, et en quel abîme devoient-ils un
jour me précipiter! Béni soit le moment où vous
daignez m'éclairer, Seigneur, et où je commence à
ouvrir les yeux pour me reconnoître. En rétablissant
votre règne au-dedans de moi et en me conduisant,
vous me remettrez dans la voie de ce royaume céleste
où vous m'avez préparé un trône de gloire et une
couronne d'immortalité. C'est là que vous régnez
sur tous les chœurs des anges, et sur tous vos élus,
que vous avez rassemblés dans votre sein pour être
leur éternelle et souveraine béatitude; c'est là que
vous m'attendez, c'est dans ce séjour bienheureux;
et quand y entrerai-je?

Hélas! mon Dieu, malgré la vue que la foi me
donne de cette sainte patrie où je dois sans cesse
aspirer, je sens néanmoins toujours le poids de la

misère humaine qui me retient, qui m'appesantit, qui m'attache à ce monde visible et à mon exil, qui me fait craindre la mort et aimer la vie présente. Mais, Seigneur, ce sont les sentimens d'une nature foible et aveugle que je désavoue. Qu'elle y répugne ou qu'elle y consente, tous mes vœux s'élèvent vers le ciel. Que votre règne arrive. Que mon ame, dégagée des liens de cette chair corruptible qui l'arrête, puisse elle-même arriver bientôt à la terre des vivans. Car ce n'est ici que la région des morts, et je serois bien ennemi de moi-même si, pour une vie périssable et sujette à tant de calamités, je voulois prolonger mon bannissement, et retarder la jouissance de mon unique et suprême bonheur.

III. *Que votre volonté se fasse sur la terre comme dans le ciel.* Ainsi soit-il, ô mon Dieu! et est-il rien, Seigneur, de plus conforme à la droite raison et à la justice? est-il rien de meilleur pour moi que l'accomplissement de vos adorables volontés? Etre des êtres et Créateur du monde, c'est par votre volonté que tout subsiste, et par votre volonté que tout doit agir. Y contrevenir en quelque sujet que ce puisse être, c'est un attentat contre l'autorité la plus légitime, et contre les droits les plus inviolables.

Or voilà les désordres dont je dois néanmoins m'accuser devant vous et me confondre. Vous m'avez donné votre loi, et tant de fois je l'ai violée! Vous m'avez assujetti aux ordonnances de votre Eglise, et tant de fois je les ai transgressées! Vous m'avez pressé intérieurement par les saintes inspirations de votre esprit, et tant de fois j'y ai résisté! Vous m'avez exhorté

exhorté par la voix de vos ministres, vous m'avez sollicité par leurs avertissemens et leurs instructions, et tant de fois j'ai refusé de les entendre. Si pour fléchir mon cœur rebelle, et pour me faire rentrer dans le devoir d'une obéissance filiale, vous m'avez châtié par des adversités et des souffrances, bien loin de me rendre, je n'ai cherché qu'à repousser vos coups; et si vous me les avez fait sentir malgré moi, ils n'ont point eu d'autre effet que d'exciter mes impatiences et mes plaintes.

Voilà, mon Dieu, comment j'ai passé toute ma vie dans une indocilité et une rebellion continuelle. J'en rougis, je m'en humilie en votre présence, je vous en témoigne mes regrets : mais ce n'est pas assez. Il faut, Seigneur, qu'une soumission entière et sans réserve répare toutes mes résistances et toutes mes révoltes. Parlez, mon cœur est ouvert pour vous écouter; ordonnez, me voici prêt, par votre grâce, à tout entreprendre et à tout exécuter. Vous plaît-il de m'abaisser ou de m'élever, de m'affliger ou de me consoler, de traverser mes desseins ou de les favoriser; de quelque manière que vous me traitiez, vous êtes le maître, et je n'ai plus d'autre sentiment à prendre que celui de Jésus-Christ même, lorsqu'il vous disoit : *Mon Père, que votre volonté s'accomplisse, et non la mienne.*

Et en effet, il est bien de mon intérêt, ô mon Dieu ! que ce ne soit pas ma propre volonté qui me gouverne, mais la vôtre. Votre volonté est droite et la droiture même, elle est sage et la sagesse même, elle est sainte et la sainteté même, elle est bienfaisante et la bonté même. Mais qu'est-ce que ma volonté propre ? une volonté aveugle et conduite par des guides aussi aveugles qu'elle, qui sont les sens et les passions ; une volonté libertine et indocile, qui ne peut s'accoutumer au joug, ni souffrir la gêne et la dépendance ; une volonté capricieuse et sujette à mille changemens, selon le goût et les humeurs qui la gouvernent ; une volonté criminelle et dépravée, que le péché a corrompue, et qui d'elle-même tend encore sans cesse vers le péché. Ah ! Seigneur, ne me livrez pas à ses égaremens ni à la fausse liberté dont elle est si jalouse. Ne me livrez pas à moi-même ; mais, par quelque voie que ce soit, daignez réduire cette volonté dure, et redoublez, s'il est nécessaire, vos plus rudes coups pour la dompter.

Car il faut que toute volonté humaine vous soit assujettie ; et, sans parler des autres hommes que vous n'avez point commis à mes soins, il faut que je n'aie plus d'autre volonté que la vôtre ; il faut que vous soyez obéi dans moi et par moi, comme vous l'êtes dans le ciel et par vos anges bienheureux : voilà le modèle que vous me proposez, et que je dois me proposer moi-même. C'est-à-dire, mon Dieu, que je dois avoir la même dépendance, pour ne rien faire que par vos ordres et selon votre bon plaisir ; la même fidélité, pour n'omettre rien de tout ce qui m'est prescrit, et de tout ce que je sais vous plaire ; la même pureté d'intention, pour ne chercher que vous en toutes choses, et pour les rapporter toutes à votre gloire ; la même assiduité

et la même persévérance , pour ne me point rebuter
des difficultés , et ne me lasser jamais de votre service ; la même ferveur et le même zèle pour agir
toujours avec un amour prompt , vif et fervent.
Vous servir autrement , Seigneur , ce ne seroit plus
vous servir en Dieu.

IV. *Donnez - nous aujourd'hui notre pain de
chaque jour.* Oserai - je le dire ? dès que vous êtes
notre père , Seigneur , et que vous êtes notre maître ,
cette double qualité vous engage , et comme père à
nourrir vos enfans , et comme maître à entretenir
vos serviteurs. Ainsi votre Prophète nous l'a-t-il
promis de votre part et en votre nom. Parmi les
merveilles de votre divine providence et de votre
miséricorde infinie , il compte le soin que vous
prenez de fournir à la subsistance de ceux qui vous
craignent. Mais il n'en dit point encore assez , ô
mon Dieu ! et vous portez bien plus loin vos soins
paternels. Non – seulement vous nourrissez vos enfans qui vous aiment , et vos serviteurs qui vous
craignent , mais vos ennemis même qui vous renoncent et qui vous blasphèment , mais les plus
vils animaux dont vous n'êtes point connu , et jusqu'aux moindres insectes , mais tout ce qui a vie ,
ou dans les airs , ou dans les abîmes de la mer ,
ou dans toute l'étendue de la terre.

Je viens donc à vous comme à la source de tous
les biens. Ce n'est point une avidité insatiable qui
m'amène à vos pieds ; mais j'y viens comme un
pauvre , vous demander le pain qui m'est nécessaire. Je viens , dis - je , Seigneur , vous exposer

mon état, même temporel, puisque vous ne vous contentez pas de pourvoir aux nécessités de l'ame, et que votre vigilance vous rend encore attentif aux besoins du corps. Si vous n'y aviez pensé continuellement depuis le moment de ma naissance, aurois-je pu subsister jusqu'à ce jour? et si vous cessiez présentement d'y penser, en quelle indigence tomberois-je bientôt, et à quelles extrémités me trouverois-je réduit? Soyez béni de tout ce que j'ai déjà reçu de votre main secourable, et dans la suite ne la fermez pas jusqu'à me refuser l'aliment dont je ne puis me passer, et le pain qui me doit soutenir.

Car, quand je viens vous représenter mon état, Seigneur, et mes besoins temporels, je ne prétends obtenir de vous autre chose que le pain, je veux dire que ce qui me suffit, non-seulement pour moi, mais pour tous ceux qu'il vous a plu me confier, et à qui je suis redevable d'un entretien honnête et conforme à leur condition. C'est là que je borne mes désirs, sans les étendre à un superflu qui me seroit inutile, qui me deviendroit pernicieux et nuisible par l'abus que j'en ferois, qui allumeroit mes passions, qui serviroit de matière à mon orgueil pour s'enfler, et à ma sensualité pour satisfaire ses appétits les plus déréglés. Peut-être vous l'ai-je demandé jusques à présent, ce superflu; peut-être ai-je travaillé à l'acquérir, et l'ai-je acquis en effet: mais si c'est contre votre gré que je le possède, je ne vous prie point de me le conserver, et je vous prierois plutôt de me l'enlever. Quoi qu'il en soit, et quoi que vous jugiez à propos d'ordonner là-dessus, une juste médiocrité pour moi et pour tous ceux dont vous m'avez chargé, voilà, mon Dieu, de quoi je dois être content, et pourquoi j'implore votre assistance. C'est la prière que vous fit autrefois le plus sage des rois d'Israël, et ce fut une prière selon votre cœur.

Ainsi, je vous dis comme lui et dans le même sentiment que lui : *Ne me donnez ni la grande pauvreté, ni la grande richesse ; mais accordez-moi seulement ce qu'il me faut pour vivre* (1), avec la décence et avec la modestie convenable à mon état. Encore, mon Dieu, ce que j'ose vous demander, ce n'est point absolument que je le demande, mais autant que vous verrez qu'il me peut être utile et salutaire ; ce n'est point avec inquiétude sur l'avenir, ni par une trop longue prévoyance, mais c'est seulement pour aujourd'hui, et avec une confiance entière pour le jour suivant. Demain je vous présenterai mes vœux tout de nouveau, et il est bien juste que chaque jour je reconnoisse devant vous mon indigence, que chaque jour je rende hommage à votre pouvoir souverain, et que chaque jour je sois obligé de recourir à vous pour ce jour-là même. De cette sorte, ô Dieu infiniment libéral et magnifique dans vos dons ! je puis me reposer sur vous pour toute la suite de mes jours, et compter sur les trésors de votre providence qui sont inépuisables. Ce ne doit point être une confiance oisive et présomptueuse. Vous voulez que je fasse tout ce qui dépend de moi ;

(1) Prov. 30.

et quand je l'aurai fait et que je me confierai en vous, vous ne me manquerez point, comme vous ne m'avez encore jamais manqué.

V. *Pardonnez-nous nos offenses, comme nous pardonnons à ceux qui nous ont offensés.* Hé quoi! Seigneur, malgré toutes ces qualités de créateur, de père, de maître, de conservateur, que je reconnois en vous et que j'y ai toujours reconnues, ai-je donc pu vous offenser? ai-je pu m'élever contre vous? ai-je pu me séparer de vous et vous renoncer? Ah! Dieu de miséricorde, il n'est que trop vrai, et je m'en suis déjà confondu à vos pieds. Mais agréez encore l'humble confession que j'en fais, et que je ne cesserai point de renouveler jusqu'au dernier moment de ma vie, dans l'absolue et affreuse incertitude où je suis si vous m'avez pardonné.

Je sais que je suis pécheur, non-seulement parce que je puis pécher, mais parce qu'en effet j'ai péché et que je pèche tous les jours. Je sais que la multitude de mes péchés est sans nombre; et si votre Prophète se croyoit chargé de plus d'iniquités qu'il ne portoit de cheveux sur sa tête, à combien plus forte raison puis-je dire de moi ce qu'il disoit de lui-même en s'accusant et se condamnant? Je sais que tout péché est une dette dont le pécheur doit vous rendre un compte exact, et dont vous exigez, selon la loi de votre justice, une digne satisfaction : d'où il s'ensuit qu'ayant toujours jusqu'à présent accumulé péchés sur péchés, je n'ai fait, dans tout le cours de mes années, qu'accumuler dettes sur dettes. Quel poids! quelles obligations! quelle matière de juge-

ment, et quels sujets de condamnation ! Juge redoutable, il me semble que j'entends tous vos foudres
gronder autour de moi; et que ferai-je pour les conju-
rer ? Il me semble que dans l'ardeur de votre cour-
roux, je vous vois prendre le glaive, lever le bras,
vous disposer à me frapper; et comment pourrai-je
parer aux coups dont je suis menacé ? Toute mon
ame en est saisie de frayeur, tous mes sens en sont
troublés. Confus, interdit, tremblant, que vous
dirai-je ? Ah ! je me trompe, ô mon Dieu ! j'ai votre
parole même à vous représenter. Parole authentique,
solennelle, infaillible. Car vous avez dit : *Pardonnez*
et on vous pardonnera ; remettez aux autres leurs
dettes, et ce que vous devez vous sera remis (1).
C'est l'oracle le plus exprès; et comme il est sorti de
votre bouche, et que vous ne pouvez vous démentir, c'est la promesse la plus favorable pour moi et
la plus immanquable.

De grand cœur, ô mon Dieu ! j'accepte la condition. Elle m'est trop avantageuse pour la refuser.
Si j'ai été offensé en quelque chose, de quelque part
que ce soit, et quoi que ce soit, je le pardonne, je
le pardonne entièrement; je le pardonne, non point
seulement de bouche, ni en apparence, mais sincèrement, mais affectueusement, mais cordialement;
je le pardonne pour vous, et par une pleine obéissance à votre divin commandement. Telle est, à ce
qu'il me paroît, ma disposition intérieure, ou du
moins je veux, avec votre aide et par votre aide,
qu'elle soit telle. Ce n'est pas que, malgré moi, il ne

(1) Luc. 6.

puisse rester encore dans mon cœur quelque impression capable de l'aigrir ; mais vous savez que je la désavoue, et pour l'heure présente, et pour toute la suite de ma vie ; vous savez que je veux la combattre en toute rencontre ; vous savez que je veux en réprimer tous les sentimens, et en effacer peu à peu jusqu'aux moindres vestiges. Avec cela, Seigneur, Dieu de charité, Dieu d'amour, vous me permettez de venir à vous et de vous dire : Pardonnez-moi, parce que je pardonne, et comme je pardonne. Je fais ce que vous m'avez ordonné, et j'ose me répondre avec une humble confiance, que vous ferez ce que vous m'avez promis.

VI. *Et ne nous exposez point à la tentation.* Qu'est-ce, mon Dieu, que la vie de l'homme ? c'est une guerre perpétuelle. D'être donc exempt de toute tentation ; de n'avoir jamais ni efforts à faire, ni victoire à remporter ; de vivre dans un calme inaltérable, et dans une paix parfaite sur cette mer orageuse du monde où nous passons, c'est à quoi je ne puis m'attendre, et ce que je ne dois pas même vous demander, puisque ce seroit un miracle, et qu'à un pécheur comme moi il n'appartient pas de vous demander des miracles et de les obtenir. Il est même de votre providence et de notre bien que nous ayons tous nos tentations, afin que nous ayons de quoi vous prouver notre fidélité, et que vous ayez de quoi nous récompenser. Aussi vos saints ont-ils été d'autant plus éprouvés qu'ils étoient plus saints, et sont-ils encore devenus dans la suite d'autant plus saints qu'ils étoient plus éprouvés. Il

n'y a pas jusqu'à l homme-Dieu, votre Fils adorable
et le Saint des saints, qui, dans les jours de sa vie
mortelle, a voulu, pour notre exemple, être assailli
de la tentation, et nous apprendre à la surmonter.
Après cela, qui refuseroit le combat, refuseroit la
couronne; et qui ne voudroit avoir nulle part au
travail, ne voudroit avoir, ni n'auroit en effet nulle
part à la gloire.

Mais, mon Dieu, si la tentation me doit être salutaire, c'est par votre grâce; car que suis-je de moi-
même qu'un foible roseau ou qu'un vase fragile,
toujours en danger de se briser? A chaque pas je
tomberois, à chaque occasion je rendrois les armes
et je céderois aux attaques de l'ennemi, à moins
que le secours de votre bras tout-puissant ne me
prévienne partout, ne m'accompagne partout, ne
me suive et ne me soutienne partout. Or c'est ce
secours, c'est cette grâce que je vous demande,
quand je vous supplie de ne m'exposer point à la
tentation; c'est-à-dire, de ne m'y point abandonner
à moi-même, de ne m'y laisser point succomber,
de ne permettre point que je m'engage en certains
périls où vous prévoyez que ma vertu me manqueroit et que je me perdrois; de redoubler à certains
temps, en certaines occurrences plus dangereuses
et plus fatales, votre attention sur moi pour veiller à
mon salut, et votre divine protection pour me défendre et me garder. Dieu de mon ame et son Sauveur, souvenez-vous du prix qu'elle vous a coûté,
et ne souffrez pas que le démon, que le monde,

que la chair vous enlèvent ce que vous avez racheté de votre sang.

Mais que fais-je ? cette ame si précieuse, je la recommande à vos soins ; et de ma part je la néglige, je n'en prends nul soin, je la hasarde tous les jours, sans réflexion, sans précaution, comme si je n'en tenois aucun compte, ou qu'au milieu de tant d'écueils et de tant de piéges, il n'y eût rien à craindre pour elle. Ah ! puissiez-vous, Seigneur, me faire la grâce toute entière. Puissiez-vous, en veillant vous-même à ma conservation, exciter encore ma vigilance pour y travailler avec vous. Car vous voulez que j'y travaille, et si je ne seconde vos soins paternels, ils resteront sans effet. Vous voulez que j'use de cette armure céleste dont nous parle votre Apôtre, lorsqu'il nous dit, et qu'il nous le dît en votre nom : *Revêtez-vous des armes de Dieu, afin de pouvoir résister dans le temps fâcheux. Tenez-vous toujours en état, ayant la vérité pour ceinture autour de vos reins, et la justice pour cuirasse. Prenez en toute rencontre le bouclier de la foi, le casque du salut, et le glaive de l'esprit, qui est la parole de Dieu* (1). Tout cela, mon Dieu, m'enseigne à mettre en œuvre, pour me préserver, tous les moyens que me fournit la sainte religion que je professe. Tout cela m'apprend à me prémunir de la prière, de votre divine parole, de vos sacremens, de tous les exercices que votre Eglise me prescrit, et que la piété chrétienne me suggère.

(1) Ephes. 6.

Autrement je ne puis voir le monde, ni m'engager dans le monde, sans m'exposer témérairement à la tentation. Or m'y exposer par une aveugle témérité, ce seroit me rendre indigne de votre assistance, ce seroit courir à ma perte, et je ne l'ai déjà que trop connu par de funestes épreuves. Heureux au moins, si de mes malheurs et de mes égaremens passés, je tire cet avantage, de savoir mieux désormais me tenir en garde et me précautionner!

VII. *Mais délivrez-nous du mal.* Vous ne me défendez pas, Seigneur, de vous demander la délivrance des maux temporels, de l'infirmité, de la pauvreté, de la douleur, de tous les revers et de tous les accidens qui peuvent survenir et troubler le repos de ma vie. Je vous dois même de continuelles actions de grâces, et je ne puis assez vous témoigner ma reconnoissance de tous ceux dont il vous a plu jusques à présent me délivrer, sans que je l'aie su, et de ceux dont vous me délivrez encore tous les jours, sans que je le voie ni que j'en sois instruit. Car telle est l'efficace et la douceur de votre providence, ô mon Dieu! par des voies secrètes et qui nous sont inconnues, vous nous sauvez de mille dangers que nous n'apercevons pas, et dont il n'y a que vous qui puissiez nous garantir. Soyez-en loué, béni, glorifié.

Mais, Seigneur, outre ces maux qui ne regardent que le corps et que la vie présente, il m'est bien plus important d'être délivré de ces maux spirituels, de ces maux éternels, de ces maux extrêmes et essentiels, qui vont à la ruine totale de l'homme,

et qui lui causent un dommage infini et irréparable.
Tous les autres maux, en comparaison de ceux-ci, ne
doivent plus être même comptés pour des maux; et
comme il n'y a proprement qu'un seul bien qui est le
souverain bien, il n'y a proprement qu'un seul mal,
qui est le souverain mal. Or ce souverain mal, c'est
le péché, et en conséquence du péché, la damnation.
Si donc, pour me mettre à couvert de l'un et de l'autre, il est nécessaire que j'éprouve quelque autre mal
que ce soit, ah! mon Dieu, je ne vous demande plus
que vous m'épargniez en ce monde. Frappez, s'il le
faut, et autant qu'il le faut; renversez, brûlez, tour-
mentez; je m'offre moi-même, et je me présente à
votre justice. Quelque douloureux et quelque sensibles que puissent être ses coups, je les recevrai
comme des coups de grâce, pourvu qu'ils servent à
détruire en moi le péché, à déraciner le péché, à
punir le péché, à couper cours au péché, à prévenir les rechutes dans le péché, à me faire enfin
éviter par là cette affreuse réprobation qui doit être
dans l'éternité toute entière le châtiment du péché.

Pour cela, Seigneur, daignez me délivrer du
malin esprit (1), je veux dire de l'esprit d'intérêt et
d'avarice, de l'esprit d'ambition et d'orgueil, de
l'esprit d'impureté et d'intempérance; de l'esprit de
colère, de vengeance, d'animosité; de l'esprit d'erreur, de tromperie, de mensonge; de toutes les
habitudes du vice, de toutes les convoitises des sens,
de toutes les passions de mon cœur, et de toutes
leurs illusions : car voilà tout ce que je comprends

(1) *A malo, hoc est à maligno.*

sous ce terme de malin esprit, capable, en me portant incessamment au péché, de m'entraîner dans le précipice et de me perdre sans ressource avec lui.

Dieu du ciel et de la terre, seul puissant et grand, seul juste et saint, seul bon et miséricordieux, vous écouterez les vœux que je viens de vous adresser. Si de moi-même je les avois conçus et formés, et si je ne vous les adressois qu'en mon nom, ah! Seigneur, je me défierois de mon aveuglement, qui pourroit me tromper; je me défierois de ma bassesse et de mon néant, qui me rendroient indigne d'être exaucé. Mais c'est votre Fils unique, la sagesse incréée, qui de point en point m'a tracé lui-même tout ce que je devois demander. C'est lui-même qui prie dans moi, qui prie avec moi, et pour moi. *Considérez votre Christ;* jetez les yeux, non point sur une vile créature telle que je suis, non point sur un pécheur plus vil encore et plus méprisable, mais sur le divin Sauveur dont j'interpose auprès de vous la médiation, et dont j'emploie, pour vous fléchir, les mérites infinis. De toutes les demandes que je vous ai faites, il n'y en a pas une qui n'ait été selon son esprit et selon le vôtre. Je les ai faites avec confiance, et c'est avec le même sentiment que je les renouvelle, et que j'en attends de votre grâce l'heureux accomplissement.

Pensées diverses sur la Prière.

IL en est de la prière comme de la piété. Elle est plus dans le cœur que dans l'esprit; et elle consiste plus dans le sentiment que dans le raisonnement. On a donné bien des règles de l'oraison, on en a tracé bien des méthodes; les livres en sont remplis, et on en a composé des volumes entiers. C'est à ce sujet que les maîtres de la vie spirituelle se sont surtout attachés, et là-dessus ils ont déployé toute leur doctrine. Rien de plus solide que leurs enseignemens, rien de plus sage ni de plus saint. Etudions-les, respectons-les, suivons-les. Mais du reste, sans rien rabattre de l'estime que nous leur devons, je ne feins point de dire que la grande méthode d'oraison, la méthode la plus efficace et la plus prompte, c'est d'aimer Dieu. Non pas que j'entende ici un amour de Dieu, tel que l'ont conçu de nos jours de faux mystiques, justement condamnés et frappés des foudres de l'Eglise. Leurs principes font horreur, et les conséquences en sont affreuses. Mais j'entends un amour véritable, un amour chrétien, c'est-à-dire, un amour ennemi de tout vice, un amour agissant et fervent dans la pratique de toutes les vertus, un amour toujours aspirant à la possession de Dieu, et se nourrissant des espérances éternelles.

Avec cet amour on est tout à coup homme d'oraison. Car faire oraison, c'est s'occuper de Dieu, c'est converser avec Dieu, c'est s'unir à Dieu dans le fond de l'ame : or tout cela suit de l'amour de Dieu. Aimons Dieu : dès que nous l'aimerons, nous irons à la prière avec joie; nous y resterons sans dégoût et même avec consolation; quelque temps que nous y ayons employé, nous en sortirons avec

peine, comme ce célèbre anachorète, saint Antoine,
qui le matin se plaignoit que le soleil en se levant,
vînt troubler l'entretien qu'il avoit eu avec Dieu
pendant le cours de la nuit. Mais encore que dirons-nous à Dieu ? hé ! que disons-nous à un
ami ? Nous faut-il beaucoup d'étude et de grands
efforts d'imagination pour soutenir une conversation avec lui, et pour lui témoigner nos sentimens?
Nous dirons à Dieu tout ce que le cœur nous dic-
tera : le cœur, dès qu'il est touché, ne tarit point;
réflexions, affections, résolutions ne lui manquent
point. Rien ne le distrait de son objet, rien ne l'en
détourne. D'un premier vol et conduit par la grâce,
il s'y porte, il s'y élève, il y demeure étroitement
attaché. Ne cherchons point d'autre guide dans les
voies de l'oraison, ne cherchons point d'autre maître
que le cœur; nous apprendrons tout à son école,
s'il est plein de l'amour de Dieu.

QUAND nous prions, ce sont des grâces que nous
demandons, et non des dettes que nous exigeons.
Qu'avons-nous donc à nous plaindre, lorsqu'il ne
plaît pas à Dieu de nous écouter ? n'est-il pas maître
de ses grâces?

ETRANGE témérité de l'homme, quand nous trouvons mauvais que Dieu n'ait pas exaucé nos prières,
et que nous nous en faisons une matière de scandale. Il est vrai : Jésus-Christ nous fait entendre que
tout ce que nous demanderons en son nom, son
Père nous l'accordera : mais cette promesse, toute

générale et toute absolue qu'elle paroît, est néanmoins conditionnelle; c'est-à-dire, qu'elle suppose
que nous demanderons ce qu'il convient de demander, et que nous le demanderons comme il
convient de le demander. Je dis ce qu'il convient de
demander, soit par rapport à la gloire de Dieu, soit par
rapport aux vues de la providence de Dieu, soit par
rapport à nous-mêmes et à notre propre salut.
J'ajoute, comme il convient de le demander : tellement que notre prière soit accompagnée de toutes
les dispositions intérieures et extérieures de l'esprit
et du cœur, d'où dépend son efficace et sa vertu.
Qu'une de ces deux conditions vienne à manquer,
la parole du Fils de Dieu n'est plus engagée pour
nous; elle ne nous regarde plus.

De là il nous est aisé de voir combien nos murmures sont téméraires, toutes les fois que nous nous
élevons contre Dieu, parce qu'il semble n'avoir pas
agréé nos demandes; et qu'il n'y a pas répondu selon que nous le souhaitons. Car afin que nos plaintes
sur cela aient quelque apparence de raison, et que
nous puissions les croire en quelque sorte bien fondées, il faut que nous soyons persuadés de deux
choses : 1. que nous avons demandé ce qu'il convenoit de demander; et par conséquent, que dans notre
prière et dans la demande que nous avons faite, nous
avons parfaitement connu ce qui étoit convenable à
l'honneur de Dieu, convenable aux desseins de sa
sagesse, convenable à notre souverain intérêt et à
notre prédestination éternelle; que nous ne nous
sommes point trompés là-dessus, mais que nous en

avons su pénétrer tout le mystère et découvrir tout le secret; 2. que nous avons demandé comme il convenoit de demander, en sorte que nous y avons apporté toute la préparation absolument requise; c'est-à-dire, que nous avons prié avec des sentimens assez humbles, avec une réflexion assez attentive, avec une foi assez ferme, avec une ardeur assez affectueuse, avec un respect assez religieux, avec une persévérance assez constante pour rendre notre prière digne de Dieu et propre à le fléchir : voilà, dis-je, de quoi nous devons être convaincus, si nous prétendons être en droit de murmurer et d'en appeler à la parole de Jésus-Christ. Or compter sur tout cela, n'est-ce pas une présomption insoutenable? n'est-ce pas un orgueil seul capable d'arrêter les grâces de Dieu?

Prions, et prions sans cesse, ainsi que l'ordonne l'Apôtre : mais si notre prière demeure sans effet, gardons-nous de nous en prendre à Dieu, et de nous élever pour cela contre Dieu. Disons qu'il a des vues supérieures aux nôtres, et qu'il sait ce qu'il nous faut beaucoup mieux que nous ne le pouvons savoir; disons qu'apparemment nous nous sommes trompés, en regardant comme un avantage la grâce que nous lui demandions, et que s'il nous la refuse, c'est qu'il en pense tout autrement que nous, et que, suivant les sages dispositions de sa providence, il ne voit pas que ce soit un bien pour nous; disons que c'est à nous de demander, mais à Dieu de rectifier nos demandes en y répondant, non pas toujours selon nos désirs , qui communément sont très-aveugles , mais de la manière et dans le temps qu'il juge plus convenable ; disons encore , que si notre prière n'a pas été absolument défectueuse quant au fond , il est à bien craindre qu'elle ne l'ait été quant aux conditions : en un mot , disons et confessons de bonne foi que , quoi que nous fassions , nous sommes toujours indignes des faveurs divines. Nous ne pouvons mieux mériter l'accomplissement de nos vœux, qu'en reconnoissant que nous ne méritons rien.

COMME dans la vie humaine, et dans le commerce que nous avons entre nous , il y a des gens féconds en paroles , et qui nous font les plus longs discours sans rien dire : il y en a de même , par une espèce de comparaison , dans la vie chrétienne et dans le commerce que nous avons avec Dieu par la prière. Ils récitent de longs offices , ils y passent des heures entières , mais sans recueillement et sans dévotion. Qu'est-ce que cela ? c'est parler beaucoup à Dieu , et ne le point prier.

IL y a une prière de l'esprit, du cœur, de la parole ; de l'esprit par la réflexion, du cœur par l'affection , et de la parole par la prononciation. Mais outre ces trois sortes de prières, je puis encore ajouter qu'il y a une prière des œuvres par la pratique et l'action ; et voici comment je l'entends. Saint Augustin disoit : *Celui-là sait bien vivre , qui sait bien prier* ; et je dis, en renversant la proposition : Celui-là sait bien prier, qui sait bien vivre.

La pensée de ce saint docteur est que dans la prière
et par la prière, nous nous instruisons de tous les
devoirs d'une vie chrétienne, nous nous y affec-
tionnons et nous obtenons les grâces nécessaires
pour les accomplir : et je veux dire, par un retour
très-véritable, que d'accomplir fidèlement tous ses
devoirs, que de s'occuper, de travailler, d'agir dans
son état selon la volonté et le gré de Dieu, c'est
prier ; pourquoi ? parce que c'est tout à la fois, et
honorer Dieu, et l'engager, en l'honorant de la sorte,
à nous favoriser de ses dons, qui sont les fruits de
la prière. Observation importante et bien consolante pour une infinité de personnes qui se plaignent
de leur condition, parce qu'elle ne leur permet pas,
disent-ils, de vaquer à la prière, et qu'elle ne leur
en laisse pas le loisir. Outre qu'on peut prier partout, et que partout on en a le temps, puisque partout on est maître d'élever son ame à Dieu, et de
lui adresser les sentimens de son cœur : je prétends
que ces mêmes occupations qu'on regarde comme
des obstacles au saint exercice de la prière, sont tout
au contraire des prières elles-mêmes, et des prières
très-efficaces auprès de Dieu, quand on les prend
dans un esprit chrétien, et qu'on s'y adonne avec
une intention pure et droite. *Car le royaume de
Dieu*, et tout ce qui a quelque rapport à ce royaume
de Dieu, *consiste, non dans les paroles, mais dans
les effets.* Dieu vous a chargé d'un emploi, et vous
en remplissez avec assiduité les fonctions : en cela
vous priez. La Providence vous a confié la conduite
d'un ménage, et vous y donnez vos soins : en cela

vous priez. Ainsi du reste. *Quand vous ensevelissiez les morts*, dit l'ange à Tobie; *que vous les cachiez dans votre maison, et que la nuit vous les portiez en terre, je présentois au trône de Dieu ces œuvres de charité* (1), et elles sollicitoient en votre faveur la divine miséricorde. Point d'intercession plus puissante auprès de ce souverain maître que la soumission à ses ordres et l'accomplissement de ses adorables volontés.

Miracle de la prière! rien ne résiste à son pouvoir, et mille fois elle a changé l'ordre de la nature, et l'a pour ainsi dire forcée à lui obéir; que dis-je? elle a mille fois désarmé le ciel même, et en a conjuré les foudres. Que d'événemens merveilleux! que de prodiges! Moïse prie, et Dieu retire son bras prêt à frapper. Josué prie, et le soleil s'arrête dans sa course. Daniel prie, et les lions perdent toute leur férocité à ses pieds. Judith prie, et une formidable armée est mise en déroute. Dès qu'Elie a prié, le feu céleste descend, les pluies les plus abondantes arrosent la terre, les malades sont guéris, les morts ressuscitent : car telle a été dans l'ancienne loi la vertu de la prière; et ce seroit une matière infinie que le détail de tout ce qu'elle a fait dans la nouvelle. Après cela, défions-nous de la promesse du Fils de Dieu, lorsqu'il nous dit : *Tout ce que vous demanderez à mon Père en mon nom, il vous l'accordera* (2). Que je me figure le plus puissant monarque du monde, et que je le suppose prévenu pour moi de

(1) Tob. 12. — (2) Joan. 14.

la meilleure volonté, je ne puis néanmoins me répondre d'obtenir de lui tout ce que je lui demanderai, parce que son empire, quelque étendu qu'il soit, est limité, et que je lui demanderai peut-être au-delà de ce qu'il peut. Mais tout ce que je demanderai à Dieu, Dieu peut me le donner : pourquoi? parce qu'il est Dieu, et qu'étant Dieu, tout lui est possible. Si donc, dans les prières que nous avons à lui faire, nous manquons de confiance, c'est que nous ne connoissons pas le maître que nous prions. Nous en jugeons par notre foiblesse, au lieu d'en juger par l'indépendance absolue et la souveraineté de ce premier être. Ne bornons point nos espérances, quand nous savons qu'elles sont fondées sur la parole d'un Dieu dont la fidélité ne se peut démentir, et dont la puissance est sans bornes.

DE L'HUMILITÉ

ET DE L'ORGUEIL.

Parabole du Pharisien et du Publicain, ou caractère de l'Orgueil et de l'Humilité, et les effets de l'un et de l'autre.

JÉSUS *proposa cette parabole au sujet de certaines gens qui se confioient en eux-mêmes comme s'ils eussent été des saints, et qui ne regardoient les autres qu'avec mépris* (1). L'évangile nous fait d'abord connoître le dessein du Fils de Dieu, et quels sont ceux qu'il avoit en vue, lorsqu'il proposa cette parabole au peuple qui l'écoutoit. Quoiqu'en général elle puisse s'appliquer à toute ame vaine et orgueilleuse, elle convient particulièrement et selon l'intention de Jésus-Christ, à une espèce de faux dévots contre qui cet homme-Dieu a toujours témoigné plus de zéle et qu'il n'a point cessé d'attaquer pendant tout le cours de sa mission et dans ses divines instructions. Gens remplis d'eux-mêmes et de leur prétendu mérite; qui seuls croyoient être avec leurs disciples, les élus du Seigneur; qui parloient, qui décidoient, qui agissoient comme s'ils eussent été les seuls dépositaires de la loi et ses interprètes, les maîtres de la doctrine, les modèles vivans de la sainteté; qui se disoient suscités de

(1) Luc. 18.

Dieu pour la réformation des mœurs, pour le rétablissement de la discipline, pour la défense de la plus pure morale ; qui, sous un masque de piété et de sévérité, cachoient leurs intrigues, leurs cabales, leurs médisances atroces et leurs calomnies, leurs envies, leurs haines, leurs vengeances, surtout une hauteur d'esprit que rien ne pouvoit fléchir, et un orgueil insupportable ; qui, par cette vaine apparence d'une vie régulière et austère, éblouissoient les yeux d'une troupe de femmes, dont ils parcouroient les maisons, et dont ils recevoient de puissans secours pour soutenir leur secte et pour accréditer leur parti ; qui n'estimoient personne, n'épargnoient personne, ne faisoient grâce à personne, damnant tout le monde, et traitant avec un dédain extrême quiconque ne se déclaroit pas en leur faveur et n'entroit pas dans leurs sentimens. Car il y avoit des hommes de ce caractère dès la naissance de l'Eglise, et dès le temps même que Jésus-Christ parut sur la terre ; il y en a eu dans toute la suite des siècles, et il n'y en a que trop encore dans le nôtre. De sorte que cette parabole n'est pas seulement une figure, mais qu'on peut la prendre pour une histoire commencée dans le judaïsme, continuée dans le christianisme, et par une malheureuse succession, perpétuée d'âge en âge jusques à ces derniers jours. Quoi qu'il en soit, entrons dans les vues du Fils de Dieu, et profitons des enseignemens qu'il veut ici nous donner.

Deux hommes allèrent au temple pour prier : l'un étoit pharisien, l'autre publicain. C'est au même temple qu'ils allèrent tous deux, c'est à la même heure et dans le même temps, c'est dans le même dessein, qui étoit de faire à Dieu leur prière : mais du reste, ce ne fut pas, à beaucoup près, dans la même disposition de l'ame, ni le même sentiment intérieur. De là vient que la prière de l'un eut un succès si favorable, au lieu que l'autre ne fut point écouté, et que sa prière même devint un crime pour lui, un sujet de condamnation. Car avec la grâce, ce qui donne le prix à la prière, c'est la disposition intérieure de l'ame : c'est de là qu'elle tire toute sa vertu et tout son mérite. Ces deux hommes n'étant donc pas également disposés par rapport à l'esprit et au cœur, ils ne devoient pas être également reçus de Dieu, qui ne s'arrête point aux dehors, et n'a égard ni aux rangs, ni aux qualités, ni aux conditions, ni aux avantages de la naissance ou de la fortune, ni aux lieux, ni aux conjonctures, ni à quelque circonstance extérieure que ce soit ; mais qui pèse le cœur et qui ne juge de tout le reste que par le cœur. Voilà pourquoi le Saint-Esprit nous avertit que notre premier soin *avant l'oraison*, notre soin le plus nécessaire et le plus essentiel, est *de préparer notre ame* (1). Toute autre préparation, sans celle de l'ame, ne peut être de nulle efficace auprès de Dieu ; et s'il ne se rend pas alors propice à nos vœux, c'est à nous que nous devons l'imputer, et dans nous que nous devons chercher le principe du mal, puisqu'en effet il est au-dedans de nous-mêmes.

Mais ceci posé, il est question de savoir qui des

(1) Eccli. 18.

deux, (je dis du pharisien et du publicain) qui, dis-je, étoit dans la disposition convenable pour prier, et qui n'y étoit pas. A s'en tenir aux apparences, il semble qu'il n'y ait point là-dessus à hésiter ni de comparaison à faire. Un pharisien d'une part, et de l'autre un publicain, quel parallèle! Un pharisien, un homme de bonnes œuvres, un homme exemplaire et d'une merveilleuse édification dans toute sa conduite; un homme exact jusques aux plus petites observances, et implacable ennemi des moindres relâchemens; un homme révéré, vanté, canonisé du peuple; en un mot, un saint selon la commune opinion. Au contraire, un publicain, un pécheur, et un pécheur par état, puisque son seul emploi de publicain le faisoit regarder comme tel; un homme noté et décrié pour ses injustices, ses fraudes, ses violences, ses concussions; de plus, un homme sujet à bien d'autres désordres que ceux de sa profession, et ayant vécu jusque-là dans le libertinage et le scandale. Encore une fois, suivant les vues ordinaires, peut-on balancer un moment entre deux hommes dont la différence est si sensible; et qui est-ce qui tout d'un coup ne prononce pas à l'avantage du premier, et ne conclut pas que l'autre doit être réprouvé de Dieu? Mais les jugemens du Seigneur sont bien au-dessus des nôtres, et l'événement n'est guère conforme à nos idées. Ce pharisien est condamné, et ce publicain est justifié: pourquoi? c'est que ce pharisien, que ce juste est un orgueilleux dans sa prétendue justice; et que ce publicain, que ce pécheur pénitent est humble dans sa pénitence. De sorte qu'en deux portraits raccourcis et opposés l'un à l'autre, la parabole nous représente admirablement, et les pernicieux effets de l'orgueil dans le pharisien, et les salutaires effets de l'humilité dans le publicain. Instruisons-nous, et apprenons de là tout ensemble ce que nous devons éviter comme l'écueil le plus dangereux, et ce que nous devons nous efforcer d'acquérir et de pratiquer en toute rencontre comme une des plus excellentes et des plus solides vertus.

Caractère de l'Orgueil et ses pernicieux effets dans le pharisien.

Le pharisien se tenant debout. Il se tenoit debout, et ce n'est pas sans une vue particulière que l'évangile marque cette circonstance : car c'est par là qu'il commence à faire l'opposition du pharisien orgueilleux et de l'humble publicain. Au lieu que le publicain à la porte du temple, ainsi qu'il est dit dans la suite de la parabole, se prosterne d'abord contre terre, le pharisien entre, avance, laisse derrière lui tous les assistans, approche de l'autel, va prendre la première place, et là, sans plier un moment le genou, le visage assuré, la tête levée, il porte les yeux au ciel, et par son regard fixe et arrêté, semble plutôt venir exiger du Seigneur une dette, que lui demander aucune grâce.

Il n'y a point de vice qu'il nous soit plus important, dans l'usage du monde, de tenir au moins caché, si nous en sommes atteints, que l'orgueil, parce qu'il n'y en a point qui nous rende plus odieux. On pardonne plus aisément tous les autres vices, on les tolère; mais l'orgueil est insupportable. Aussi Dieu n'a-t-il pu le souffrir dans le ciel; et dès qu'il le vit dans ses anges, il les précipita au fond de l'abîme. Cependant on peut ajouter, que de tous les vices, c'est celui peut-être qui se produit plus naturellement au dehors, et qu'il est plus difficile de dissimuler. Tout le fait paroître : l'air, la contenance, la démarche, le geste, la composition du visage, le tour des yeux, le discours, la parole, le ton de la voix, le silence même, cent autres signes qui frappent la vue et dont on s'aperçoit tout d'un coup.

Un homme n'a donc qu'à se montrer, on le connoît bientôt, et son orgueil se répand dans toutes ses actions. S'il est dans une assemblée, il faut toujours qu'il soit placé aux premiers rangs : il ne balance pas là-dessus; et sans attendre, comme d'autres, et selon l'avis du Sauveur du monde, qu'on lui fasse honnêteté pour l'inviter à monter plus haut, il se croit affranchi de cette loi de bienséance, et prévient de lui-même cette cérémonie. S'il parle dans un entretien, c'est ou en maître qui ordonne avec empire, ou en juge qui décide avec autorité, ou en philosophe qui prononce des sentences et des oracles, ou en docteur qui enseigne et qui dogmatise. Il occupe seul toute la conversation, et ferme la bouche à quiconque voudroit l'interrompre pour quelque temps, et demander à son tour le loisir de s'expliquer. Si, par une disposition toute contraire, il se tait et prend le parti d'écouter, l'attention qu'il

donne ne fait pas moins voir avec quelle hauteur
d'esprit et quel dédain il reçoit ce que chacun dit.
Ses réponses les plus ordinaires, ce sont quelques
coups de tête, quelques œillades, quelques souris
moqueurs, quelques mots entrecoupés, quelques expressions enveloppées et mystérieuses, comme s'il
étoit seul au fait des choses, comme s'il avoit seul
la clef des affaires, comme s'il en savoit seul pénétrer le secret et démêler les ressorts, comme si
tout ce qu'il entend n'étoit de nul poids et ne mé-
ritoit nulle réflexion, comme s'il ne daignoit pas y
prêter l'oreille, et qu'il le regardât en pitié. Car
dans la société humaine on ne rencontre que trop de
ces présomptueux qui n'ont pas même soin de se
déguiser, et se laissent emporter aux sentimens de
leur orgueil. Orgueil grossier dont rougit pour eux
toute personne sage et pourvue de raison : mais eux,
ils ne rougissent de rien, tant ils sont infatués d'eux-
mêmes et prévenus à leur avantage. Ainsi, sans qu'ils
le remarquent et par la plus dangereuse séduction,
l'orgueil qui les possède, tout visible qu'il est,
échappe à leurs yeux et se dérobe à leur connoissance, tandis qu'il se manifeste aux yeux du public
et qu'il choque tous les esprits. A les en croire,
toutes les prérogatives qu'ils s'attribuent, tout ce
qu'ils disent, tout ce qu'ils font, n'est point orgueil,
mais ingénuité et franchise, mais justice et vérité : du
moins le pensent-ils de la sorte, et sont-ils bien
persuadés qu'on le doit penser de même. Erreur
déplorable, mais qui cause plus d'indignation qu'elle
ne donne de compassion : et voilà comment, à force

de s'estimer eux-mêmes et de vouloir être honorés et estimés, ils perdent toute l'estime qu'ils pourroient d'ailleurs avoir dans le monde.

Ce n'est pas au reste qu'il n'y ait un orgueil plus circonspect et plus délicat. On affecte une certaine modestie extérieure; on est honnête, prévenant, affable; on a de la douceur, de la politesse, de la retenue, une conduite, selon les apparences, toute unie; on ne s'enfle point, on ne s'élève point, on n'entreprend point de dominer ni de se distinguer. Mais outre que tout cela n'est assez souvent qu'une modestie fastueuse qui, pour user de cette figure, comme un voile transparent, laisse entrevoir l'orgueil même qu'elle couvre, il y a mille occasions où il trompe toute notre vigilance et sort malgré nous des ténèbres où l'on tâchoit de le tenir enseveli. En effet, quelque précaution qu'on prenne et quelque attention qu'on ait sur soi-même, il n'est pas moralement possible dans le commerce de la vie que mille sujets imprévus ne piquent notre cœur et ne blessent notre orgueil. Or, du moment que l'orgueil se sent blessé, il se trouble, et dans le trouble où il est, il éclate et ne garde plus de mesures. La raison en est bien naturelle : c'est que l'orgueil est l'endroit le plus vif du cœur, je dis d'un cœur vain : pour peu qu'on y touche, la douleur nous fait jeter de hauts cris. On voit un homme se déconcerter, s'aigrir, s'animer. Il répond sèchement, il parle durement, il s'exprime en des termes fiers et méprisans; quelquefois la colère l'irrite jusques à l'emportement. On ne le reconnoît plus, et dans la surprise où l'on se trouve, on demande si c'est là cet homme qu'on croyoit si modéré, si patient, si humble.

Ce qui doit encore plus étonner, c'est lorsqu'on vient à découvrir cette sensibilité et cet orgueil dans des ames pieuses et dévotes, dans des ames religieuses et consacrées à Dieu, dans des ministres de l'Eglise et des pasteurs du peuple fidèle. Le Prophète vit en esprit l'abomination de désolation dans le lieu saint, et n'est-ce pas ce qui s'accomplit réellement à nos yeux et de quoi nous sommes témoins, quand nous voyons l'orgueil dans les plus sacrés ministères, l'orgueil dans le sac et sous le cilice, l'orgueil dans le sanctuaire de Jésus-Christ, sous les livrées de Jésus-Christ, à la table, à l'autel de Jésus-Christ? C'est là qu'on le porte; et au lieu de l'étouffer aux pieds d'un Dieu humilié et anéanti, c'est de là qu'on le rapporte aussi entier et aussi vivant qu'il étoit. Scandale qui confirme le monde dans ses préjugés contre la dévotion, et qui l'autorise à dire, quoique avec une malignité outrée, qu'il suffit d'être dévot pour en être plus jaloux de son rang, plus intraitable sur ses priviléges et sur ses droits, plus sensible à la moindre offense, plus scrupuleux sur le point d'honneur, en un mot, plus orgueilleux.

II. *Il faisoit en lui-même cette prière.* Pourquoi en lui-même, et qu'est-ce que cela signifie? Peut-être ce pharisien ne daignoit-il pas se conformer à l'usage, ni s'assujettir comme les autres à prononcer les prières ordinaires. Peut-être aussi cette parole nous fait-elle entendre, que dans toute sa prière il n'étoit occupé que de lui-même, et non point de Dieu ; qu'il n'envisageoit que lui-même et que ses prétendues perfections, dont il venoit s'applaudir et se glorifier.

De quelque manière qu'on l'explique, une réflexion là-dessus se présente, et une vérité dont on auroit peine à convenir si l'expérience n'en étoit pas une preuve convaincante : c'est que l'orgueil se mêle jusque dans l'exercice de l'oraison, et voici comment. Car dans l'oraison il y a différentes voies ; les unes plus communes, et les autres plus relevées et plus particulières ; les unes aisées, connues, à la portée de tout le monde ; mais les autres plus secrètes et propres d'un petit nombre d'ames que Dieu favorise de certaines communications, et à qui il fait contempler de plus près sa souveraine majesté. Selon ces voies différentes, Dieu dispense différemment les dons de son esprit, de cet esprit de sainteté qui, n'étant qu'un et étant toujours le même, se diversifie néanmoins en tant de manières dans ses divines opérations, et suivant le langage de l'Apôtre, fait prendre à sa grâce toutes sortes de formes pour s'accommoder à tous les sujets où il lui plaît de la répandre. Cependant l'ordre naturel n'est pas que Dieu, dès le premier essai, élève une ame à ces sublimes degrès d'oraison et de contemplation où les saints sont parvenus. Il a ses règles que sa sagesse lui prescrit, et qu'elle nous prescrit à nous-mêmes, afin que nous les observions. C'est-à-dire qu'il veut que nous commencions par les pratiques les plus usitées ; que nous nous y exercions assidûment et constamment; que nous soyons contens d'en demeurer là, si l'esprit céleste, dont nous devons attendre l'impression, ne nous conduit pas plus avant; que de nous-mêmes nous ne nous ingérions point dans des mystères qui sont si fort au-dessus de de nous; que nous nous estimions indignes de ces grâces singulières et de ces états qui ne conviennent qu'aux ames choisies et aux fidèles serviteurs de Dieu; enfin que nous comptions toujours pour beaucoup de pouvoir les suivre de loin, et de marcher par les routes les plus aplanies. Voilà ce que pense une piété humble; voilà ce que lui inspire un bas sentiment de soi-même.

Mais il s'en faut bien que ce ne soit assez pour l'orgueil d'une ame qui se croit appelée à quelque chose de plus grand; car on en trouve ainsi disposées. Leur présomption les emporte d'abord comme d'un plein vol, dans le sein de la divinité; et du moment qu'elles se sentent attirées à l'oraison, elles ne craignent point de dire ce que dit l'ange superbe dès l'instant de sa création : *Je monterai, j'approcherai du Très-Haut* (1), j'irai directement à lui, et je le verrai dans sa gloire. Qu'un directeur éclairé et instruit des ruses de l'ennemi, qui se transforme en esprit de lumière, s'oppose à une illusion si dangereuse, et dont il prévoit les conséquences; qu'il entreprenne d'arrêter cette ardeur précipitée, et de rabaisser ces vues trop abstraites et trop mystiques; qu'il veuille les assujettir à une certaine méthode, leur tracer certains sujets, leur faire considérer cer-

(1) Isaï. 14.

tains

tains points essentiels, et les maximes fondamentales
de la perfection chrétienne : tout cela, à leur goût,
n'est bon qu'aux ames vulgaires, que Dieu laisse aller
terre à terre, et marcher pas à pas. Si le directeur
insiste, on lui fait son procès. On le traite d'homme
peu versé dans la vie intérieure; on se détache de
lui, et on l'abandonne. Quelle langue parle-t-on?
De s'exprimer simplement et clairement, ce seroit
descendre et se dégrader. On ne parle plus la langue
des hommes, mais celle des anges. Belles expressions
où l'on se perd, et qu'on a recueillies en de saints
auteurs qui comprenoient ce qu'ils disoient, parce
qu'ils le disoient de cœur, et non par une puérile
affectation. Un des éloges les plus solides que le
Prophète royal donne au juste, est qu'il ne s'élève
point au-dessus de lui-même. Allons à Dieu, et
allons-y par la prière; mais notre prière ne peut
être agréable qu'autant qu'elle sera sanctifiée par
notre humilité. Or l'humilité nous empêchera de nous
émanciper si vîte; et plus elle nous tiendra renfermés dans nous-mêmes et dans la vue de nos misères,
plus elle engagera Dieu à s'unir à nous, et à nous
unir à lui par la connoissance et la vue de ses grandeurs. Tandis que Moïse prioit sur la montagne, il
étoit défendu à tout le peuple d'en approcher, et
quiconque eût osé même toucher le pied de cette
montagne sainte, eût été frappé de mort. Laissons
les parfaits goûter les douceurs d'un commerce intime avec Dieu, et s'abîmer dans la contemplation
de ses infinis attributs : Mais nous, mettons-nous au
rang du peuple, et demeurons-y jusqu'à ce que

Dieu nous appelle. Autrement notre témérité trop empressée nous exposeroit à de tristes retours, et il seroit à craindre que la parole de l'Ecriture ne se vérifiât en nous : *Le Seigneur a dissipé les projets que les orgueilleux formoient dans leur cœur, et il a confondu toutes leurs pensées* (1). Plût au ciel qu'on en eût moins vu d'exemples ; et plaise au ciel que les exemples qu'on en a vus dans les siècles passés, servent de leçons aux siècles à venir, et les préservent des mêmes égaremens !

III. *Mon Dieu, je vous rends grâces.* Rendre à Dieu de continuelles actions de grâces, c'est entre les devoirs de l'homme un des plus justes et des plus indispensables. Aussi ce qu'il y a de répréhensible dans le pharisien, ce n'est pas de remercier Dieu, mais de ne le pas remercier par un véritable esprit de religion, ni avec les sentimens dont ce pieux exercice doit être accompagné. Car la reconnoissance que nous témoignons à Dieu doit être une reconnoissance toute religieuse : or une reconnoissance vraiment religieuse, en quoi consiste-t-elle ? 1. à donner à Dieu toute la gloire des grâces qu'on en a reçues, et à ne s'en point glorifier soi-même ; 2. à ne point abuser de ces grâces pour se préférer au prochain, et pour le mépriser ; 3. à se confondre même du mauvais usage qu'on a fait de ces grâces, et qu'on en fait tous les jours, au lieu qu'en d'autres mains elles profiteroient au centuple ; 4. à trembler en vue de ces grâces et du compte rigoureux que Dieu nous en demandera, comme le maître de l'évangile demanda

(1) Luc. 1.

compte à ses serviteurs des talens qu'il leur avoit confiés; 5. à ne se pas contenter de ces grâces, et à ne pas croire qu'on n'a plus besoin de rien; mais à reconnoître, malgré ces grâces, notre extrême indigence, et à implorer sans cesse la divine miséricorde pour en obtenir de nouvelles. Telles sont les dispositions d'une ame reconnoissante envers Dieu; tel est l'esprit qui l'anime et qui la conduit.

Mais ce n'étoit pas là, à beaucoup près, l'esprit du pharisien. Il remercie Dieu, pourquoi? non pas pour donner à Dieu la gloire de toutes les perfections dont il se flattoit d'avoir été doué, mais pour se l'attribuer à soi-même, pour se retracer le souvenir de tant de bonnes qualités, pour se les remettre devant les yeux, et pour s'y complaire. De cette estime de lui-même, ainsi que la suite le fait voir, naît le mépris d'autrui. A son gré, il n'y a personne qui l'égale, ni qui puisse entrer avec lui en quelque comparaison. Bien loin de se reprocher aucun abus des dons excellens que lui a départis la main libérale du Seigneur, il s'applaudit au contraire d'en avoir toujours usé le plus saintement, par tout le bien qu'il a pratiqué et qu'il pratique. Bien loin de craindre le jugement de Dieu, et d'être en peine sur le compte qu'exigera de lui ce souverain juge, il semble qu'il veuille le prévenir, et que ce soit ce qui l'amène à l'autel. Il semble qu'il vienne lui-même se présenter pour répondre du bon emploi qu'il prétend avoir fait des rares talens dont il se croit pourvu par la grâce du ciel, et du profit qu'il en a retiré. Enfin, persuadé que rien ne lui manque, et que ce qu'il a lui suffit pleinement, il ne souhaite ni n'attend rien de plus ; et c'est pour cela même qu'il ne demande rien. Chose admirable, remarque saint Augustin ! Il est venu dans le temple pour prier ; mais examinez toutes ses paroles, et vous trouverez qu'elles ne tendent qu'à se louer. *Seigneur, dit-il, je vous rends grâces* ; mais il n'a garde d'ajouter : *Mon Dieu, accordez-moi encore telle grâce.* Il en a autant qu'il est nécessaire, et il ne lui en faut pas davantage pour faire de lui un homme accompli.

La malignité de notre orgueil ne va pas jusqu'à refuser à Dieu la qualité de premier principe, et à ne vouloir pas l'honorer comme l'auteur de tous les biens : il y auroit du blasphème et de l'impiété. Nous nous faisons une religion et une obligation capitale de souscrire à cet oracle de l'Apôtre : *Qu'avez-vous que vous n'ayez point reçu ?* Mais l'orgueil de notre cœur ne s'accommode guère de ce qui suit : *Or si vous l'avez reçu, d'où vient que vous vous en glorifiez, comme si vous ne l'aviez pas reçu* (1) *?* Il est vrai que sur cela nous gardons certaines apparences ; que dans l'occasion nous publions assez hautement combien nous sommes redevables à Dieu ; que nous voulons qu'il en soit loué, qu'il en soit béni ; que nous le bénissons nous-mêmes et nous le remercions : mais que l'orgueil a de retraites cachées pour se sauver ! qu'il sait bien ménager ses intérêts, lors même qu'il paroît les abandonner et y renoncer !

(1) 1. Cor. 4.

Nous remercions Dieu ; mais dans le sentiment de notre reconnoissance, il y a toujours un retour vers nous-mêmes. Nous avons beau protester devant Dieu que la gloire de tout lui appartient : nous le disons des lèvres ; mais dans le fond nous en revenons toujours à nous-mêmes, et nous recueillons avec soin tous les rayons de cette gloire qui peuvent rejaillir sur nous et nourrir notre complaisance.

Nous remercions Dieu, et nous voulons même que d'autres nous aident encore à le remercier. Gloire soit à Dieu, dit-on modestement : joignez-vous à moi pour lui rendre grâces de la bonne issue qu'il a donnée à mes desseins, et des bénédictions qu'il a répandues sur mes travaux. Rien de plus chrétien, à ne s'en tenir qu'aux expressions et qu'aux dehors : mais que prétend-on par là ? On veut informer les gens de ce qu'ils pourroient peut-être ignorer, et qu'on est bien aise qu'ils n'ignorent pas. C'est un tour ingénieux et honnête pour leur faire savoir le succès qu'on a eu dans une affaire dont on étoit chargé, dans une entreprise qu'on avoit formée, dans les fonctions d'un ministère où l'on a été employé.

Nous remercions Dieu ; mais aussi nous entendons bien qu'on respectera dans nous les dons de Dieu ; qu'on aura pour nous des égards particuliers ; qu'on ne nous confondra point avec la multitude, mais qu'on nous distinguera ; qu'on nous déférera tous les honneurs dus à notre mérite et à sa supériorité ; que s'il y a un choix à faire pour quelque place importante, c'est sur nous qu'il tombera, et qu'aucun n'osera nous en contester la préférence; que nous aurons l'ascendant partout et sur tous; que tout se réglera par nos conseils, que tout passera par nos mains, n'y ayant personne que nous n'estimions au-dessous de nous, et que nous jugions capable de conduire les choses avec la même dextérité et la même sagesse que nous. Car voilà l'opinion où nous sommes; et si la pudeur nous empêche de nous en déclarer ouvertement, elle ne nous empêche pas dans le secret du cœur de le penser.

Nous remercions Dieu; mais du moins nous rendons-nous en même-temps à nous-mêmes l'avantageux et consolant témoignage de répondre comme nous le devons aux vues de Dieu, et de faire un saint usage de ses bienfaits; de n'être point des serviteurs inutiles, mais de coopérer aux œuvres du Seigneur et à l'exécution de ses divines volontés par notre vigilance, notre application, notre habileté, notre industrie; de ne nous point épargner pour cela, et d'y avoir toute l'assiduité et tout le zèle qui dépend de nous? D'où nous tirons, sans hésiter, cette conséquence favorable, que nous ne paroîtrons pas au tribunal de Dieu les mains vides; et que nous pouvons espérer d'être mis au nombre de ces fidèles serviteurs dont la bonne administration sera éternellement et si abondamment récompensée.

Nous remercions Dieu; mais de quoi le remercions-nous plus volontiers? de certaines grâces extérieures, et de certaines qualités plus propres à

nous rélever dans le monde; à nous y faire connoître, à nous en attirer les applaudissemens; à
nous donner de l'éclat et de la réputation. Ainsi les
apôtres eux - mêmes prenoient plaisir à raconter au
Fils de Dieu les miracles qu'ils opéroient, comment
ils guérissoient les malades et comment ils chassoient
les démons. Mais toutes les autres grâces qui sans
ce brillant et sans ce bruit agissent intérieurement
sur l'ame, et ne servent qu'à la sanctifier, qu'à lui
inspirer l'esprit de piété, de charité, d'humilité,
de mortification, de renoncement à soi-même et
aux vanités du siècle, ce sont des faveurs célestes
et des biens dont nous ne tenons point assez de
compte pour en marquer à Dieu notre gratitude et
pour lui en demander l'accroissement. Il n'y a que
ce qui frappe la vue, qui nous intéresse et qui pique
notre envie : tout le reste nous est indifférent, parce
qu'il l'est à l'orgueil qui nous domine et que nous
n'y trouvons rien qui le soutienne.

N'oublions jamais les dons du Seigneur ; mais ne
nous en souvenons que pour l'honorer. Ayons sans
cesse, et dans le cœur et dans la bouche, les paroles
du pharisien ; mais disons-les autrement que lui et
dans un esprit chrétien : *Seigneur, je vous rends
grâces.* Oui, mon Dieu, c'est à vous que je rends
grâces, et à vous seul, persuadé que tout ce que
j'ai et tout ce que je suis, je ne l'ai que de votre
libéralité, et je ne le suis que par votre miséricorde.
Or n'ayant rien que de vous, et n'étant rien que
par vous, c'est donc à vous que je dois l'hommage
de tout, sans pouvoir rien prétendre à la gloire qui

vous revient. Qu'elle soit à vous toute entière ; et malheur à moi, vile créature, si je m'y attribuois quelque droit, et si je voulois en détourner sur moi la moindre partie. *Seigneur, je vous rends grâces,* et d'autant plus que je me reconnois moins digne des soins qu'a pris de moi votre providence : car qui étois-je, et qui suis-je ? Si donc vous m'avez spécialement choisi, si dans la distribution de vos dons vous m'avez préféré à tant d'autres, ce n'est point une raison de me mettre au-dessus d'eux dans mon estime, ni de m'enorgueillir. Combien valoient mieux que moi, étoient mieux disposés que moi, vous auroient mieux servi que moi et auroient mieux répondu à vos adorables desseins ? *Seigneur, je vous rends grâces :* mais bien loin de m'élever au sujet de vos bontés infinies pour moi, c'est au contraire ce qui doit me confondre et m'humilier. Le peu d'usage que j'en ai fait et le peu d'usage que j'en fais : voilà, mon Dieu, mon humiliation, voilà ma confusion. Que de fruits je pouvois produire et que de gloire j'aurois dû vous procurer avec les talens que vous m'avez donnés, avec les moyens que vous m'avez fournis, dans le rang où vous m'avez placé ! Hélas ! j'ai tout dissipé, tout profané, tout perdu. *Seigneur, je vous rends grâces :* mais peut-être seroit-il à souhaiter que vous eussiez été moins libéral envers moi. Plus je vous suis redevable, plus vos jugemens me sont redoutables. Je n'ai rien reçu de vous que je ne dusse employer pour vous et pour moi-même : pour vous, en vous glorifiant ; pour moi-même, en me sanctifiant : et c'est ce qui me saisit de frayeur, quand je viens à réfléchir sur le trésor de colère que j'amasse, et sur les titres de condamnation que je vous mets en main contre moi par un énorme abus de vos bienfaits. Pensée terrible qui me retrace dans la mémoire le funeste sort de cet arbre infructueux qui fut coupé et jeté au feu ; pensée capable de rabaisser toutes les enflures du cœur le plus vain, de renverser toute la confiance de l'ame la plus présomptueuse. Frappé de cette pensée, c'est à vous, Seigneur, que je m'adresse. Tous les biens dont il vous a plu jusques à présent de me gratifier et dont *je vous rends grâces*, me font encore tout espérer de votre miséricorde dans l'avenir. Moins j'ai profité de vos dons, plus j'ai besoin de votre secours pour réparer mes pertes passées et mes dissipations. Vous ne me le refuserez pas, Seigneur, et ce sera un nouvel effet de votre amour, qui renouvellera toute l'ardeur de mon zèle et toute la vivacité de ma reconnoissance. C'est ainsi qu'on remercie Dieu sans orgueil, et que d'humbles actions de grâces l'intéressent plus que jamais en notre faveur, et l'engagent tout de nouveau à répandre sur nous ses bénédictions les plus abondantes.

IV. *Je ne suis pas comme le reste des hommes, lesquels sont voleurs, injustes, adultères, ni tel que ce publicain.* C'est ici que l'orgueil se découvre dans toute son étendue : et par où ? par un esprit de singularité, par un esprit de censure et d'une censure outrée, par un esprit de dureté envers les pécheurs ; et de plus, par un aveuglement grossier à l'égard de soi-même. Esprit de singularité : *Je ne suis pas comme le reste des hommes ;* esprit de censure, mais d'une censure outrée : *lesquels sont voleurs, injustes, adultères ;* esprit de dureté envers les pécheurs : *ni tel que ce publicain ;* aveuglement sur soi-même, le plus grossier : *Je ne suis pas.* Reprenons tout ceci, et expliquons-le.

Esprit de singularité. Le pharisien ne se regarde pas comme un homme du commun. Il prétend faire rang à part ; et si l'on refuse de le distinguer, il sait assez se distinguer lui-même. Car de se confondre dans le grand nombre, d'agir de concert avec les autres et de se conformer à leurs exemples, ce seroit enfouir son mérite et l'obscurcir. On ne le connoîtroit point, on ne le remarqueroit point, on ne parleroit point de lui, et on ne lui rendroit point les honneurs qui lui sont dus. C'est pour cela qu'il commence par se séparer : *Je ne suis pas comme le reste des hommes.* On ne voit partout que trop de ces esprits particuliers à qui rien ne plaît et qui ne peuvent rien goûter à moins qu'il ne soit extraordinaire, à moins qu'il ne soit nouveau, à moins qu'il ne leur soit propre. Ce qui les accommodoit d'abord, et ce qui étoit le plus selon leur sens et selon leur gré, lorsqu'ils étoient seuls à le pratiquer, leur paroît insipide, et perd pour eux tout son agrément et toute sa pointe, du moment qu'il vient à passer en coutume, et que l'usage s'en établit. Encore si l'on n'affectoit cette singularité que dans des choses indifférentes, que dans la conduite du monde, que dans la société humaine et civile ; mais on l'introduit dans les choses de Dieu, jusque dans la dévotion, la religion; jusque dans le sanctuaire et les divins mystères. C'est même ordinairement en cela qu'on se rend plus singulier, et ç'a été de tout temps l'esprit des novateurs.

D'où sont venues tant de variations dans les pratiques de piété, dans les prières, dans la récitation des offices, dans la lecture des livres, dans les décisions de morale, dans les exercices de pénitence, dans l'approche des sacremens? Il étoit naturel, et il eût été mille fois plus convenable et plus sage de laisser les fidèles dans les bonnes pratiques qu'ils observoient, dans les dévotions louables en elles-mêmes, autorisées par la tradition de plusieurs siècles, répandues parmi tout le peuple chrétien. Ils eussent bien plus profité des livres qu'on leur mettoit depuis long-temps dans les mains, qui, sans être si polis, ni si ornés, édifioient davantage par leur simplicité et leur solidité, et servoient beaucoup plus à leur éclairer l'esprit et à leur toucher le cœur. Ils eussent incomparablement plus avancé dans les voies de Dieu si l'on n'eût point tant agité et troublé les consciences par des rigueurs extrêmes et de fausses terreurs sur la morale, sur la pénitence, sur la fréquentation des sacremens, et qu'on s'en fût tenu aux maximes et à la conduite des habiles maîtres qui avoient éclairci toutes ces matières. Mais le premier principe d'un novateur, c'est *de n'être pas comme les autres hommes*. Car il n'y auroit point assez de gloire pour lui à ne dire que ce que les autres ont dit, et à ne faire que ce que les autres ont fait. Il veut frapper

autrement la vue, et pour cela il faut qu'il réforme
tout, ou plutôt qu'il renverse tout. De là grand mouvement, grand bruit, nouvelles observances, nouvelles
pratiques, nouvelles prières, nouveaux offices, nouveaux livres, nouvelles questions sur la morale évangélique et nouvelles opinions, nouvelles méthodes
pour le sacrifice de la messe, pour la confession,
pour la satisfaction des péchés, pour la communion :
comme s'il vouloit s'appliquer ce que Dieu disoit de
lui-même : *Voici que je renouvelle toutes choses* (1).
Il n'épargne pas même les saints, ni leurs reliques,
ni leurs faits mémorables, ni les lieux fréquentés
en leur honneur ; déplaçant du ciel qui il juge à
propos, se piquant là-dessus d'un discernement
juste, et refusant de se soumettre à ce qu'il appelle
idées populaires. Or, qu'est-ce que tout cela? des
singularités. Singularités qui vont à changer presque
tout le culte extérieur et toute la face de la religion.
Singularités qui paroissent aux yeux du public, et
qui attirent son attention. Singularités qui ne manquent pas d'approbateurs, d'admirateurs, de sectateurs, surtout parmi le sexe, lequel se porte aisément à tout ce qui a l'air de distinction. En un mot,
singularités par où l'on se fait un nom dont on est
jaloux et dont l'orgueil se repaît.

Esprit de censure, et d'une censure outrée. Il n'y
en eut jamais d'exemple plus sensible que celui du
pharisien. Par où débute-t-il? il fait d'abord le procès à tout le genre humain : *Je ne suis pas comme
le reste des hommes, lesquels sont voleurs, injustes,*

(1) Isaï. 43.

adultères. Voilà sans doute une accusation bien griève, mais en même temps bien générale. Du moins s'il disoit : Je ne suis pas comme quelques-uns des hommes, comme plusieurs des hommes, comme le plus grand nombre des hommes : mais ce ne seroit point assez pour son orgueilleuse et impitoyable critique. Il faut qu'il mette également tous les hommes, hors lui, dans la masse de perdition. Il faut dans son idée qu'il n'y ait que lui sur la terre qui soit homme de bien ; et par un raffinement de vaine gloire que remarque saint Bernard, ce qui le flatte, ce n'est point précisément d'être aussi homme de bien qu'il croit l'être, mais de l'être seul. Il ne fait donc grâce à qui que ce soit, et il ne reconnoît de justice, d'équité, de probité, de vertu que dans sa personne. Afin de ne rien exagérer, convenons, et il est vrai, qu'on ne va guère jusqu'à cette extrémité où le Fils de Dieu, dans une parabole, a voulu nous donner à connoître l'excès de l'orgueil. Nous ne voyons point que cela s'accomplisse à la lettre ; et s'il se trouvoit un homme parmi nous qui eût assez d'assurance et assez de front, pour se vanter d'être dans toute la nature l'unique en qui réside la grâce du Seigneur, et qui soit droit, équitable, vertueux, on le traiteroit d'extravagant et d'insensé. Mais du reste, l'expérience nous apprend combien il y a eu dans l'Eglise de Jésus-Christ, et combien encore il y a de ces prétendus saints, qui volontiers ou sans beaucoup de peine, damnent presque tout le monde. Prévenus à leur avantage et préoccupés de leurs maximes, ils se persuadent avoir seuls la science du

salut, et être seuls instruits des voies de Dieu. Ne
se pas joindre à eux, et ne se pas conduire par
eux, c'est, selon leur sens, se pervertir, s'égarer,
se perdre.

Et parce que le nombre de ceux qui les suivent
n'est pas tel après tout qu'ils voudroient, et que c'est
le plus petit en comparaison du reste des fidèles,
voilà pourquoi ils s'élèvent avec tant de chaleur et
tant de hauteur, ne prononçant que des anathèmes,
lançant partout des malédictions, ne cessant point
de déplorer l'affreux relâchement des mœurs, s'imaginant voir dans tous les états du christianisme une
décadence entière, l'attribuant à des guides aveugles
qui mènent d'autres aveugles; se regardant avec une
pieuse complaisance, eux et leurs élus, comme d'heureux rejetons que la contagion a épargnés dans le
champ du père de famille; bénissant Dieu de les
avoir ainsi sauvés du naufrage et garantis de la corruption universelle. Il est certain que le monde est
bien corrompu, et sur ce point leurs déclamations
ne sont pas tout à fait mal fondées. Mais avec un
peu plus de charité et moins d'orgueil, ils ne pous-
seroient pas si loin leur censure ; ils ne donneroient
pas des arrêts si vagues et si étendus; ils ne conclu-
roient pas si vîte pour la perte de quiconque ne
prend pas leurs leçons et n'entre pas dans leurs intérêts; ils ne se déchaîneroient pas avec tant de violence, contre la société humaine en général, ni en
particulier contre des gens de bien dont le mérite les
incommode : ils feroient justice à la piété partout où
elle se trouve ; et ils ne se figureroient pas, comme

le pharisien, qu'elle ne se trouve que chez eux, ou qu'elle ne peut être agréable à Dieu, quelque part qu'elle se rencontre, si elle n'est marquée de leur sceau : car c'est ainsi que l'orgueil, ou s'arroge tout, ou réprouve tout.

Esprit de dureté envers les pécheurs. Le publicain étoit un pécheur, mais c'étoit un pécheur pénitent ; les marques publiques qu'il donnoit d'une douleur sincère devoient exciter la compassion du pharisien ; mais l'orgueil pharisaïque est sans pitié ; il n'est touché que de sa propre excellence, et il insulte à la misère d'autrui : *Je ne suis pas comme ce publicain.* S'il eût consulté l'esprit de Dieu, il eût fait réflexion que ce pécheur n'étoit plus en quelque sorte pécheur, dès-là qu'il étoit contrit et repentant, et la religion lui eût dicté qu'il falloit condescendre aux foiblesses d'un homme nouvellement converti ; qu'il falloit l'aider, le relever, le recevoir à miséricorde : mais un pharisien ne sait agir qu'en juge inexorable, et jamais en père, il ne sait parler qu'avec dédain et avec empire, et jamais avec douceur et avec bonté : C'est un malheureux, dit-il, je n'ai garde de lui ressembler. Que ces manières hautes et dédaigneuses, que ces paroles dures, dans la suite des temps, ont rebuté de pécheurs, dont il eût été bien plus à propos de seconder les bonnes dispositions par de sages et de salutaires ménagemens ! On eût gagné cette ame en la traitant avec plus de circonspection et plus de modération ; on l'eût consolée, on l'eût encouragée, on lui eût inspiré de la confiance, au lieu qu'on l'a désolée et désespérée. Mais, dites-vous, c'est sa faute, et ce pécheur doit être préparé à tous les reproches qu'on lui peut faire, et à toute la sévérité dont on peut user à son égard : car il n'y a rien là qu'il ne mérite. J'en conviens, c'est sa faute, et dans le fond il doit se réputer digne des plus mauvais traitemens et les accepter : mais de votre part n'est-ce pas en même temps une faute, et une faute très-condamnable, de ne pas respecter dans votre frère, tout criminel qu'il est, l'image de Dieu et le prix du sang de Jésus-Christ; de l'exposer à une ruine totale par l'ascendant trop impérieux que vous prenez sur lui, et dont vous lui faites sentir tout le poids, par l'amertume de vos expressions et par la terreur de vos menaces; de ne vouloir pas charitablement, quoique prudemment, vous rapprocher de lui, afin de le rapprocher de son devoir; mais au contraire, de vous butter, de vous obstiner contre lui, et de ne tenir nul compte du triste abandonnement où votre inflexible roideur le précipite; de vous croire quitte de son malheur en disant : C'est son affaire, que m'importe? s'il veut se damner, qu'il se damne. Il se damne en effet. Mais n'en êtes-vous pas coupable, lorsque vous pouviez, par des voies plus insinuantes, par des précautions plus mesurées, par un accueil plus engageant et plus modeste, le retirer de l'abîme et le remettre dans le bon chemin ?

Aveuglement par rapport à soi-même. L'orgueilleux est d'autant plus sujet à se tromper et à se laisser tromper sur ses qualités personnelles, que son erreur lui plaît, parce qu'elle lui est avantageuse.

Ca

Ce qui fait que souvent il est tout ce qu'il croit ne pas être, et qu'il n'est rien de tout ce qu'il croit être. Ce pharisien de l'évangile se regarde comme un homme irréprochable et sans vice. *Je ne suis pas :* et quoi? que n'est-il pas, ou que pense-t-il ne pas être? Il se vante de n'être pas semblable aux autres hommes, et surtout de n'être pas voleur comme eux, injuste comme eux, adultère comme eux. Mais étrange aveuglement de l'orgueil, dit saint Augustin! Non-seulement le pharisien est semblable aux autres hommes, mais il est pire que les autres hommes, puisqu'avec tous ses vices, qu'il se déguise à lui-même et qui égalent au moins ceux des autres hommes, il est encore le plus superbe des hommes. Semblable aux autres hommes : car on peut bien juger qu'il n'étoit pas différent de ces autres pharisiens contre qui le Fils de Dieu s'est tant de fois déclaré, et à qui il reprochoit en des termes si forts leur obstination, leur envie, leur animosité, leur ambition, leur intérêt, leurs intrigues, leurs cabales, leurs violences, leur mauvaise foi, leur hypocrisie. Pire que les autres hommes, puisqu'à tous ces vices il ajoutoit la présomption et l'orgueil, qui en est le comble. Par où il tomboit encore justement dans les mêmes vices qu'il imputoit à tous les hommes, en les traitant de voleurs, d'injustes, d'adultères. Car sans savoir si réellement et dans le sens littéral il étoit tout cela, on peut toujours dire, continue saint Augustin, qu'il l'étoit dans un sens plus spirituel et plus mauvais. Et en effet, c'étoit un voleur, puisqu'il déroboit à Dieu sa gloire ; c'étoit un injuste,

puisqu'en se glorifiant lui-même au préjudice de
Dieu, il usurpoit un bien qui ne lui appartenoit pas,
et dont Dieu est jaloux par-dessus toute chose;
c'étoit un adultère, puisqu'il abusoit des dons de
Dieu, et qu'il les profanoit, en les faisant servir à
son amour-propre et à sa vanité. Or voilà ce qu'il
n'apercevoit pas, et sur quoi l'orgueil lui fermoit les
yeux : de sorte qu'avec toutes ses imperfections et
tous ses défauts, il ne voyoit rien en lui de répréhensible et de défectueux.

C'est ce qui nous arrive à nous - mêmes, et c'est
le déplorable aveuglement où nous vivons. Nous
avons des vices que nous ne connoissons pas; et
pourquoi ne les connoissons-nous pas ? parce que
notre orgueil nous fascine tellement la vue, que
découvrant, selon la figure de Jésus-Christ, jusqu'à
un fétu dans l'œil d'autrui, nous ne remarquons
pas dans le nôtre jusqu'à *une poutre*. Des vices que
nous ne connoissons pas, parce que nous ne les
voulons pas connoître; et pourquoi ne les voulons-
nous pas connoître, pourquoi ne prenons - nous
aucun soin de les connoître, pourquoi rejetons-nous
même tous les moyens de les connoître, pourquoi
n'écoutons-nous ni conseils, ni remontrances, ni
remords intérieurs, ni réflexions capables de nous
les faire connoître ? c'est que cette connoissance
nous traceroit de nous - mêmes une image désa-
gréable; c'est qu'elle nous détromperoit de la bonne
opinion que nous avons de nous-mêmes, et où nous
aimons à nous entretenir; c'est qu'elle nous appren-
droit ce que nous ne voulons point savoir, qui est

dé nous humilier. Des vices que nous ne connoissons pas, mais que le monde connoît, et qui donnent lieu à ses railleries et à ses discours. Car il n'est rien qui pique davantage le monde, ni qui excite plus son indignation et son mépris, que la confiance d'un homme et l'estime qu'il témoigne de lui-même, lorsque chacun voit ses foiblesses, et qu'il n'y a que lui à qui elles soient cachées. On demande s'il ne se trouvera personne qui l'éclaire, et l'on attend, pour son bien et pour son instruction, que quelque occasion mortifiante le désabuse, et le tire de l'ignorance où il est. Des vices que nous ne connoissons pas, parce que nous ne jugeons de nous-mêmes que par comparaison avec d'autres qui semblent plus vicieux que nous. Le pharisien se comparoit avec le publicain, et nous nous comparons avec celui-ci, ou avec celui-là, gens scandaleux et décriés. Or, dans cette comparaison, nos vices disparoissent : mais bientôt ils se montreroient à nous dans toute leur difformité et toute leur laideur, si nous venions à nous mettre en parallèle avec tels et tels dont les exemples nous confondroient. Des vices que nous ne connoissons pas, parce que nous ne comptons pour quelque chose que certains vices grossiers qui corrompent les sens ; que certaines actions basses qui portent leur honte avec elles, et avec leur honte leur remède.

Mais outre ces vices dont peut-être on a eu le bonheur de se garantir, il y a des vices de l'esprit, des vices du cœur, des vices de l'imagination, des vices du naturel, des vices de l'humeur ; il y a des

30.

passions, des inclinations, des entêtemens, des
caprices, des légèretés, des inconstances, des aver-
sions, des haines, des mensonges, des dissimula-
tions, et le reste. Ce sont des vices ; mais parce que
ce sont des vices secrets, ou parce qu'ils ont une
apparence moins odieuse, on se les passe aisément,
et l'on n'y fait qu'une attention très-légère. Ainsi
ces vices ne diminuent rien de l'idée qu'on a de
soi-même. Mais si l'on ne se laissoit pas aveugler
par l'orgueil, on se diroit : Il est vrai, je ne fais
tort à personne, non plus que le pharisien ; je ne
suis point un usurpateur, je ne suis point dans le
désordre et la débauche ; mais du reste j'ai un esprit
difficile, mais j'ai une imagination bizarre, mais j'ai
un cœur indifférent, mais j'ai un naturel colère et
brusque, mais j'ai une humeur dure et intraitable ;
je suis obstiné dans mes pensées, violent dans mes
désirs, ambitieux dans mes projets, malin dans mes
jugemens, aigre dans mes ressentimens, piquant
dans mes paroles, infidèle dans mes promesses,
précipité dans mes résolutions, déguisé dans mes
desseins, lâche et négligent dans la pratique de
mes devoirs. Voilà ce qu'on se diroit, et ce qu'on
ne se dit pas, parce que notre orgueil en souffriroit,
et qu'on ne veut rien voir en soi qui puisse lui donner la moindre atteinte. On se considère par le bon
côté, et l'on s'arrête là, sans rien examiner de plus,
ni tourner ailleurs ses regards. C'est pourquoi Dieu,
par un trait de miséricorde, permet quelquefois
qu'une ame s'oublie en certaines rencontres, et
qu'elle s'abandonne à des fautes grièves, qui dans

la suite lui deviennent plus utiles que l'état où elle
étoit, quoique moins criminel, parce que ces chutes
lui apprennent à se connoître, et en se connoissant
mieux, à ne plus tant présumer d'elle-même, mais
à s'en défier.

V. *Je jeûne deux fois la semaine ; je donne la
dîme de tous mes biens.* Autre aveuglement de
l'orgueilleux ; il croit avoir des vertus qu'il n'a pas.
Qu'entend le pharisien, quand il dit qu'il jeûne deux
fois la semaine, et qu'il donne la dîme de tous ses
biens ? il veut dire par là, qu'il est fort mortifié et
fort pénitent, qu'il est homme religieux et fidèle
observateur de la loi. Mais avec tous les jeûnes qu'il
pratiquoit, et toutes les dimes qu'il payoit, il n'avoit
ni la vertu de pénitence, ni la vertu de religion :
comment cela ? parce que la vertu ne consiste pas
précisément dans les œuvres, mais dans l'esprit qui
les anime et qui les sanctifie. Elle n'est vertu qu'autant qu'elle procède de Dieu et qu'elle tend à Dieu,
qu'autant que Dieu en est le principe et que Dieu
en est la fin, qu'autant que c'est un don de Dieu
et un fruit de la grâce de Dieu. Mais si c'est l'orgueil qui la produit ; si c'est l'orgueil qui l'inspire,
qui la soutient, qui la fait agir, la grâce alors n'y
a plus de part ; Dieu n'en est plus le motif, et par
conséquent ce n'est plus qu'un fantôme et une
ombre de vertu. Le pharisien pouvoit donc jeûner,
et n'avoir pas la vertu de pénitence ; il pouvoit
donner la dîme de tous ses biens, et n'avoir pas la
vertu de religion : pourquoi ? parce qu'il ne jeûnoit

et qu'il ne payoit si abondamment la dîme que par orgueil.

Importante vérité dont nous pouvons et nous devons faire l'application à tant d'œuvres chrétiennes que l'orgueil empoisonne, et qu'il dégrade aux yeux de Dieu. Ce sont de bonnes œuvres, à les regarder en elles-mêmes, et à n'en considérer que la substance : on prie, on passe les heures entières devant les autels, on chante les louanges du Seigneur, on assiste à toutes les assemblées de piété, on y est le plus assidu, et l'on y paroît avec l'extérieur le plus composé et le plus dévot. Ce sont des œuvres utiles au prochain : on s'intéresse pour les pauvres, on les soulage par les aumônes qu'on leur fait, et par celles qu'on leur procure ; on visite les malades, on prend soin des hôpitaux, des prisons, de tout ce qu'il y a d'infirmes et de nécessiteux dans un quartier ; on contribue à des établissemens de charité, et l'on se retranche pour avoir de quoi y fournir. Ce sont des œuvres même tout apostoliques : on annonce la parole de Dieu, on instruit les peuples, on enseigne les ignorans, on dirige les consciences, on arrête les procès, on accommode les différends, on rapproche les cœurs et on les réconcilie. Ce sont des œuvres pénibles et laborieuses : on se consume de travaux dans une profession, dans un emploi, dans un ministère ; on s'éloigne du monde, et on se prive de toutes ses douceurs ; on se réforme dans les habits, dans le train, dans les ameublemens, et l'on se réduit à un état simple et sans faste ; on s'assujettit à un genre de vie austère, et de la plus haute perfection. Mais tout cela néanmoins, ce ne sont point des œuvres vraiment vertueuses, ni de quelque valeur auprès de Dieu, dès que l'orgueil s'y mêle, et qu'il y répand sa contagion. On fait le bien sans être homme de bien, et l'on pratique les devoirs du christianisme sans être chrétien. Car le bien qu'on fait, on le fait en mondain ; et les devoirs qu'on pratique, on les pratique en païen, puisque c'est pour une gloire toute humaine.

Ecueil de la vaine gloire, écueil le plus subtil et le plus dangereux. Il est à craindre pour toutes sortes de personnes ; mais on peut dire qu'il l'est singulièrement pour ceux-là mêmes ou celles qui vivent dans une plus grande régularité, et qui semblent s'avancer avec plus de progrès dans le chemin de la vertu. Aussi est-ce à eux que le Fils de Dieu s'adresse spécialement, quand il nous exhorte à nous préserver des atteintes de l'orgueil : *Gardez-vous de faire vos bonnes actions devant les hommes, afin d'en être vus* (1), et afin qu'ils conçoivent pour vous de l'estime. Il leur est plus aisé de se défendre du piége de l'intérêt, et de toutes les convoitises qui corrompent les sens : mais le piége de la vaine gloire est si délicat, si imperceptible, et d'ailleurs si engageant et si touchant, qu'il est d'une extrême difficulté de l'éviter. Difficulté qui croit selon que les exercices et les fonctions où l'on s'occupe ont plus d'apparence et plus d'éclat au dehors. Il est si

(1) Matth. 6.

doux de recevoir sans cesse des éloges, et d'être honoré, respecté de tout le monde ; si doux de s'entendre nommer un modèle de piété, de charité, de zèle, le refuge des pauvres, la consolation des affligés, la ressource de l'innocence, l'appui de la justice, le mobile et l'ame de toutes les œuvres saintes, l'exemple de la cour, l'édification d'une ville, l'apôtre d'un pays, le maître de l'éloquence et le premier entre les ministres évangéliques, l'honneur du clergé, le défenseur de la religion, le soutien même et le chef d'une secte : tous ces noms, dis-je, sont si flatteurs, que les plus spirituels s'y laissent prendre, et qu'ils y trouvent un goût dont peut-être ils ne veulent pas s'apercevoir, mais qui ne se fait que trop sentir. Que ce goût, ou plutôt que cette fausse gloire qui le fait naître et qui les pique, vînt à leur manquer, c'est alors qu'ils seroient étrangement déconcertés : marque évidente qu'ils y étoient beaucoup plus sensibles qu'ils ne pensoient. Cependant on s'imagine amasser de grands trésors de mérites. On compte ses vertus, comme le pharisien : mais ce sont des vertus de pharisien ; Dieu ne les reconnoît point, et il ne les récompense point. *Ces riches prétendus, ils se sont endormis ; toute leur vie se passe en des songes agréables et en de spécieuses illusions : mais au moment de la mort où ils commenceront à s'éveiller, quelle sera leur surprise de n'avoir rien dans les mains* (1), et de voir toutes leurs espérances s'évanouir ! Le

_____
(1) Ps. 75.

remède à un mal si pernicieux, c'est une sincère et profonde humilité, et c'est aussi ce que l'évangile nous propose dans la pénitence du publicain.

Caractère de l'Humilité, et ses effets salutaires dans le publicain.

I. *Le publicain se tenant éloigné.* Voici une image bien différente de l'autre. C'est un publicain et un pécheur, mais un publicain, mais un pécheur humble : et saint Chrysostôme ne craint point de dire, que l'état même du péché avec l'humilité, vaut mieux que l'état de justice avec l'orgueil ; parce que l'orgueil détruit dans peu toute la piété du juste, au lieu que l'humilité efface le péché et sanctifie le pécheur par une parfaite conversion. Quoi qu'il en soit, le publicain commence d'abord à s'humilier par la place qu'il choisit ; c'est la plus éloignée de l'autel, c'est la dernière, parce qu'il se regarde comme le dernier de tous. Il se connoît lui-même, et cette connoissance qu'il a de lui-même est le fondement de son humilité. Il sait de quelle manière il s'est comporté pendant de longues années ; il sait de combien d'injustices, de fraudes, de vexations, de crimes il s'est rendu coupable : il le sait, et c'est ce qui lui fait sentir toute son indignité. Or ce sentiment de son indignité c'est en même temps ce qui le porte à se ravaler autant qu'il peut et à se mettre au plus bas rang. Le pharisien s'étoit placé jusqu'auprès de l'autel, le peuple s'étoit avancé dans le temple ; mais lui, il ne se juge pas digne d'y

entrer, ni de prier avec eux. Il demeure à la porte,
les genoux en terre, la tête penchée, le corps prosterné. Ce n'est pas assez : mais, selon la remarque
de saint Chrysostôme, dans cette disposition si humiliante, non-seulement il se méprise lui-même,
mais consent qu'on le méprise. Le pharisien vient
de l'insulter, et il ne répond rien à l'insulte qu'il a
reçue. Il pouvoit néanmoins user de récrimination,
et de sa part il eût eu bien des reproches à faire
à ce faux dévot qui l'outrageoit si mal à propos et
qui le condamnoit avec tant de témérité. Mais il
ne se récrie point contre lui, il ne se plaint point,
il se tait ; et dans le silence, il est prêt d'accepter
les traitemens les plus injurieux. Sont-ce même des
injures? il ne les prend point de la sorte ; au contraire, il est persuadé que toutes les humiliations
lui sont dues, et il ne lui faut, pour l'en convaincre,
qu'un retour sur soi-même, et que la vue des péchés
dont il est chargé.

Nous ne nous connoissons pas nous-mêmes, et
de là vient que nous avons tant de peine à nous
humilier ; et parce que nous n'aimons pas à nous
humilier, de là même encore il arrive que non-seulement nous ne nous connoissons pas, mais que nous
ne voulons pas nous connoître. Il ne faudroit qu'un
regard sur nous-mêmes pour découvrir le fond de
notre misère, et c'est dans ce fond de misère, dans
ce fumier, selon l'expression de saint Jérôme, que
nous trouverions la perle précieuse, qui est l'humilité. Voilà pourquoi saint Augustin faisoit si souvent à Dieu cette prière : *Seigneur, que je vous*

connoisse, parce que plus je vous connoîtrai, plus je vous aimerai ; mais tout ensemble , ô mon Dieu ! que je me connoisse moi-même , parce que plus je me connoîtrai , plus je me mépriserai. Il souhaitoit ardemment d'acquérir une vertu qu'il savoit être la base de toutes les vertus; et d'ailleurs, entre les moyens de l'acquérir, il n'en comprenoit point de plus solide et de plus puissant , que de s'ôter à soi-même le voile de dessus les yeux , de se représenter de bonne foi tout ce qu'on est , et de creuser profondément dans l'abîme de ses foiblesses.

Et en effet, dès que nous nous mettons à creuser cet abîme, quelle idée concevons-nous de nous-mêmes, et quels sujets d'humiliation se présentent à nous ? le détail en seroit infini. Sans rien dire des infirmités du corps et de tout ce qui a rapport à cette chair terrestre et matérielle, sortie de la poussière et destinée à y retourner, quel est l'état de notre ame ? Que d'erreurs et d'ignorances dans l'esprit; que de passions et de malignité dans le cœur ! que de corruption dans la volonté ! quel penchant au mal ! quelle inconstance dans le bien ! quels égaremens dans toute la conduite ! Ceci est général; mais si chacun vouloit en particulier se rendre compte de toutes ses pensées, de toutes ses vues , de tous ses sentimens , de toutes ses inclinations vicieuses , de toutes ses paroles, de toutes ses actions, de tout ce qu'il a commis de péchés et de tout ce qu'il en commet chaque jour, de ses fragilités sans nombre , de ses infidélités, de ses chutes et de ses rechutes continuelles; y a-t-il personne, même parmi les plus spirituels, qui d'un premier mouvement ne s'écriât avec le Prophète : *Qu'est-ce que l'homme, Seigneur ?* et pour ne parler que de moi, que suis-je, mon Dieu, que suis-je devant vous ? Mais que serois-je encore dans l'opinion du public, qui peut-être est prévenu de quelque estime pour moi, parce qu'il ne me connoît que par des dehors trompeurs, s'il pouvoit me connoître, Seigneur, comme vous me connoissez, et voir au dedans de moi ce qu'il y a de plus intime et de plus secret ? Or une ame touchée de cette connoissance d'elle-même, et se jugeant avec les lumières de la grâce dans la droiture de la raison et de la religion, n'a garde d'ambitionner de vains honneurs, ni de chercher des prééminences qu'elle ne croit point lui appartenir. Que d'autres soient élevés au-dessus de sa tête ; que dans une cour, dans une compagnie, on leur défère les premières dignités ; que d'eux-mêmes et de leur autorité propre, à l'exemple du pharisien, ils s'emparent de certains rangs et se donnent certaines distinctions : l'humble chrétien se tient à l'écart, reste volontairement en arrière, et se plaît dans son obscurité. Qui que ce soit qu'on lui préfère et qui passe devant lui, il n'en conçoit ni jalousie, ni chagrin. On ne l'entend point se répandre là-dessus en murmures, ni s'épancher en termes amers. Bien loin de cela, il semble, à l'entendre parler, qu'on ne lui fait jamais de tort, et qu'à son égard, ce qui paroît oubli, délaissement, rebut, mépris, est moins une injure qu'une justice qui lui est rendue. Il ne lui faut donc point de consolations humaines, il ne lui faut point de réparations ni de satisfactions. Il consent à tout, quelque indifférence qu'on lui témoigne; il est content de tout.

Quelle morale pour le monde, et quelle morale surtout pour les grands du monde! quel étrange paradoxe! car voilà ce que toute la philosophie païenne n'a jamais compris et ce que le monde profane ne peut encore comprendre; voilà ce qui le scandalise, et ce qu'il ose traiter de bassesse. Mais que ce qui est bas et méprisable selon le monde, est sublime et relevé selon Dieu! Le miracle de l'humilité évangélique et en quoi consiste son excellence, c'est d'avoir pu former de la sorte des hommes supérieurs à toutes les vanités du siècle et à ses frivoles idées; des hommes incapables de se laisser éblouir par un faux lustre et par une grandeur imaginaire; des hommes assez éclairés pour savoir se priser au juste, et assez solides pour ne se point estimer et ne vouloir point être estimés plus qu'ils ne valent, et que ne vaut tout homme comme eux; des hommes remplis de cette grande maxime de l'Apôtre, que *quiconque se figure être quelque chose, quoiqu'il ne soit rien, se trompe lui-même* (1); des hommes par conséquent ennemis de toute ostentation, de tout faste, et mettant leur gloire et leur bonheur en cette vie à participer aux opprobres de Jésus-Christ. Tels sont les humbles du christianisme, je dis les vrais humbles. Ils sont rares, mais il y en a eu, et il y en a. Plaise au ciel qu'il y en ait toujours dans l'Eglise

(1) Gal. 6.

de Dieu! Or il y en aura tant que nous ne perdrons point nous-mêmes de vue, c'est-à-dire, tant que nous ne perdrons point le souvenir de notre pauvreté, de notre insuffisance, et même de notre néant, soit dans l ordre de la nature, soit dans l'ordre de la grâce. Nous ne chercherons plus alors à nous produire ni à dominer.

II. *Il n'osoit lever les yeux au ciel.* Une sainte confusion lui faisoit baisser les yeux. Tandis que le pharisien promenoit avec audace ses regards dans toute l'assemblée, le publicain n'avoit pas l'assurance de porter la vue, ni vers le ciel, ni vers l'autel, ni vers aucun de ceux qui étoient présens. Touché des remords de sa conscience, tremblant et interdit, il s'imaginoit que tout lui reprochoit ses iniquités, et que tout se tournoit contre lui : le ciel dont il avoit tant de fois allumé la colère, et de qui il ne pensoit pas pouvoir mériter quelque grâce; l'autel où résidoit le Dieu d'Israël, vengeur de la veuve et de l'orphelin qu'il avoit opprimés et de tous les droits qu'il avoit violés; ceux qui étoient présens et qui assistoient à cette prière publique, lesquels avoient été si souvent témoins de ses violences et de ses concussions, et dont plusieurs en avoient ressenti les effets. Il ne pouvoit donc jeter nulle part les yeux, qu'il n'y trouvât des accusateurs qui le confondoient, ou des juges qui le condamnoient; et il ne lui restoit que de regarder humblement la terre, et de soutenir, sans entreprendre de se justifier, toute la honte de son état.

Quand l'humilité est dans le cœur, elle se montre

jusque sur le visage et paroît dans tout l'extérieur.
Ce n'est pas qu'elle affecte de se montrer et de paroître : ce ne seroit plus humilité, mais orgueil déguisé sous le masque de l'humilité. Un vrai humble
est aussi soigneux de cacher son humilité, que toutes
ses autres vertus, ou plutôt il est humble sans savoir
qu'il l'est, et il ne le seroit pas du moment qu'il se
flatteroit de l'être. Néanmoins, de même que la
gloire, selon la parole de saint Jérôme, suit la vertu,
comme l'ombre suit le corps, de même y a-t-il des
signes par où l'humilité se fait voir, toute attentive
qu'elle est à se cacher ; et c'est surtout par une pudeur modeste qui accompagne toutes les œillades,
tous les gestes, tous les mouvemens, toutes les actions d'une personne. Elle ne s'en aperçoit pas ;
mais on y fait réflexion sans qu'elle y pense, et on en
est édifié. D'où lui vient cette modestie, cette pudeur
si engageante et si aimable ? il y en a deux principes : l'un est l'estime dont l'humilité nous prévient
à l'égard du prochain, et l'autre est la défiance que
l'humilité nous donne de nous-mêmes. Car de cette
estime du prochain, il s'ensuit que si l'on parle, si
l'on s'entretient, si l'on traite avec quelqu'un, on
ne sort jamais des termes du respect qu'on croit lui
devoir ; et de cette défiance de soi-même naît une
espèce de timidité qui nous sert de frein pour mesurer nos discours, pour recueillir nos regards, pour
régler toute notre contenance et composer toutes
nos manières.

Mais où l'humilité devient encore plus respectueuse, et où elle inspire plus de retenue et plus de recueillement, c'est dans l'exercice de la pénitence, et dans les pratiques religieuses qui appellent l'ame fidèle en la présence du Seigneur, et devant les autels du Dieu vivant. Comment un pénitent, j'entends un pénitent tel qu'il doit être, c'est-à-dire, couvert de la même confusion que le publicain, pénétré des mêmes sentimens de douleur et des mêmes regrets, rougissant de ses ingratitudes envers Dieu, ne se dissimulant rien, ni de la multitude, ni de la grièveté de ses offenses, se considérant comme un objet de haine et se reconnoissant digne d'une damnation éternelle; comment, dis-je, ce pénitent approche-t-il du saint tribunal? comment s'abaisse-t-il aux pieds du ministre de Jésus-Christ? Humilié, presque affaissé sous le poids de ses péchés, ose-t-il lever la tête, ose-t-il ouvrir la bouche? et tout disposé qu'il est à découvrir les plaies de son ame par une humble confession, oseroit-il s'énoncer et s'expliquer, si le devoir ne l'y obligeoit et s'il n'étoit soutenu des exhortations paternelles et des consolations qu'il reçoit du prêtre à qui la Providence l'a adressé? Pudeur et retenue qui, de tous les témoignages sensibles d'une sincère pénitence, est un des plus apparens et des plus certains : au lieu que rien ne rend la pénitence plus suspecte que ces airs ou d'indifférence et de dissipation, ou même de hauteur et de présomption, qu'apportent une infinité de mondains, à un sacrement dont le caractère essentiel est d'humilier l'homme, et de le réduire au rang

d'un

d'un criminel sans excuse et sans défense, mais qui réclame la bonté du souverain juge et qui demande miséricorde.

De plus, comment l'ame fidèle entre-t-elle dans la maison de Dieu, et comment va-t-elle s'acquitter de ses pratiques de religion? comment assiste-t-elle à l'adorable sacrifice? comment participe-t-elle aux sacrés mystères? comment prie-t-elle dans le sanctuaire? Frappée de la majesté suprême du Tout-puissant et de la distance infinie qui relève le Créateur au-dessus d'une vile créature, que peut-elle faire autre chose que d'admirer, que d'adorer, que de s'anéantir autant qu'il lui est possible, et de trembler? Ces anges que vit le Prophète auprès du trône du Seigneur, se voiloient la face de leurs aîles, ne pouvant contempler la gloire du Très-haut, ni soutenir l'éclat de sa grandeur. Or, la foi lui retrace toute cette gloire; et à cette grandeur divine, l'humilité lui fait opposer toute sa petitesse. Dans cette comparaison, plus Dieu lui paroît grand, plus elle se voit petite et abjecte. Hé! Seigneur, qu'êtes-vous et que suis-je? qu'êtes-vous, Dieu de l'univers? et que suis-je, moi ver de terre, moi cendre et poussière? De là cette frayeur qui la saisit; et dans ce saisissement, dans cette frayeur, laisse-t-elle un moment ses sens se distraire et s'égarer? Le respect le plus profond les retient tous, et tandis qu'elle s'abîme intérieurement, et, pour ainsi parler, qu'elle se concentre toute entière au-dedans d'elle-même, on diroit au dehors qu'elle est immobile et sans action.

III. *Mais il se frappoit la poitrine.* Ce n'étoit pas en secret, mais publiquement. Il ne se contente pas de confesser à Dieu ses offenses; mais pour lui en faire une réparation plus authentique, et pour en lever le scandale, il les confesse devant une nombreuse assemblée. Car quand il se frappe la poitrine à la vue de tout le monde, c'est comme s'il disoit : J'ai péché et j'en fais hautement l'aveu. Que cet aveu coûte à l'orgueil, et que c'est un grand triomphe pour l'humilité !

Nous péchons tous, et nous sommes tous sujets à faire des fautes. Tel est le malheur de la condition humaine, dans cette chair fragile dont nous sommes revêtus, et c'est de quoi les saints gémissoient, et ce qui leur faisoit demander à sortir de cette vie. Mais si nous sommes tous pécheurs, c'est du reste un avantage qui n'est pas donné à tous, de reconnoître les fautes où nous tombons, et d'en convenir de bonne foi, soit devant Dieu dans le fond de la conscience, soit devant les hommes, selon les conjonctures et les occurrences. Il y a de ces esprits altiers, et tellement préoccupés de tout ce qu'ils pensent, de tout ce qu'ils disent, de tout ce qu'ils font, qu'ils se croient en quelque sorte impeccables. Il semble qu'ils soient infaillibles dans toutes leurs paroles, et irrépréhensibles dans toutes leurs actions. Du moins ont-ils toujours des prétextes pour se persuader que la raison est de leur côté, qu'ils jugent bien des choses, qu'ils parlent bien, qu'ils agissent bien, et que ce seroit très-injustement qu'on voudroit les censurer et les blâmer. D'autres sont avec eux-mêmes de meilleure foi, et ne s'aveuglent point assez pour ne pas remarquer dans les rencontres en quoi ils manquent, et ce qu'il y a dans leur procédé de défectueux et de condamnable. Ils se rendent sur cela, à leur propre tribunal, toute la justice qu'ils méritent, et ils ne peuvent ignorer qu'ils se sont mépris en telle affaire, qu'ils se sont engagés mal à propos, qu'ils ont fait une fausse démarche, qu'il leur est échappé une proposition erronée, qu'ils ont embrassé un mauvais parti, en un mot, qu'ils ont tort. Ils le voient; mais de s'en déclarer, mais de dire avec ingénuité : Je me suis trompé, je suis en faute, je me rétracte, ou je me repens, ce sont des termes que l'orgueil ne connoît point. Plutôt que de les prononcer, on s'obstine à se défendre : bien ou mal, il n'importe. On a mille subtilités toutes prêtes, et mille faux-fuyans; on ne passe condamnation sur rien, et en voulant se disculper et se tirer d'embarras, on ne fait que s'embarrasser davantage, et qu'ajouter à la faute qu'on a commise de nouvelles fautes, ou à l'erreur qu'on a avancée de nouvelles erreurs.

Or, un des plus heureux effets de l'humilité, c'est d'éclairer les uns et de les guérir des préjugés avantageux dont ils sont prévenus en leur faveur; et une de ses plus belles victoires, c'est de fléchir l'obstination des autres et de leur faire surmonter le penchant naturel qu'ils ont à soutenir tout ce qui vient de leur part et à l'excuser. Car si l'humilité est

clairvoyante, si elle est ingénieuse, c'est à découvrir dans nous jusques aux fautes les plus légères,
et même à les grossir et à les exagérer, bien loin
de les pallier à nos yeux et de nous les déguiser. Un
homme humble n'a point de peine à porter la sentence contre lui - même, et n'a point de juge plus
sévère qu'il l'est de lui-même. Tout ce qu'il fait, il
croit ne le faire que d'une manière imparfaite, et
jusque dans ses œuvres les plus saintes, il trouve
toujours quelque chose à reprendre. Qu'est-ce donc
toutes les fois qu'il lui arrive, comme il arrive aux
plus justes, de manquer et de faillir véritablement
en quelque point? Cherche-t-il à étouffer le remords
qu'il en sent? dispute-t-il là - dessus avec sa conscience, et s'efforce-t-il de répondre aux reproches
de son cœur par des justifications étudiées? imagine - t - il des circonstances qui rendent sa chute
moins griève? dit - il que c'est surprise et inadver-
tance, que c'est légèreté et une vivacité pardonnable, que c'est une bagatelle? L'humilité lui fait
prendre bien d'autres sentimens. Tout ce qui est
offense de Dieu ou offense du prochain, toute faute,
de quelque nature qu'elle soit, est un crime dans
sa personne. C'est une tache dont il se représente
toute la laideur; et en la considérant, il n'est attentif qu'à ne passer pas un seul trait de sa difformité.
Au lieu donc de prétendre se disculper en aucune
sorte, il est le premier et le plus zélé à s'accuser en
la présence de Dieu : heureux, dans la douleur que
lui causent les fautes dont il s'accuse, d'en tirer au

moins cet avantage, d'avoir de quoi s'humilier de plus en plus, et de quoi concevoir pour lui-même un plus profond mépris.

Aussi est-ce par là que les saints sont parvenus à un tel degré d'humilité, que tout saints et grands saints qu'ils étoient, ils s'estimoient les plus grands pécheurs du monde. Témoin saint François d'Assise, qui disoit que sur la terre il ne connoissoit point de plus méchant homme que lui. Témoin saint Bernard, qui s'appeloit la chimère de son siècle, voulant faire entendre que, dans la profession religieuse qu'il avoit embrassée, il n'étoit rien moins que religieux. Témoins une infinité d'autres. Mais comment avoient-ils d'eux-mêmes de pareilles idées? N'étoit-ce point là de ces façons de parler qui ne sont que dans la bouche? pensoient-ils comme ils s'exprimoient, et le pouvoient-ils? Leurs sentimens ne démentoient point leurs expressions; ils savoient quelles grâces ils avoient reçues de Dieu, et que ces grâces particulières et si abondantes étoient autant d'obligations de s'attacher à lui plus étroitement et de le servir avec plus de fidélité et plus de zèle. Ils savoient que plus ils étoient redevables à Dieu, plus ils devenoient coupables, ou en négligeant d'accomplir une seule de ses volontés, fût-ce dans le sujet le moins important, ou en manquant d'acquérir un seul degré de la perfection à laquelle il les appeloit. Ils se persuadoient que le plus grand pécheur, s'il eût été prévenu de Dieu comme eux, en eût beaucoup mieux profité, et qu'il auroit mille fois plus glorifié Dieu qu'ils ne le glorifioient. Ils étoient également

convaincus que d'eux-mêmes ils n'étoient que péché,
et que si Dieu les eût livrés à la corruption de leur
cœur, il n'y eût point eu de pécheurs plus perdus
et plus abandonnés à tous les vices. De cette sorte,
n'attribuant qu'à Dieu tout le bien qui étoit en eux,
et s'attribuant à eux-mêmes tout le mal qu'ils avoient
commis ou qu'ils étoient capables de commettre, ils
concluoient qu'il n'y avoit personne à qui ils eussent
droit de se préférer, ni personne au-dessous de qui
ils ne dussent même s'abaisser.

L'humilité ne s'en tient pas encore là, mais elle
va plus avant. Ce qu'elle nous fait penser de nous-
mêmes, elle nous le fait avouer avec ingénuité,
quoique toujours avec discrétion et avec prudence.
Une mauvaise honte ne nous retient point alors ;
elle ne nous opiniâtre point à soutenir notre sens et
notre conduite ; elle ne nous engage point dans des
contestations qui ne finissent jamais, et que notre
docilité pourroit terminer dans un moment ; elle ne
nous précipite point d'égaremens en égaremens par
une répugnance insurmontable et une inflexible résistance à céder et à se rendre. On se soumet sans
difficulté, on souscrit à son arrêt, on le ratifie ; et
par cette soumission droite, sage, chrétienne, on
efface tout, on le répare, et l'on se remet dans la
bonne voie.

C'est de là même que l'humilité est surtout une
disposition si nécessaire pour la confession des péchés dans le tribunal de la pénitence. Combien de
pécheurs et de pécheresses n'ont pas le courage de
révéler leur état à un confesseur, et de lui faire

connoître les désordres où la passion les a entraînés?
Ils voudroient se vaincre là-dessus; mais il semble
qu'ils ne le puissent, tant ils sont dominés par la
crainte qui les arrête. Ils laissent donc couler les
années entières, sans approcher du sacrement; ou
si, malgré eux, ils en approchent par certaines
considérations, ce n'est que pour le profaner par
des confessions imparfaites et dissimulées. Avec
plus d'humilité, qu'ils s'épargneroient de troubles,
d'incertitudes, de combats, de remords, d'abus,
de sacriléges! L'humilité leur ouvriroit le cœur, leur
délieroit la langue, leur feroit subir une confusion
salutaire, et seroit ainsi le principe de leur réconciliation avec Dieu et de leur justification. Quand elle
n'auroit point d'autre avantage, ne nous suffiroit-il
pas pour la chérir singulièrement, et pour l'estimer
comme une des vertus les plus importantes, non-
seulement dans toutes les conditions du monde
chrétien, mais dans le cloître même et la retraite
religieuse. Car dans la retraite religieuse et jusque
dans le cloître, comme partout ailleurs, il peut arriver quelquefois qu'on ait à déclarer aux ministres
de la pénitence d'étranges foiblesses, et qu'on se
trouve obligé de former contre soi-même des accusations qui doivent coûter infiniment à notre orgueil.

IV. *Mon Dieu, soyez-moi propice, à moi qui
suis un pécheur.* C'est ce que disoit le publicain, et
c'est toute la prière qu'il faisoit. Prière courte, mais
pleine de foi et animée de cette confiance à laquelle
Dieu ne refuse rien. Il sait, ce vrai pénitent, qu'il
est un pécheur; mais il sait aussi que Dieu est en-

core plus miséricordieux. Le souvenir de ses péchés
le confond, mais il ne le décourage point, parce
qu'il ne lui ôte point le souvenir des miséricordes
divines. Dans la vue de ces miséricordes infinies :
Ah! s'écrie-t-il, *soyez-moi propice, à moi qui suis
un pécheur!* Pour engager Dieu à lui être propice,
comme il le demande, il devoit, à ce qu'il paroît,
omettre cette qualité de pécheur ; mais au contraire,
c'est justement parce qu'il reconnoît, en qualité de
pécheur, ne mériter aucun pardon de la part de
Dieu, qu'il mérite que Dieu lui pardonne et lui
pardonne tout.

Exemple d'une grande instruction et d'une grande
consolation pour tout ce qu'il y a de pécheurs. Ils
se sont retirés de Dieu, et Dieu les rappelle. Ils se
sont tournés contre Dieu, et Dieu leur tend les bras
pour les rapprocher de lui, et pour se rapprocher
d'eux. Depuis long-temps ils se sont endurcis contre
les saintes impressions de l'esprit de Dieu, et Dieu
néanmoins les attend encore, et est prêt à les recevoir. Qu'ont-ils donc à faire ? c'est d'aller en effet
à Dieu, et de lui dire avec la même confiance que
le publicain, avec le même sentiment de contrition
et la même humilité : *Seigneur, soyez-moi propice.* Je me suis égaré, j'ai quitté vos voies, le
penchant m'a entraîné et précipité d'abîme en abîme,
le poids de mes habitudes m'accable, la multitude
et la grièveté de mes offenses m'effraye ; mais, mon
Dieu, c'est pour cela même que j'ai recours à vous,
et que je vous conjure de m'être propice, *à moi
qui suis un pécheur.* Oui, Seigneur, je le suis et

je l'ai été jusques à présent, il n'est que trop vrai : mais plus je l'ai été, plus vous ferez éclater les richesses de votre miséricorde en l'exerçant sur moi. Tant de péchés pour lesquels vous pouviez me perdre, et que vous voudrez bien me remettre, serviront à faire voir combien vous êtes bon et indulgent. Vous me sauverez; et dans ce salut dont je vous serai redevable, vous trouverez votre gloire, au même temps que j'y trouverai mon plus précieux intérêt. Dans cette espérance, je me tiens à vos pieds, je lève les mains vers vous, je vous réclame et je ne me lasse point de vous redire : *Seigneur, soyez-moi propice, à moi qui suis un pécheur;* je dis, *à moi qui suis un pécheur,* mais qui ne veux plus l'être, mais qui ai horreur de l'être, mais qui gémis amèrement de l'avoir été, et qui dès-là cesse de l'être. Car tel est le sentiment de mon cœur, et sans cette disposition je ne pourrois rien me promettre de vous : mais avec ce cœur contrit, avec ce cœur humilié, avec ce cœur déterminé à tout ce qu'il vous plaira de m'ordonner désormais, et à tout ce qui vous est dû pour une juste satisfaction, j'ai de quoi vous toucher, ô mon Dieu! et j'ose compter que *vous me serez propice, à moi qui suis un pécheur.*

Au reste, ce seroit un orgueil et une illusion, de croire que cette prière ne convient qu'à des pécheurs scandaleux, qui par état et par un libertinage habituel et déclaré, se sont abandonnés au vice, et ont mené une vie licencieuse et déréglée. Il n'y a point d'ame si sainte qui ne doive se l'ap-

pliquer, et ce sont même les plus saintes ames qui
en usent plus souvent et plus affectueusement, parce
que ce sont les plus humbles. Quoi qu'il en soit, un
des plus solides exercices du christianisme en toutes
sortes de professions, et pour toutes sortes de personnes, est de s'exciter chaque jour à une vive douleur de ses péchés, et de la renouveler par de fréquens actes de repentir. On ne manque point de
matière pour cela, ou plutôt on n'en a que trop;
c'est-à-dire, on n'a que trop de péchés dont la
conscience est chargée devant Dieu, et dont on ne
peut s'assurer d'avoir obtenu la rémission. Péchés
griefs qui ont donné la mort à l'ame, et péchés plus
légers dans leur espèce, mais toujours très-dange-
reux; péchés d'action, et péchés d'omission; péchés
d'ignorance, de négligence, de fragilité, et péchés
de malice et d'une pleine volonté; péchés certains,
et péchés douteux; péchés personnels, et péchés
d'autrui; péchés de la jeunesse, et péchés actuels
et présens: en voilà plus qu'il ne faut pour avoir
lieu de s'écrier à toutes les heures de la journée,
et à toute occasion: *Mon Dieu, soyez-moi propice,
à moi qui suis un pécheur.* On le dit partout et en
tout temps, le matin, le soir, avant le repos de la
nuit, au réveil, de cœur, de bouche, au pied de
l'autel, dans le secret de l'oratoire, en public, en
particulier, entrant, sortant, marchant, travaillant,
agissant. Plus on a fait de progrès dans l'humilité,
plus on le répète, parce qu'on se croit plus digne
de la colère du ciel, et qu'on sent plus le besoin
où l'on est de l'apaiser. On n'a point de sujet plus

ordinaire de ses entretiens intérieurs avec Dieu ; et sans chercher toujours des points de méditation si relevés et si subtils, on emploie quelquefois tout le cours d'une oraison à repasser en soi-même ces paroles, à les pénétrer, à les goûter, à les prononcer : *Mon Dieu, soyez-moi propice, à moi qui suis un pécheur.*

V. *Celui-ci s'en retourna justifié dans sa maison, tout au contraire de l'autre. Car quiconque s'élève, sera humilié, et quiconque s'humilie, sera élevé.* Nous l'avons déjà remarqué avec saint Chrysostôme, et dans un sens, c'est une maxime constante, qu'un pécheur humble vaut mieux, malgré tous les péchés dont il est coupable, qu'un juste orgueilleux avec toutes les vertus et toutes les bonnes œuvres qu'il pratique. Car l'humilité du pécheur lui attire des grâces qui le convertissent et l'élèvent à l'état de juste ; et l'orgueil du juste l'expose, par un châtiment de Dieu, à des chutes qui le pervertissent et le réduisent à l'état de pécheur. Nous en voyons la preuve dans le pharisien condamné, et le publicain justifié. L'un et l'autre vérifient parfaitement cet oracle du Saint-Esprit, que Dieu *résiste aux superbes, et qu'il se communique aux humbles, et leur fait part de ses plus riches dons* (1). Dons célestes par où il les éclaire, il leur découvre ses voies, il les ramène de leurs égaremens, il les perfectionne, il les sanctifie. Nous ne devons donc pas nous étonner, conclut saint Augustin, que Dieu ait pardonné au publicain, puisqu'il ne se pardon-

----
(1) Jac. 4.

noit pas à lui-même et qu'il s'humilioit en se reconnoissant pécheur. Il s'éloignoit de l'autel; mais
plus il sembloit par humilité s'éloigner de Dieu ,
plus Dieu par sa miséricorde s'approchoit de lui. Il
n'osoit lever les yeux , et voilà pourquoi Dieu atta-
tachoit sur lui ses regards , et l'écoutoit plus attentivement et plus favorablement. Il se frappoit la
poitrine , comme ayant mérité les plus rudes coups
de la justice de Dieu et ses plus rigoureuses vengeances; et c'est pour cela même que Dieu le ras-
suroit , le fortifioit, et répandoit dans son ame les
plus douces consolations.

Ainsi Dieu en a-t-il usé de tout temps : car il est
maître de sa grâce ; et il la donne d'autant plus volontiers aux humbles, qu'ils en retiennent seulement
le fruit et lui en rendent toute la gloire; au lieu
que l'orgueilleux , voulant en retenir la gloire, en
perd tout le fruit et n'en retire nul avantage. Ainsi
Achab, ce roi sacrilége , impie , idolâtre , ce roi bar-
bare et homicide , ce roi vendu au péché et l'objet
de la haine de Dieu , dès qu'il s'humilia , devint un
objet de complaisance aux yeux du Seigneur : si bien
que Dieu , voulant en quelque sorte s'en glorifier,
disoit à son Prophète : *N'avez-vous pas vu Achab couché par terre , suppliant et soumis? Or parce qu'il
s'est abaissé devant moi , je l'épargnerai , et je ne
ferai point tomber sur sa personne les maux dont il
étoit menacé* (1). Ainsi Nabuchodonosor avoit abusé
de sa puissance et s'étoit élevé contre Dieu ; Dieu
l'humilie , le réduit à la condition des bêtes , l'oblige

_____
(1) 3. Reg. 21.

de manger l'herbe qui croît dans la campagne :
mais enfin , sept ans écoulés dans un état si vil et
si misérable , ce prince profitant de son humiliation ,
revient à lui, rend hommage au Dieu du ciel, et
Dieu le rétablit sur le trône , lui donne un règne
plus florissant que jamais, et le remplit des sentimens les plus religieux. Ainsi le Sauveur des hommes
a-t-il tant de fois opéré des miracles de miséricorde
et de grâce en faveur de ceux qui se sont adressés
à lui avec humilité? C'est par là que la Chana-
néenne obtint , non-seulement la guérison de sa
fille , mais la guérison de son ame ; c'est par là que
ce seigneur de l'évangile , obtint, outre la santé de
son serviteur , sa conversion à la foi et celle de
toute sa maison ; c'est par là que Magdeleine , cette
fameuse pécheresse , et cette pénitente aussi célèbre,
obtint l'entière abolition de tous les déréglemens de
sa vie, et qu'elle parvint à un degré si éminent de
sainteté.

Heureux donc les humbles de cœur, parce que
Dieu les comblera de ses bénédictions , et qu'il les
élèvera; mais par une règle tout opposée , malheur
aux ames hautaines et présomptueuses, parce que
Dieu les confondra, et qu'il les rejettera. Ce que
le Fils de Dieu est venu particulièrement nous enseigner, c'est l'humilité ; et en quoi par-dessus tout
il s'est proposé à nous comme notre modèle , c'est
dans la pratique de l'humilité. Il ne nous à pas dit:
Apprenez de moi à faire des œuvres extraordinaires
et toutes miraculeuses , à chasser les démons, à délivrer les possédés , à guérir les malades , à ressus-

citer les morts; mais *apprenez*, nous dit-il, *que je suis doux et humble* (1). Leçon générale : car l'humilité est une vertu propre de tous les états. Propre des grands, afin qu'ils ne se laissent point infatuer de leur grandeur, et qu'ils n'oublient point Dieu en s'oubliant eux-mêmes; propre des petits, afin qu'ils se contentent d'une vie obscure, et qu'ils sachent se contenir et se sanctifier dans la dépendance où le ciel les a fait naître; propre des pécheurs, afin qu'ils subissent avec moins de peine toutes les rigueurs de la pénitence, et qu'ils se soumettent plus aisément à toutes les réparations qu'elle exige d'eux, tant envers Dieu qu'ils ont déshonoré, qu'à l'égard du prochain qu'ils ont scandalisé; propre des justes, afin que leurs travaux ne leur soient pas inutiles, et qu'une vaine complaisance ne leur enlève pas le trésor de mérites qu'ils amassent. Mais cette vertu si nécessaire partout, où la trouve-t-on ? On voit encore dans le christianisme, de la religion, de la dévotion, de l'assiduité à la prière, de la régularité, de la charité, du désintéressement même, et de la mortification; on y voit des confessions, des communions fréquentes, des aumônes, des visites des pauvres; mais où voit-on une vraie humilité? Formons-la dans nous avec le secours d'en haut, et employons-y tous nos soins. La mesure de nos abaissemens en ce monde sera la mesure de notre gloire dans l'autre.

(1) Matth. 11.

Solide et véritable grandeur de l'Humilité chrétienne.

VOUS êtes étrangement philosophe, et quoique je ne doute en aucune manière du fond de votre christianisme, la proposition que vous me fîtes il y a quelque temps au sujet de l'humilité, ne m'édifia pas, et me parut, s'il faut vous le dire, bien païenne. Nous parlions de l'ambition, surtout de l'ambition des gens de la cour, qui sacrifient tout à cette passion dont ils sont possédés, et qui se repaissent toute leur vie d'honneurs et de fausses grandeurs. Je tâchois de vous inspirer des sentimens plus modestes, et je vous trouvois un peu trop occupé du désir de vous avancer, et de faire une certaine figure dans le monde. Je ne condamnois pas absolument là-dessus une émulation raisonnable; et vous accordant en apparence quelque chose, pour ne vous pas rebuter d'abord par une morale trop relevée, je m'appliquois à vous amener insensiblement aux principes de la religion, et aux maximes de Jésus-Christ. Mais tout d'un coup vous prîtes feu, et dans cette petite saillie dont je n'eus pas de peine à m'apercevoir, il vous échappa de dire d'un air assez vif, et même d'un ton assez haut, qu'après tout l'ambition étoit le caractère des ames nobles; qu'entre les passions c'étoit sans contredit la plus belle, ou du moins la plus excusable dans un homme de quelque naissance; qu'elle élevoit le cœur, et que dans la vie il falloit un peu d'orgueil, pour savoir tenir son rang et se séparer du vulgaire:

comme si vous eussiez voulu me faire entendre que l'humilité, quoique sainte du reste et très-respectable, ne convenoit guère qu'à des ames étroites, et qu'à des esprits foibles et peu propres aux grandes entreprises. Car j'ai lieu de croire que c'étoit-là votre pensée.

Nous sommes là-dessus, vous et moi, dans des opinions bien différentes ; et quand j'examine à fond ce que c'est que la vertu d'humilité, en quoi elle consiste, sur quels principes elle est établie, par quelles règles elle se conduit, de quelles foiblesses elle nous guérit, quelle supériorité elle nous donne au-dessus des idées communes, à quoi elle dispose et quelles victoires elle remporte, enfin ce qu'elle nous fait entreprendre et ce qu'elle nous fait exécuter : quand, dis-je, j'envisage tout cela, je conclus bien autrement que vous, et je prétends qu'entre les vertus, il n'en est point qui marque plus de solidité dans l'esprit ni plus de fermeté dans l'ame que l'humilité ; que bien loin de rétrécir le cœur, elle l'élargit, que bien loin d'abattre le courage, elle le rehausse ; que c'est un préservatif contre mille petitesses, contre mille indignités et mille lâchetés qui sont si ordinaires dans l'usage du monde ; que c'est une disposition aux plus grands desseins, et que par une constance inébranlable, elle sait également les former et les accomplir. Voilà ce que j'appelle une vraie grandeur, et ce qui doit sans doute suffire pour vous détromper de l'erreur où vous semblez être.

Allons par ordre, s'il vous plaît, et pour mieux éclaircir le point dont il est question entre nous, expliquons

expliquons d'abord les termes et donnons-en une notion juste. Car il est vrai qu'il y a une timidité naturelle
qui nous rend doux, dociles, soumis; qui nous retient
dans les rencontres et nous empêche de nous ingérer
dans aucune affaire; qui nous ferme la bouche et qui
nous lie en quelque sorte les mains lorsqu'il convien-
droit d'agir, de se déclarer, de se défendre. Ce n'est
point là humilité, mais pusillanimité, mais excès de
crainte et défiance outrée de soi-même, qui n'a pour
principe que le tempérament. Souvent même, sous les
dehors d'une humilité apparente, il y a dans cette
pusillanimité beaucoup d'orgueil qui s'y mêle et d'un
orgueil puéril. Il faudroit parler dans l'occasion; mais
on se tait sans prononcer une parole : pourquoi? parce
qu'on craint de répondre mal à propos, et de s'exposer à la raillerie. Il faudroit prendre une résolution
et la soutenir; mais on se tient oisif et l'on demeure :
pourquoi? parce qu'on a peur de ne pas réussir et
d'avoir à essuyer la confusion d'un mauvais succès.
Il faudroit résister et maintenir ses prétentions dès
qu'elles sont raisonnables; mais on cède, et l'on ne
fait pas la moindre démarche : pourquoi? par l'ap-
préhension de succomber et de donner ainsi plus
d'avantage à un concurrent. De sorte qu'on est humble
ou qu'on le paroît, non par vertu, mais par une
imperfection de la nature, et quelquefois par une
fausse gloire.

Traitez cette espèce d'humilité comme il vous
plaira, j'y consens, puisque ce n'est point celle
dont je prends ici la défense. Sous le nom d'humilité, j'entends une humilité purement évangélique

et toute chrétienne, telle que le Fils de Dieu nous l'a enseignée, et telle que les saints, après ce divin maître, l'ont pratiquée. Je veux dire une humilité qui, par les lumières de la raison et de la religion, nous découvre notre néant et le fond de notre misère; qui nous remplit par là d'un saint mépris de nous-mêmes, et nous fait vivement comprendre que de nous-mêmes nous ne sommes rien, ni ne pouvons rien : par conséquent que nous ne devons rien nous attribuer à nous-mêmes, hors le péché; mais que nous devons tout rapporter à Dieu comme au souverain auteur, et lui rendre gloire de tout; qui, selon le même sentiment et dans la même vue, nous fait regarder avec indifférence toutes les distinctions et tous les honneurs du siècle, parce qu'au travers de leur lustre le plus brillant, nous en découvrons l'illusion et la vanité, et que d'ailleurs nous savons qu'ils sont opposés à l'état de Jésus-Christ dans tout le cours de sa vie mortelle; qui, sans nous mesurer avec le prochain, nous porte à l'honorer, à tenir volontiers au-dessous de lui le dernier rang et à rester dans l'oubli, tandis que d'autres sont dans une haute estime et dans la splendeur. Enfin qui, ne comptant jamais sur elle-même, compte uniquement sur Dieu, mais avec une confiance d'autant plus ferme et plus assurée qu'elle a des témoignages plus certains, qu'il prend plaisir à seconder les foibles, et qu'il aime à exercer sa miséricorde et sa toute-puissance en faveur des petits. Telle est, dis-je, l'humilité dont je parle, et que je conçois comme une des vertus la plus propre à former de grandes ames et à les perfectionner. Peut-être serez-vous obligé d'en juger ainsi vous-même, si vous voulez peser mûrement la chose et entrer dans quelques réflexions.

I. Car prenez garde, je vous prie, et remarquez d'abord avec moi de quoi l'humilité nous délivre, ce qu'elle corrige dans nous, ou de quoi elle nous préserve. Personne n'ignore, et vous ne devez pas l'ignorer, quelles sont les petitesses, pour ne pas dire les bassesses, où l'ambition et l'orgueil nous réduisent. Je ne sais ce que vous en pensez ; mais moi, je ne me figure point d'homme plus petit ni d'ame plus vile qu'un ambitieux qui se laisse dominer par la passion de s'agrandir, et qui veut, par quelque voie que ce soit, la satisfaire ; ou qu'un orgueilleux qui s'infatue de ses prétendues bonnes qualités, et se laisse posséder d'une envie démesurée d'être applaudi et vanté dans le monde. Afin de vous en convaincre par vous-même, suivez-le en esprit, et comme pas à pas, cet ambitieux, dans la route qu'il s'est tracée et qu'il se représente comme le chemin de la fortune. Est-il une démarche si humiliante où il ne s'abaisse, dès qu'il croit qu'elle peut le conduire à son terme ? et dans l'espérance de monter, à quoi ne descend-il point ? Est-il une complaisance si servile où il ne s'assujettisse, pour s'insinuer auprès de celui-ci et pour se concilier les bonnes grâces de celui-là ? Est-il hauteurs, dédains, rebuts qu'il n'essuie, jusqu'à ce qu'il soit parvenu à engager l'un dans ses intérêts, et à se ménager la protection de l'autre ? Que d'assiduités, que de souplesses, que de flatteries, et si j'ose ainsi m'exprimer, que d'infamies! il n'a honte de rien, pourvu qu'il puisse atteindre où il vise et réussir dans ses intrigues : et quelles intrigues? souvent les plus criminelles et les plus lâches, où sont violées toutes les lois de la bonne foi et de l'honneur ; où sont employés l'artifice, la calomnie, la fraude, la trahison. Il en auroit horreur s'il n'étoit pas livré à la passion qui l'aveugle, et s'il en jugeoit de sens rassis. On en est saisi d'étonnement et indigné, quand, malgré les soins extrêmes qu'il apporte à tenir cachés tant de mystères d'iniquité, on vient à connoître toutes ses menées, et à percer le voile qui les couvroit. Dites-moi comment vous trouvez là cette noblesse de sentimens d'où naît, à vous en croire, l'ambition ?

Et d'ailleurs faites quelque attention à toute la conduite de l'orgueilleux. Ce n'est pas pour la première fois que j'en parle, et autant de fois qu'il y a lieu d'en parler, j'en ressens toujours un nouveau mépris. Tâchez à découvrir les différentes pensées qu'il roule dans son esprit, ou plutôt toutes ses imaginations également frivoles et folles ; examinez quel est le fond, ou de ses joies secrètes et de ses vains triomphes, ou de ses peines les plus vives et de ses déplaisirs les plus piquans. Est-il occupé d'autres choses que de lui-même, de son mérite, de ses talens ? Est-il un avantage si léger dont il ne se prévale, et qui dans son idée ne lui donne sur les autres une prééminence où il n'est pas aisé de parvenir ? Est-il rien de bien fait, si ce n'est pas lui qui l'a fait, et est-il rien de bien pensé, s'il n'est pas selon son sens ? Ajoutez ces témoignages favorables qu'il se rend perpétuellement et hautement à soi-même, ces fades et ennuyeuses vanteries dont il fatigue quiconque veut bien l'écouter, cet amour de la louange, même la plus grossière, ce goût avec lequel il la reçoit et ce gré qu'il en sait, en sorte qu'il suffit de le louer pour obtenir tout de lui : au contraire, cette vivacité et cette délicatesse sur un mot qui peut l'offenser, ces agitations où il entre, ces mélancolies où il tombe, ces jalousies, ces amertumes de cœur, ce fiel dont il se ronge, ces soupçons et ces ombrages qu'il prend d'un signe, d'une œillade, d'une parole jetée au hasard et sans dessein. En vérité, qu'est-ce que cela ? et pour omettre cent autres articles, je vous demande si vous comprenez rien de plus mince et de plus étroit, qu'une ame de cette trempe et un esprit disposé de la sorte.

Or, voilà de quoi l'humilité chrétienne est le correctif le plus efficace et le plus certain. De toutes ces foiblesses, il n'y en a pas une dont elle ne soit exempte, et qu'on puisse lui imputer. Qu'est-ce qu'un chrétien vraiment humble ? c'est un homme sage et réglé dans toutes ses vues, ou n'en ayant point d'autres que les vues de Dieu et de son adorable providence ; un homme droit dans toutes ses voies, et incapable de prendre aucunes mesures hors des lois de la fidélité la plus inviolable et de la plus exacte probité ; un homme désintéressé et religieux dans ses abaissemens volontaires, ennemi de la flatterie et de toute sujétion mercenaire et forcée ; un

homme équitable dans ses jugemens, sans prévention, sans envie, reconnoissant le mérite partout
où il est, et se faisant un devoir de le révérer et
de l'exalter même à son propre préjudice; un homme
indépendant de tous les respects humains et des
vaines opinions du monde, parce qu'il ne cherche
point à plaire au monde et qu'il le compte pour
rien. De là, toujours égal dans l'humiliation comme
dans l'élévation, dans le blâme et dans la louange,
dans la bonne et la mauvaise réputation ; soutenant
l'une et l'autre avec une tranquillité inaltérable; ne
se laissant, ni éblouir par l'éclat d'une vie agissante.
et comblée d'éloges, ni contrister par l'obscurité
d'une vie abjecte et inconnue. De là encore et par
la même conséquence, un homme patient dans les
injures, les pardonnant de cœur, plutôt prêt à faire
des avances et à prévenir, qu'à exiger de justes
satisfactions : du reste, plein de retenue, de modestie dans ses entretiens, dans toutes ses manières,
ne disant rien de soi, si ce n'est pour se déprimer
et pour s'avilir ; honnête, affable, paisible, ne con-
testant avec personne, ne voulant jamais l'emporter
sur personne : et tout cela par des motifs supérieurs
et divins, malgré les révoltes de la nature et son
extrême sensibilité. Observez bien tous ces traits,
et j'ose me promettre que vous conclurez avec moi
qu'un homme de ce caractère doit être incontestablement réputé pour un grand homme. Mais reprenons.

Un homme sage et réglé dans toutes ses vues :
c'est-à-dire, un homme qui s'en tient précisément

à ce qu'il est selon l'ordre du ciel, et n'aspire point au-delà; qui ne s'abandonne point à une ardeur insensée de croître, mais se renferme dans les bornes qu'il a plu à Dieu de lui marquer; qui dit comme David : *Seigneur, mon cœur ne s'est point élevé; je ne me suis point évanoui dans mes pensées ni dans mes désirs, et je n'ai point porté mes regards au-dessus de moi* (1). Ce n'est pas qu'il soit tout à fait à couvert des atteintes d'une secrète ambition. L'orgueil qui nous est si naturel, veut toujours faire de nouveaux progrès, et d'un degré passer à un autre; il y a même des temps, des conjonctures où la tentation est difficile à vaincre. Mais l'humble chrétien sait la réprimer, sait la surmonter, et par une sainte violence se rendre maître d'une passion dont l'empire néanmoins est si étendu. Il est ce que Dieu l'a fait naître, ce que Dieu veut qu'il soit : cela suffit, et que lui faut-il davantage? Si dans le cours des années la Providence l'appelle à quelque chose de plus, il la laisse agir, et attend en paix qu'elle se déclare. Jusque-là nul empressement, nulle inquiétude : point d'autre soin que de vivre selon Dieu dans son état et de fournir saintement sa carrière. Dans une telle modération, qu'il y a déjà de force! et pour s'y maintenir, qu'il y a de combats à livrer et de victoires à remporter sur soi-même !

Un homme droit dans toutes ses voies. C'est une suite immanquable de la disposition où il est de ne marcher que dans les voies de Dieu, et de ne s'en écarter jamais. Ne voulant rien être que selon le gré

(1) Ps. 13o.

de Dieu, et de lui-même ne prétendant à rien autre chose, il n'a pour son avancement propre, ni projets à conduire, ni moyens à imaginer, ni ressorts à faire jouer : d'où il s'ensuit qu'il n'a besoin ni de partis, ni d'industrie, ni de surprise. Il suit toujours une même ligne, et va toujours son chemin ; sans détours et sans déguisemens. D'ailleurs instruit des maximes de l'évangile, qui est la vérité même, il n'a garde, en quelque rencontre que ce soit, d'avoir recours au mensonge que l'évangile condamne ; et libre de tout désir de se pousser qui pourroit le séduire et le corrompre, il est bien éloigné de mettre en œuvre de criminelles pratiques dont il voit toute l'imposture et toute la honte.

Un homme religieux et désintéressé dans ses abaissemens volontaires. Car il y a une humilité prétendue qui n'a de l'humilité que les apparences, il y a de feints abaissemens qui ne consistent qu'en de fausses démonstrations et des dehors trompeurs. Souvent le mondain s'humilie, il s'abaisse : mais pourquoi? Je l'ai dit et je le répète : c'est par une fragile espérance, c'est par une flatterie basse, c'est par un vil et sordide esclavage. La religion inspire au chrétien humble, jusque dans ses soumissions les plus profondes, bien plus de générosité et plus de dignité. Il rend honneur au prochain ; il a pour le prochain toute la déférence, tous les ménagemens et tous les égards possibles; il ne refuseroit pas, s'il le falloit, de ramper sur la poussière et sous les pieds du prochain : mais en cela qu'est-ce qu'il envisage? est-ce l'homme? Non certes, puisqu'il n'attend ni veut rien de l'homme : mais dans l'homme il n'envisage que Dieu. C'est à Dieu qu'il obéit en obéissant à l'homme ; c'est à Dieu qu'il offre son encens, en rendant hommage à l'homme : c'est devant Dieu qu'il se prosterne en s'inclinant devant l'homme : Dieu est le seul objet de son culte, comme il en doit être l'unique récompense.

Un homme équitable dans ses jugemens : et voici, j'ose le dire, un des plus nobles efforts de l'humilité. Parce que nous sommes ordinairement préoccupés, soit en notre faveur par notre amour-propre, soit contre le prochain par une maligne envie, on ne peut guère compter sur l'équité des jugemens que nous portons, ou de nous-mêmes, ou des autres. Mais par une règle toute contraire, parce que l'humble chrétien est dégagé de ces préventions qui nous aveuglent, il est beaucoup plus en état de juger sainement ; et comme il ne sait point dissimuler ni trahir la vérité qu'il connoît, il parle selon qu'il pense, et communément il pense bien. Si donc il s'agit de lui-même, il ne cherche point à se faire valoir au-delà de son prix ; et s'il est question du prochain, il lui fait une justice entière, et, bien loin de vouloir le rabaisser ni obscurcir ses avantages, il est le premier à les publier.

Nous en avons dans l'évangile un exemple des plus célèbres, et quiconque examinera bien la conduite de Jean-Baptiste à l'égard de Jésus-Christ, y trouvéra une bonne foi, et dans cette bonne foi un caractère de grandeur qu'on ne peut assez admirer. Jean prêchoit aux peuples la pénitence ;

toutes les rives du Jourdain retentissoient du bruit
de son nom ; on s'assembloit en foule autour de
lui, et il s'étoit fait une nombreuse école, qui le
suivoit et recevoit ses enseignemens comme des
oracles : jamais crédit ne fut à un plus haut point.
Mais après tout, Jean-Baptiste n'étoit que le précurseur du Messie, et il n'avoit été envoyé qu'en
cette qualité. Aussi est-ce à cette qualité seule que
se borne toute l'idée qu'il a de lui-même et qu'il
en donne à ces députés qui, de la part de la synagogue, viennent l'interroger pour savoir qui il est.
Etes-vous le Christ ? lui demandèrent-ils ; *êtes-vous
Elie ? êtes-vous prophète* (1) ? Que l'occasion étoit
délicate pour un homme qui eût été moins humble !
Mais à ces demandes il répond simplement et sans
hésiter, qu'il n'est ni le Christ, ni Elie, ni prophète.
Qui êtes-vous donc ? répliquent ces envoyés : *Je
suis*, leur dit-il, *la voix de celui qui crie dans le
désert : Préparez le chemin au Seigneur* (2) : voilà
tout ce que je puis vous apprendre de moi.

Ce n'est point encore assez ; mais la même équité
qui le fait juger si modestement de lui-même, lui
fait rendre à Jésus-Christ, en cette rencontre et en
toutes les autres, le plus juste et le plus glorieux
témoignage. Il annonce aux députés de Jérusalem
la venue de ce Messie : *Il est au milieu de vous ;
mais vous ne le connoissez point. C'est lui qui doit
venir après moi, qui est avant moi, et dont je ne
suis pas digne de délier les souliers* (3). Il s'écrie
en le voyant, et l'appelle le Sauveur des hommes :

(1) Joan. 1. — (2) *Ibid.* v. 23. — (3) *Ibid.* v. 26.

Voilà l'Agneau de Dieu, voilà celui qui efface les péchés du monde. Il fait plus : quand ses disciples, s'apercevant que l'école de leur maître commençoit à déchoir, et que celle de Jésus-Christ s'établissoit de jour en jour et s'accréditoit, témoignent là-dessus quelque jalousie, il leur déclare que désormais ils doivent s'attacher à ce nouveau maître ; il les lui envoie : car *c'est à lui de croître*, conclut-il, *et à moi de diminuer* (1). Qu'on me dise s'il est rien de plus grand qu'un tel procédé, et si ce n'est pas ainsi que pensent les plus solides esprits, et les cœurs les mieux placés ?

De tout cela, il est aisé de comprendre comment un chrétien humble est indépendant de tous les respects humains, et des vaines opinions du monde, dès-là qu'il ne se soucie ni de l'estime du monde, ni de sa faveur, et qu'il peut dire comme l'Apôtre : *Pour moi, il m'importe peu que vous me jugiez, vous, ou quelque autre homme que ce soit ; je n'ai qu'un juge,* à proprement parler, *et ce juge c'est Dieu* (2) ; comment il garde toujours la même égalité d'ame, et la même paix au milieu de toutes les vicissitudes où il est exposé, puisque ni l'une ni l'autre fortune ne fait impression sur lui ; comment il endure les plus mauvais traitemens avec une patience à l'épreuve de tout, parce qu'il n'y a point d'outrages dont il ne se croie digne, et que d'ailleurs il acquiert par là plus de ressemblance avec le sacré modèle qu'il fait gloire d'imiter, et qui lui est proposé dans la personne adorable de son Sauveur ;

(1) Joan. 3. — (2) 1. Cor. 4.

comment on ne l'entend jamais faire parade de ses
bonnes œuvres, vanter ses prétendus exploits, étaler
en de longs récits les affaires où il a eu part, et de
quelle manière il s'y est comporté; censurer celui-ci,
railler de celui-là, entrer continuellement en dispute
et s'ériger en homme habile et important. Comment
au contraire on le voit à toute occasion se tenir,
autant qu'il peut, à l'écart, user de réserve, donner
à chacun une attention favorable, approuver, excuser,
tourner les choses en bien, et devenir ainsi du meilleur commerce et de la société la plus aimable. Voilà,
dis-je, ce qu'on ne doit point avoir de peine à comprendre; et voilà par où la même humilité qui nous
abaisse sert à nous relever. Comme donc l'Ecclésiastique a dit : *Plus vous êtes grand, plus vous devez vous humilier* (1), je ne fais nulle difficulté de
renverser la proposition; et, sans altérer en aucune
sorte cette divine parole, j'ajoute : *Plus vous vous
humilierez, plus vous serez grand.*

II. Mais n'en demeurons pas là; car il s'agit présentement de savoir si l'humilité n'est point un obstacle aux grandes actions, et à certaines entreprises
où il faut de la magnanimité et une résolution que
rien n'ébranle. La raison de douter, est que l'humilité
a pour fondement la connoissance de notre foiblesse,
et une conviction actuelle et habituelle de notre
insuffisance : d'où viennent les bas sentimens et la
défiance que l'on conçoit de soi-même. Un homme
véritablement humble est persuadé qu'il n'est rien,
qu'il ne peut rien, et que, de son fonds, il n'est bon

(1) Ecch. 20.

à rien. Or dans cette persuasion il n'est pas naturel qu'il forme des projets au-dessus de lui, ni qu'il veuille s'engager en des ministères et des fonctions qui demandent des talens rares et singuliers. Cela ne paroît pas naturel; mais il n'en est pas moins vrai, selon le mot de saint Léon, que *rien n'est difficile aux humbles;* qu'il n'y a point de si vaste dessein dont l'exécution les étonne; qu'ils sont capables de de tout oser, et d'affronter tous les périls avec l'assurance la plus ferme et l'intrépidité la plus héroïque; que plus ils se croient foibles, plus en même temps ils s'estiment forts; et que plus ils se défient d'eux-mêmes, plus ils sentent redoubler leur zèle, et portent loin leurs vues. Sont-ce là des paradoxes? sont-ce des vérités? Je prétends qu'il n'est rien de plus réel que ces merveilleux effets de l'humilité chrétienne; je prétends que c'est à quoi elle nous dispose, et ce qu'elle produit en nous. Je vais vous développer ce mystère, et voici comment nous devons l'entendre.

Car autant qu'un chrétien humble se défie de lui-même, autant il se confie en Dieu; moins il s'appuie sur lui-même, plus il s'appuie sur Dieu. Or il sait que rien n'est impossible à Dieu. Il sait que Dieu prend plaisir à faire éclater sa gloire dans notre infirmité, et que c'est aux plus petits, dès qu'ils ont recours à lui, qu'il communique sa grâce avec plus d'abondance. Muni de ces pensées, et comme revêtu du pouvoir tout-puissant de Dieu même, est-il rien désormais de si laborieux et de si pénible, rien de si sublime et de si grand, dont il craigne de se charger, et dont il désespère de venir à bout? Que Dieu l'appelle, il n'hésitera pas plus que le prophète Isaie, à lui répondre : *Me voici, Seigneur, envoyez-moi* (1). Que Dieu en effet l'envoie, il ira partout. Il se présentera devant les puissances du siècle, il entrera dans les cours des princes et des rois, il leur annoncera les ordres du Dieu vivant, et ne sera touché, ni de l'éclat de leur pourpre, ni de leurs menaces, ni de leurs promesses. Il plantera, selon les expressions figurées de l'Ecriture, et il arrachera; il bâtira et il détruira; il amassera et il dissipera.

Quelle espèce de prodige, et quel admirable accord de deux choses aussi incompatibles, ce semble, que le sont tant de défiance d'une part, et de l'autre tant de confiance et de force ! Car au milieu de tout cela, le même homme qui agit si délibérément et si courageusement, ne perd rien de son humilité; c'est-à-dire, qu'il conserve toujours le souvenir de sa foiblesse; qu'il se regarde toujours comme un serviteur inutile, comme un enfant; qu'il dit toujours à Dieu, dans le même sentiment que Jérémie : *Ah ! Seigneur, mon incapacité est telle, que je ne puis pas même prononcer une parole* (2). Non, il ne le peut de lui-même et par lui-même ; mais tandis qu'il en fait la confession la plus affectueuse et la plus sincère, il n'oublie point d'ailleurs ce que lui apprend le Docteur des nations, qu'il *peut tout en celui qui le fortifie* (3). De sorte qu'il ne balance pas un moment à se mettre en œuvre et à commencer, quel que soit l'ouvrage où la vocation de Dieu le destine. Qu'il

_____

(1) Isaï. 6. — (2) Jerem. 8. — (3) Philip. 4.

y voie mille traverses à essuyer, et mille oppositions à vaincre; que le succès lui paroisse, non-seulement douteux, mais hors de vraisemblance, il espère contre l'espérance même. Ce n'est point par une témérité présomptueuse, puisque son espérance est fondée sur ce grand principe de saint Paul, que *Dieu fait choix de ce qui paroît plein de folie selon le monde, pour confondre les sages; qu'il choisit ce qui est foible devant le monde, pour confondre les forts; et qu'il se sert enfin de ce qu'il y a de plus bas et de plus méprisable, même des choses qui ne sont point, pour détruire celles qui sont* (1).

Ainsi, quand ce jeune berger qui d'un coup renversa Goliath, vit approcher de lui ce philistin d'une énorme stature : *Tu viens à moi*, lui dit-il, *avec l'épée, la lance, et le bouclier; mais moi je viens à toi au nom du Seigneur, et tout désarmé que je suis, je me tiens certain de la victoire* (2)? Car voici, ajoute-t-il, ce que je te déclare : *Le Seigneur te livrera entre mes mains, je te donnerai la mort, et te couperai la tête; afin que toute la terre sache qu'il y a un Dieu en Israël, et que ce n'est ni par l'épée, ni par la lance qu'il sauve.* Ainsi le même David se trouvant investi d'ennemis qui l'assailloient de toutes parts, s'écrioit avec une sainte hardiesse : *Le Seigneur est notre ressource: nous combattrons, et il réduira en poudre tous ceux qui nous persécutent.*

Tel est par proportion le langage des ames humbles : d'autant plus assurées de la protection divine, qu'elles se répondent moins d'elles-mêmes; et du

(1) 1. Cor. 1, v. 27. — (2) 1. Reg. 17.

reste d'autant plus tranquilles sur la réussite de leurs
entreprises, qu'étant humbles, elles craignent moins
de subir la honte des fâcheux événemens que Dieu
quelquefois, pour les éprouver, peut permettre. Un
homme du monde, suivant son orgueil, comme
nous l'avons déjà remarqué, ne se hasarderoit pas si
aisément. Il ne voudroit pas exposer son honneur;
et pour se déterminer, il lui faudroit de sérieux
examens et de longues délibérations. Mais dès qu'on
a l'humilité dans le cœur, on n'est plus si jaloux
d'un vain nom, ni si sensible aux reproches qu'on
s'attirera, supposé qu'on vienne à échouer. On
s'abandonne à la conduite de l'esprit de Dieu, et du
reste on se soumet à tout ce qui en peut arriver pour
notre humiliation devant les hommes.

Ce ne sont point là de simples spéculations; on
en a vu la pratique. Fut-il jamais une entreprise
pareille à celle des apôtres, lorsqu'ils se partagèrent
dans toutes les contrées de la terre pour travailler
à la conversion du monde entier? Les plus fameux
conquérans dont l'histoire profane a vanté les faits
mémorables, ont porté leurs armes et étendu leurs
conquêtes sur quelques nations; mais ces saints conquérans, ou, pour mieux dire, ces saints et zélés
propagateurs de la loi chrétienne, se proposèrent de
soumettre généralement tous les peuples à l'empire
de Jésus-Christ. Dans ce vaste projet, ils n'exceptè-
rent ni âge, ni sexe, ni rangs, ni qualités, ni états.
A en juger selon la prudence du siècle, c'étoit un
dessein chimérique, et l'on sait néanmoins avec
quelle ardeur ils s'y employèrent, avec quelle constance

tance ils le soutinrent, avec quel bonheur ils l'accomplirent.

Or qu'étoit-ce que ces apôtres? de pauvres pêcheurs, petits selon le monde et humbles selon l'évangile. Leur humilité ne borna point leurs vues, elle ne leur resserra point le cœur, elle ne les affoiblit ni les arrêta point. Avec cette humilité, ils ont passé les mers, ils ont parcouru les provinces et les royaumes, ils ont répondu aux juges et aux magistrats, ils ont résisté aux grands, ils ont confondu les savans, ils ont instruit les infidèles et les barbares, ils ont triomphé de l'idolâtrie et du paganisme; et dans la suite des temps, combien ont-ils eu d'imitateurs et de successeurs, humbles comme eux, et appliqués sans relâche à perpétuer les fruits de leur zèle? combien en ont-ils encore de nos jours qui, par une sainte alliance, réunissent dans leurs personnes, et la même humilité et la même élévation de sentimens?

Pour en revenir aux apôtres, et pour dire en particulier quelque chose de saint Paul, on ne peut lire ses épîtres, et ne pas voir que ce fut un des esprits les plus sublimes, et une des plus grandes ames. Quel feu, quelle vivacité, et tout ensemble, quelle solidité! pense-t-on plus noblement? s'exprime-t-on plus éloquemment? Que n'a-t-il pas fait! que n'a-t-il pas souffert! supérieur à tout, aux dangers, aux embuches, aux persécutions, aux trahisons, aux calomnies, aux opprobres, aux fers, à la faim, à la soif, au glaive, à la mort: car disoit-il, *nous sommes au-dessus de tout cela* (1). Saint Chrysostôme en étoit ravi d'admiration, et n'avoit point de termes pour faire entendre ce qu'il en concevoit. Cependant ce vaisseau d'élection, ce grand apôtre, quel mépris faisoit-il de lui-même et comment en parloit-il? Il se traitoit de pécheur, de blasphémateur, de persécuteur de l'Eglise, d'homme indigne de l'apostolat, d'avorton : tant l'humilité lui représentoit vivement ses misères, et tant elle le rabaissoit dans son estime.

Que ne pourrions-nous pas ajouter de ces sociétés et de ces ordres religieux, qui sont pour l'un et l'autre sexe des écoles de perfection, et dont la sainteté est l'édification du monde chrétien? Que n'en a-t-il pas dû coûter pour former ces grands corps, pour en rassembler tous les membres, pour les assortir et les régler? Que d'études et de soins! que de méditations, de réflexions, de conseils! mais aussi quels progrès surprenans! ces sociétés se sont multipliées; ces ordres religieux se sont répandus dans tous les lieux éclairés de la foi et soumis à l'Eglise de Jésus-Christ. Comme autant de républiques, ils ont leur forme de gouvernement, leurs lois, leurs statuts, leurs offices, leurs fonctions, leurs observances, qu'il a fallu ordonner avec une pénétration et une sagesse qui descendît aux moindres détails, qui prévît toutes choses et ne laissât rien échapper. Voilà par où ils se sont maintenus depuis des siècles, et ils se maintiennent. Or après

(1) Rom. 8.

Dieu et la grâce de Dieu, je demande à qui nous sommes redevables de ces saints établissemens. Est-ce à d'habiles politiques et à leurs intrigues? est-ce à des philosophes fiers de leur science et pleins d'eux-mêmes? Là-dessus je ne puis mieux répondre que par les paroles du Fils de Dieu à son Père: *Seigneur, Père tout-puissant, je vous bénis et vous rends grâces, d'avoir caché ces choses aux sages selon la chair, et aux savans; mais de les avoir révélées aux petits* (1); d'y avoir employé d'humbles instituteurs, un humble François d'Assise, un humble François de Paule et d'autres. Parce qu'ils étoient humbles, ils n'en ont été que plus propres à entrer dans les grandes vues de la Providence sur eux, et que mieux préparés à les seconder.

Je finis, car peut-être n'en ai-je déjà que trop dit: mais quoi qu'il en soit, apprenez à réformer vos idées touchant une des vertus les plus essentielles du christianisme, qui est l'humilité. Autant qu'elle nous porte à nous mépriser nous-mêmes, autant devons-nous l'estimer. Puissiez-vous en bien connoître le mérite, et plaise au ciel qu'au milieu de tous vos honneurs, vous travailliez désormais à l'acquérir!

***

Illusion et danger d'une grande Réputation.

Prenez soin de vous établir dans une bonne réputation et de vous y maintenir (2): c'est l'avis que nous donne le Saint-Esprit; et cette

(1) Luc. 10. — (2) Eccli. 41.

maxime, telle que nous devons l'entendre, est fondée sur de très-solides raisons. Car suivant le sens de l'Ecriture, qu'est-ce qu'une bonne réputation, et en quoi consiste-t-elle? à être exempt de reproche, chacun dans notre état; je dis de certains reproches qui flétrissent un nom et qui éloignent de la personne; à être réputé, dans l'opinion commune, homme de probité et de bonnes mœurs; homme équitable, droit, fidèle; homme sensé et judicieux, capable dans sa condition de remplir les devoirs de son emploi, de sa charge, de son ministère; en deux mots, honnête homme selon le monde, et homme chrétien selon Dieu. Or, il nous est d'une extrême conséquence d'avoir sur tout cela une réputation saine et sans tâche : pourquoi? parce qu'en mille rencontres, il y va de la gloire de Dieu et de l'honneur de la religion que nous professons; parce qu'il y va de notre propre intérêt et de l'avantage personnel que nous y trouvons; parce qu'il n'y va pas moins de l'utilité du prochain, dont nous sommes chargés et auprès de qui nous nous employons.

En effet, rien ne sert plus à glorifier Dieu et à relever l'honneur de son culte, que l'estime qu'on fait de ceux qui le servent et l'édification qu'on tire de leurs exemples. C'est pour cela que le prince des apôtres, saint Pierre, recommandoit tant aux fidèles de garder parmi les gentils une conduite régulière; afin, disoit-il, que malgré leurs préjugés contre notre sainte loi, venant à examiner votre vie, et n'y voyant rien que d'édifiant, ils rendent gloire à Dieu, et que vous fermiez la bouche à ceux qui voudroient parler mal de vous. De plus, à n'envisager que nous-mêmes, il est évident qu'une bonne réputation nous est très-avantageuse et même nécessaire pour notre établissement et notre avancement, soit dans l'Eglise, soit dans le monde : car on ne s'accommode nulle part d'un homme noté et décrié. Aussi, quand les apôtres proposèrent aux disciples de choisir entre eux des diacres, et de leur commettre le soin de distribuer les aumônes, la première condition qu'ils leur marquèrent, fut qu'ils prendroient pour cette fonction *des hommes d'une vertu reconnue* (1). Enfin, considérant la chose par rapport au prochain, il est aisé de voir que sans une réputation à couvert de la censure, il n'est guère possible que nous fassions aucun fruit auprès de lui; puisque nous ne le pouvons faire qu'autant que le prochain a de créance en nous, et qu'il n'en peut avoir quand il n'est pas bien prévenu en notre faveur. Comment un père, par exemple, inspirera-t-il à ses enfans l'horreur du vice, s'ils sont témoins de son libertinage et de ses désordres? comment un prédicateur prêchera-t-il l'humilité, et en persuadera-t-il la pratique à ses auditeurs, s'ils le connoissent pour un homme vain et enflé d'orgueil? comment un directeur, un pasteur de l'Eglise ramènera-t-il les ames égarées, et les fera-t-il rentrer dans les voies de la foi, si l'on sait qu'il est égaré lui-même, ou s'il est au moins d'une doctrine suspecte? Il en est de même d'une infinité d'autres sujets.

(1) Act. 6.

Il est donc non-seulement permis, mais à propos,
surtout en certaines situations et en certaines places,
de conserver sa réputation et de la défendre. Et
c'est ce qui faisoit dire à saint Augustin : *Je me dois
à moi-même et pour mon propre bien le mérite de
ma vie : mais je dois au public et à son progrès
dans le chemin du salut, l'intégrité de ma réputation.* Morale dont il avoit le modèle dans saint
Paul. On pourroit être surpris d'abord, que ce docteur des nations racontât lui-même les grâces extraordinaires qu'il avoit reçues, ses révélations, son ra-
vissement jusques au troisième ciel ; que lui-même
il fît le récit de ses courses évangéliques, de ses
combats, de ses travaux immenses, et qu'il ne fei-
gnît pas même d'ajouter qu'il avoit plus travaillé
que le reste des apôtres. Ce n'étoit point là blesser
l'humilité, comme il le montre assez ailleurs. Mais
il savoit combien il lui étoit important pour la conversion des infidèles, et pour le soutien de ceux qui
avoient déjà embrassé l'évangile, de s'accréditer
dans leurs esprits, afin qu'ils devinssent par là plus
dociles à l'écouter et à profiter de ses instructions.
Voilà pourquoi il croyoit devoir ménager sa réputation ; de sorte qu'étant condamné au fouet, il se
tint obligé, pour éviter la honte de ce châtiment,
de déclarer qu'il étoit citoyen romain ; et que se
voyant cité à Jérusalem pour répondre devant le
proconsul Festus, il refusa d'y comparoître et en
appela à César.

Mais outre cette bonne réputation dont il ne s'agit
point ici précisément, il y en a une autre que nous

appelons , selon le terme ordinaire , une grande
réputation. La bonne réputation est sans contredit
un bien précieux dans l'estime de tout le monde , et
néanmoins elle ne suffit pas aux ames ambitieuses et
orgueilleuses ; car il lui manque quelque chose qui
contente leur orgueil et qui flatte leur vanité. J'explique ma pensée. Une bonne réputation , quoique
honorable , n'a rien dans le fond qui nous distingue
beaucoup. C'est un état commun à une multitude de
gens raisonnables parmi lesquels nous vivons , et
dont le nombre dans la société humaine n'est pas
petit. Ils sont réguliers , ils se conduisent bien ; ils
s'acquittent bien , chacun dans sa profession , de
leurs exercices , et remplissent fidèlement leurs obligations. On les approuve , et l'on a pour eux toute
la considération qui leur est due ; mais cette considération après tout ne leur donne pas ce lustre , cet
éclat , cette vogue qui fait la grande réputation. On
ne dit point d'eux , comme on le dit de quelques
autres : C'est un grand homme , un grand magistrat,
un grand politique , un grand théologien , un grand
écrivain , un grand orateur , un grand prédicateur :
noms fastueux et brillantes qualités qui éblouissent
et dont on est souverainement jaloux. Ainsi la grande
réputation est au-dessus de la bonne réputation. Or,
en matière de réputation et d'honneur , dès qu'on
n'est pas au plus haut point , on compte communément assez peu tout le reste. Mais moi je prétends
que dans ces grandes réputations il y a souvent bien
de l'illusion. Je prétends , lors même qu'elles sont
le plus justement acquises , comme quelques-unes

peuvent l'être, qu'il y a du moins bien du danger, et qu'il est infiniment à craindre que, par les sentimens qu'elles inspirent, elles ne deviennent plus pernicieuses qu'elles ne sont glorieuses et avantageuses. Je n'avance rien sans preuves; et de toutes les preuves, la plus sensible, c'est la connoissance que nous avons du monde, et ce que l'usage de la vie nous apprend.

I. Illusion : car si nous observons bien sur quoi sont établies ces réputations qui font tant de bruit, nous trouverons que la plupart n'ont pour fondement que l'occasion et le hasard, que la conjoncture favorable des temps, que le défaut de compétiteurs et de gens de mérite, que le caprice et le mauvais goût du public, que quelques dehors spécieux accompagnés de beaucoup de confiance et de présomption, que des secours étrangers et cachés, que la distinction de la naissance et du rang, que l'inclination, la faveur, et particulièrement l'intrigue. Gardons-nous de blesser personne : ce n'est pas mon dessein, à Dieu ne plaise. Je parle en général, et quiconque voudroit faire là-dessus des applications odieuses, ne doit les imputer qu'à lui-même, et ne peut m'en rendre responsable.

Mais cette déclaration faite de ma part, et sans entrer dans aucun détail, je reprends ma proposition, et de bonne foi je demande combien on a vu de ces prétendus grands hommes qui devoient toute leur réputation à un succès où je ne sais quelle heureuse aventure avoit eu plus de part que le génie et l'habileté. Tel dans les armes est devenu célèbre par une victoire qu'il a remportée, ou plutôt qu'on a remportée pour lui et en son nom. Elle lui est attribuée, parce qu'il avoit le commandement; et il en a l'honneur, sans en avoir, à bien dire, ni soutenu le travail, ni couru le péril.

Il en est de même dans le maniement des affaires, de même dans la magistrature et la dispensation de la justice; de même dans les lettres et les sciences, soit divines, soit humaines; de même (le croiroit-on, si l'expérience ne nous en convainquoit pas?) dans le ministère évangélique, dans la direction des consciences, dans la pratique de la perfection et de la sainteté chrétienne. L'un est regardé comme un esprit supérieur, comme un homme intelligent, sage dans ses entreprises, solide dans ses vues, juste dans ses mesures. Il réussit, et parce qu'il est ordinaire de juger par les événemens, de là vient la haute estime qu'on en fait. On ne cesse point de l'admirer et de l'exalter. Mais ces lumières si pures, mais ces vues si droites, ces mesures si justes, est-ce de son fonds qu'il les tire, ou ne sont-ce pas peut-être des amis qu'il consulte, des subalternes auxquels il se confie, qui secrètement et quelquefois sans qu'il qu'il l'aperçoive lui-même, le guident dans toutes ses démarches, et l'éclairent dans toutes ses délibérations et toutes ses résolutions? L'autre se fait écouter comme un maître, tant il paroît avoir acquis de connoissances, et être versé en tout genre d'érudition. On le met entre les savans au premier rang; et il est vrai qu'il n'y a point de matière sur quoi il ne s'explique d'une manière à imposer. Je dis à imposer : car tout cet appareil de doctrine n'est souvent autre chose qu'une belle superficie , sous laquelle il y a beaucoup de vide et fort peu de substance. A force de tout savoir, ou de vouloir tout savoir, il arrive assez qu'on ne sait rien. On se fait néanmoins valoir par une facilité de s'énoncer et une abondance de paroles qui ne tarit point; par un ton décisif et assuré , qui semble ne pas permettre le moindre doute et prévenir toutes les difficultés; par un étalage de termes , de noms , de raisonnemens , de faits qui ne peuvent guère être contredits, parce que la plupart de ceux qui les entendent n'y comprennent rien ; et que n'étant pas en état d'en voir le foible , ils deviennent adorateurs de ce qu'ils ignorent.

Que dirai-je de ces orateurs dont la vaine et spécieuse éloquence attire à leurs discours les villes entières ? On les suit avec empressement. Le concours croît de jour en jour ; ce sont les oracles de tout un pays. Heureux d'avoir eu à se produire dans des temps de décadence et de disette : je veux dire , dans des temps où le goût dépravé du siècle ne discernoit ni l'excellent ni le médiocre, mais les confondoit ensemble , et négligeoit le solide et le vrai pour s'attacher à de fausses lueurs ; dans des temps où le talent se bornoit au son de la voix dont l'oreille étoit flattée , et à certain extérieur qui frappoit les yeux ; surtout dans des temps où de secrets intérêts engageoient un puissant parti à soutenir l'orateur , et à le mettre dans un crédit dont l'éclat réjaillît sur le parti même et servît à l'illustrer et à l'autoriser.

Ce n'est pas pour une fois que se sont ainsi formées les plus grandes réputations, non-seulement
en matière d'éloquence, mais, l'oserai-je dire? en
matière de mœurs, en matière de direction et de
conduite des ames, en matière de piété et de religion. On transforme en anges de lumière des hommes
très-peu éclairés dans les choses de Dieu. On les
propose comme les dépositaires de la plus pure morale de l'évangile, comme les seuls guides instruits
des voies du salut et capables de les enseigner. On
répand leurs ouvrages comme autant de chefs-d'œuvre
et comme le précis de toute la vie spirituelle. Mille
esprits aisés à séduire, se laissent préoccuper de
ces idées. De l'un elles se communiquent à l'autre.
C'est bientôt une opinion presque universelle et une
réputation hors de toute atteinte.

Du moins si des gens qui se voient préconiser de
la sorte, rentroient en eux-mêmes; s'ils se ren-
doient quelque justice, et qu'ils reconnussent de
bonne foi combien ils sont au-dessous de ce qu'on
pense d'eux, et combien leur réputation passe leur
mérite. C'est ce que l'humilité demanderoit, et ce
que la seule équité naturelle ne manqueroit pas de
leur inspirer, s'ils la consultoient. Ils seroient peu
touchés alors des applaudissemens qu'ils reçoivent.
S'ils ne se tenoient pas toujours obligés de les arrêter
au dehors en se déclarant, ils les désavoueroient
dans le fond de l'ame; ils les tourneroient même à
leur confusion, bien loin de s'en faire une gloire,
parce qu'ils sentiroient combien peu ils leur sont
dus et quelle en est l'illusion. Ils iroient encore plus

avant : et par la comparaison qu'ils feroient d'eux-mêmes avec d'autres qui valent mieux qu'eux et qui demeurent dans l'oubli, ils comprendroient que ce ne sont pas toujours les vrais mérites qui éclatent. Ils les honoreroient jusque dans leur obscurité ; ils les respecteroient, et se garderoient bien de leur témoigner le moindre mépris, ni de s'arroger une supériorité dont ils se déporteroient volontiers en leur faveur. Telles sont, dis-je, les dispositions où ils devroient être ; mais par l'aveuglement et l'enchantement de notre orgueil, tout le contraire arrive, et voilà, outre l'illusion, quel est encore le danger d'une grande réputation.

II. Danger : car un homme s'enivre de son succès. Il n'examine point comment, ni par où il est parvenu : peu lui importe de le savoir, et même il se plaît à en perdre le souvenir. Il jouit de sa réputation, bien ou mal acquise, il en perçoit et en goûte les fruits : c'est assez. Que dis-je ? il va même aisément jusqu'à se persuader qu'il y a en effet dans sa personne quelque chose qui le relève, et qui lui donne rang à part. Il l'entend dire si communément, et ce langage lui est si agréable, qu'il n'a pas de peine à le croire. De là donc les retours sur soi-même, les complaisances secrètes où il aime à s'entretenir ; de là les hauteurs d'esprit, les airs impérieux, les paroles sèches et dédaigneuses ; de là il s'attend bien qu'on le ménagera, qu'on aura pour lui des égards, que dans une société, dans une compagnie, on lui accordera des priviléges, parce qu'il fait honneur au corps et qu'il en est un des premiers ornemens ; de là il ne peut souffrir que dans les mêmes fonctions et le même emploi, qui que ce soit ose s'égaler à lui. Il trouveroit même fort étrange que quelqu'un entreprît d'en approcher : voulant qu'il ne soit parlé que de lui, et concevant pour autrui la même jalousie qu'il excite dans les autres à son égard. Enfans des hommes, que vous êtes vains, en recherchant comme vous faites la vanité; et qu'il y a d'erreur et de mensonge dans ce que vous poursuivez avec plus d'ardeur!

Ceci, au reste, ne regarde pas seulement ces grandes réputations que j'ai dit être mal fondées, mais celles même qui sont le plus solidement et le plus justement établies. Car il y en a : il y a de ces hommes singuliers et rares, qui emportent avec raison tous les suffrages, et à qui la plus maligne envie est forcée de rendre une espèce d'hommage par son silence et par son estime. Elle plie devant eux, et elle se tait. On en fait mention de tous côtés; partout on les reçoit avec agrément; grands et petits, tout le monde leur témoigne du respect et de la vénération. Or, par là ils sont exposés à la même tentation que les autres; et quoique quelques-uns peut-être, par le bon caractère de leur esprit, se préservent de ce danger, il n'y en a que trop qui y succombent.

Et à dire vrai, il en est d'une grande réputation comme d'une grande fortune. Il est également difficile de bien soutenir l'une et l'autre, et de ne s'y point oublier. Quand on se voit dans un certain degré d'élévation et de distinction, il semble qu'on ait été tout à coup métamorphosé dans un nouvel homme. Ce sont des pensées, des affections, des sentimens tout différens; c'est une conduite toute opposée à celle qu'on avoit tenue jusque-là. On étoit d un commerce aisé, commode, honnête; on se familiarisoit avec des amis : mais les temps sont changés, et il s'est fait le même changement dans le cœur; on est devenu homme trop important, pour entretenir désormais de pareilles liaisons; on a pris son vol bien plus haut, et l'on ne s'associe plus qu'avec les grands : comme si, à l'exemple de ces pharisiens qui se séparoient du peuple, on disoit au reste du monde : Tenez-vous loin de moi. On le dit, non pas de vive voix, ni d'une façon si grossière; mais on le donne assez à entendre par un visage froid et composé, par une réserve affectée, par une conversation sérieuse, par mille témoignages qui se font tout d'un coup apercevoir. Pitoyable foiblesse où se laissent aller les meilleurs esprits! Il n'est point de poison plus subtil que l'orgueil. Il a corrompu jusque dans le ciel les plus sublimes intelligences : ne nous étonnons pas que sur la terre il puisse pervertir les ames d'ailleurs les mieux constituées et les plus fermes.

Encore si ce n'étoit là qu'une de ces foiblesses humaines qui n'ont nul rapport au salut, et qui n'y causent aucun dommage : mais en est-il une plus pernicieuse, puisqu'elle est capable de nous enlever devant Dieu tout le fruit d'une vie passée dans les plus longs et les plus rudes travaux? car il n'en coûte pas peu pour se faire une grande réputation, et pour la conserver. Que la nature nous ait doués des plus belles qualités, cela ne suffit pas. Ces qualités naturelles sont des talens, mais il les faut cultiver; c'est une bonne terre, mais il y faut planter, il y faut semer, il y faut faire germer et croître le grain. Sans cette culture tout dépérit et rien ne profite.

Aussi sommes-nous témoins des soins infinis, de l'application continuelle, des études, des recherches, des fatigues d'un homme qui veut, par la voie du mérite, se signaler dans sa profession et rendre son nom célèbre. Toute son attention va là; il ne pense qu'à cette réputation, il n'est en peine que de cette réputation, il ne mesure ses avantages et ses progrès que par cette réputation. Si cette réputation augmente et se répand, il se tient heureux; si quelque événement l'arrête, et qu'elle ne soit pas aussi prompte à s'avancer qu'il le désire, il en est désolé; et parce qu'il n'est rien de plus facile à blesser, est-il précautions qu'il ne prenne pour la ménager? est-il efforts qu'il ne redouble pour la rétablir, du moment qu'elle commence à déchoir et à tomber? Si bien que l'unique objet de ses vœux, c'est cette réputation; que l'unique fin de ses actions, c'est cette réputation; que son idole et comme sa divinité, c'est cette réputation.

Je n'exagère point. Je ne dis que ce que nous observons dans tous les états et tous les jours. Or de là que s'ensuit-il? un grand désordre et un grand malheur : c'est-à-dire que nous rapportons tout à notre gloire et non à la gloire de Dieu, voilà le désordre; et que ne faisant rien en vue de Dieu et de sa gloire, tout ce que nous faisons n'est rien devant Dieu, voilà le malheur. Malheur et désordre d'autant plus déplorables, que les plus saints ministères ne sont pas exempts de l'un ni de l'autre ; et n'est-ce pas ce que je puis justement appeler l'abomination de désolation dans le lieu saint ?

Car pour nous instruire nous-mêmes, nous, ministres et prédicateurs de l'évangile, et pour apprendre à nous garantir de la plus mortelle contagion que nous ayons à craindre, est-il rien dans nos fonctions apostoliques de plus fréquent, que de se laisser surprendre à l'attrait d'une grande réputation ? En prêchant la parole de Dieu, on la profane, parce qu'on l'emploie, non point à faire connoître et honorer Dieu, mais à se faire honorer et connoître soi-même. Peut-être avoit-on eu d'abord des vues plus épurées. Peut-être en recevant sa mission et se mettant en devoir de l'exercer avoit-on dit comme l'Apôtre : *Nous ne nous prêchons point nous-mêmes, mais nous prêchons Jésus-Christ notre Seigneur* (1). On avoit été élevé dans ces sentimens, on les avoit apportés au saint ministère, et l'importance étoit d'y persévérer ; mais bientôt l'ennemi est venu jeter l'ivraie dans le champ du père de famille. Ce n'est point à la faveur des ténèbres, mais au grand jour d'une réputation naissante et brillante. Une foule d'auditeurs qu'on traîne après soi ; leur assiduité, leur attention, leurs acclamations ; toutes les chaires ouvertes au nouveau prédicateur, tous les honneurs qu'on lui rend ; les personnes du plus haut rang qui l'appellent auprès d'eux, et l'accueil favorable qu'ils lui font dès qu'il se présente : tout cela met à d'étranges épreuves la

(1) 2. Cor. 4.

pureté

pureté de son zèle et la droiture de ses intentions. Insensiblement ses premières vues s'effacent, et le monde prend dans son cœur la place de Dieu. Car autant qu'il plait au monde et parce qu'il plaît au monde, le monde commence à lui plaire. Je veux dire qu'il s'attache au monde, qu'il aime à voir le monde, à converser avec le monde, à se faire d'agréables sociétés dans le monde, non point pour la sanctification du monde, mais pour sa propre satisfaction. Et comme on devient bon avec les bons, méchant avec les méchans, il devient mondain avec les mondains : de sorte que malgré la sainteté de son ministère, qui de soi-même ne tend qu'à rendre gloire à Dieu et à procurer le salut des ames, il n'a que des idées mondaines, et n'est touché que de sa réputation et des agrémens qu'elle lui fait goûter parmi le monde.

Voilà, dis-je, le grand intérêt qui l'anime et qui le soutient dans ses laborieuses occupations; voilà le grand principe qui le meut, qui l'engage à ne se donner aucun relâche ni aucun repos, qui d'année en année le pique d'une ardeur et d'une émulation toujours nouvelle : voulant fournir avec le même honneur et la même estime toute sa carrière, et ne craignant rien davantage que de laisser apercevoir en lui quelque changement et de dégénérer dans l'opinion publique. De cette manière ses jours s'écoulent, son âge avance, la mort approche, et il est enfin question de se disposer à paroître devant Dieu, et à subir ce terrible examen où Dieu lui demandera compte des talens dont il avoit été si libéralement pourvu. Or, qui peut exprimer de quel étonnement et de quelle frayeur il sera saisi, lorsque réfléchissant sur lui-même, il entendra dans le secret de l'ame la voix de sa conscience, qui lui redira ce que le Sauveur du monde disoit à ses disciples : *Prenez garde de ne point faire vos bonnes œuvres devant les hommes pour en être vus et considérés; autrement vous n'en recevrez nulle récompense de votre Père céleste* (1). Il aura beaucoup travaillé ; il aura fait de violentes contentions d'esprit et de corps, et il se sera consumé de veilles; mais avec quelle douleur verra-t-il s'accomplir en lui ce reproche du prophète Aggée : *Repassez sur toute votre vie ; faites réflexion sur votre conduite : vous avez beaucoup semé et vous n'avez rien recueilli* (2). A juger de vos actions par les dehors et selon les apparences, *vous devez avoir amassé beaucoup de mérites*; mais comme un homme qui mettroit son trésor *dans un sac percé*, ce que vous avez gagné d'une part, vous l'avez perdu de l'autre.

Ce n'est pas assez : il aura même produit beaucoup de fruits par l'efficace et la vertu de la grâce attachée à la divine parole ; il aura opéré beaucoup de conversions, beaucoup fléchi d'ames endurcies, éclairé d'ames aveugles, fortifié d'ames foibles, excité d'ames lâches, élevé d'ames pieuses et justes: mais avec quelle confusion et quel triste retour sur soi-même se représentera-t-il le sort de ces faux prophètes qui, dans le jugement dernier, diront au Fils de Dieu : *Seigneur, nous avons prophétisé,*

_____
(1) Matth. 6. — (2) Agg. 1.

chassé les démons en votre nom (1), et qui n'auront
pour toute réponse que ce formidable arrêt : *Retirez-vous de moi, ouvriers d'iniquité.* Car c'étoit une
iniquité de dérober à Dieu la gloire qui lui appartenoit ; de n'agir pas uniquement pour Dieu, dont
il étoit l'ambassadeur et le ministre ; de renverser
ainsi les desseins de Dieu, qui ne l'avoit choisi que
pour le sanctifier en l'employant à l'édification de
son Eglise, et à la sanctification du prochain. Contre
des réflexions si touchantes et si affligeantes, quelle
pourroit être sa ressource ? Seroit-ce une immortalité chimérique, c'est-à-dire, la vaine espérance de
vivre, même après la mort, dans la mémoire des
hommes ? frivole consolation ! *Hélas !* s'écrie là-
dessus un saint docteur, parlant de ces fameux personnages que l'antiquité a tant honorés, et dont le
souvenir s'est perpétué jusques à nous, *on les loue
où ils ne sont plus ; et ils endurent de cruels tourmens là où ils sont,* et où ils seront pendant toute
l'éternité.

Tirons de là des conséquences bien raisonnables
et bien véritables ; savoir : 1. qu'une grande réputation est communément un grand obstacle au salut
et à la perfection, surtout de ceux que leur vocation a appelés au ministère évangélique ; 2. que plus
nous réussissons dans ce sacré ministère et plus nous
sommes connus dans le monde, bien loin de nous
enorgueillir, plus nous devons trembler, nous humilier, veiller sur nous-mêmes, dans la juste crainte
qu'une fausse gloire ne nous ravisse le fruit solide

_____

(1) Matth. 7.

et le mérite de nos peines ; 3. qu'au lieu d'envier aux autres leur réputation et de les en féliciter comme d'un avantage, nous avons plutôt sujet de les plaindre, et de nous féliciter nous-mêmes de n'être pas exposés à la même tentation ; 4. qu'il n'est point d'état plus digne d'envie, parce qu'il n'en est point de plus tranquille ni de plus assuré, que celui d'un homme qui, dans une retraite volontaire, sert Dieu et le prochain sans éclat, sans nom, content d'un travail obscur, pourvu qu'il soit utile et conforme aux vues de la Providence ; 5. que s'il plaît au Seigneur, qui, selon les conseils de sa sagesse, élève et abaisse, de nous mettre sur le chandelier pour faire luire notre lumière aux yeux du monde, il n'est pas toujours nécessaire ni même à propos de la cacher sous le boisseau, et de nous ensevelir dans les ténèbres : mais que le devoir d'un vrai ministre de Jésus-Christ demande alors qu'il ne fasse nul autre usage de l'estime dont on est prévenu à son égard, que pour agir plus efficacement et pour mieux accomplir l'œuvre de Dieu qui lui est confiée ; 6. que nous ne pouvons graver trop profondément dans nos cœurs, ni suivre trop régulièrement dans la pratique, la grande leçon du Fils de Dieu aux septante disciples qu'il avoit envoyés prêcher son évangile, lorsque, au retour de leur mission, leur entendant dire avec quelque sentiment de complaisance que les démons même leur étoient soumis, il leur fit cette admirable réponse : *J'ai vu Satan qui tomboit du ciel comme un foudre. Il est vrai, je vous ai donné le pouvoir de marcher sur les ser-*

pens et d'abattre toutes les forces de l'ennemi, sans que rien soit capable de vous nuire : cependant il ne faut point vous réjouir de ce que les esprits se soumettent à vous, ni de ce que cela vous fait craindre et révérer sur la terre ; *mais réjouissez-vous de ce que vos noms sont écrits dans le ciel* (1).

Pensées diverses sur l'Humilité et l'Orgueil.

Nous aimons tant l'humilité dans les autres : quand travaillerons-nous à la former dans nous-mêmes ? Partout où nous l'apercevons hors de nous, elle nous plaît, elle nous charme. Elle nous plaît dans un grand, qui ne s'enfle point de sa grandeur. Elle nous plaît dans un inférieur, qui reconnoît sa sujétion et sa dépendance. Elle nous plaît dans un égal ; et quoique la jalousie naisse assez communément entre les égaux, si c'est néanmoins un homme humble que cet égal, et que la Providence vienne à l'élever, nous lui rendons justice, et ne pensons point à lui envier son élévation. Or puisque l'humilité nous paroît si aimable dans autrui, pourquoi donc, lorsqu'il s'agit de l'acquérir nous-mêmes et de la pratiquer, y avons-nous tant d'opposition ? Quelle diversité, et quelle contrariété de sentimens ! Mais voici le mystère que je puis appeler mystère d'orgueil et d'iniquité. Car que fait l'humilité dans les autres ? elle les porte à s'abaisser au-dessous de nous, et voilà ce que nous aimons : mais que feroit la même humilité dans nous ? elle nous porteroit à

(1) Luc. 10.

nous abaisser au-dessous des autres, et voilà ce que nous n'aimons pas.

On s'est échappé dans une rencontre, on a parlé, agi mal à propos. C'est une faute; et si d'abord on la reconnoissoit, si l'on en convenoit de bonne foi, et qu'on en témoignât de la peine, la chose en demeureroit là. Mais parce qu'on veut se justifier et se disculper; parce qu'on ne veut pas subir une légère confusion, combien s'en attire-t-on d'autres? Vous contestez, et les gens s'élèvent contre vous: ils vous traitent d'esprit opiniâtre; et piqués de votre obstination, ils prennent à tâche de vous mortifier, de vous rabaisser, de vous humilier. Avec un peu d'humilité, qu'on s'épargneroit d'humiliations!

Il s'est élevé bien des savans dans le monde, et il s'en forme tous les jours. Quelles découvertes n'ont-ils pas faites et ne font-ils pas encore? Depuis l'hyssope jusqu'au cèdre, et depuis la terre jusqu'au ciel, est-il rien de si secret, soit dans l'art, soit dans la nature, où l'on n'ait pénétré? Hélas! on n'ignore rien, ce semble, et l'on possède toutes les sciences, hors la science de soi-même. Selon l'ancien proverbe, cité par Jésus-Christ même, on disoit et l'on dit encore: *Médecin, guérissez-vous vous-même* (1); ainsi je puis dire: Savans, si curieux de connoître tout ce qui est hors de vous, hé! quand apprendrez-vous à vous connoître vous-mêmes?

Il est vrai, vous ne parlez de vous que dans les

(1) Luc. 4.

termes les plus modestes et les plus humbles. Vous
rejetez tous les éloges qu'on vous donne ; vous ra-
baissez toutes les bonnes qualités qu'on vous attribue ;
vous paroissez confus de tous les honneurs qu'on
vous rend ; enfin, vous ne témoignez pour vous-
même que du mépris. Tout cela est édifiant. Mais
du reste, ce même mépris de votre personne, que
quelque autre vienne à vous le marquer, ou par
une parole, ou par un geste, ou par une œillade,
vous voilà tout à coup déconcerté : votre cœur se
soulève, le feu vous monte au visage, vous vous
mettez en défense, et vous répondez avec aigreur.
Que d'humilité et d'orgueil tout ensemble ! Mais
tout opposés que semblent être l'un et l'autre, il
n'est pas malaisé de les concilier. C'est qu'à parler
modestement, et à témoigner du mépris pour soi-
même, il n'y a qu'une humiliation apparente, et
qu'il y a même une sorte de gloire ; mais à se voir
méprisé de la part d'autrui, c'est là que l'humiliation
est véritable, et par là même qu'elle devient insupportable.

HUMILIONS-NOUS, mais sincèrement, mais profondément, et notre humilité vaudra mieux pour nous
que les plus grands talens ; mieux que tous les succès
que nous pourrions avoir dans les emplois même les
plus saints, et dans les plus excellens ministères ;
mieux que tous les miracles que Dieu pourroit opérer
par nous : comment cela ? parce que notre humilité
sera pour nous une voie de salut beaucoup plus sûre.

Plusieurs se sont perdus par l'éclat de leurs talens, de leurs succès, de leurs miracles : nul ne s'est perdu par les sentimens d'une vraie et solide humilité.

Ainsi, vous ne pouvez vous appliquer à l'oraison; humiliez-vous de la sécheresse de votre cœur, et des perpétuelles évagations de votre esprit. Votre foiblesse ne peut soutenir le travail; humiliez-vous de l'inaction où vous êtes, et du repos où vous vivez. Votre santé ne vous permet pas de pratiquer des austérités et des pénitences; humiliez-vous des ménagemens dont vous usez, et des soulagemens dont vous ne sauriez vous passer. De cette sorte, l'humilité sera devant Dieu le supplément des œuvres qui vous manquent : supplément sans comparaison plus méritoire que ces œuvres mêmes. Car au-dessus de toutes les œuvres, ce qu'il y a dans le christianisme de plus difficile, ce n'est pas de faire oraison, ce n'est pas de travailler ni de se mortifier, mais de s'humilier.

Vous vous plaignez de n'avoir pas reçu de Dieu certains dons naturels qui brillent dans les autres, et qui les distinguent : mais surtout vous ajoutez que ce qui vous afflige, c'est de ne pouvoir pas, faute de talent, glorifier Dieu comme les autres le glorifient : illusion. Car si vous examinez bien le fond de votre cœur, vous trouverez que ce qui vous afflige, ce n'est point précisément de ne pouvoir pas glorifier Dieu comme les autres, mais de ne pouvoir pas, en glorifiant Dieu comme les autres, vous glorifier vous-même. Que notre orgueil est subtil, et qu'il a de détours pour nous surprendre ! jusque dans la gloire de Dieu, il nous fait désirer et chercher notre propre gloire.

QUAND on voit dans le ministère évangélique un homme doué de certaines qualités, d'un génie élevé, d'un esprit vif, d'une imagination noble, d'une éloquence forte et naturelle, on conclut que c'est un sujet bien propre à procurer la gloire de Dieu, sans examiner d'ailleurs s'il a le fonds d'humilité nécessaire qui doit servir de base à toutes les œuvres saintes et les soutenir. Mais Dieu en juge tout autrement que nous. Car si cet homme manque d'humilité, si c'est un homme vain et présomptueux, on peut dire de lui ce que Samuel dit de chacun des six enfans d'Isaï, frères de David et ses aînés : *Ce n'est point là celui que le Seigneur a choisi* (1). Sur qui donc tombera son choix ? sur un homme modeste et humble. *Voilà l'homme de sa droite* ; voilà le digne sujet qu'il emploiera aux plus merveilleux ouvrages de sa grâce, et de qui il tirera plus de gloire. Mais c'est un mérite médiocre, ou, pour ainsi parler, ce n'est rien selon les idées du monde. Je réponds que, indépendamment de tout autre mérite, il a devant Dieu le mérite le plus essentiel, qui est celui de l'humilité ; et de plus j'ajoute que, n'étant rien ou presque rien dans l'estime commune, c'est cela même qui relève davantage la gloire de Dieu, à qui seul il appartient de faire de rien les plus grandes choses.

(1) 1. Reg. 16.

On peut m'objecter ce que l'expérience après tout nous fait connoître, par exemple, de deux prédicateurs. Car sans être le plus humble, nous voyons toutefois que l'un, avec les avantages qu'il a reçus de la nature, réussit beaucoup mieux dans l'opinion du public, et l'emporte infiniment sur l'autre. On goûte le premier, on le suit; au lieu que l'autre, dépourvu des mêmes dispositions et des mêmes dons, travaille dans l'obscurité, et qu'il n'est fait de lui aucune mention. Je sais tout cela; mais je sais aussi que nous donnons ordinairement dans une erreur grossière sur ce qui regarde la gloire de Dieu. Nous croyons la trouver où elle n'est pas, et nous ne la cherchons pas où elle est. Etre admiré, vanté, écouté des grands, produit aux yeux des plus nombreuses et des plus augustes assemblées : voilà où nous faisons consister la gloire de Dieu; mais souvent elle n'est point là. Où donc est-elle? dans la conversion des pécheurs, dans l'instruction des ignorans, dans l'avancement et l'édification des ames : et un bon missionnaire, homme sans nom, sans réputation, mais humble, zélé, plein de confiance en Dieu, vivant parmi des sauvages, parcourant des villages et des campagnes, convertira plus de pécheurs, instruira plus d'esprits simples, gagnera plus d'ames à Jésus-Christ, et les avancera plus dans les voies de Dieu, que le plus célèbre prédicateur. Disons en deux mots : L'un fait beaucoup plus de bruit; mais l'autre beaucoup plus de fruit. Or ce bruit ne sert communément qu'à glorifier l'homme; mais ce fruit, c'est ce qui glorifie Dieu.

Un Père a eu raison de dire que le souvenir de nos péchés nous est infiniment plus utile que le souvenir de nos bonnes œuvres. Pour entendre la pensée de ce saint docteur, il faut distinguer deux choses, nos actions et le souvenir de nos actions. Or il n'en est pas de l'un comme de l'autre, et ils ont des effets tout opposés. Nos bonnes actions nous sanctifient; mais le souvenir de nos bonnes actions nous corrompt, parce qu'il nous enorgueillit : au contraire, nos mauvaises actions nous corrompent; mais le souvenir de nos mauvaises actions sert à nous sanctifier, parce qu'il sert à nous humilier. De là, double conséquence. Pratiquons la vertu; et dès que nous l'avons pratiquée, que l'humilité nous mette un voile sur les yeux pour ne plus voir le bien que nous avons fait. Et par une règle toute différente, fuyons le péché; mais quand nous avons eu le malheur d'y tomber, que l'humilité nous tire le voile de dessus les yeux pour voir toujours le mal que nous avons commis. Ainsi nous serons vertueux sans danger; et ce ne sera pas même sans fruit que nous aurons été pécheurs.

Il y a un monde au-dessus de nous, un monde au-dessous de nous, et un monde autour de nous.

Un monde au-dessus de nous, ce sont les grands; un monde au-dessous de nous, ce sont ceux que la naissance ou que le besoin a réduits dans une condition inférieure à la nôtre; un monde autour de nous, ce sont nos égaux. Selon ces divers degrés, nous prenons divers sentimens. Ce monde qui est au-dessus de nous, devient souvent le sujet de notre vanité, et de la vanité la plus puérile. Ce monde qui est au-dessous de nous, devient ordinairement l'objet de nos mépris et de nos fiertés. Et ce monde qui est autour de nous, excite plus communément nos jalousies et nos animosités. Il faut expliquer ceci, et reprendre par ordre chaque proposition.

Le monde qui est au-dessus de nous, devient souvent le sujet de notre vanité. Je ne dis pas qu'il devient le sujet de notre ambition : cela est plus rare. Car il n'est pas ordinaire qu'un homme d'une condition commune, quoique honnête d'ailleurs, se mette dans l'esprit de parvenir à certains états d'élévation et de grandeur. Mais du reste, il tombe dans une foiblesse pitoyable : c'est de vouloir au moins s'approcher des grands, de vouloir être connu des grands et les connoître, de n'avoir de commerce qu'avec les grands, de ne visiter que les grands, de s'ingérer dans toutes les affaires et toutes les intrigues des grands, de s'en faire un mérite et un point d'honneur. Ecoutez-le parler, vous ne lui entendrez jamais citer que de grands noms, que des personnes de la première distinction et du plus haut rang, chez qui il est bien reçu, avec qui il a de fréquens entretiens, qui l'honorent de leur confiance, et par qui il est instruit à fond de tout ce qui se passe. Fausse gloire et vraie petitesse, où voulant s'élever au-dessus de soi-même, l'on se rabaisse dans l'estime de tous les esprits droits et de bon sens !

Le monde qui est au-dessous de nous, devient ordinairement l'objet de nos mépris et de nos fiertés.

Dès qu'on a quelque supériorité sur les autres, on veut la leur faire sentir. On les traite avec hauteur, on leur parle avec empire, on ne s'explique en leur présence qu'en des termes et qu'avec des airs d'autorité, on les tient dans une soumission dure et dans une dépendance toute servile : comme si l'on vouloit en quelque manière se dédommager sur eux de tous les dédains qu'on a soi-même à essuyer de la part des maîtres de qui l'on dépend. Car voilà ce que l'expérience tous les jours nous fait voir : des gens humbles et souples jusqu'à la bassesse devant les puissances qui sont sur leur tête, mais absolus et fiers jusqu'à l'insolence envers ceux qu'ils ont sous leur domination.

Le monde qui est autour de nous, excite plus communément nos jalousies et nos animosités. On ne se mesure ni avec les grands ni avec les petits, parce qu'il y a trop de disproportion entre eux et nous : mais on se mesure avec des égaux. Et comme il n'est pas possible que l'égalité demeure toujours entière, et que l'un de temps en temps n'ait l'avantage sur l'autre, de là naissent mille envies qui rongent le cœur, qui même éclatent au-dehors, et se tournent en querelles et en inimitiés. Car c'est assez qu'un homme l'emporte sur nous, ou sans qu'il l'emporte, c'est assez qu'il concoure en quelque chose avec nous, pour nous indisposer et nous aigrir contre lui ; et n'est-ce pas là ce qui cause entre les personnes de même profession, et jusque dans les états les plus saints, tant de partis et tant de divisions ? Etrange injustice où nous porte notre orgueil !

Ayons l'esprit de Dieu, et suivons-le. Conduits par cet esprit de sagesse, d'équité, de charité, d'humilité, nous rendrons au monde que la Providence a placé au-dessus de nous, tout ce qui lui est dû, mais sans nous en faire esclaves et sans nous prévaloir, par une vaine ostentation, de l'accès que nous aurons auprès de lui. Nous conserverons sur le monde que le ciel a mis au-dessous de nous, tous nos priviléges et tous nos droits, mais sans le mépriser, ni lui refuser aucun devoir de civilité, d'honnêteté, d'une charitable condescendance; et nous vivrons en paix avec tout le monde qui est autour de nous, sans le traverser mal à propos dans ses desseins, ni lui envier le bien qu'il possède.

Des gens de bien, ou réputés tels, se font un prétendu mérite d'une sorte d'indépendance qu'ils confondent mal à propos avec l'indépendance chrétienne. S'établir dans une sainte indépendance selon l'évangile, c'est mourir tellement à toutes choses et à soi-même, que rien de tout ce qui n'est pas Dieu, ne touche l'ame ni ne l'affectionne. D'où vient qu'elle est au-dessus de toutes les prétentions, de tous les intérêts, de tous les événemens humains. La prospérité ne l'enfle point, l'adversité ne l'abat point. Elle ne craint que Dieu, elle n'aime que Dieu; elle n'espère qu'en Dieu, elle ne cherche à plaire qu'à Dieu, et elle verroit ainsi tout l'univers ligué contre elle, qu'elle demeureroit tranquille et en paix dans le sein de Dieu. Ce n'est pas qu'elle veuille par là s'affranchir de certains devoirs envers le monde, de certaines bienséances et de certains égards, ni qu'elle se propose de suppléer seule à tous ses besoins, et de n'avoir recours à personne : mais comme en tout cela elle n'envisage que Dieu, qu'elle n'agit que selon le gré de Dieu, et qu'avec une pleine conformité à toutes les dispositions de sa providence ; rien aussi de tout cela, quelque chose qui arrive, ne fait impression sur elle et n'est capable de l'altérer. Telle a été l'indépendance des saints, et telle est celle du vrai chrétien. Mais de dire : Je veux prendre des mesures pour ne dépendre de qui que ce soit, parce que la dépendance m'est onéreuse ; j'aime mieux vivre dans une retraite entière et dans l'obscurité, sans me mêler de rien, ni avoir part à rien ; j'aime mieux me passer de tout, et n'avoir ni vues, ni desseins, ni espérances, pour ne devoir rien à personne, et pour n'être point obligé à des assiduités et à des ménagemens qui me déplaisent : penser de la sorte, et se conduire suivant ces principes, c'est une indépendance toute naturelle, une indépendance de philosophe, une indépendance d'orgueil. Dieu veut au contraire qu'il y ait entre nous un rapport mutuel et continuel ; que nous ayons affaire les uns des autres, que nous nous demandions et nous prêtions secours les uns aux autres, que nous sachions nous assujettir, nous captiver, nous faire violence les uns pour les autres. Voilà l'ordre de sa sagesse, et c'est ce qui entretient la subordination, ce qui maintient la charité et l'union, surtout ce qui rabaisse notre présomption, enfin ce qui nous fait mieux sentir la grandeur du Dieu que nous adorons, puisqu'il n'appartient qu'à lui de se suffire à lui-même, et d'être seul tout-puissant et indépendant.

La ressource de l'orgueilleux, lorsque l'évidence des choses le convainc malgré lui de son incapacité et de son insuffisance, est de se persuader qu'elle lui est commune avec les autres. Ce qu'il n'est pas capable de bien faire, il ne peut croire qu'il y ait quelqu'un qui le fasse bien. Un mauvais orateur ne convient qu'avec des peines extrêmes qu'il y en ait de bons. Il reconnoîtra aisément qu'il y en a eu autrefois, parce qu'il n'entre avec ceux d'autrefois en nulle concurrence. Il les exaltera même comme des modèles inimitables; il les regrettera, il demandera où ils sont, ils s'épanchera là-dessus dans les termes les plus pompeux et les plus magnifiques : mais pourquoi ? est-ce qu'il s'intéresse beaucoup à la gloire de ces morts ? non certes : mais pour une maligne consolation de son orgueil, il voudroit, en relevant le mérite des morts, obscurcir le mérite des vivans et le rabaisser.

S'humilier dans l'humiliation, c'est l'ordre naturel et chrétien; mais dans l'humiliation même s'élever et s'enfler, c'est, ce semble, le dernier désordre où peut se porter l'orgueil. Voilà ce qui arrive tous les jours. Des gens sont humiliés : on ne pense point à eux, on ne parle point d'eux, on ne les emploie point, et on ne les pousse à rien. En sont-ils moins orgueilleux, et est-ce à eux-mêmes qu'ils s'en prennent des mauvais succès qui leur ont fait perdre tout crédit,

ou

ou à la cour ou ailleurs? bien loin de cela, c'est alors que leur cœur se grossit davantage, et qu'ils deviennent plus présomptueux que jamais. S'ils demeurent en arrière, ce n'est, à ce qu'ils prétendent, que par l'injustice de la cour, que par l'ignorance du public. A les en croire, et par la seule raison qu'on ne les avance pas, tout est renversé dans le monde. Il n'y a plus ni récompense de la vertu, ni distinction des personnes, ni discernement du mérite. Que l'orgueil est une maladie difficile à guérir! L'élévation le nourrit; et l'humiliation, qui devroit l'abattre, ne sert souvent qu'à le réveiller et à l'exciter.

NOTRE vanité nous séduit, et nous fait perdre l'estime du monde dans les choses mêmes où nous la cherchons, et par les moyens que nous y employons. Une femme naturellement vaine, s'ingère dans les conversations à parler de tout; à raisonner sur tout. Elle juge, elle prononce, elle décide, parce qu'elle se croit femme spirituelle et intelligente; mais elle auroit beaucoup plus de raison et plus d'esprit, si elle s'en croyoit moins pourvue; et voulant trop faire voir qu'elle en a, c'est justement par là même qu'elle en fait moins paroître.

ON loue beaucoup les grands; car ils aiment à être loués et applaudis. Mais à bien considérer les louanges qu'on leur donne, on trouvera que la plupart des choses dont on les loue, et qui semblent en effet louables selon le monde , sont dans le fond et selon le christianisme , selon même la seule raison naturelle , plutôt des vices que des vertus.

TEL auroit été un grand homme , si on ne l'avoit jamais loué ; mais la louange l'a perdu. Elle l'a rendu vain ; et sa vanité l'a fait tomber dans des foiblesses pitoyables , et en mille simplicités qui inspirent pour lui du mépris. Je dis en mille simplicités ; car quelque fonds de mérite qu'on ait d'ailleurs , il n'y a point , ni dans les discours, ni dans les manières d'agir , d'homme plus simple qu'un homme vain. On lui fera accroire toutes choses dès qu'elles seront à sa louange. Est-il chagrin et de mauvaise humeur ? louez-le , et bientôt vous lui verrez reprendre toute sa gaîté. Les gens le remarquent , le font remarquer aux autres , et s'en divertissent. C'est ainsi que sans le vouloir ni l'apercevoir , il vérifie dans sa personne cette parole de l'évangile , que *celui qui s'élève sera abaissé et humilié.* Comme donc l'ambition , selon le mot de saint Bernard , est la croix de l'ambitieux , je puis ajouter que souvent l'orgueil devient l'humiliation de l'orgueilleux.

CET homme est toujours content de lui ; et n'eût-il eu aucun succès , il se persuade toujours avoir réussi le mieux du monde. Contentez-vous de savoir ce qui en est , et d'en croire ce que vous devez ; mais du reste , pourquoi cherchez-vous à le détromper de son erreur , puisqu'elle le satisfait , et qu'elle ne nuit à personne ? Ce n'est pas qu'il n'y ait quelquefois des raisons qui peuvent vous engager à lui ouvrir les yeux, et à lui faire connoître l'illusion où il est; mais avouez-le de bonne foi, c'est une malignité secrète, c'est une espèce d'envie qui vous porte à l'humilier, et à lui faire perdre cette idée dont il s'est laissé prévenir en sa faveur. Car mille gens sont ainsi faits ; non-seulement ils sont jaloux de la réputation solide et vraie qu'on a dans le monde ; mais de plus, par une délicatesse infinie de leur orgueil, ils sont en quelque manière jaloux de la bonne opinion, quoique mal fondée, qu'un homme a de lui-même.

Qu'il me soit permis de faire une comparaison. Il y a des mérites, et en très-grand nombre, qui ne devroient se produire à la lumière qu'avec la précaution dont on use à l'égard de certaines étoffes, pour les débiter. On ne les montre que dans un demi-jour, parce que le grand jour y feroit paroître des défauts qui en rabaisseroient le prix. Combien de gens peuvent s'appliquer la parole du prophète : *Mon élévation à été mon humiliation.* C'est-à-dire, qu'ils semblent ne s'être élevés que pour se rendre méprisables, que pour laisser apercevoir leur foible, que pour perdre toute la bonne opinion qu'on avoit conçue d'eux. Tant qu'ils se sont tenus à peu près dans le rang où la Providence les avoit fait naître, ils réussissoient, on les honoroit, on parloit d'eux avec éloge ; mais par une manie que l'orgueil ne manque point d'inspirer, ils ont voulu prendre l'essor, et porter plus haut leur vol. C'est là qu'on a commencé à les mieux connoître, et qu'en les connoissant mieux, on a appris à les estimer moins. En un mot, ils étoient auparavant dans leur place, et ils y faisoient bien ; mais ils n'y sont plus, et tout ce qui n'est pas dans sa place, blesse la vue.

FIN DU TOME QUATORZIÈME.

Lightning Source UK Ltd.
Milton Keynes UK
UKHW022026281218
334636UK00014B/1016/P